KB220892

나무아미타불, 이 한마디 부처님 명호 그대로 참 반야이다. 이는
가장 깊은 비밀의 핵심이고, 파초 잎을 벗겨서 보이는 마음이다.

_《심경필기》

般若心經 五家解 講記
반야심경 오가해 강기

[5대 선지식이 설한 반야바라밀의 심요]

감산대사 직설

우익대사 석요

정공노화상 강기

하련거거사 필기

황념조거사 약설

허서許曙 편역

일러두기

1. 《반야심경》은 대승불교 신자라면 누구나 염송하고 있는 경전이다. 대승불법은 전체 불교의 핵심이고, 반야법문은 대승불법의 핵심이며, 《반야심경》은 반야부 경전의 핵심이다.

2. 《반야심경》 독본으로는 현장법사 역본과 티베트 역본, 그리고 영어 역본을 번역하여 실었다.

3. 《반야심경》에 대한 대사의 주해로는 선학을 정토로 회향하신 감산대사의 심경주해와 천태교학을 정토로 회향하신 우익대사의 심경주해, 그리고 화엄교학을 정토로 회향한 정공 노화상의 심경 강기를 번역하여 실었다.

4. 《반야심경》에 대한 거사의 주해로는 《무량수경》 5종 역본을 회집하신 하련거 거사의 심경필기와 《무량수경》 회집본에 대한 주해를 집필하신 황념조 거사의 심경약설을 번역하여 실었다.

목 차

반야심경 독본

현장역본 한문/한글/영어 · 티베트역본

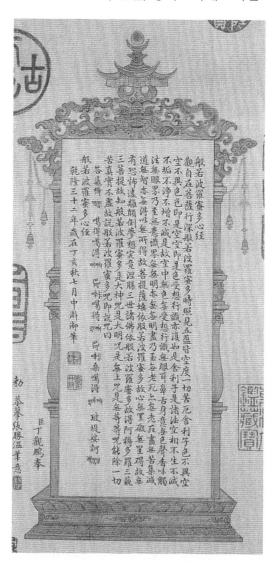

반야바라밀다심경 서문

당唐 석혜충釋慧忠 찬撰

대저 법성法性은 무량무변하거늘 어찌 마음으로 중생을 건너게 함(所度)에 의지할 것이며, 진여眞如는 상相이 아니거늘 어찌 말로 뜻을 나타냄(所詮)을 빌릴 것인가? 이런 까닭에 중생은 넓고 넓어 궁진함이 없고, 법의 바다는 망망하여 끝이 없다. 만약 널리 경문의 뜻을 찾으려거든 거울 속에서 형상을 구하는 것 같고, 다시 생각을 쉬고 공空을 관하려거든 마치 대낮에 그림자를 피하는 것 같다.

이 경은 대지와 같다 비유하거늘 어떤 물건인들 땅에서 생겨나지 않겠으며, 제불께서는 오직 일심一心을 가리키거늘 어떤 법인들 마음으로 인해 세워지지 않겠는가? 다만 심지心地를 깨달아 총지總持라 하고, 법이 생겨남이 없음을 깨쳐서 묘각妙覺이라 이름한다. 일념一念에 단박에 뛰어넘거늘 어찌 번거로운 논의가 있으리오.

[심경 한역본 한문독송]

般若波羅密多心經
반야바라밀다심경

唐 三藏法師 玄奘 譯
당 삼장법사 현장 역

觀自在菩薩 行深般若波羅密多時 照見五蘊皆空
관자재보살 행심반야바라밀다시 조견오온개공

度一切苦厄
도일체고액。

舍利子 色不異空 空不異色 色卽是空 空卽是色
사리자!색불이공 공불이색 ;색즉시공 공즉시색

受想行識亦復如是
수상행식역부여시。

舍利子 是諸法空相 不生不滅 不垢不淨 不增不
사리자!시제법공상 불생불멸 불구부정 부증불

減
감。

是故 空中無色 無受想行識 無眼耳鼻舌身意
시고 공중무색 무수상행식 ; 무안이비설신의 ;

無色聲香味觸法　無眼界　乃至無意識界　無無明
무색성향미촉법 ; 무안계 내지무의식계 ; 무무명

亦無無明盡　乃至無老死　亦無老死盡　無苦集滅
역무무명진 내지무노사 역무노사진 ; 무고집멸

道 ; 無智亦無得
도 ; 무지역무득。

以無所得故　菩提薩埵　依般若波羅密多故　心無
이무소득고 보리살타。의반야바라밀다고 심무

罣礙　無罣礙故　無有恐怖　遠離顚倒夢想　究竟涅
가애 ; 무가애고 무유공포 원리전도몽상 구경열

槃
반。

三世諸佛　依般若波羅密多故　得阿耨多羅三藐三
삼세제불 의반야바라밀다고 득아뇩다라삼먁삼

菩提　故知　般若波羅密多是大神咒　是大明咒　是
보리。고지 :반야바라밀다시대신주 시대명주 시

無上咒　是無等等咒　能除一切苦　眞實不虛
무상주 시무등등주 능제일체고 진실불허。

故說般若波羅密多咒　卽說咒曰　揭諦揭諦　波羅
고설반야바라밀다주 즉설주왈 : 아제아제 바라

揭諦　波羅僧揭諦　菩提薩婆訶
아제 바라승아제 모지사바하。

[심경 한역본 한글독송]

반야바라밀다심경

현장법사 역

관자재보살께서 깊은 반야바라밀다를 행하실 때
오온五蘊을 비추어 모두 공함을 깨달아 아시고,
일체 괴로움과 재난을 건너갔느니라.

觀自在菩薩行深般若波羅蜜多時 照見五蘊皆空 度一切苦厄。

사리자여, 색온은 진공과 다르지 않고, 진공은
색온과 다르지 않으며, 색온 그대로 진공이고,
진공 그대로 색온이며, 수온·상온·행온·식온
도 또한 이와 같으니라.

「舍利子！色不異空 空不異色 色即是空 空即是色；受、想、行、識 亦復
如是。

사리자여, 이 오온제법의 진공실상은 생겨나지도 않고 사라지지도 않으며, 더럽혀지지도 않고 깨끗해지지도 않으며, 늘어나지도 않고 줄어들지도 않느니라.

「舍利子！是諸法空相 不生不滅 不垢不淨 不增不減。

그래서 진공에는 색온도 없고, 수온·상온·행온·식온도 없으며, 안근·이근·비근·설근·신근·의근도 없으며, 색진·성진·향진·미진·촉진·법진도 없으며, 안계도 없고 내지 의식계도 없느니라. 무명이 없어서 또한 무명이 다함도 없으며, 늙고 죽음이 없어서 또한 늙고 죽음이 다함도 없으며, 고제·집제·멸제·도제도 없으며, 또렷이 앎도 없고 또한 얻음도 없느니라.

是故空中無色 無受、想、行、識；無眼、耳、鼻、舌、身、意；無色、聲、香、味、觸、法；無眼界 乃至無意識界；無無明亦無無明盡 乃至無老死亦無老死盡；無苦、集、滅、道；無智 亦無得。

얻을 것이 없는 까닭에 보리살타는 반야바라밀다

에 의지해 마음에 연연함이 없고, 연연함이 없어 공포가 없으며, 전도몽상을 멀리 여의니, 구경열반이라.

以無所得故 菩提薩埵依般若波羅蜜多故 心無罣礙；無罣礙故 無有恐怖 遠離顚倒夢想 究竟涅槃。

삼세제불은 반야 바라밀다에 의지하므로 아뇩다라삼먁삼보리를 얻느니라.

三世諸佛依般若波羅蜜多故 得阿耨多羅三藐三菩提。

그래서 알지니, 반야바라밀다는 크게 신통한 주문, 크게 비추는 주문, 위없는 주문, 견줄 수 없는 평등한 주문으로 일체 괴로움을 없앨 수 있어 진실해서 헛되지 않나니, 그래서 반야바라밀다주를 설하느니라.

「故知般若波羅蜜多 是大神咒 是大明咒 是無上咒 是無等等咒 能除一切苦 眞實不虛 故說般若波羅蜜多咒。」

곧 주문을 설하여 말하길,

「아제아제 바라아제 바라승아제 모지사바하.」

即說呪曰:「揭帝‧揭帝‧般羅揭帝‧般羅僧揭帝‧菩提‧僧莎訶」

[심경 한역본 영어역]

반야바라밀다경의 핵심

THE HEART OF PRAJNA PARAMITA SUTRA

당 삼장법사 현장역

唐 三藏法師 玄奘譯

관자재보살께서 깊은 프라즈나 파라미타를 수행하실 때 다섯 가지 요소의 무더기를 비추어 그것들이 모두 비어있음을 깨달아 알고서 모든 괴로움과 재난을 건너갔느니라.

When Avalokiteshvara Bodhisattva was practicing the profound prajna paramita, he illuminated the five skandhas and saw that they are all empty, and he crossed beyond all suffering and difficulty.

사리자여, 물질(몸)은 비어있음과 다르지 않고, 비어있음은 물질과 다르지 않으며, 물질 그대로 비어있음이고, 비어있음 그대로 물질이니라. 그래서 느낌·인지·형성·의식도 이와 같으니라.

Shariputra, form does not differ from emptiness;
emptiness does not differ from form. Form itself is
emptiness; emptiness itself is form. So, too, are feeling,
cognition, formation, and consciousness.

사리자여, 모든 다르마들(심리 물리적 사건)은 본성이 비어 있나
니, 그것들은 생겨나지도 않고 사라지지도 않으며, 더럽혀지
지도 않고 깨끗해지지도 않으며, 늘어나지도 않고 줄어들지
도 않느니라.

Shariputra, all dharmas are empty of characteristics. They
are not produced, not destroyed, not defiled, not pure;
and they neither increase nor diminish.

그래서 비어있음에는 물질·느낌·인지·형성·의식도 없
고, 눈·귀·코·혀·몸·마음도 없으며, 보이는 것·소리·
냄새·맛·감촉·다르마도 없으며, 눈의 세계 내지 의식의
세계도 없느니라. 나아가 무명이 없어서 또한 무명이 다함도
없고, 늙고 죽음이 없어서 또한 늙고 죽음이 다함도 없느니라.
괴로움과 괴로움의 원인과 괴로움이 없어짐과 괴로움을 없애
는 길도 없으며, 앎도 없고 또한 얻음도 없느니라.

Therefore, in emptiness there is no form, feeling,
cognition, formation, or consciousness; no eyes, ears,
nose, tongue, body, or mind; no sights, sounds, smells,

tastes, objects of touch, or dharmas; no field of the
eyes up to and including no field of mind consciousness;
and no ignorance or ending of ignorance, up to and
including no old age and death or ending of old age
and death. There is no suffering , no accumulating, no
extinction, no way, no understanding and no attaining.

**얻을 것이 없는 까닭에 보디사트바는 프라즈나 파라미타에
의지해 마음에 연연함이 없고, 연연함이 없어 두려움이 없으
며, 뒤바뀐 헛된 생각을 멀리 여의나니, 궁극의 니르바나라!**

Because nothing is attained, the Bodhisattva through
reliance on prajna paramita is unimpeded in his mind.
Because there is no impediment, he is not afraid, and
he leaves distorted dream-thinking far behind.
Ultimately Nirvana!

**과거 현재 미래의 모든 부처님은 프라즈나 파라미타에 의지하
여 아뇩다라삼먁삼보리를 얻느니라.**

All Buddhas of the three periods of time attain
Anuttara-samyak-sambodhi through reliance on prajna
paramita.

그래서 알지니, 프라즈나 파라미타는 가장 신통한 만트라,

가장 밝은 만트라, 가장 높은 만트라, 무엇과도 견줄 수 없는 만트라이니, 그것은 일체 괴로움을 없앨 수 있어 진실해서 헛되지 않느니라. 그래서 프라즈나 파라미타의 만트라를 말하느니라.

> Therefore, know that prajna paramita is a great spiritual mantra, a great bright mantra, a supreme mantra, an unequalled mantra. It can remove all suffering; it is genuine and not false. That is why the mantra of prajna paramita was spoken.

이를 읊음에 이러하다. 「가테 가테 파라가테 파라상가테 보디 스바하!」

> Recite it like this: Gaté gaté paragaté parasamgaté bodhi svaha!

[심경 티베트역본]

박가범의 어머님, 수승한 지혜로 피안에 이르는 심경
薄伽梵母勝慧到彼岸心經

이와 같이 나는 들었다. 한때 박가범(세존)께서 왕사성 영취산에 계시사, 대비구중 및 대보살중과 함께 하셨다. 이때 박가범께서 「깊은 광명」이란 법문의 삼매에 드셨다. 이때 또한 성관재보살마하살이 반야바라밀다의 깊고 미묘한 행을 관조하였고, 오온을 비추어 모두 자성이 공함을 깨달아 알았다.

如是我聞 一時 薄伽梵在王舍城靈鷲山與大比丘僧及大菩薩眾俱。爾時 薄伽梵入深明法門三昧。 是時聖觀自在菩薩摩訶薩觀照般若波羅蜜多深妙之行 並照見五蘊皆自性空。

이에 수명을 구족한 사리자가 부처님의 위신력에 힘입어 성관자재보살마하살에게 말하기를, "선남자 선여인이여, 만약 반야바라밀다의 깊은 미묘한 행을 닦고자 하는 사람이라면 어떻게 수습하여야 합니까?" 이 말을 마치고 나니,

於是承佛威力 壽命具足舍利子白聖觀自在菩薩摩訶薩言 :「善男子、善女人 若有欲修般若波羅蜜多深妙行者 作何修習?」作是語已

성관자재보살마하살께서 수명을 구족한 사리자에게 일러

말씀하시기를, "사리자여, 만약 선남자 선여인이 반야바라밀다의 깊은 미묘한 행을 닦고자 한다면 응당 오온의 자성이 모두 공함을 체관諦觀할지라. 색온 그대로 진공이고, 진공 그대로 색온이며, 색온은 진공과 다르지 않고, 진공은 색온과 다르지 않으며, 이와 같이 수온·상온·행온·식온 또한 모두 진공이니라."

聖觀自在菩薩摩訶薩答壽命具足舍利子言：「舍利子 若有善男子、善女人欲修般若波羅蜜多深妙行者 彼應審諦觀察五蘊皆自性空。色卽是空空卽是色。空不異色 色不異空。如是受、想、行、識亦皆空。

"사리자여! 이 제법의 자성이 공함으로 상이 없나니, 생겨나지도 않고 사라지지도 않으며, 더럽혀짐도 없고 또한 더러움을 여읨도 없고, 줄어듦도 없고 늘어남도 없는 까닭이니라. 사리자여! 그래서 진공에는 색온도 없고, 수온도 없고, 상온도 없고, 행온도 없으며, 식온도 없느니라. 안근도 없고, 이근도 없고, 비근도 없고, 설근도 없고, 신근도 없고, 의근도 없으며, 색진도 없고, 성진도 없고, 향진도 없고, 미진도 없고 촉진도 없고, 법진도 없느니라. 안계도 없고, 내지 의식계도 없느니라. 무명이 없어서, 또한 무명이 다함도 없으며, 내지 늙고 죽음도 없어서, 또한 늙고 죽음이 다함도 없느니라. 고제·집제·멸제·도제도 없으며, 또렷이 앎도 없고 얻음도 없고, 또한 얻지 못함도 없느니라.

舍利子 以是諸法性空者 無相、不生、不滅、無垢、無離垢、無減、無增故

舍利子　是故空性中無色、無受、無想、無行、無識、無眼、無耳、無鼻、無舌、無身、無意、無色、無聲、無香、無味、無觸、無法。無眼界至無意界 乃至亦無意識界。無無明 無無明盡 乃至無老死 亦無老死盡。如是無苦、集、滅、道 無智 無得 亦無不得。

사리자여! 그래서 보리살타는 얻을 것이 없는 까닭에 반야바라밀다에 의지해 마음에 연연함이 없어 공포가 없고 전도몽상을 멀리 여의니, 구경열반이라. 삼세에 안온히 머물러 계신 제불 또한 반야바라밀다에 의지해 아뇩다라삼먁삼보리를 얻고 성불하느니라. 그래서 응당 자세히 알지니, 반야바라밀다주는 크게 신통한 주문, 크게 비추는 주문, 위없는 주문, 견줄 수 없는 평등한 주문으로 일체 괴로움을 없앨 수 있어 진실해서 헛되지 않느니라.

舍利子 是故諸菩提薩埵以無得故 依止般若波羅蜜多而心無罣礙 故無恐怖 遠離顛倒 究竟涅槃。安住於三世之諸佛亦依般若波羅蜜多 得阿耨多羅三藐三菩提而成佛。故應諦知般若波羅蜜多咒 是大明咒、無上咒、無等等咒、能除一切苦咒 眞實不虛。」

곧 반야바라밀다주를 말하여 가로되, "떼야타 옴 가테 가테 파라가테 파라상가테 보디 스바하! 사리자여, 보살마하살은 응당 이와 같이 깊고 미묘한 바라밀다를 닦고 익힐지니라."

即說般若波羅蜜多咒曰：「得雅他·唵·噶得·噶得·巴拉噶得·巴拉桑噶得·菩提梭哈。舍利子 菩薩摩訶薩應如是修習深妙般若波羅蜜多。」

이에 박가범께서 삼매로부터 일어나시어, 성 관자재보살마하살을 찬탄하여 말씀하시길, "훌륭하고, 훌륭하다! 선남자여 이와 같고, 선남자여 이와 같다! 그대가 말한 바처럼 깊고 미묘한 반야바라밀다는 응당 이와 같이 행하고, 이와 같이 수습해야 하나니, 일체 여래께서 또한 모두 따라 기뻐하시니라."

於是薄伽梵從三昧起 讚聖觀自在菩薩摩訶薩言：「善哉！善哉！善男子如是也 善男子如是也 應如汝所說般行深妙般若波羅蜜多 諸如來亦皆隨喜。」

박가범께서 말씀을 마치시니, 수명을 구족한 사리자와 성관자재보살마하살 및 일체 권속중, 그리고 천·인·아수라와 건달바 등 세간의 중생들이 모두 따라 기뻐하며 박가범의 말씀을 찬탄하였다.

薄伽梵作是語已 壽命具足舍利子與聖觀自在菩薩摩訶薩暨一切眷屬眾 並諸天、人、阿修羅與乾達婆等世間眾生皆隨喜 讚歎薄伽梵所說。

「성박가범모의 지혜로 피안에 이르는 심요」라 이름하는 대승경을 마치다.

名為聖薄伽梵母智慧到彼岸心要之大乘經終。

회향게 迴向偈

법성은 진실하니 위없이 수승한 법이라.

法性眞實無上殊勝法

정법의 감로 진실하여 우리를 가지하니,

正法甘露眞實作加持

여러 죄와 허물 여의고 선한 자량이 늘어나서

離諸罪過善資糧增長

상스런 덕이 주야로 상주해 영원히 길상할지라!

祥德常住晝夜永吉祥

《반야심경般若心經》 지송공덕

"이 경은 십악十惡·오역五逆·95종 사도邪道를 모두 깨뜨린다.
만약 시방제불에게 공양하고 시방제불의 은혜를 갚고자 한다면
응당 「관세음보살」 성호와 「나무마하반야바라밀」을 백번, 천번
쉼 없이 염송하고, 주야로 항상 이 경을 염송할지니, 열매를 맺지
못할 원이 없으리라."

摩訶般若波羅蜜多心経

観自在菩薩行深般若波羅蜜多時照見五

蘊皆空度一切苦厄舎利子色不異空空不

異色色即是空空即是色受想行識亦復如

是舎利子是諸法空相不生不滅不垢不浄

不増不減是故空中無色無受想行識無眼

耳鼻舌身意無色声香味触法無眼界乃至無意識界無無明亦無無明尽乃至無老死

亦無老死尽無苦集滅道無智亦無得以無

所得故菩提薩埵依般若波羅蜜多故心無

罣礙無罣礙故無有恐怖遠離顛倒夢想究

竟涅槃三世諸佛依般若波羅蜜多故得阿

耨多羅三藐三菩提故知般若波羅蜜多是

大神呪是大明呪是無上呪是無等等呪能

除一切苦真実不虚故説般若波羅蜜多呪

即説呪曰

掲諦掲諦 波羅掲諦 波羅僧掲諦 菩提薩婆訶

대사 심경 독해讀解

[감산대사 · 우익대사 · 정공노화상]

"(석가모니부처님께서 우리의 이러한 무명 미혹을 불쌍히 여기시어) 「스스로 증득하신 법문(自證法門)」으로써 중생을 깨우쳐 인도하시어 사람마다 모두 「지혜는 본래 자신에게 있고, 망상은 원래 허환虛幻이며, 몸과 마음은 모두 자성이 없어 공하고, 세계는 곧 환화와 같다!」는 이치를 스스로 깨달아 알고서, 갖가지 악업을 짓지 않고 생사를 멀리 여의고 모두 고해를 벗어나 열반의 즐거움에 이르게 하고자 이 《반야바라밀다심경》을 말씀하셨다." _감산대사

"《반야심경》은 우리의 현전하는 일념 미세한 마음 그대로 실상 · 관조 · 문자의 삼반야임을 직접 가리킨다." _우익대사

"《반야심경》에서 말씀하신 오온개공五蘊皆空의 총강령은 염불하여 정토에 태어나길 구함과 중요한 관계가 있습니다." _정공 노화상

시방삼세 일체제불께서
위로 불도를 이루고
아래로 중생을 고화하여
처음과 끝을 이루는
원돈圓頓의 성불成佛법문

정토법문淨土法門은
삼승과 다섯 근성의 사람을 한데 모아
끝내 진상眞常을 증득케 하고
위로 성인부터 아래로 범부까지 모두 인도하여
함께 저 언덕에 오르게 합니다.
그래서 구법계 중생이 모두 돌아가고
시방제불께서 같이 찬탄하시며
수 많은 경전에서 같이 천명하고
수 많은 논에서 모두 선양합니다.
진실로 석존 일대시교의 지극한 말씀이자
일승의 위없는 큰 가르침이라 말할 수 있습니다.
덕의 근본(나무아미타불 육자명호)을 심지 않았다면
무수겁이 지나도록 만나기 어려운 법문이니
이미 보고 들은 이상
이를 부지런히 정진하고 수습해야 합니다.
－인광대사 문초청화록

印光大師敎人敦倫盡分
閑邪存誠老實念佛求生
淨土尤重因果敎学

들어가는 말1)

인광대사

무릇 마음과 부처와 중생, 이 셋은 차별이 없다. 이 차별이 없는 마음은 허령하여 환하게 볼 수 있으며(虛靈洞徹), 맑고 투명하여 영원하며(澄湛常恒). 곧 고요히 그치고 곧 비추어 관하며, 유有도 아니고 공空도 아니며, 범부와 성인의 명칭이 끊어졌으며, 생겨나고 사라짐의 환상이 없느니라.

심연상心緣相을 여의니, 그래서 정情과 식識으로는 헤아릴 수 없고, 문자의 관문을 뛰어넘으니, 그래서 언어로는 가히 형용할 수 없다. 그러나 여래의 지혜는 광대하고 법에 자재하나니, 말을 여윈 도를 언어로써 잘 드러내 보이고, 또 광대하고 간략하게 근기에 알맞아서 각각 원만하고 미묘함에 이르렀다.

詳夫心佛眾生 三無差別。此無差別之心 虛靈洞徹 澄湛常恒 即寂即照 非有非空 絕凡聖之名稱 無生滅之幻象。離心緣相 故情識莫能測度 超文字關 故語言未可形容。然如來智慧廣大 於法自在 善以語言 顯示離言之道 而且廣略適宜 各臻圓妙。

그래서 《대반야경》은 자세히 불법과 중생법에 입각하여 심법을

---

1) 《대승백법명문논강의제사병서大乘百法明門論講義題辭並序》를 번역한 글입니다.

밝혔나니, 6백 권이나 되는 많은 장경이 있다. 《반야심경》은 간략히 심법에 입각하여 불법과 중생법을 밝혔나니, 문장은 겨우 2백 6십 자에 지나지 않으나, 십법계의 인과와 사리를 모두 갖추지 않음이 없다. 간략한 것으로써 광대한 것을 거두어도 잃어버린 뜻이 전혀 없다. 이 경전을 축약하여 말하면, 곧 "오온을 비추어 모두 공함을 깨달아 알아(照見五蘊皆空) 일체의 괴로움과 재난을 건너간다(度一切苦厄)." 이 두 구절이다. 이는 모든 경전의 핵심 고리(樞鈕)이다.

是以大般若廣約佛法眾生法 以明心法 有六百卷之多。此經略約心法 以明佛法 眾生法。文僅二百六十字 而十法界因果事理 無不畢具。以約攝博 了無遺義。 若約而言之 則照見五蘊皆空 度一切苦厄二句 復為全經樞鈕。

재차 이를 축약하여 말하면 단지 비출 「조照」한 글자이니, 법마다 모두 원만히 드러내어 밝히고 법마다 원만히 다하여 없어지며, 드러내어 밝히고 다하여 없어짐이 모두 고요히 그치면 하나의 참마음(一眞)이 철저하게 드러나니, 관자재보살께서 나의 마음을 먼저 얻으셨거늘 우리들이 따라 배우지 않아서야 되겠는가. 정말 여래의 마음도장(心印)이요, 대장경의 강종綱宗이며, 구법계의 지남 指南이며, 대반야大般若의 관건關鍵이라고 말할 수 있으니, 뜻이 불가사의하고 공덕 또한 불가사의하도다.

再約而言之 只一照字 便可法法圓彰 法法圓泯 彰泯俱寂 一眞徹露 觀自在菩薩先 得我心 我等可不隨學乎。誠可謂如來之心印 大藏之綱宗 九法界之指南 大般若

之關鍵 義不可思議 功德亦不可思議。

_심경천해서心經淺解序

　세간 출세간의 법은 오직 한 마음이 지어낸 것이다. 마음이
생한 즉 법이 생하고, 마음이 멸한 즉 법이 멸한다. 마음이 멸하는
법을 얻고자 한다면 모름지기 법의 근원을 알아야 한다. 법의
근원을 이미 얻었다면, 법이 멸하는 마음 또한 사라진다. 오온이
이미 공적하니, 하나의 참마음(一眞) 또한 세워지지 못한다. 보리도
菩提道를 원만히 깨달아, 일체의 괴로움과 재난을 건너가라.

　　世出世間法 唯是一心作。心生則法生 心滅則法滅。欲得滅心法 須知法根源。
　　法根源既得 法滅心亦泯。五蘊既空寂 一眞亦不立。圓滿菩提道 度一切苦厄。

　《대승백법명문론》은 천친보살께서 세상 사람들로 하여금 마음
의 본체가 불생불멸이고 상주불변인 까닭에 이 논서를 지어서,
세간 출세간의 모든 법을 밝히고 그 큰 수를 들어 보이시니, 그
항목이 백 가지이다. 이 백 법 가운데 오직 진여 한 가지 법이
그 주체가 된다. 나머지 모든 법은 모두 그것에 의지하여 세워진다.

　　大乘百法明門論者 天親菩薩欲令世人咸知心之本體不生不滅 常住不變 故造此
　　論 以明世出世間所有諸法 舉其大數 厥目有百。此百法中 唯有眞如一法 為其主
　　體。其余諸法 皆依此立。

　일체 제법을 또렷이 알 수 있다면 본체는 절로 생하지 않는다.
즉 일체 제법이 모두 진여이니, 법마다 원통하고(法法圓通), 두두물물

이 도이다(頭頭是道). 고요히 그침과 비추어 관함이 서로 원용하여(寂照雙融), 도처에서 근원을 만난다(左右逢源). 만약 중생의 근기를 따라 중생을 이롭게 하면 만덕이 원만히 드러난다. 만약 이치에 계합하여 조용히 마음속으로 깊이 사색하면 한 법도 세워지지 않는다.

若能了知一切諸法 本自不生。則一切諸法 皆是眞如。則法法圓通 頭頭是道。寂照雙融 左右逢源。若隨機以利生 則萬德圓彰。若冥心以契理 則一法不立。

관세음보살께서는 깊은 반야로써 오온을 비추어 모두 공함을 깨달아 아셨다. 오온은 곧 백가지 법(百法)의 약칭일 뿐이다. 이미 그 공함을 깨달아 아니, 곧 오온이 모두 깊은 반야를 이룬다. 마치 부처님의 광명이 한 번 비춤에 모든 암흑이 다 사라지고, 혹 남아있는 작은 어둠조차도 없는 것과 같다.

불도를 배우는 사람은 이 관문을 꿰뚫는 요점(關要)을 알지니, 곧 성性과 상相, 현顯과 밀密은 모두 일여一如이다. 그렇지 않으면 곧 말을 따라 집착을 일으켜 지남(指歸: 지향점)을 깨닫지 못하여, 바다에 들어가 모래를 헤아리고 헛되이 쓴 고통만 받게 되느니라.

觀世音菩薩以深般若照見五蘊皆空。五蘊即百法之略稱耳。既見其空 則五蘊悉成深般若矣。如佛光一照 群暗皆消 更無少暗之或留者。學道之士 識此關要 則性相顯密 悉是一如。否則隨語生執 了無指歸。入海算沙 徒勞辛苦。

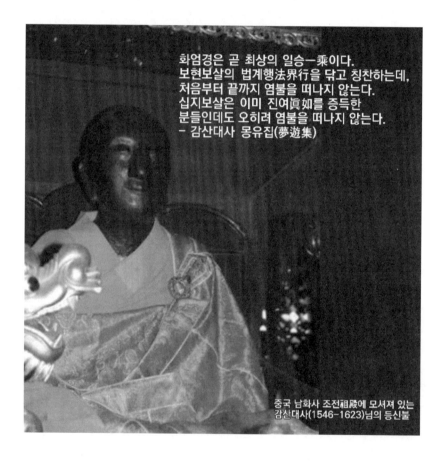

화엄경은 곧 최상의 일승一乘이다.
보현보살의 법계행法界行을 닦고 칭찬하는데,
처음부터 끝까지 염불을 떠나지 않는다.
십지보살은 이미 진여眞如를 증득한
분들인데도 오히려 염불을 떠나지 않는다.
─ 감산대사 몽유집(夢遊集)

중국 남화사 조전祖殿에 모셔져 있는
감산대사(1546~1623)님의 등신불

반야바라밀다심경직설般若波羅蜜多心經直說

감산대사

감산대사는 임제종의 선사로 선학관禪學觀 상에서 원선原禪의 몇몇 기본관점을 견지한다. 그의 생각은 사람마다 자심自心의 광명을 원만히 구비하여 각각 현성現成하지만, 곧 털끝만큼도 없다. 중생은 무시겁 이래 애근愛根의 종자로 조성한 깊고 두터운 망상 때문에 이러한 묘명妙明의 마음을 가려서 진실한 수용을 얻을 수 없으며, 일심은 단지 망상세계 속에서 생계를 꾸리느라 생사에 유랑할 뿐이다. 단지 일념 망상을 단박에 쉬어 자심自心이 청정하여 본래 그대로 한 물건도 없음을 사무쳐 볼 수 있으니, 이를 깨달음(悟)이라고 한다.

그것을 닦음이라 함고 깨달음이라 함은 모두 이 마음을 닦고 이 마음을 깨닫는 것이니, 자심을 여의고 특별히 닦을 수 있고 깨달을 수 있는 것이 아니라고 강조하였다. 그는 임제종 계통하의 선사로 단지 그의 사상은 선교일치禪敎一致, 선정합일禪淨合一에 중점을 두어 선종과 화엄종의 융합, 유불선 삼교의 합일을 주장하였다. 그는 진정한 간화선은 경론과 일치하는 것으로 선禪이라 함은 교敎를 여의지 않고, 교敎 그대로 선禪이라 여겼다.

《반야바라밀다심경직설》은 선사의 불법사상을 대표한다. 중생이 불법을 수지함에 있어 큰 메시지가 있다.

반야바라밀다심경직설
般若波羅蜜多心經直說

감산憨山대사 述述

[경문제목]

반야바라말다심경
般若波羅蜜多心經

이 경의 제목에서 「반야」라 부른 것은 무엇인가? 반야는 범어로 그 뜻을 번역하면 지혜이다. 「바라밀다」라 부른 것은 무엇인가? 이 또한 범어이다. 그 뜻은 저 언덕에 이름, 도피안到彼岸이다.

此經題稱般若者何。乃梵語也。此云智慧。稱波羅蜜多者何。亦梵語也。此云到彼岸。

이른바 「생사윤회로 괴로움을 겪는 곳(生死苦趣)」은 그 깊이가 큰 바다와 같다. 「중생의 정념과 망상(衆生情想)」이 욕망의 바다를 더욱 끝이 없게 하는데, 무명으로 인해 깨닫지 못하고 (경계에 바람이 불어서) 식識의 물결이 세차게 파도쳐 미혹을 일으키고 온갖 업을 짓는다. 이로 인해 생사에 유전하는 가운데 괴로움의 과보가 무궁하여 생사의 바다를 건너 열반에 도달할 수 없다. 그래서 (범부의 세간경계를)「이 언덕(此岸)」이라 부른다.

謂生死苦趣。猶如大海。而衆生情想無涯。無明不覺。識浪奔騰。起惑造業。流轉生死。苦果無窮。不能得度。故云此岸。

오직「우리 부처님(吾佛)」께서 큰 지혜의 광명으로써 범부의 마음(凡情) 속 육진경계(塵境)를 비추어 깨뜨려, 번뇌가 영원히 끊어져 갖가지 괴로움이 모두 다하고, 분단생사分段生死와 변역생사變易生死의 두 가지「죽음(死)」이 영원히 사라지며, 곧장 고해를 뛰어넘어 높이 열반을 증득한다. 그래서 (성인의 열반경계를)「저 언덕(彼岸)」이라 한다.

惟吾佛以大智慧光明。照破情塵。煩惱永斷。諸苦皆盡。二死永亡。直超苦海。高證涅槃。故云彼岸。

「심心」이라 말함은 바로「대지혜로써 저 언덕에 도달한 마음」이지,「세상 사람들이 망상을 빚는 육단심肉團心」이 아니다. 자못 세상 사람들은 자신이「지혜광명의 반야심을 본래 갖추고 있는 줄」모르고, 단지「망상으로 자신을 얽어매는 그림자」만 인식하고서「피와 살로 된 몸에 붙어 있는 육단심」을 참마음(眞心)이라 여기고 있다. 그래서 이「피와 살로 된 몸」에 집착하여「내가 있다(我有)」여기고, 이로 인해 그것에 의지하여 갖가지 악업을 저지르고 망념이 끊임없이 이어져 생사고해를 유랑하니, 일찍이 일념에 회광반조(回光返照; 자신의 본분을 돌이켜 봄)하여 자각한 적이 없다.

> 所言心者。正是大智慧到彼岸之心。殆非世人肉團妄想之心也。良由世人不知本有智慧光明之心。但認妄想攀緣影子。而以依附血肉之團者為眞心。所以執此血肉之軀以為我有。故依之造作種種惡業。念念流浪。曾無一念回光返照而自覺者。

날마다 쌓이고 달마다 쌓여서 태어남에서 죽음에 이르도록, 또한 죽음에서 태어남에 이르도록 세세생생 업 아닌 것이 없고 괴로움의 과보가 아닌 것이 없나니, 어떻게 열반의 저 언덕에 건너갈 수 있겠는가! 오직 「우리 부처님」, 대성인만이 「본래 갖추고 있는 참 지혜」로 「오온의 몸과 마음을 비추어 깨뜨리고, 그것이 본래 실유가 아니고 당체가 온전히 공함」을 자각할 수 있었다. 그래서 피안으로 단박에 뛰어넘고, 곧장 생사의 고해를 건너 열반의 피안에 도달하셨다.

> 日積月累。從生至死。從死至生。無非是業。無非是苦。何由得度。惟吾佛聖人。能自覺本眞智慧。照破五蘊身心。本來不有。當體全空。故頓超彼岸。直渡苦海。因愍迷者。

또한 (석가모니부처님께서는 우리의 이러한 무명 미혹을 불쌍히 여기시어) 「스스로 증득하신 법문(自證法門)」으로써 중생을 깨우쳐 인도하시어 사람마다 모두 「지혜는 본래 자신에게 있고, 망상은 원래 허환虛幻이며, 몸과 마음은 모두 자성이 없어 공하고, 세계는 곧 환화와 같다!」는 이치를 스스로 깨달아 알고서, 갖가지 악업을 짓지 않고 생사를 멀리 여의고 모두 고해를 벗어나 열반의 즐거움에 이르게 하고자 이 《반야바라밀다심경》을 말씀하셨다.

而復以此自證法門而開導之。欲使人人皆自覺悟。智慧本有。妄想元虛。身心皆空。世界如化。不造眾惡。遠離生死。咸出苦海。至涅槃樂。故說此經。

「경」은 곧 성인의 언교言教로 이를테면 자고이래로 변하지 않는 법칙이다.

經即聖人之言教。所謂終古之常法也。

[경문해석]

관자재보살께서 깊은 반야바라밀다를 행하실 때 오온을 관조하여 모두 공함을 깨달아 알고, 일체 괴로움과 재난을 건너갔느니라.

觀自在菩薩。行深般若波羅蜜多時。照見五蘊皆空。度一切苦厄。

「보살」은 곧 수행하는 주체인 「사람(人)」이고, 「깊고 깊은 반야」는 곧 수행하는 대상인 「법」이다. 「오온을 비추어 모두 공함을 깨달아 앎」은 곧 수행하는 「방도」이고, 「일체 괴로움과 재난을 건너감」은 깊은 반야법문을 수행하여 얻는 「실재효과」이다.

> 菩薩。即能修之人。甚深般若。即所修之法。照見五蘊皆空。則修之之方。度一
> 切苦厄。則修之實效也。

(요컨대) 관자재보살은 부처님으로부터 깊고 깊은 반야법문을
듣고서 곧 사유하고 법에 따라 수행하며, 지혜로써 깊이 관하고
돌이켜 오온의 안팎을 비추어 모두 진공으로 자성이 없고, 몸과
마음 세계에 실유實有인 사물이 없음을 또렷이 밝히고, 단박에
돈오頓悟하여 세간 출세간의 지혜를 뛰어넘고 모든 괴로움을 영원
히 여의어 진정한 대자재를 증득하셨다. 이로 말미암아 관하건대,
보살은 이미 이 반야법문으로써 열반의 피안에 건너갈 수 있으니,
누구나 다 이 법문에 따라 수행할 수 있음을 잘 알 수 있다! 이런
까닭에 세존께서는 특별히 사리불 존자에게 일러주시어 관세음보
살(관자재보살)의 미묘한 행문을 보여줌으로써 모든 사람들이 이
법문을 잘 알게 하신다!

> 以此菩薩。從佛聞此甚深般若。即思而修之。以智慧觀。返照五蘊內外一空。身
> 心世界洞然無物。忽然超越世出世間。永離諸苦。得大自在。由是觀之。菩薩既
> 能以此得度。足知人人皆可依之而修矣。是故世尊特告尊者。以示觀音之妙行。
> 欲曉諸人人也。

우리가 만약 이와 같이 깊이 관할 수 있다면, 자심自心에 본래
갖추고 있는 지혜광명이 이렇게 광대하고 신령 통달함을 일념에
돈오頓悟하여 「오온이 원래 공하여」 자성이 없고, 지수화풍 「사대四

大」또한 본래 실유實有가 아님을 철저히 비출 수 있다면, 어찌 괴로움에서 벗어나지 못하겠는가? 또한 어찌 업에 짓눌려 끌려 다니겠는가? 나와 남, 옳고 그름을 우겨대고, 곤궁하고 실패한 삶과 출세하고 성공한 삶을 비교하여 따지며, 부유하고 귀한 삶과 가난하고 천한 삶을 「마음에 둘(嬰心)」 수 있겠는가! 이상은 모두 보살이 반야법문을 배우며 얻은 실제 효과이다.

> 吾人苟能作如是觀。若一念頓悟自心本有智慧光明如此廣大靈通。徹照五蘊元空。四大非有。有何苦而不度。又何業累之牽纏。人我是非之強辯。窮通得失之較計。富貴貧賤之可嬰心者哉。此上乃菩薩學般若之實效也。

「오온五蘊」이라 말함은 곧 「색온・수온・상온・행온・식온」이다. 「조照」는 즉 관하는 주체(能觀)인 「지혜」이고, 「오온」은 즉 관하는 대상(所觀)인 「경계」이며, 「모두 공함」은 즉 (관찰과 경험을 통해서 얻는) 실재효과이다.

> 言五蘊者。即色受想行識耳。然照乃能觀之智。五蘊即所觀之境。皆空則實效也。

사리자여!

> 舍利子。

사리자(사리불)는 부처님 제자 중 한 분의 이름이다. 「사리」는 또한 범어로 그 뜻은 「추鶖」라 한다. (이 새는 물새의 일종이다.)

그 새는 눈이 가장 밝고 예리한데, 존자의 어머님 눈도 이와 같아서 이를 이름으로 삼았다. 이 존자는 추의 자식으로 그래서 「사리자」라 한다. 그는 부처님의 제자 중에 지혜제일을 차지한다.

> 此佛弟子之名也。然舍利亦梵語。此云鶖也。此鳥目最明利。其母目如之。故以爲名。此尊者乃鶖之子也。故云舍利子。在佛弟子中。居智慧第一。

반야법문도 또한 가장 심오하고 미묘하여 큰 지혜를 지닌 자가 아니면 깨달을 수 없다. 그래서 특별히 사리자에게 알려주시니, 이 법문은 이른바 「지혜가 있는 자에게 줄 수 있는 도」이다.

> 而此般若法門。最爲甚深。非大智慧者不能領悟。故特告之。所謂可與智者道也。

색온은 진공과 다르지 않고, 진공은 색온과 다르지 않으며, 색온 그대로 진공이고 진공 그대로 색온이니, 수온·상온·행온·식온도 또한 이와 같으니라.

> 色不異空。空不異色。色即是空。空即是色。受想行識。亦復如是。

이는 바른 지견知見으로써 「사리자(鶖子)」에게 앞에서 「오온개공五蘊皆空」을 해석한 함의이다. 오온 중에서 먼저 「색온」을 예를 들어 설명하자면 「색온」은 사람의 「몸(身相)」을 가리킨다. 이 「육신」을 사람마다 집착하여 「자신」의 것이라 여기나니, 즉 「고집스레

견지한 망상」이 응집되어 이루어진 것으로 이른 바 「자아에 대한 집착(我執)」의 근본이다. 이러한 망집은 가장 깨뜨리기 어렵다.

此正對鷲子釋前五蘊皆空之意。而五蘊中先擧色蘊而言者。色乃人之身相也。以其此身人執之以爲己有。乃堅固妄想之所凝結。所謂我執之根本。最爲難破者。

지금 처음 깊은 관에 들어가 먼저 이 육신은 사대가 임시로 화합한 것으로 본래는 실유가 아님을 관하여 당하에 본체는 온전히 공하여 자성이 없고, 몸 안팎이 툭 트여서, 더 이상 색신의 무명에 갇히고 덮이지 않으면 태어나고 죽고 오고감에 아무런 걸림이 없다. 이를 「색온의 집착을 깨뜨림」이라 한다. 색온의 집착을 깨뜨리면 나머지 사온(수온·상온·행온·식온)에 대해 점차 깊은 관을 행할 수 있다.

今入觀之初。先觀此身四大假合。本來不有。當體全空。內外洞然。不爲此身之所籠罩。則生死去來。了無罣礙。名色蘊破。色蘊若破。則彼四蘊可漸次深觀。

색온을 깊이 관함을 예로 들어 추론하면 경문에서 「색불이공色不異空(색온은 진공과 다르지 않다)」이라 말한 문구는 범부의 상견(常見 ; 몸과 마음이 상주한다는 사견을 망집함)을 깨뜨린다. 자못 범부는 단지 색신만 알아 진실이라 망집하고, 또한 항상 존재한다고 말하며, 망녕되이 천추백세에 불멸한다고 헤아린다. 이 색신이 실재로는 허환虛幻이고 임시로 화합한 것(假合)으로 실답지 않아 생노병사의 네 가지 상으로 바뀌면서 찰나마다 멈추지 않아 늙고 죽음에 이르러 필경 무상하고 마침내 연기성공(緣起性空; 인연으로 일어나 자성이 공함)의 본성으로 돌아가는 줄 전혀 모른다.

例此而推矣。而言色不異空者。此句破凡夫之常見也。良由凡夫但認色身。執為眞實。將謂是常。而作千秋百歲之計。殊不知此身虛假不實。為生老病死四相所遷。念念不停歇。以至老死。畢竟無常。終歸於空。

이상은 여전히 인연생멸에 속하는 공空만 이야기하였을 뿐 공의 이치를 다 말하지 않았다. 자못「사대가 임시로 화합하여 환 같은 색온」은 원래「진공(眞空; 진여공성)과 다르지 않을」뿐인데, 범부는 모른다. 그래서 그를 깨우쳐주려고「색불이공」이라 말씀하시니, 이는「색신은 본래 진공과 다르지 않음」을 이른다!

此猶屬生滅之空。尚未盡理。良以四大幻色。元不異於眞空耳。凡夫不知。故曉之曰色不異空。謂色身本不異於眞空也。

「공불이색(空不異色 ; 진공은 색온과 다르지 않다)」이라 말한 이 문구에서는「외도 및 이승(성문승 연각승)의 단멸견斷滅見」을 깨뜨린다. 외도도 수행하지만 색신이 업에서 생겨나고, 업 또한 마음에서 생겨나서 과거세·현재세·미래세 삼세에 순환하면서 생사유전이 곧 쉴 기약이 없음을 모른다.「삼세 인과응보의 이치」를 통달하지 못함으로 말미암아 그들은 "사람은 죽은 후에 맑은 기운은 하늘로 돌아가고, 탁한 기운은 땅으로 돌아가며, 하나의 신령한 참된 본성(眞性)은 우주태허로 돌아간다."고 말한다.

空不異色者。此句破外道二乘斷滅之見也。因外道修行。不知身從業生。業從心生。三世循環。輪轉不息。由不達三世因果報應之理。乃謂人死之後。清氣歸天。濁氣歸地。一靈眞性還乎太虛。

만약 진실로 이와 같다 말하면 인과응보의 이치는 절대 없어 선을 행한 사람은 공연히 헛수고만 한 셈이고, 악을 저지른 사람은 뜻대로 실현될 것이다. 그래서 「참된 본성」은 태허로 돌아간다는 이러한 견해를 끌어안으면 선과 악은 징험이 없어 거의 소멸할 것이니, 어찌 불행하지 않겠는가!

苟如此說。則絕無報應之理。而作善者爲徒勞。作惡者爲得計矣。以性歸太虛。則善惡無徵。幾於淪滅。豈不幸哉。

공자께서 《주역》「계사전」에서 말씀하시길, "유혼이 변화하니, 귀신의 정상을 안다(흩어진 혼백은 유형·무형 사이에 머물며 변환되니, 역易의 도道는 귀신의 변화하는 상황을 잘 알 수 있다)." 하였다. 이는 곧 죽어도 없어지지 않는다는 말씀이니, 「윤회응보의 이치」가 낱낱이 드러난다! 그러나 세상 사람들은 세심하게 살피지 못하고 함부로 단멸한다고 하니, 진실로 터무니없기 짝이 없다!

孔子言曰。游魂爲變。故知鬼神之情狀。此正謂死而不亡者。乃輪迴報應之理昭然也。而世人不察。橫爲斷滅。謬之甚耳。

성문·연각의 「이승」은 비록 석가모니부처님의 가르침에 따라 수행할지라도 「삼계유심三界唯心」「만법유식萬法唯識」(욕계·색계·무색계 삼계의 업보는 모두 오직 「마음」이 만든 것이고, 일체 세간의 현상은

모두 오직 「식」이 분별한 것이다)의 이치를 통달하지 못하고 생사는
본래 환幻 같고, 화化 같음을 또렷이 이해하지 못함으로 인해 오히려
삼계의 상은 실유實有라고 여긴다. 그래서 삼계를 감옥과 같이
보아 (태생·난생·습생·화생) 네 가지 생을 옛 형구인 차꼬와 수갑처
럼 싫어하여 일념에 중생을 제도하겠다는 마음을 일으키지 못한
채 공적空寂에 가라앉고 막히며 적멸경계에 빠진다. 그래서 그들을
깨우쳐주고자 「공불이색」이라 말씀하신다.

> 然二乘雖依佛敎而修。由不達三界唯心。萬法唯識。不了生死如幻如化。將謂三
> 界之相以爲實有。故觀三界如牢獄。厭四生如桎梏。不起一念度生之心。沈空滯
> 寂。淪於寂滅。故曉之曰空不異色。

「진공(진여공성)」은 본래 「환색(환인 색온)」과 다르지 않고, 「색온」
은 단멸공을 여의는 것이 아니라 말한다. 이는 바로 「반야」가
「실상진공」임을 드러낼 뿐이다! 무슨 까닭인가? 반야의 진공은
대원경大圓鏡과 같고, 일체 환색은 거울에 비친 형상과 같다. 형상이
거울을 여의지 않음을 알면 곧 「진공이 색온과 다르지 않음」을
바로 알 수 있다! 이상 바른 지견으로써 색온을 여의는 이승의
단멸공斷滅空과 인과를 부정하는 외도의 활달공豁達空을 깨뜨렸다.

> 謂眞空本不異於幻色。非是離色斷滅之空。正顯般若乃實相眞空耳。何也。以般
> 若眞空。如大圓鏡。一切幻色。如鏡中像。苟知像不離鏡。則知空不異色矣。此正
> 破二乘離色斷滅之空。及外道豁達之空也。

또한 세상 사람들이 색과 공, 두 개의 말로 두 개의 말뚝을

박아 평등일여로 깊이 관할 수 없지 않을까 염려하여 또한 그들을 화쟁회통和諍會通시키고자 말씀하시길, 「색즉시공色即是空 공즉시색空即是色(색온 그대로 진공이고, 진공 그대로 색온이다)」 하셨다.

又恐世人將色空二字話為兩橛。不能平等一如而觀。故又和會之曰色即是空空即是色耳。

만약 이와 같이 깊이 관하여 「색불이공」을 깨달아 안다면 「음주가무와 여색, 금전 재화와 사리」 등을 탐내는 마음이 없을 것이고, 또한 재욕과 색욕, 명예욕과 식욕, 수면 등 「오욕의 세속번뇌」에 미련을 두지 않을 것이다. 이상으로 범부의 온갖 괴로움에서 단박에 건너간다.

苟如此觀。知色不異空。則無聲色貨利可貪。亦無五欲塵勞可戀。此則頓度凡夫之苦也。

만약 공불이색을 깨달아 안다면 「상온과 수온이 멸한 선정(멸진정)을 일으키지 않아」 행주좌와에 온갖 위의를 나타내면서 열반의 본래자리(涅槃本際)에 움직이지 않은 채 중생을 제도하는 제불사업을 할 수 있고, 「진공」에 거하면서 육도만행이 들끓듯 일어나며, 「묘유」에 거닐면서 당하에 일심이 청정하여 걸림이 없을 것이다. 이상으로 외도 및 이승의 망집에서 단박에 뛰어넘는다.

苟知空不異色。則不起滅定而現諸威儀。不動本際而作度生事業。居空而萬行沸騰。涉有而一道清淨。此則頓超外道二乘之執也。

만약 「색과 공이 평등일여하다」는 말을 깨달아 안다면 염념마다 이어져서 중생을 제도하지만 제도할 수 있는 중생이 실제로 있다는 망견을 내지 않고, 전후 마음마다 끊임없이 불과를 증득하고자 해도 증득할 수 있는 불과가 실제로 있다는 망견을 내지 않는다. 이른바 「실유하는 지혜가 없고 실유하는 증득이 없어야 일심을 원만 성취한다.」 이러면 보살경계를 뛰어넘어 단박에 불지佛地에 올라 구경열반의 차안彼岸에 도달한다.

苟知色空平等一如。則念念度生不見生之可度。心心求佛不見佛果可求。所謂 圓成一心無智無得。此則超越菩薩而頓登佛地彼岸者也。

즉 이 「색온일법」에 대해서 이와 같이 깊이 관할 수 있다면 그 나머지 사온에 대해서도 당연히 염념마다 원만히 밝아질 수 있다. 관세음보살께서 이근원통耳根圓通을 닦으신 것처럼 「이근 하나(一根)」를 이미 돌이켜 근원으로 돌아갔다면 「육근」도 해탈을 성취할 수 있다. 그래서 경전에 「수상행식受想行識 역부여시亦復如 是」라 말씀하셨다. 진성심眞誠心으로 이와 같이 깊이 관할 수 있다면 일체 괴로움이 단박에 끊어져 불과에 도달할 수 있고, 열반의 피안도 먼 거리가 아니다. 다만 당사자가 일념에 관심觀心을 성취할 수 있느냐에 달려있다. 이러한 반야의 법이 어찌 깊고 깊은 미묘 법문이 아니라 말할 수 있겠는가!

即此色蘊一法能作如是觀。則其四蘊應念圓明。正如一根既返源。六根成解脫。 故云受想行識亦復如是也。誠能如是。則諸苦頓斷。佛果可至。彼岸非遙。只在

當人一念觀心成就耳。如此之法。豈非甚深者哉。

사리자여, 이 오온제법의 진공실상은 생겨나지도 사라지지도 않고, 더럽혀지지도 깨끗해지지도 않으며, 늘어나지도 줄어 들지도 않느니라.

舍利子。是諸法空相。不生不滅。不垢不淨。不增不減。

이는 또한 세상 사람들이 생멸하는 마음으로써 「진여공성의 실상반야」의 법을 잘못 알아 「생겨남과 사라짐, 더러움과 깨끗함, 늘어남 줄어듦」이 있다 오해할까 염려함이다. 그래서 사리불 존자 를 불러 그를 깨우쳐 주려고 말씀하시길, "이른바 「진여공성의 실상」이라 함은 생겨남과 사라짐, 더러움과 깨끗함, 늘어남과 줄어 듦의 법이 결코 아니고, 게다가 「생겨남과 사라짐, 더러움과 깨끗 함, 늘어남과 줄어듦」이란 중생의 정집망견情執妄見의 법일 뿐이다. 우리 자신의 「진여공성 실상의 체」는 담연 청정하고, 허공과 같아 「정집情執을 벗어난 법」이니, 어찌 이렇지 않을 수 있겠는가!"

此又恐世人以生滅心。錯認眞空實相般若之法。而作生滅垢淨增減之解。故召 尊者以曉之日。所言眞空之實相者。不是生滅垢淨增減之法也。且生滅垢淨增 減者。乃衆生情見之法耳。而我般若眞空實相之體。湛然清淨。猶若虛空。乃是 出情之法也。豈然之哉。

그래서 경문에서는 비로소 「불不」 자로써 생겨남과 사라짐, 더러움과 깨끗함, 늘어남과 줄어듦의 법을 부정한다. 이를테면「오온」
이 화합한 일체 현상사물 그대로「진공실상」이니, (생겨남과 사라짐,
더러움과 깨끗함, 늘어남과 줄어듦 등) 일체 망집 양변의「허물」을
낱낱이 하나도 빠짐없이 멀리 여읠 수 있도록 한다.

故以不字不之。謂五蘊諸法。卽是眞空實相。——皆離此諸過也。

그래서 진공에는 색온도 없고 수온·상온·행온·식온도 없
으며, 안근·이근·비근·설근·신근·의근도 없으며, 색진
·성진·향진·미진·촉진·법진도 없으며, 안계도 없고 내
지 의식계도 없느니라. 무명이 없어서 또한 무명이 다함도
없으며, 늙고 죽음이 없어서 또한 늙고 죽음이 다함도 없으며,
고제·집제·멸제·도제도 없으며, 또렷이 앎도 없고 또한
얻음도 없느니라.

是故空中無色。無受想行識。無眼耳鼻舌身意。無色聲香味觸法。無眼
界。乃至無意識界。無無明。亦無無明盡。乃至無老死。亦無老死盡。
無苦集滅道。無智亦無得。

이는 반야가 허물을 여의는 까닭이 지닌 의미를 통석通釋한
것이다.

此乃通釋般若所以離過之意。

반야진공이 여러 허물을 영원히 여읜다 함은 진공실상 가운데 청정하여 한 물건도 없기 때문에 오온五蘊의 자취조차 없다. 오온만 없을 뿐만 아니라 육근六根도 없고, 육근만 없을 뿐만 아니라 육진六塵도 없고, 육진만 없을 뿐만 아니라 육식六識까지도 없다. 이는 곧 육근·육진·육식의 십팔계는 전부 범부의 법으로 반야진공은 이를 모두 다 여읜다. 그래서 모두 다 "없다(無)!" 하셨다. 이는 곧 범부의 법을 여읨이다.

> 謂般若眞空所以永離諸過者 以此中淸淨無物 故無五蘊之跡 不但無五蘊 亦無六根 不但無六根 亦無六塵 不但無六塵 亦無六識。斯則根塵識界 皆凡夫法。般若眞空 總皆離之 故都云無。此則離凡夫法也。

그리고 반야 중에는 범부의 법이 없을 뿐만 아니라 또한 성인의 법도 없다. 사성제·십이연기·육바라밀 등은 모두 출세간 성문·연각·보살 삼승三乘 성인의 법이다. 고집멸도 사성제는 「고」를 싫어하여 「집」을 끊고, 「멸」을 흠모하여 「도」를 닦는 성문의 법이다. 무명을 연해서 행行이 있고, 행을 연해서 식識이 있고, 식을 연해서 명색名色이 있고, 명색을 연해서 육입六入이 있고, 육입을 연해서 촉觸이 있고, 촉을 연해서 수受가 있고, 수를 연해서 애愛가 있고, 애를 연해서 취取가 있고, 취를 연해서 유有가 있고, 유를 연해서 생生이 있고, 생을 연해서 노사老死가 있음은 십이인연의 유전문流轉門이니, 즉 고제苦諦와 집제集諦이다. 무명이 다 하고 내지 노사까지도 다함은 십이인연의 환멸문還滅門이니, 곧 멸제滅諦

와 도제道諦이다. 이는 연각緣覺이 수행하는 관법이다. 반야의 본체 중에 성문 연각의 법은 본래 모두 없다.

> 然般若中 不但無凡夫法 亦無聖人法。以四諦十二因緣六度等 皆出世三乘聖人
> 之法也。苦集滅道四諦 以厭苦斷集慕滅修道 乃聲聞法也。無明緣行 行緣識 識緣
> 名色 名色緣六入 六入緣觸 觸緣受 受緣愛 愛緣取 取緣有 有緣生 生緣老死
> 乃十二因緣流轉門 即苦集二諦。無明盡至老死盡 乃還滅門 即滅道二諦 此緣覺
> 所觀法也。般若體中本皆無之。

궁극까지 추론하면 이승의 법만 없을 뿐 아니라 또한 보살의 법도 없다. 어째서 인가? 「지혜」 즉 관하는 지혜(觀智)는 육바라밀의 지혜를 구하는 주체인 마음이고, 「얻음」 즉 불과佛果는 구하는 대상인 경계이다. 그리고 보살의 수행은 지혜를 머리로 삼아 아래로 중생을 교화함은 다만 위로 불과를 구하기 위함일 뿐이다. 자못 부처의 경계는 허공과 같아서 의지할 것이 없나니, 만약 얻을 것이 있다는 마음으로써 그것을 구하면 모두 진실이 아니다. 반야진 공의 본체에는 본래 이러한 일이 없다. 그래서 "또렷한 앎도 없고 또한 얻음도 없다." 하셨나니, 얻음이 없음이 참 얻음으로 바야흐로 얻음이 구경이 된다.

> 極而推之 不但無二乘法 亦無菩薩法。何也？智即觀智 乃六度之智慧能求之
> 心；得即佛果 乃所求之境；然菩薩修行 以智為首 下化眾生 只為上求佛果。
> 良以佛境如空無所依 若以有所得心而求之 皆非眞也。以般若眞空體中本無此
> 事 故曰無智亦無得 無得乃眞得 方得為究竟耳。

얻을 것이 없는 까닭에 보리살타는 반야바라밀다에 의지해 마음에 연연함이 없고, 연연함이 없어 공포가 없고 전도몽상을 멀리 여의니, 구경열반이라.

以無所得故。菩提薩埵。依般若波羅蜜多故。心無罣礙。無罣礙故。無有恐怖。遠離顚倒夢想。究竟涅槃。

자못 불과는 얻을 수 없음으로써 얻는다. 그래서 보살은 반야에 의지해 수행하여 관한다. 그러나 일체 제법은 본래 다 공적하여 만일 정념과 망상, 분별에 의지하여 관하면 곧 마음과 경계가 얽혀 풀리지 않아서 해탈할 수 없고, 곳곳마다 탐착하여 다 걸리게 된다. 만일 반야의 참 지혜에 의지해 관하면 곧 마음과 경계가 다 공하여 접촉하는 곳마다 툭 트여서 해탈 아님이 없다. 그래서 "이 반야에 의지하므로 마음에 연연함이 없다." 하셨다. 마음에 연연함이 없으므로 곧 생사를 두려워할 수 없다. 그래서 "공포가 없다." 하셨다. 이미 생사를 두려워할 수 없는 이상 불과를 구할 수 없다. 생사를 두려워하고 열반을 구함이 모두 몽상 전도의 일일 뿐이다.

良由佛果以無得而得 故菩薩修行依般若而觀。然一切諸法本皆空寂 若依情想分別而觀 則心境纏綿 不能解脫 處處貪著 皆是罣礙。若依般若眞智而觀 則心境皆空 觸處洞然 無非解脫。故云依此般若故心無罣礙 由心無罣礙 則無生死可怖 故云無有恐怖。既無生死可怖 則亦無佛果可求。以怖生死求涅槃 皆夢想顚倒之事耳。

《원각경》에서 이르시기를, "생사와 열반이 모두 어젯밤 꿈같다." 하셨다. 그러나 반야의 원만한 관(圓觀)이 아니고서는 이 전도몽상의 상을 결코 여읠 수 없다. 능히 전도몽상을 여의지 못한 이상 결코 구경열반을 이룰 수 없다. 열반은 또한 범어로 적멸寂滅이라 하고 또 원적圓寂이라 한다. 오주五住의 번뇌를 원만히 제거하고 (두 가지 생사가 사라져) 적멸에 영원히 안주하나니, 이에 부처님께서 돌아가는 궁극의 불과이다. 그 뜻은 성인과 범부의 정념情念을 여읠 수 있는 사람이라야 비로소 그 열반에 증입할 수 있다는 말이다. 보살이 수행함에 이 법을 버려서는 결코 참 수행이 아니다.

圓覺云 : 生死涅槃猶如昨夢。然非般若圓觀 決不能離此顚倒夢想之相。旣不能離顚倒夢想 決不能究竟涅槃。然涅槃亦梵語 此云寂滅 又云圓寂。謂圓除五住寂滅永安 乃佛所歸之極果也。意謂能離聖凡之情者 方能證入涅槃耳。菩薩修行舍此決非眞修也。

삼세 제불은 반야바라밀다에 의지해 아뇩다라삼먁삼보리를 얻느니라. 그래서 깨달아 알지니, 반야바라밀다는 크게 신통한 주문, 크게 비추는 주문, 위없는 주문, 견줄 수 없는 평등한 주문으로 일체 괴로움을 없앨 수 있어 진실해서 헛되지 않느니라.

三世諸佛。依般若波羅蜜多故。得阿耨多羅三藐三菩提。故知般若波羅蜜多。是大神咒。是大明咒。是無上咒。是無等等咒。能除一切苦。眞實不虛。

보살이 이 반야에 의지하여 닦을 뿐만 아니라 곧 삼세제불도 모두 이 반야에 의지하여 무상정등정각無上正等正覺의 불과를 성취하지 않음이 없다 말한다. 그래서 이르시길, "삼세제불은 모두 반야바라밀다에 의지하므로 아뇩다라삼먁삼보리를 얻는다." 하신다. 이것도 범어이니, 「아」는 없다는 뜻이고, 「뇩다라」는 위란 뜻이고, 「삼」은 바르다는 뜻이고, 「먁」은 평등하다는 뜻이고, 「보리」는 '깨달음'는 뜻이니(위없는 바르고 평등한 깨달음) 곧 불과佛果의 극칭이다.

謂不但菩薩依此般若而修 即三世諸佛 莫不皆依此般若 得成無上正等正覺之果。故云三世諸佛依般若波羅蜜多故 得阿耨多羅三藐三菩提。此梵語也。阿云無；耨多羅云上；三云正；藐云等；菩提云覺；乃佛果之極稱也。

이로 말미암아 관하므로 알지니, 반야바라밀다는 생사번뇌의 마군을 몰아낼 수 있으므로 크게 신통한 주문이라 하고, 생사의 긴긴 밤 어리석음의 암흑을 깨뜨릴 수 있으므로 크게 비추는 주문이라 하고, 세간 출세간의 어떤 법도 이 반야보다 더 뛰어난 것은 없으므로 위없는 주문이라 하고, 반야는 일체 제불의 어머니가 되어 일체 무량공덕을 자아내므로 세간 출세간에서 함께 같은 것은 없고 오직 이것만이 일체와 같을 수 있으므로 견줄 수 없는 평등한 주문이라 하신다.

由此而觀 故知般若波羅蜜多 能驅生死煩惱之魔 故云是大神咒；能破生死長夜癡暗 故云是大明咒；世出世間無有一法過般若者 故云是無上咒；般若為諸佛

母 出生一切無量功德故 世出世間無物與等 惟此能等一切 故云是無等等咒。

주문이라 말함은 따로 달리 주문이 있는 것이 아니고 곧 이 반야가 주문이다. 그래서 이미 반야라 말하고 또 주문이라고 말한 것은 어째서 인가? 신통의 효력이 지극히 빠름을 말한다. 군대의 비밀 명령을 말없이 받들어 행할 수 있는 사람은 분명히 승리하듯이, 반야가 생사의 마군을 타파할 수 있음도 이와 같다.

所言咒者 非別有咒 即此般若便是。然既曰般若 而又名咒者 何也？極言神效之速耳。如軍中之密令 能默然奉行者 無不決勝 般若能破生死魔軍決勝如此。

또한 감로수를 마시면 죽지 않을 수 있듯이 반야를 맛본 사람은 곧 생사의 큰 근심을 단박에 제거한다. 그래서 이르시길, "일체 괴로움을 제거할 수 있다." 하셨다.

又如甘露 飮之者能不死。而般若有味之者 則頓除生死大患 故云能除一切苦。

그리고 "진실하여 허망하지 않다" 말씀하신 것은, 부처님의 말씀은 허망하지 않음을 보이시어 사람들이 잘 믿고 의심하지 않아 결정코 수행의 요체로 삼도록 하신다.

而言眞實不虛者 以示佛語不妄 欲人諦信不疑 決定修行為要也。

그래서 반야바라밀다주를 설하나니, 즉 주문을 설하여 말하길,

故說般若波羅蜜多咒。即說咒曰。

그 반야가 실로 괴로움을 제거하고 즐거움을 얻게 하는 공덕이 있음으로 말미암아 그래서 곧 비밀 주문을 설하여 사람들이 묵묵히 수지하여 신속한 효력을 취하게 하신 것이다.

由其般若實有除苦得樂之功 所以即說密咒 使人默持 以取速效耳。

아제 아제 바라아제 바라승아제 모지사바하

揭諦　揭諦　波羅揭諦　波羅僧揭諦　菩提薩婆訶。

이것도 범어이다. 앞의 경문은 반야를 드러내어 말한 것이고, 이 주문은 반야를 은밀히 말한 것이다. 그 뜻을 이해할 틈도 허락하지 않고 다만 묵송할 뿐, 그 공덕을 거두는 신속함은 바로 정념을 잊어버리고 이해가 끊어진 불가사의한 힘에 있을 뿐이다.

此梵語也。前文為顯說般若 此咒為密說般若 不容意解 但直默誦 其收功之速 正在忘情絕解不思議之力耳。

그러나 이 반야가 공덕을 신속하게 거두게 하는 원인은 곧 사람마다 본래 갖추고 있는 마음의 광명이다. 일체 제불께서는 이를 증득하시어 신통 묘용으로 여기시나, 중생들은 이를 미혹하여 망상 진로(塵勞; 세속적인 욕망 번뇌)로 여긴다. 그래서 일상생활에서 날마다 쓰고 있으면서도 알지를 못하여 스스로 그 본진(本眞 ; 본래 참된 마음자리)에 어두워 헛되이 온갖 어려운 고비를 다 겪고 있으니 어찌 가련하지 않겠는가! 만일 능히 본래 갖추고 있음을 단박에 깨달아서 지금 이 자리에서 회광반조迴光返照하여 일념에 훈습하여 닦으면 곧 생사 정념의 난관(情關)이 홀연히 파괴되고 쪼개지리라. 바로 천년의 암실을 등불 하나로 능히 깨뜨릴 수 있는 것과 같아 다시 방편을 따로 구할 것이 없다. 우리들 중에서 생사를 벗어남에 뜻이 있는 사람은 이를 버리고서는 결코 생사고해를 건너가는 배와 뗏목이 없을 것이다

> 然此般若所以收功之速者 乃人人本有之心光 諸佛證之以爲神通妙用 衆生迷之以作妄想塵勞 所以日用而不知 自昧本眞 枉受辛苦 可不哀哉。苟能頓悟本有 當下迴光返照 一念熏修 則生死情關忽然隳裂。正如千年暗室 一燈能破 更不別求方便耳。吾人有志出生死者 舍此決無舟筏矣！

이른바 "도도한 고해에 반야를 배 삼아 항해하고, 어두운 긴긴 밤에 반야를 등불삼아 밝힌다." 지금 저 사람들은 험난한 길을 분주히 돌아다니고 고해가 범람하여도 고통을 달게 여기고, 이 반야의 법을 찾지 않는 사람의 그 돌아갈 곳을 나는 모른다. 비록 반야가 보검인 소련宵練2)과 같아서 물건이 이 칼과 만나기만 하면

---

2) 열자列子에 나오는 보검의 하나로 낮에는 그림자만 보이고 빛은 보이지 않으며, 밤에는 빛만 보이고 형체는 보이지 않으며, 물건에 닿으면 획 소리가 나면서 잘라지고, 칼로 벤 자리는 본래대로 잘린 자리가 합쳐지며 아픔을 느끼지만 칼날에 피가 묻지 않는다 한다.

잘리지만, 물건이 잘려도 스스로 알지 못한다. 신성자가 아니면 쓸 수 없거늘, 하물며 소장부이겠는가!

所謂 滔滔苦海中 般若為舟航 ; 冥冥長夜中 般若為燈燭。今夫人者 驅馳險道 氾濫苦海 甘心而不求此者 吾不知其所歸矣。雖然般若如宵練 遇物即斷 物斷而 不自知 非神聖者不能用 況小丈夫哉 !

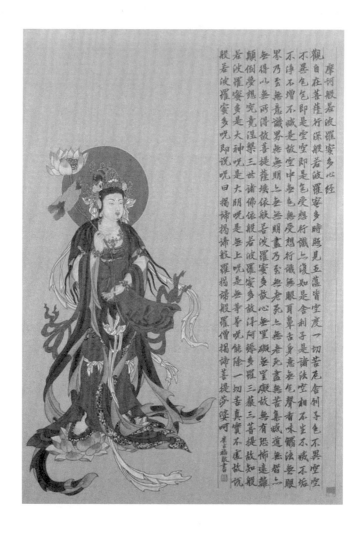

심경직설 발문

《원각경圓覺經》에서 이르시기를, "지혜와 우치愚癡는 전부 반야가 된다." 하셨다. 또 이르시기를, "모든 계·정·혜 및 음욕·분노·어리석음은 전부 범행梵行이다." 하셨다.

수다라(경)의 심오하고 미묘한 요의要義는 사람에게 일체 범부, 성인의 법 가운데 바른 지위로 결정되어 있지만, 이는 증득한 자와는 말을 나눌 수 있고, 거친 식을 가진 자에게는 말할 수가 없음을 가리킨다.3) 어찌 미친 선객(狂禪)과 인과를 부정(撥無)하는

---

3) 《부사의불경계경》에서 이르시길, "수보리가 또 질문하기를, 「대사여, 당신은 어떤 위치에 머물러 있습니까. 성문의 지위입니까, 아니면 벽지불의 지위입니까, 그것도 아니면 부처님의 지위입니까.」 문수사리보살이 말하길, 「대덕이시여, 당신은 내가 일체 모든 지위에 머물러 있다는 사실을 분명히 알아야 합니다.」 수보리가 말하길, 「대사여, 그렇다면 당신은 범부의 지위에 머물러 있다고도 할 수 있습니까.」 답하여 말하길, 「그렇습니다. 왜냐하면 일체 모든 법과 중생의 성품 자체가 바른 지위로 결정되어 있기 때문에, 나는 항상 이 바른 지위에 상주합니다. 그래서 내가 범부의 지위에 머물러 있다고 확실하게 말하는 것입니다.」 수보리가 또 질문하여 말하길, 「만약 일체법과 중생이 바른 지위로 결정되어 있다면 무엇 때문에 온갖 지위를 만들어 차별하여 말하기를, 이것은 범부의 지위이나 저것은 벽지불의 지위, 또한 부처님의 지위라고 말씀하시는 것입니까.」 문수사리보살이 말하길, 「대덕이시여, 비유하면 세간에서는 말로 설명하기 때문에 허공에 열 가지 방향을 정하여 동쪽과 서쪽, 남쪽과 북쪽, 나아가서 위쪽과 아래쪽 등으로 부르는 것과 같습니다. 비록 허공에는 차별이 없더라도 여러 방향으로 이와 같은 차별이 있게 됩니다. 지위를 차별하는 것도 이와

자들이 도리어 그 말씀을 빌어 구실로 삼음을 뜻하였으랴.

圓覺云 : 智慧愚癡 通為般若。又云 : 諸戒定慧 及婬怒癡 俱是梵行。修多羅奧
要微義 指人於一切凡聖法中 得決定正位 此可與證者道 不足為粗識言也。詎意
狂禪撥無者 反藉為口實。

종문에서 폐해가 흘러나와 오늘날 더욱 심해졌다. 그 시초를
궁구하면 모두 잠시 흠모하는 선비들이 생사로부터 발심하지 않고,
대도大道로써 명문名聞의 자질로 삼고 명문으로써 이양利養의 실속
으로 삼기 때문이다. 이러한 마음가짐(心行)을 지녀서는 고인의
향상向上[4]의 말을 잘못 이해하지 않은 것이 없어 "범부도 없고

같습니다. 여래가 일체법의 결정되어 있는 바른 지위에 다 훌륭한 방편으로써
차별을 두니, 범부의 지위·성문의 지위·벽지불의 지위·보살의 지위·부처님
의 지위가 그것입니다. 비록 바른 지위에는 차별이 없더라도 모든 지위에서
차별이 있는 것입니다.」

4) "조사들은 중국 공안을 그것들의 기능에 따라 세 부분, 즉 「이치理致」, 「기관機關」
그리고 「향상向上」으로 나누었다. 「이치理致」는 진정한 실재를 보여주는 말들의
부분이고, 그것들 대부분은 불교 경전들과 조사들에 대한 기록들에서 발췌한
것이다. 「이치理致」의 공안은 모두 불교 교학이나 선禪의 마음상태에 대한 이론적
표현이어서, 학생들은, 자신들이 깨달음의 육체적 체험을 통해 각 구절들의
진정한 의미를 깨닫기 위해서 공안에 자신의 마음을 반추해보면서 좌선을 수행하
는 것이다. 「기관機關」은 학생들이 초기 중국의 조사들이 어떻게 실재에 대해
깨닫게 되었는지를 알게 되는 일화의 부분이다. 그리고 좌선의 수행을 통해서
그런 이야기들을 반추해 봄으로써, 그들은 조사의 살아있는 마음(活祖意)에
도달할 수 있게 된다. 「향상向上」은 학생들이 위의 두 부분의 공안을 통해
얻게 된 먼지들을 제거하게 하는 공안의 부분이다. 다른 말로, 학생들은, 자신이
원래 평상적인 것에 지나지 않은 붇다나 조사들이 실제로 가르쳤던 것으로

성인도 없으며, 옛도 없고 지금도 없다"고 그릇되게 말하며, 공개적
으로 울타리를 치우고 남몰래 정념과 습기만 자라게 한다.

宗門流弊 今日為甚。究其始 皆由浮慕之士 不從生死發心 以大道為名聞之資
以名聞為利養之實 持此心行 未有不錯會古人向上之語 謬謂無凡無聖 無古無今
明撤藩籬 暗滋情習。

범부와 성인을 이미 좇아버리고, 옛날과 지금을 혼동하는 줄
모르고 있다. 이 한 수 (모든 것을 다 갖추고 있는) 대총지大總持를
누가 승당承當하며 누가 전변轉變하겠는가? 확실히 결정하여 밝혀
주는 지혜의 작용이 매우 깊어 분별하기 어렵나니, 바로 작은
방편으로써 보리를 빨리 증득한다 함으로 성문과 연각으로부터
보살과 부처님의 경지에 이르기까지 모두 반야의 공덕을 잊을
수 없다.

不知凡聖既遣 今古混同 此一著絕大總持 誰為承當？誰為轉變？決了慧用甚深
難辨 正謂以少方便疾證菩提 從聲聞緣覺以迄菩薩佛地 皆不能忘般若之功也。

대혜大慧선사께서 이르시길, "돌이 부딪쳐 불이 일어나고 번갯불
이 번쩍이는 매우 짧은 순간, 무한한 사람을 이끌어주어 깨닫게
해주고 전해준들 언제 끝마칠 날이 있겠는가?" 하매, 원오圓悟선사

복귀하기 위해서는, 이른바 불견佛見 또는 법견法見 또는 궁극적으로 실재에
도달했다는 자부심에 대한 집착을 제거해야만 한다." "이 향상向上의 특수한
길은 결코 어떤 과거의 성인에 의해서도 전승된 적이 없다(向上之一路, 千聖不傳)"
_「동령엔자에서 검토된 백은선의 수행원리」, 니시무라 에신.

께서 혀를 내밀면서 말씀하시기를, "다만 계합契合하여 증득할 뿐, 만일 계합하여 증득하지 못했으면 끝내 대강 보아 넘길 수 없다." 하셨다.

大慧云 : 擊石火 閃電光 引得無限人 悟將去 傳將去 有什麼了日?!圓悟為之吐舌 日 : 只要契證 若不契證 終不放過。

이로써 관하면 원오선사께서 "계합하여 증득한다." 하심은 어떤 일을 증득함인가? 영가永嘉대사께서 말씀하시기를, "무명의 실제 성품 그대로 불성이요, 환화의 공한 몸 그대로 법신이다." 하셨다. 모인 자가 말하기를, "중생의 근본무명 그대로 제불의 부동지不動智이다." 하였다. 다시 그것을 따져 묻기를, "무엇이 부동지인가?" 답하기를 "음욕·분노·어리석음이다.""무엇이 근본 무명인가?" "음욕·분노·어리석음인 줄 모름이다." 하였다.

以此觀之 則圓悟所謂契證者 證何等事耶? 永嘉日 : 無明實性即佛性 幻化空身 即法身。會者日 : 眾生根本無明 即是諸佛不動智。且詰之日 : 何為不動智? 日 婬怒癡 ; 何為根本無明? 日不知婬怒癡。

그것을 살펴보면 음욕, 분노, 어리석음임을 알 수 있는 경우 반야가 아니라고 말해서는 안 되니, 이에 눈앞에 있는 경계와 인연이 서로 핍박하여 만약 혹 모르는 경우와 동일하게 유전하는 즉 그렇지 않다. 그것을 편안히 함과 힘써서 함과 그것에 순응함과 거역함은 또한 사람들 각자 스스로 알 수 있다. 이理가 사事를 능히 갖출 수 없고, 깨달아도 증득할 수 없으며, 단덕(斷德; 모든 번뇌를 끊어버린 부처님의 덕)을 합하여 그 지혜를 이룸을 비로소 안다. 반야 하나를 들어서 단덕斷德·지덕智德·은덕恩德의 세 가지 덕이 구비됨을 어찌 마른 지혜(乾慧)로 말할 수 있겠는가!

審爾則能知婬怒癡者 不可謂非般若也 乃有境緣相逼 若或與不知者同一流轉即不然。安之與勉 順之與逆 亦人各自知。始知理不能該事 悟不可當證 合斷德以成其智。舉一般若 而三德具備。豈乾慧之足言哉!?

나 함하函昰는 서현棲賢에서 돌아와서 우리 스님을 좇아가 모시면서 《심경직설》을 받들어 읽어보니, 선병禪病에서 깊이 구출할 것이라고 말할 수 있다. 유통하여 후대의 학인에게 보여주기를 간청하고, 다시 발문을 지으라는 명령을 받들었다.

是歸自棲賢 趨侍吾師 得捧讀心經直說 可謂深救禪病 因乞流通 以示來學 復承命跋。

보고 듣고 말하고 싶은 것을 삼가 서술한다. 원하옵건대 우리들과 함께 정확히 식별하는 판단력을 갖출 뿐, 본래 스스로 그 천박하고 몽매한 줄 알지 못한다.

謹述見聞所欲言 願與吾人同具擇法 固不自知其淺昧也

단하사문丹霞沙門 천연함하天然函昰 기록하다.

정종법요 淨宗法要

감산대사 법어

재판 서문

《정종법요淨宗法要》, 이 책의 원 출처는 감산대사 전집입니다. 감산대사께서는 명나라 고승으로 지금까지도 육신이 허물어지지 않고, 육조 혜능대사의 육신과 함께 광동 남화사南華寺에 모셔져 있습니다. 그가 저술한 전집은 총 515권입니다. 지금 정종법요는 청도광淸道光 조월趙鉞 거사의 전집 중에서 골라서 수록한 것으로 내용은 세밀하게 잘 골라 뽑아서 참선을 익히고 정토를 닦는 학인에게 법문한 것으로 구구절절 진실하고 간절합니다. 대사께서는 확실히 수행으로 이를 경험하신 분입니다.

1940년 내가 홍콩 란타우섬(大嶼山) 보련사寶蓮寺 선방에 머물 때 어느 날 갑자기 폐지 더미에서 이 책을 발견하였습니다. 비록 대단히 낡아서 그 표지에 「정종법요」 네 글자만 시선을 빼앗아 즉시 책을 펼쳐보곤 마음이 더할 나위 없이 기뻤고, 만나기 어렵다는 생각에 온몸의 털구멍이 한꺼번에 열려 말할 수조차 없었습니다! 마음속으로 희유한 법보라 감탄하였습니다.

총 21편의 법어로 이루어진 정요精要 법문으로 항상 가까이 해야 할 귀중한 법보입니다. 어느 듯 42년이란 세월이 흘러 근래 다시 읽고서 기쁜 마음에 여러 대덕들과 함께 법익을 나누고자 다시 출판하기로 결심하였다. 이를 통해 수행의 요지를 밝히고 빠른 시일 내로 명심견성(明心見性; 자신의 본심을 인식하여 자신의 본성을 봄)하고 최후에 함께 서방극락 상품연화대에 오르길 바랍니다.

불력 2536(1992)년 불환희일佛歡喜日

옛 금산 반야강당에서 지해智海 삼가 서문을 짓다.

들어가는 말

지금 정업淨業을 닦는 자는 많지만, 효력이 있는 경우도 있고 효력이 없는 경우도 있습니다. 이는 생사의 그루터기를 아직 끊지 않아서 입니다. 우연히 몽유집夢遊集을 읽고서 그것이 학인을 채찍질하여 나아가게 하고 병통의 근원을 직접 도려내는 것을 보니, 법어마다 통쾌합니다! 위로부터 여러 조사들께서 전력을 다해 제창하셨지만, 아직 이와 같이 분명하고 절실하게 느끼게 하는 법어는 없습니다. 이 책을 적록摘錄해 두니, 정업행자들이 처음 공부를 시작함에 절실한 마음을 지니게 하여 세월을 헛되이 보내며 유명무실하지 않도록 하고, 또한 생사 일대사를 알아 단연코 부침하며 세월을 헛되이 보내지 않기를 바랍니다. 뜻을 같이 하는 사람들이 찬조贊助하여 원컨대 함께 유통하고자 목판에 글을 새겨 널리 법보시를 하고자 합니다.

조월趙鉞 삼가 씁니다.

[1] 염불결사한 우바새優婆塞에게 법문하시다

오직 우리 부처님만이 세상에 머물러 설법하면서 중생을 이롭게 하시니, 사부대중 사람 등이 각각 모두 제도 받음을 얻었다. 근기 따라 교화하시니, 각각에게 방편이 있어 널리 이익을 얻도록 하셨다. 비유컨대 때맞춰 비를 내려 세 가지 풀과 두 가지 나무가 축축하게 젖지 않음이 없도록 연분에 따라 흡족히 비를 맞아 제각각 다르게 자라나게 한다. 이런 까닭에 중생에게 베푸는 법은 천차만별의 차이가 있으나, 그 근원은 다를 것이 없다. 그리하여 불성佛性으로써 중생을 관하면 제도할 수 없는 중생은 한 사람도 없고, 자심自心으로써 불성을 관하면 닦을 수 없는 사람은 한 사람도 없다. 다만 중생이 스스로 미혹하여 모를 뿐이고, 또한 일깨워 인도할 진정한 선지식이 없어서 삼악도에 떨어지고 고통바다에 빠져 헛되이 온갖 어려운 고비를 다 겪는다.

> 惟吾佛住世 說法利生 四眾人等 各皆得度 隨機教化 各有方便 普令獲盆。譬若時雨 三草二木 無不蒙潤 隨分充足 各得生長。是故法有千差 源無二致。然以佛性而觀眾生 則無一生而不可度；以自心而觀佛性 則無一人而不可修。但眾生自迷而不知 又無真正善知識開導 故干墮沉淪 枉受辛苦耳。

나는 뇌양雷陽에 파견을 갔다 오양五羊에 다시 오니, 선사善士 모모 무리 십여 명이 절을 하고서 우바새(優婆塞; 재가거사) 오계법을 가르쳐주길 간청하니, 나는 흔쾌히 청에 응하여 바로 갈마(羯

磨; 수계나 참회 등의 업사業事를 짓는 일종의 선고식宣告式)를 행하였다. 이로부터 마음을 귀의함에 날로 진실해지고, 법을 들음에 더욱 더 돈독해졌다.

余蒙遣雷陽 復來五羊 有善士某某輩 十餘人作禮 願乞教授優婆塞五戒法 余欣然 應請 即爲羯磨 自是歸心日誠 聽法彌篤。

[필기]5) 이 단락의 글에서 대사께서 중생을 제도 교화하신 감흥을 충분히 체득할 수 있습니다. 이는 마치 석가모니부처님께서 중생을 자비연민하신 것과 같습니다. 여기서는 진정한 선지식의 중요성을 언급합니다. 말하자면 중생은 모두 불성이 있고, 사람마다 모두 성불할 수 있습니다. 이 일은 우리 학불하는 제자라면 모두 알고 있지만, 어리석고 전도된 마음을 뒤엎을 능력이 없어, 어찌 육도윤회의 회전바퀴로부터 벗어남을 논하겠습니까! 그래서 진정한 선지식이 맡는 역할은 확실히 적을 수 없습니다! 필경 경험자인 선지식이 있어야 우리가 어떻게 보리대도菩提大道의 길에 오를지, 진정으로 출세간의 법을 학습하여 영원히 생사를 끊을지 지도할 줄 압니다.

당시 대사께서는 마주하며 앞에서 법을 듣는 재가 제자들이 설법에 신심을 깊이 갖출 뿐만 아니라 몸으로 선지식의 직책을 맡아 사람들에게 오계를 수지하여 정식으로 우바새優婆塞가 되도록 전수하셨습니다. 당연히 중요한 것은 와서 법문을 듣는 자는

---

5) 《감산대사 몽유집(憨山大師夢遊集)》 공독恭讀 필기, 삼보제자 계정戒靜, 용봉사隆峰寺 식재息齋에서.

모두 법문을 좋아하는 요법樂法의 정신을 구족하였고, 게다가 자청하여 직접 수계受戒의 교훈을 구하였다는 점입니다. 이에 근거하여 대사께서는 그 정신의 갸륵함과 법을 배우는 열정을 보았습니다. 이에 염불법문을 전수하여 사람들이 계율을 잘 지켜 궁극의 청정에 이르게 하고, 정진 염불하여 서방정토에 왕생할 수 있게 하셨습니다.

나는 그들이 아직 깨닫지 못함에 슬펐고, 그들이 나아가 스스로 제도하는 공부를 닦음에 이르지 못함에 가엾이 여겼다. 그래서 도와서 염불삼매6)에 이르게 하였고, 가르쳐서 "전심專心으로 정업淨業을 수학하여, 사바세계 고의 인연을 통렬히 싫어해 떠나고, 극락세계를 향해 돌아가게(專心淨業 痛厭苦緣 歸向極樂)." 하였다. 월 모임을 기한으로 규제를 세워서 세 때에 「나무아미타불」 명호를 부르고, 예송과 참회를 행하여 신심이 날로 진실해지고, 죄업 업장이 날로 사라지게 하려면 반드시 왕생을 원으로 삼아야 한다. 과연 이렇게 할 수 있다면 비록 세속적인 욕망번뇌 가운데 있을지라도 살아도 헛되이 살지 않고, 죽어도 헛되이 죽지 않는다고 말할

---

6) 대승 특유의 염불삼매는 반주삼매般舟三昧이다. 그 뜻은 "시방제불이 모두 눈앞에 서있는 삼매" 혹은 "제불이 현전함을 사유(염)하는 삼매"이다. 이는 현재불을 전념하여 삼매를 성취하면, 즉시 선정 중에 현재 일체 제불을 또렷하게 분명하게 친견함을 말한다. 불력과 삼매력, 자신의 본래 공덕력 세 가지 인연으로 부처님이 눈앞에 나타나는 삼매를 얻는다.

수 있으니, 어찌 진실한 공행功行이 아니겠는가!

> 余哀其未悟 愍其不達進修自度工夫 因援以念佛三昧 教以專心淨業 痛厭苦緣
> 歸向極樂。月會以期 立有規制 以三時稱名 禮誦懺悔為行 欲令信心日誠 罪障日
> 消 必以往生為願 果能此道 雖在塵勞 可謂生不虛生 死不浪死；豈非真實功行
> 哉！

[필기] 이 감산대사님의 법문을 읽고서 우리는 진실로 막대한 격려라고 믿었습니다. 왜냐하면 대사께서는 염불회를 조직하여 함께 닦을 필요성을 이야기하셨기 때문입니다. 그 가운데 최상은 응당 「전심정업專心淨業 통염고연痛厭苦緣 귀향극락歸向極樂」을 몸으로 증명하심이니, 정토법문을 수지함에 반드시 구비해야 할 세 가지 자량에 대해 여기서 빠뜨림 없이 해석하고 계십니다.

이른바 「전심정업專心淨業」이란 수행인의 최초 걸음이자 최후 한 걸음이라고 말할 수 있습니다. 어떻게 이렇게 말할 수 있는가? 하면《불설관무량수경佛說觀無量壽經》의 내용에 따르면 부처님께서 위제희 부인(부처님 재세시 마갈다국 빈바사라왕의 왕후)을 위해 서방정토에 왕생하기 위해 반드시 구비해야 할 조건을 설명하셨다고 이야기합니다. 부처님께서 말씀하시길, "내가 지금 그대를 위하여 갖가지 비유를 상세히 말할 것이고, 또한 오는 세상의 일체 범부들로 정업淨業을 닦고자 하는 이로 하여금 서방 극락세계에 왕생할 수 있도록 하리라. 저 극락세계에 태어나고자 하는 이는 마땅히 삼복三福을 닦아야 하느니라.

첫째는 (범부의 복업으로) 부모님께 효도하고, 스승님을 받들어 모시며, 자비로운 마음으로 살생을 하지 말고, 열 가지 선업을 닦아야 하며, 둘째는 (이승의 복업으로) 삼보를 받아들이고 늘 기억하여, 온갖 계행을 구족하고 위의를 범하지 않아야 하며, 셋째는 (대승의 복업으로) 보리심을 발하고서 인과(염불·성불)를 깊이 믿고 대승경전을 독송하며 수행자들에게 (극락세계에 왕생하자고) 권진勸進하느니라. 이와 같은 세 가지 일을 정업淨業이라 이름하느니라." 부처님께서는 위제희에게 이르시길, "그대는 이제 알겠느냐. 이 세 가지 업은 과거·현재·미래 삼세제불께서 닦는 정업淨業의 정인正因이니라."

이상의 경문은 대사께서 사람들이 전심專心으로 정업淨業을 수학하길 희망하시는 깊은 뜻이고, 또한 대사께서 드러내신 자비심의 표현임을 알려줍니다. 우리는 자신이 청정한 본성의 수승함을 구족하고 있음을 긍정하면 성불도 문제가 될 수 없는데, 하물며 서방극락에 왕생함이겠습니까! 단지 진정으로 「전심정업專心淨業」하고자 할 뿐, 이는 쉽지 않습니다! 이때 당연히 반드시 「사바세계 고의 인연을 통렬히 싫어하여 떠나겠다는(痛厭苦緣)」 생각을 구족하고, 「극락세계를 향해 돌아가겠다는(歸向極樂)」 뜻과 원이 충만하여야 합니다. 왜냐하면 우리의 염원(心念)에 사바세계 업진業塵의 일체 고연苦緣이 싫어서 떠나겠다는 생각이 깊고 간절히 생기지 않으면 극락정토를 좋아하고 부러워하는 수승한 심원心願이 진정으로 생길 수 없습니다. 그래서 학불하는 사람은 선지식의 지도가 모자라서는 절대 안 됩니다. 선지식이 생겨야 우리는 실수實修의 노정을 마음 놓고 걸어갈 수 있습니다. 대사께서는 정말 우리의 선지식입니다! 간명簡明한 방식으로 사람들에게 함께 닦는 수승한 염불회 조직을 제의하셨습니다. 사람들이 정진하며 불도수행에 힘쓸 수 있기를 기대하시어 삼시염불三時念佛 뿐만 아니라 심지어 예불 송경을 하고 부지런히 참회를 구하여 죄장이 날로 사라지고 왕생에 연분이 있는 경계에 이를 수 있습니다. 오직 이러할 때 비로소 진정으로 헛되이 이 인간세계에 와서 또 다시 걷지 않을 것입니다.

그러나 부처님이란 깨달음이니, 곧 중생의 불성이다. 이를 미혹하면 중생이 되고, 이를 깨달으면 곧 부처라 이름한다. 지금 염하는 대상인 부처는 곧 자성미타自性彌陀이고, 구하는 대상인 정토는 즉 유심극락唯心極樂이다. 모든 사람이 염념마다 잊지 않고, 염념마다 아미타부처님이 출현하며, 걸음걸음마다 극락고향이니, 또한 십만억 국토 바깥에 달리 정토가 있어 돌아갈 필요가 있겠는가! 그래서 말하길, 마음이 청정하면 국토 또한 청정하고 마음이 더러우면 국토 또한 더럽다. 이는 일념에 악심이 일어나 칼산과 검숲이 무성하고, 일념에 선심이 생기면 보배 땅과 아름다운 연못이 완연하다. 천당 지옥 또한 어찌 이 마음을 벗어나겠는가! 모든 선남자는 각자 자세히 사유하여 응당 생사의 일은 크고, 무상은 신속하며, 한 번 사람 몸을 잃으면, 만겁에도 회복하기 어렵고, 세월은 유수와 같이 흘러 때를 기다려서는 안 됨을 통절히 생각하여야 한다. 이런 연분을 저버리고, 면전에서 놓치고, 큰 한계가 닥치면 어찌 이를 후회하겠는가! 각자 노력하고 소중히 여길지라.

然佛者覺也 即眾生之佛性 以迷之而為眾生 悟之即名為佛。今所念之佛 即自性彌陀 所求淨土 即唯心極樂。諸人苟能念念不忘 心心彌陀出現 步步極樂家鄉；又何必十萬億國之外 別有淨土可歸耶！所以道：心淨則土亦淨 心穢則土亦穢 是則一念惡心起 刀山劍樹樅然；一念善心生 寶地華池宛爾。天堂地獄 又豈外於此心哉？諸善男子 各諦思惟 應當痛念生死事大 無常迅速 一失人身 萬劫難復 日月如流 時不可待。儻負此緣 當面錯過 大限臨頭 悔之何及。各自努力 珍重珍重。

[필기] 윗글은 대사께서 우리에게 하신 간절한 말씀으로 사람들에게 인생이 무상하다는 것을 잊지 말고, 금생에 얻기 어려운 사람의 몸, 듣기 어려운 불법, 그리고 만나기 힘든 선지식을 더욱 소중히 여겨야 한다고 신신당부하고 있습니다. 그래서 우리는 이때 가르침에 따라 봉행하고, 목전에 지닌 일체 복덕과 인연을 파악하여 정진 수행하며, 불법을 배우는 초심을 잊지 말고 확실히 심지법문을 수지하겠다고 결심을 굳혀야 합니다. 대사께서는 우리를 불쌍히 여기시고, 우리를 거두어주시며, 우리가 일체의 시련을 인내하고 받아들일 수 있는 충분한 능력이 있음과 굳건한 믿음을 갖추어 착실히 염불하고 진정으로 발원하여 극락정토에 태어나길 구할 것임을 믿으시고, 원하는 바를 할 수 있게 하셨습니다.

[2] 용옥容玉 거사에게 법문하시다

고덕의 말씀이 있으니, "오직 지름길 수행이 있으니, 다만 아미타불을 염할 뿐이라." 범어 아미타는 무량수無量壽이다. 부처님(佛)이

란 깨달음이니, 우리 천진본연의 각성覺性이자 특히 견성見性의
제일 미묘한 문이다.

古德有言:唯有徑路修行 但念阿彌陀佛。梵語阿彌陀 此云無量壽 佛者覺也 乃吾
人本然天真之覺性 尤見性之第一妙門也。

원래 이 성은 천지보다 앞서니 늙어감이 없고, 천지보다 뒤서니
끝마침이 없다. 생사로 변하지 않는 것이고, 몸 안의 대사代謝로
옮아가지 않는 것이며, 만물을 뛰어넘고 마침내 다하는 바가 없다.
그래서 무량수無量壽라 이른다. 이 수壽는 형해의 길고 짧음, 세월의
길고 짧음에 속하지 않아 우리가 이 성품을 볼 수 있으면 곧 부처(佛)
라고 한다.

原夫此性 先天地而不為老 後天地而不為終 生死之所不變 代謝之所不遷 直超
萬物 無所終窮 故稱無量壽。此壽非屬於形骸修短 歲月延促也 吾人能見此性
即名為佛。

우리가 만약 자심自心이 부처임을 안다면 당연히 무엇으로 인해
중생이 되었는지? 살펴야 한다. 무릇 중생과 부처는 물과 얼음
같아서 마음을 미혹하면 부처가 중생이 되고, 마음을 깨달으면
중생이 부처이니, 물이 얼음이 되고 얼음이 녹아 물이 되는 것
같아 이름만 바꾸고 본체는 바뀌지 않는다.

吾人苟知自心是佛 當審因何而作眾生？蓋眾生與佛 如水與冰 心迷則佛作眾生
心悟則眾生是佛 如水成冰 冰融成水 換名不換體也。

미혹하면 깨닫지 못하고 깨닫지 못하면 즉 중생이고, 미혹하지 않으면 깨닫고 깨달으면 즉 중생이 부처이다. 그대가 부처를 구하고자 하면 다만 자심自心을 구하고 마음이 미혹함이 있으면, 다만 모름지기 염불할지라. 부처는 곧 깨달음을 일으킴이니, 자성광명을 깨달으면 정연挺然히 홀로 드러난다.

迷則不覺 不覺即眾生 不迷則覺 覺則眾生是佛。子欲求佛 但求自心 心若有迷 但須念佛 佛即起覺 覺自性光明 挺然獨露

앞 망상으로부터 탐진치의 업이 당하에 얼음 녹듯 녹고, 업의 때가 이미 사라져서 자심自心이 청정하면 자유롭고 구속받지 않는다. 이는 이른바 마음이 청정하면 국토가 청정하다 하였으니, 자심自心을 섬기는 공덕은 이것을 벗어남이 없고, 정토의 자량도 또한 이것을 벗어나지 않는다.

從前妄想 貪瞋痴業 當下冰銷 業垢既銷 則自心清淨 脫然無累。此所謂心淨則佛土淨 事心之功 無外乎此 ; 淨土之資 亦不外於是。

[3] 유존적劉存赤에게 법문하시다

《보살처태경菩薩處胎經》에 이르시길, "범부와 현인, 성인은 평등하여 높고 낮음이 없나니, 오직 마음에 있는 때만 없앤다면 깨달음은 손바닥 뒤집듯이 쉬울 것이다." 이로써 관하면 중생과 부처는 본래 둘이 없다. 이른바 마음과 부처 및 중생이 이 셋은 차별이 없지만, 마음이 청정하면 부처이고, 마음에 때가 있으면 곧 중생이다. 중생과 부처의 분간은 멀지 않으니, 단지 마음에 때가 멸하였는지, 멸하지 않았는지에 달려있을 뿐이다.

經云:凡夫賢聖人 平等無高下 唯在心垢滅 取證如反掌。由是觀之 眾生與佛 本來無二 所謂心佛及眾生 是三無差別 但心淨是佛 心垢即眾生 生佛之辨不遠 只在心垢滅與不滅耳。

이 마음은 본래 청정하건만 탐진치 교만과 오욕번뇌, 갖가지 업환業幻에 때 묻고 탁하며 가리고 덮인 까닭에 중생이라 하고, 이 마음의 때가 청정하면 곧 부처라 이름하니, 어찌 타력을 빌리겠는가! 어쩔 수 없이 일체 중생은 무시이래 업장이 깊고 두터우며, 번뇌가 견고하여 청정함을 얻기 어려우니, 반드시 연마의 공덕을 빌려야 한다. 그래서 참선, 염불 등 갖가지 방편은 모두 마음을 치료하는 약일뿐이다.

以此心本來清淨 但以貪瞋癡慢 五欲煩惱 種種業幻 垢濁障蔽 故名眾生；此垢若淨 即名為佛 豈假他力哉。無奈一切眾生 無始業障深厚 煩惱堅固 難得清淨必假磨煉之功 故參禪念佛 種種方便 皆治心之藥耳。

중생은 마음의 때를 여의기 어려워 반드시 공부를 쉬지 않고 부지런히 힘써 다스려서 때를 제거해 마음을 밝혀야 한다. 그래서 "중생은 본래 부처"라고 말한다. 한결같이 번뇌의 탁함 가운데 비뚤어져 있는 것은 아니기에 망녕되이 자신을 부처라 칭한다.

화두를 참구하여 본래 성품을 바로 보는「참선 간화看話」의 한 길은 가장 마음을 밝히는 절요이다. 그러나 근세에 이르러 시작하는 자가 드물다. 그 까닭은 하나는 근기가 둔하고, 또한 고인의 죽음을 각오한 마음(死心)이 없기 때문이다. 하나는 참 선지식의 결택(決擇; 옳고 그름을 판단하여 결정함)7)이 없어 삿된 견해에 떨어지는 이가 많기 때문이다.

> 眾生心垢難離 必須工夫精勤調治 垢去心明 故說眾生本來是佛 ; 非一向左煩惱 垢濁之中 妄自稱為佛也。參禪看話一路。最為明心切要 但近世下手者稀 一以 根鈍 又無古人死心 ; 一以無真善知識決擇 多落邪見。

이런 까닭에 홀로 염불과 참선을 겸수하는 행이 지극히 온당한 법문이다. 만약「나무아미타불」염불 화두를 가슴속에 간직하고 염념마다 추구하여 어디에서 일어나는지, 어디에 떨어지는지8) 진실하게 살펴서 반드시 당하當下에 떨어지는 것을 보아야 한다. 오래되면 갑자기 마음의 때가 다하고 밝음(明)이 나타나며, 마음바

---

7) "결택할 때엔 마치 얇은 얼음을 밟듯이 하고, 부지런히 지극한 도를 구하기를 마치 머리에 붙은 불을 끄듯이 한다면 다시 무슨 여가가 있겠는가? 마치 불이 몸을 덮쳐 오는 것과 같으니 모름지기 일체의 일을 떠나야 한다. 모름지기 여기에서 넓게 취하여 일마다 이르고, 물건마다 통해야 한다." _《조당집祖堂集》
8) "스승이 이르길, 명확히 알지니 그대는 우레 소리가 들리는지 어떻게 아는가? 대중에게 보이며 말하길, 여전히 우레 소리가 들리는가? 여전히 어디에서 일어나 는지 아는가? 만약 어디에서 일어나는지 안다면 바로 신명이 어디에 떨어지는지 알아버린다. 만약에 또 모른다면, 고인이 말하길, 천지를 모르는 자는 지금 막 건곤이 있다 말하느니, 차 한 잔 마시는 것이 낫다." _소주蘇州 요봉호섬堯峰顥 邏선사, 《오등회원五燈會元》.

탕이 열리고 통한다. 이는 공안 화두를 참구하는 것과 다름이 없으니, 힘을 더 내어서 밀어 붙여야 한다. 만약 망상이 부침하며 하는 일없이 하루하루 세월만 보내다가 중요하지 않은 일을 바짝 붙어 하면 이는 자기 한평생 이르도록 또한 대법락의 수용受用을 얻지 못한다. 이는 즉 자기 잘못으로 한 평생 뿐만 아니라 즉 지금부터 한량없는 세월이 다하도록 잘못하지 않은 때가 없을 것이다.

> 是故獨於念佛參禪 兼修之行 極為穩當法門。若以念佛話頭 蘊在胸中 念念追求 審實起處落處 定要見箇的當下落 久久忽然垢盡明現 心地開通 此與看公案話頭 無異 是須著力挨排。若以妄想浮沉 悠悠度日 把作不吃緊勾當 此到窮年 亦不得 受用。此則自誤 不但一生 即從今已去 乃至窮劫 無有不誤之時也。

그대가 시험삼아 분명히 진실로 살피고 궁구해보면 과연 번뇌의 때로 혼탁한 가운데 물에 맑은 구슬처럼 이로써 수용하지만 근원을 철저히 궁구하는 것은 아니다. 그대가 단지 묵묵히 스스로 점검하여 만에 하나도 잃지 않고, 정말 마음의 때를 여읜 곳에 이르면《능엄경》에 이르시듯이 "(근본무명이 끊어져) 밝은 상이 정미하게 순수하여 (일체의 변화로 나타나)" 객진번뇌가 걸림돌도, 장애도 되지 않는다. 이와 같다면 아미타부처님께서 접인하실 뿐만 아니라 곧 시방제불께서도 또한 같은 목소리로 칭찬할 것이다.

> 子試著實審究 果在煩惱垢濁之中 如水清珠 以此受用 但非徹底窮源耳。子只默 默自驗 萬無一失 若到真離垢處 如經云:明相精純 不為客塵煩惱留礙 如此不唯 彌陀接引 即十方諸佛 亦皆同聲稱讚矣。

[4] 옥각玉覺 참선인에게 법문하시다

학인이 수행함은 생사 대사를 위한다고 하지만, 또한 마음속에 염념마다 멈추지 않아 생사는 중단되지 않는다. 참으로 생사를 끝내고자 한다면 일체 온갖 인연을 한껏 내려놓고, 남김없이 내려놓을 수 있어야 한다.

> 學人修行 ; 為生死大事也 以心中念念不停 故生死不斷 欲實為了生死 必要把一切萬緣 盡情放下 放得乾乾淨淨。

그러나 무시이래 습기 종자가 있어 깔끔할 수 없어 반드시 화두 하나를 참구하여야 한다. 먼저 종전의 망상을 한꺼번에 내려놓고 망념이 몰래 생김을 용납하지 않으며, 느긋하게 한마디 아미타불 명호를 전제專提하여 착실히 선정에 기대고서 이런 생각이 어느 곳에서 일어나는가? 관하여야 한다. 낚시를 드리움은 그 뜻이 저 깊은 연못에 있음과 유사하다.

> 然有無始習氣種子 不得乾淨 必須參一話頭 先把從前妄想 一齊放下 不容潛生 緩緩專提一句阿彌陀佛 著實靠定 要觀此念 從何處起? 如垂綸釣 於深潭相似。

망념(妄念; 육진에 반연하는 생각)이 또한 생기면 이는 무시이래 습기가 너무 무거워서이다. 또한 망상이 있으면 내려놓고 결코 마음을 가지고 망상을 끊지 말아야 한다. 단지 등을 곧추 세울 뿐, 동쪽으로 생각하거나 서쪽으로 생각하지 말고, 곧장 망념이 일어나는 곳을 선정으로 보고서 내려놓고, 또 내려놓은 후 느긋하게 한 마디 부처님 명호 소리를 제기하여 이 한마디 부처님 명호 소리를 정관定觀하니, 필경 어느 곳에서 일어나겠는가? 대여섯, 일곱 마디 부처님 명호 소리에 이르면 망념이 일어나지 않는다.

若妄念又生 此因無始習氣太重 又有放下 切不要將心斷妄想 只 把脊梁豎起 不可東想西想 直於妄念起處覰定 放下又放下 緩緩提起一聲佛 定觀這一聲佛 畢竟從何處起 ? 至五七聲 則妄念不起。

또한 의정을 일으켜 이 염불하는 것은 필경 누구인가? 살핀다. 세상 사람은 이 한 마디 말을 짓고 이 의정을 일으킴이 바야흐로 득력하는 곳인 줄 전혀 모른다. 망념이 또한 일어나면 곧 크게 한 마디 부처님 명호를 부르고! 단지 누구인가 물을 뿐이다! 망념을 당하에 그 자취를 쓸고 그 흔적을 없앤다.

又下疑情 審這念佛的 畢竟是誰 ? 世人把此當作一句說話 殊不知此下疑情 方是得力處。如妄念又起 即咄一聲 ! 只問是誰 ? 妄念當下掃蹤滅跡矣。

잠을 잘 때 한번 깨면 화두를 제기한다. 이와 같이 앉아 있을 때 이와 같을 뿐만 아니라, 걷거나 머물거나 차 마시거나 밥을 먹거나 움직이거나 고요할 때에도 또한 이와 같다. 많은 군중 속에서 어떤 사람도 보이지 않고, 여러 움직임 속에서 어떤 움직임도 보이지 않는다. 이와 같이 점차 깨달은 경지(入處)가 있어도 칠식七識이 여기에 이르면 안 된다.

睡時一醒 就提起話頭 如此不但坐如是 行住茶飯動靜亦如是。在稠人廣眾中 不見有人 在諸動中 不見有動 如此漸有入處 七識到此不行。

이와 같이 밤낮으로 선정에 기대어 공부를 염두에 두지 않는다. 일단 팔식八識이 갑자기 튀어나오고 본래면목이 드러나면 곧 생사를 끝마치는 시절이다. 그러나 참선을 할 때는 깨달음을 구하지 말고 저 부처님이 오던지 조사가 오던지 마군이 오던지, 단지 움직이지 말고 염념마다 단제單提하여 행하여 나아가면 중간에 다시 난제가 없을 것이다. 이와 같이 면밀하게 마음마음 끊임없이 일상사에 사이를 두고 있는 힘을 다하면 저절로 결말이 있을 것이다.

如此日夜靠定 不計工夫 一旦八識忽然迸裂 露出本來面目 便是了生死的時節也。但參禪之時 不要求悟 任他佛來祖來魔來 只是不動 念念單提 行將去 中間再無疑難。如是綿綿密密 心心無間 日用間著力做去 自有下落。

[5] 동지광董智光에게 법문하시다

학인은 곧 죄의 뿌리가 깊고 무거움을 안다. 고덕께서 가르치시길, 수시로 구업을 없애고 새로 재앙을 짓지 말라. 부처님께서는 업이 무거운 중생을 위해 참회 일문을 여시니, 괴로움을 벗어나는 가장 뛰어난 방편이다. 게송으로 이르시길, 뭇 죄는 서리와 이슬 같아 지혜의 태양이 뜨면 사라질 수 있다. 참회하고자 하는 자는 단정히 앉아 실상을 염할지니, 이는 정행正行으로 이 밖에는 모두 보조 방편이다.

學人即知罪根深重 古德教人 隨時消舊業 切莫造新殃 佛為業重眾生 開懺悔一
門 最是出苦方便。偈曰:眾罪如霜露 慧日能消除 若欲懺悔者 端坐念實相 是為正
行 此外皆助方便也。

중생의 자성은 부처님과 평등하여 본래 물듦이 없고 또한 생사거
래의 상이 없지만, 최초의 불각不覺으로 본연자성을 미혹한 까닭에
무명이라 한다. 무명으로 인해 온갖 망상과 갖가지 전도를 일으키고
갖가지 업을 지어 망녕되이 삼계 생사의 괴로움을 취하니, 이는
모두 무명으로 자심自心을 깨닫지 못하고 망상을 따라 구르기 때문
이다.

眾生自性 與佛平等 本來無染 亦無生死去來之相 但以最初不覺 迷本自性 故號
無明。因無明故 起諸妄想 種種顛倒 造種種業 妄取三界生死之苦 是皆無明
不了自心 隨妄想轉。

모름지기 지혜의 광명으로 무명을 비추어 깨뜨려야 한다. 자심自
心이 본래 청정함을 확실히 믿고, 망상전도의 부림을 받지 않으면
온갖 업은 인이 없나니, 망상이 온갖 업의 인이기 때문이다. 이는
무슨 까닭인가? 무시이래로 자신의 본심에 미혹하여 태어나고
태어나며 죽고 죽음에 망상심으로써 갖가지 업을 지어 업과 습기가
안으로 팔식(八識 ; 아뢰야식)의 밭 가운데 쌓여 무명의 물로써 이를
관개하여 이 악의 종자가 업의 싹을 발현하니, 이것이 죄의 뿌리가
되어 일체 악업이 이로부터 생겨난다.

須是以智慧光 照破無明 的信自心 本來淸淨 不被妄想顚倒所使 則諸業無因
以妄想乃諸業之因也。此何以故？由無始來 迷自本心 生生死死 以妄想心 造種
種業 業習內積八識田中 以無明水而灌漑之 令此惡種發現業芽 是爲罪根 一切
惡業從此而生。

지금 구업을 없애고자 하면 먼저 큰 지혜광명을 발하여 무명을
비추어 깨뜨려 망상이 싹터 남몰래 불어나고 자라게 해서는 안
된다. 만약 망상이 일어나는 곳을 일념에 베어 끊을 수 있다면
오랫동안 쌓인 업의 뿌리를 당하에 없애고, 이른바 생각이 일어나는
것을 두려워하지 말고 단지 깨달음이 더디고 각조(覺照 ; 비추어
깨달음)가 조금 더딤을 두려워하면 그것의 지휘를 받아 바뀐다.

今欲舊業消除 先要發起大智慧光 照破無明 不許妄想萌芽 潛滋暗長。若能妄想
起處一念斬斷 則舊積業根 當下消除 所謂不怕念起 只怕覺遲 覺照稍遲 則被他
轉矣。

만약 일상에서 마음을 일으키고 생각을 움직이는 곳에서 염념마
다 알아차리고 염념마다 제거하여 이른 바 온갖 죄는 서리와 이슬
같아 지혜의 혜가 뜨면 없앨 수 있듯이 무명 흑암도 오직 지혜로써
깨뜨릴 수 있으니, 이를 일러 없앰(消除)이라 한다. 밤낮으로 버리지
못하고 부지런히 관찰하여 통과시켜서는 안 되지만, 망상이 생기는
곳을 궁구하여 생겨나는 상이 없음을 깨닫고 꾸준히 반복하여
간하면서 필경에 얻을 수 없고 오랫동안 순일하게 익히면 자심自心
이 청정하여 사물이 없는데, 한 물건도 없는 마음을 일러「실상實相」
이라 한다. 만약 항상 이 마음을 관하면 또한 어떻게 망상을 허용할

수 있고, 업 쌓기를 부칠 수 있겠는가? 이와 같아 마음씀(用心)을 일러 「관조삼매觀照三昧」라 한다.

若能於日用起心動念處 念念覺察 念念消滅 此所謂眾罪如霜露 慧日能消除 以無明黑暗 唯智慧能破 是謂消除也。若晝夜不捨 勤勤觀察 不可放行 但就妄想生處 窮究 了無生起之相 看來看去 畢竟不可得 久久純熟 則自心淸淨無物 無物之心 是謂實相。若常觀此心 又何妄想可容 積業可寄耶？如此用心 是謂觀照三昧。

만약 자심自心의 번뇌가 깊고 무거워 무명이 장애하는 곳을 스스로 깨달아 알지 못하면, 고덕께서는 학인에게 참구하기를 가르치신다. 즉 염불은 분명하고 진실한 공안으로 바로 힘을 써서 한마디 「아미타불」 부처님 명호 소리를 제기하여 가슴속에 가로놓고서 이 염불하는 것은 필경 누구인가? 곧 살피고 궁구하여야 한다. 수시로 제기하고 수시로 살펴서 이 의단疑團을 자기 명근命根처럼 여기고, 다시는 내려놓아서는 안 된다.

若自心煩惱深重 無明障處 不自覺知 如此則古德有敎學人參究 即將念佛審實公案 正當著力 提起一聲佛號 橫在胸中 即便審究 這念佛的畢竟是誰？隨提隨審 將此疑團 如已命根 更不放捨。

일체 움직이거나 고요하거나, 한가하거나 바쁘거나, 가거나 오거나, 앉거나 서거나 오직 이 한 가지 일뿐, 다시 나머지 일은 없다. 이와 같이 마음을 씀에 비로소 망견이 일어남을 볼 때 이 화두를 한번 죄어 당하에 분쇄하면 저절로 그 자취를 쓸고 그 흔적을 없앨 것이다. 단지 마음의 힘이 게을러져서 착실히 분발시키지 못해 망상을 대적할 수 없을까 두려울 뿐이다! 만약 망상을 대적하여 제거할 수 있다면 곧 구업을 없애는 때이다.

一切動靜閒忙 去來坐立 唯此一事 更無餘事 如此用心 纔見妄想起時 就將此話頭一拶 則當下粉碎 自然掃蹤滅跡矣。只恐心力懈怠 不肯著實提撕 故不能敵妄想耳！若敵得妄想銷處 便是舊業消滅時也。

이 한 수를 버리고 다시 마음 바깥을 향해 달리 구하지 않으면 제불께서 세상에 나오셔도 또한 참회할 곳이 없다. 이는 자력에 있지, 타력이 대신하는 것은 아니다. 악습이 승리하여 힘으로 대적할 수 없는 경우 과거 부처님에게 분명한 가르침이 있나니, 수행인이 습기를 제거하지 못하면 응당 일심으로 나의 불정광명佛頂光明에서 나온 무위심불無爲心佛이 설한 마음의 주문을 송할지니, 이는 실로 격외의 방편이다.

捨此一著 更向心外別求 則諸佛出世 亦無懺悔處 此在自力 非他力可代也。若惡習強勝 力不能敵者 在昔佛有明誨 若修行人 習氣不除 應當一心 誦我無爲心佛所說心咒 此實格外方便也。

각자의 장식藏識에서 잠복해 흐르고 있는 습기가 깊고 무거워 지혜의 힘이 이르지 못한다. 이르지 못한 심지는 반드시 부처님의 심인心印에 의지하여야 이를 비밀히 깨뜨린다. 비유컨대 쳐부수기 어려운 적은 반드시 (황제가 전권을 맡긴다는 표시로 대신에게 하사하는) 상방의 검을 청하듯이 이를 모름지기 아침·저녁 두 때 스스로 방편으로 취하여 참구하는 공부로써 제일의로 삼아야 한다.

以各人藏識潛流習氣深厚 智力不到 不到之地 必須仗佛心印 以密破之。譬如難破之賊 必請上方之劍 此須早晚二時 自取方便 唯以參究功夫為第一義耳。

[신득급信得及 고득정靠得定]

비유하면 병졸을 활용함은 상스럽지 않은 무기로 부득이하게 활용해야 한다. 고인께서는 참선에서 화두를 제시함은 모두 부득이한 것이다. 공안이 비록 많을지라도 유독 염불은 분명하고 진실한 화두로 세속적인 욕망·번뇌 가운데 지극히 득력하기 쉽다. 비록 득력하기 쉬울지라도 문을 두드리는 기와조각에 지나지 않은 것으로 끝내 버려야 하는 것이지만, 한차례 쓰지 않을 수 없다.

譬如用兵 兵者不祥之器 不得已而用之。古人說參禪提話頭 都是不得已。公案雖多 唯獨念佛審實的話頭 塵勞中極易得力。雖是易得力 不過如敲門瓦子一般 終是要抛却 只是少不得用一番。

지금 염불을 가지고 공부를 하면 모름지기 믿고 증득해 이르고(信得及), 염불해 증득한 선정에 기대어야 하고(靠得定), 이를 악물고 증득한 경계에 머물러야 하며(咬得住), 결코 미루거나 늦추어서는 안 된다. 오늘 이런 이유로 내일 저런 이유로 증득하지 못하고, 또한 증득하지 못할까 두렵고 또한 현묘하지 못함을 싫어한다면 이 작은 헤아림은 모두 장애가 되니, 먼저 설파하여야 하고 일시적일지라도 의심을 내어서는 안 된다.

如今用此做工夫 須要信得及 靠得定 咬得住 決不可猶豫。不得今日如此 明日又
如彼 又恐不得悟 又嫌不玄妙。者些思算 都是障礙 先要說破 臨時不生疑慮。

_답정곤암중승答鄭昆岩中丞, 감산대사

[6] 숭박嵩璞 은산주恩山主에게 법문하시다

고덕께서 가르치시길, 공부를 함에 있어 먼저 안으로 심신을
벗어나 바깥세상을 잊고서 일체를 내려놓고 조금도 간직하지 않은
채 일칙 공안화두, 한마디 「아미타불」 부처님 명호를 단제單提하고
서 염불하는 것은 누구인가? 가슴속에 가로놓고서 진실하게 살펴야
한다.

古德教人做工夫 先要內脫身心 外遺世界 一切放下 絲毫不存 單提一則公案話頭
如審實念佛的是誰 橫在胸中。

금강왕 보검으로 마구 헝클어진 삼 가닥을 자르듯이 일체 생각과
근심, 망상을 한꺼번에 잘라 버려서 안으로는 나갈 수 없고 밖으로
는 들어올 수 없도록 중요한 나루터를 끊고 숨통을 틀어막아 숨을
쉴 수 없도록 하여야 한다.

如金剛王寶劍 將一切思慮妄想一齊斬斷 如斬亂絲 內不容出 外不容入 把斷要津
築塞咽喉 不容吐氣。

이와 같이 힘을 써서 단지 화두를 드는 것은 필경 누구인가? 한 눈에 살펴야 한다. 이와 같이 의정을 일으켜 의심하고 의심해 내가 마음이 담과 같아질 때까지 의심하여, 더 이상 두 번째 생각이 일어나지 않도록 하여야 한다. 비로소 망상이 잠복하여 흘러가면 흘깃 살펴보고 곧 온 힘을 다해 화두를 제기하고, 다시 의정을 일으켜서 또 살피고 또 의심하여 이 의단疑團을 눌러서 막는 마음을 일으키지 않으면 망상이 다 끊어질 때가 바로 득력처得力處이다.

如此著力 一眼覷定 只提話頭的畢竟是誰？如此下疑 疑來疑去 疑到心如牆壁一般 再不容起第二念。纔有妄想潛流 一覷覷見 便又極力提起話頭 再下疑情 又審又疑 將此疑團扼塞之心念不起 妄想不行時 正是得力處。

이처럼 선정에 기대어 일체 가거나 머물거나, 앉거나 눕거나, 움직이거나 고요하거나, 한가하거나 바쁜 가운데 어금니를 꽉 물고 결코 놓아버리지 않고 나아가 잠자며 꿈꾸는 동안에도 놓아버리지 않는다. 오직 일념 화두가 그 사람의 명근命根일 뿐, 숨은 붙어 있지만 죽은 사람과 비슷하다. 이와 같이 독수를 써서 서로 가까이 가면 바야흐로 진실로 열심히 공부를 하는 사람이다. 세월을 헤아리지 말고 끝까지 힘을 쓰면 갑자기 상념의 불길이 끊어지니, 곧 크게 환희하는 시절이다.

如此靠定 一切行住坐臥 動靜閒忙中 咬定牙關 決不放捨 乃至睡夢中 亦不放捨。唯有一念話頭 是當人命根。如有氣死人相似 如此下毒手廝挨 方是眞實用功之人。用力極處 不計日月 忽然冷灰豆爆 便是大歡喜時節也。

[7] 염불절요를 법문하시다(示念佛切要在雲棲為聞子將子與母氏說)

염불하여 정토에 태어나길 구하는 일문은 원래 생사를 끝마치는 대사이다. 그래서 이르길, 염불은 생사를 끝마침이다 하셨다. 지금 누군가 발심할 때 생사를 끝마치고자 하면 기꺼이 염불할 것이다. 단지 부처님만이 생사를 끝마칠 수 있다 말하고, 생사의 그루터기를 모르면 결국 어느 곳으로 향하겠는가? 만약 염불하는 마음이 생사의 그루터기를 끊을 수 없다면, 어떻게 해야 생사를 끝마칠 수 있겠는가?

> 念佛求生淨土一門 元是要了生死大事 故云念佛了生死。今人發心 因要了生死 方纔肯念佛 只說佛可以了生死 若不知生死根株 畢竟向何處了？若念佛的心 斷不得生死根株 如何了得生死！

어떻게 해서 생사의 그루터기인가? 고인이 이르길, 업장이 무겁지 않으면 사바에 태어나지 못하고, 애착을 끊지 못하면 정토에 태어나지 못한다 하셨다. 이로써 애근이 생사의 그루터기임을 알 수 있다. 일체 중생이 생사의 괴로움을 겪는 것은 모두 애착이 원인이다. 이것으로 미루어 애근은 금생에 생긴 것도 아니고, 한두 생이나 서너 생 이전에 생긴 것도 아니며, 시작도 없는 최초로부터 생사가 생긴 이래 세세생생 몸을 버리고 몸을 받음이 모두 애착의 유전으로 줄곧 지금에 이른 것임을 알 수 있다. 종전을 다시 생각해 보면 어찌 일념이라도 잠시 이 애근을 여읜 적이 있었던가? 이러한

애근의 종자는 오랜 겁에 쌓여 깊고 무겁다. 그래서 생사는 궁진함
이 없다.

> 如何是生死根株？古人云:業不重不生娑婆 愛不斷不生淨土 是知愛根乃生死之
> 根株 以一切眾生 受生死之苦 皆愛慾之過也。推此愛根 不是今生有的 也不是一
> 二三四生有的 乃自從無始最初有生死以來 生生世世 捨身受身 皆是愛慾流轉。
> 直至今日 翻思從前 何曾有一念暫離此愛根耶！如此愛根種子 積劫深厚 故生死
> 無窮。

오늘 비로소 염불하기로 발심하면서 그저 서방극락에 태어나길
바랄 뿐, 계속 애착이 생사 뿌리의 이름인지도 모르니, 어찌 일념이
라도 끊어본 적이 있었겠는가? 생사의 근본을 모르는 한 염불하여
도 한편으로 염불하면서 생사의 뿌리가 계속 자라는 소리만 들릴
뿐이다. 이러한 염불은 생사와 아무런 상관이 없다.

> 故生死無窮。今日方才發心念佛。只望空求生西方。連愛是生死之根的名字也
> 不知。何曾有一念斷著。既不知生死之根。則念佛一邊念。生死根只聽長。如此
> 念佛。與生死兩不相關。

이런 식으로는 당신이 어떻게 염불하든지 임종할 때까지 염불해
도 단지 생사의 애근이 현전함을 볼 뿐이다. 그때 비로소 염불로
득력하지 못했음을 알고, 오히려 염불이 영험이 없다 원망하니,
후회한들 늦었다.

> 這等任你如何念 念到臨命終時 只見生死愛根現前 那時方知念佛不得力 卻怨念
> 佛無靈驗 悔之遲矣！

  그래서 지금 염불하는 사람에게 권하노니, 먼저 애착이 생사의 근본임을 알고, 지금부터 염불할 때 염념마다 이 애근을 끊어야 한다. 즉 날마다 씀에 현전하니, 집에서 염불하는 경우 눈앞에 보이는 것은 자녀 자손, 가족인연, 재산 등으로 어느 것 하나라도 애욕이 아닌 것이 없다. 즉 어느 한 가지 일이라도 어느 한 때라도 생사에 유랑하며 생계를 꾸리지 않음이 없나니, 마치 온몸이 불구덩이 속에 있는 것과 같다.

> 故勸今念佛的人 先要知愛是生死根本 而今念佛 念念要斷這愛根。即日用現前 在家念佛 眼中見的兒女子孫 家緣財産 無一件不是愛的 則無一事 無一時 不是 生死活計 如全身在火炕中一般。

  올바로 염불할 줄 모를 때는 마음속에 애근을 간직하여 일찍이 일념도 놓아 버린 적이 없었다. 올바로 염불할 줄 알았을 때도, 염불을 말할 뿐 간절하지 못하고 애착이 주재하는 줄 몰라 겉으로만 염불할 뿐이었다. 이와 같아 「아미타불」 부처님 명호를 염하는 소리만 들릴 뿐인데, 애착이 계속 자라는 소리만 들릴 뿐이다. 바로 자식에 대한 정이 현전할 때처럼 마음의 빛을 돌이켜 「아미타불」 부처님 명호 소리로 과연 이 애착에 대적할 수 있겠는가? 과연 이 애착을 끊을 수 있는가? 만약 이 애착을 끊지 못한다면 어떻게 생사를 끝마칠 수 있겠는가? 살펴보라. 애착의 인연은 다생에 익혀와 익숙하지만, 염불은 비로소 발심하여 몹시 미숙하고 또한 절실하지도 않다. 그래서 득력하지 못한다. 만약 지금 애착하는 경계를 처리할 수 없다면, 목숨을 마칠 때도 필경 결정할 수 없다.

> 不知正念佛時 心中愛根未曾一念放得 不直如正念佛時 只說念不切 不知愛是主
> 宰 念佛是皮面 如此佛只聽念 愛只聽長。且如兒女之情現前時 回光看看這一聲
> 佛 果然敵得這愛麼？果然斷得這愛麼？若斷不得這愛 如何了得生死？以愛緣
> 多生習熟 念佛纔發心甚生疏 又不切實 因此不得力。若目前愛境主張不得 則臨
> 命終時 畢竟主張不得。

그래서 염불인에게 권하노니, 제일 먼저 생사심이 간절할 줄
알아야 한다. 생사를 끊겠다는 마음이 간절해야 하니, 생사의 그루
터기에서 염념마다 잘라버려야 한다. 그러면 곧 염념마다 생사를
끝마치는 때이니, 굳이 납월 30일(생을 마감할 때)을 기다려서 비로
소 끝마칠 필요가 있겠는가! 늦어도 너무 늦었다. 이를테면 눈앞이
모두 생사가 걸려있는 일이니, 생사가 본래 공함을 눈앞에서 깨달아
이해한다. 이와 같이 염념마다 간절해야 하고, 휘두르는 칼마다
피를 보아야 한다. 이렇게 마음을 쓰고도 만약 생사를 벗어나지
못하면, 제불여래께서 거짓말을 한 죄에 떨어질 것이다. 그래서
재가자이든 출가자이든 오직 생사심을 알면 바로 생사에서 벗어나
는 시절이다. 어찌 그밖에 달리 묘법이 있겠는가!

> 故勸念佛人 第一要知為生死心切 要斷生死心切 要在生死根株上念念斬斷 則念
> 念是了生死之時也。何必待到臘月三十日 方纔了得 晚之晚矣！所謂目前都是
> 生死事 目前了得生死空 如此念念真切 刀刀見血 這般用心 若不出生死 則諸佛
> 墮妄語矣。故在家出家 但知生死心 便是出生死的時節也 豈更別有妙法哉！

[8] 원홍 정鄭 두 거사에게 법문하시다

세속적인 욕망 번뇌 가운데 사람은 오욕의 진흙에 있어 설사 세상을 뛰어넘는 의지가 있을지라도 어찌하랴, 세간의 갖가지 얽매이는 것과 악습, 잘못된 지견에 안으로 물들고 바깥으로 유혹되어 착수하기가 가장 어렵다.

> 塵勞中人 在五欲淤泥 縱有超世之志 無奈世間種種牽纏 惡習知見 內薰外誘 最難入手。

어린 시절 익힌 문자와 언어, 즉 붉은 습자첩의 공孔 아무개를 또한 내뱉어 한 글자도 가슴속에 간직해서는 안 되고, 이전의 일체 망상 습기를 한꺼번에 던져버리고 일체의 공명과 가족인연, 자녀에 대한 정을 한꺼번에 내려놓아야 한다.

> 要將從幼所習文字語言 即上大人 孔乙己 亦須吐卻 不得存一字在胸中 將從前一切妄想習氣 一齊抛卻 一切功名家緣 兒女之情 一齊放下。

단지 가슴속 공空의 탕탕지蕩蕩地에는 마침내 한 물건도 없으니, 곧 신심과 세계의 안팎을 모두 던지라고 가르칠 뿐이다. 오직 염불하는 것은 누구인가? 화두를 단제單提하고 거듭 의정을 일으켜, 허공 가운데 말뚝처럼 의심하고 의심하여, 곧장 수레를 밀고 벽에 지탱하며 행할 수 없는 곳까지 의심하여 물러나지 말고, 여기부터 다시 활발한 생기를 발하여 오로지 용맹정진으로 공부할 뿐이다.

只教胸中空蕩蕩地 了無一物 便將身心世界 內外俱撤。單單提箇念佛的是誰話
頭 重下疑情 如空中橛子疑來疑去 直疑到推車拄壁 行不得處 不可打退鼓 從此
更發精彩 只管勇猛做將去。

이처럼 마음을 씀에 저절로 오래되면 본래면목이 뿜어 나오니,
좋은 소식을 볼 수 있을 것이다. 만약 부드럽고 따뜻한 습기에
맡겨 가슴속 악한 것을 내려놓지 못한 채, 망상에 부림을 당하여
뒤섞이고 단단히 얽혀 정신을 낭비하면 세속에서 사람의 안목이
될 수 없고 웃음거리가 되어 자신도 그르치고 남도 그르치게 되니,
어떤 이로움이 있겠는가!

如此用心 自然久久迸出本來面目 得見好消息。若任軟暖習氣 放不下胸中惡物
又被妄想所使 夾雜纏綿 枉費精神 世俗中不能作人眼目 翻為笑具 自誤誤人
何益之有！

[9] 성각性覺 참선수행인이게 법문하시다.

출가出家는 본래 생사 대사를 위함이다. 지금 출가한 사람이
생사가 어떤 것인지 몰라 생사심을 위하는 것을 중히 여기고,
수행의 요체를 몰라 절하고 염송·염불하며 평생 고생만 하다가
마침내 자기의 본분 대사(己躬下事)[9]가 옻칠한 대나무 통처럼 깜깜하

---

9) "며칠 더위가 타는 듯한데, 온몸 하나도 안착할 곳이 없었다. 사량해 얻었다
해도 이는 번뇌하는 사람이거늘, 이는 아직 번뇌가 아니다. 다시 기궁하사(己躬下
事)가 있거늘 밝히지 못함이 바로 번뇌." _《속전등록33》, 회암 혜광.

다. 생사의 분상分上에서는 간섭이 없음을 깨닫고 참선수행인이 발심하여, 진실로 생사 대사를 위하여 먼저 한 조각 결정심으로 물러나지 않는 의지를 갖추어 일념 하나만 단제單提할 뿐, 깨닫지 못하면 쉬지 말라.

> 出家本為生死大事 今出家兒 不知生死為何物 至有為生死心的 不知修行之要 禮誦念佛 一生辛苦 到底於己躬下事 如黑漆桶相似 於生死分上 了沒干涉 禪人發 心 真實為生死大事 先要辦一片長遠決定不退之志 單提一念 不悟不休。

첫 번째 얻지 못함은 속히 성취하길 바람을 가리키니, 석가모니부처님께서는 삼대아승지겁에 심신을 연마하였거늘, 어찌 둔한 근기이겠는가? 고덕께서는 참구하는 기연機緣이 상당히 많지만, 오직 염불하는 것이 누구인가? 하나인 즉 진실하게 살피는 화두이면 가장 득력하기 쉽다.

> 第一不得指望速成就 釋迦老子 三大阿僧祇劫 磨煉身心 豈是純根耶？古德參究 機緣頗多 唯有念佛的是誰？一則審實話頭 最易得力。

다만 내려놓고 화두를 제기하고 선정에 기대며 의심이 간절하여 가거나 머물거나 앉거나 눕거나 움직이거나 고요하거나 한가하거나 바쁘거나 구애받지 않고 모두 마음을 쓰는 시절이다. 육조 혜능대사께서 이르시길, "만약 이런 일을 논할진대 칼을 휘두르는 전쟁터에서도 또한 해낼 수 있다." 하셨으니, 이를 이름이다. 참선 수행인이 뜻이 있어 진실로 생사를 위한다면 곧 여기서부터 한길로 발을 디딜지라.

只是要放得下 提得起 靠得定 疑得切 不拘行住坐臥 動靜閒忙 都是用心的時節。六祖云若論此事 輪刀上陣 亦可做得 此之謂也。禪人有志 真為生死 便從此一路下腳。

[10] 서인정공西印淨公에게 정토 전수專修법문을 보이시다

세상 사람들은 다만 조사문하祖師門下만 알아서 깨달음(悟)을 최상으로 여긴다. 깨달은 마음(悟心)의 본뜻은 생사를 벗어나고자 함에 있다. 염불이 어찌 생사를 벗어나는 법이 아니던가! 참선하는 자는 많은 경우 반드시 벗어났다고 할 수 없다. 염불하는 자는 생사를 벗어남에 의심이 없다. 그렇게 되는 까닭은 참선은 생각을 여의려고 하고, 염불은 오롯이 생각에 있다. 중생은 오래 망상에 사로잡혀 있어 그것을 여의기가 실로 어렵다. 물든 생각 그대로 청정한 생각으로 변화되니, 이는 독으로써 독을 다스림으로 (물든 생각을 청정한 생각으로) 바꾸는 법이다. 그래서 간택한 화두를 참구하여 깨닫기는 어렵지만, 한마디 부처님 명호로 염불하여 성취하기는 쉽다.

世人但知祖師門下以悟為上 悟心本意 要出生死耳。念佛豈不是出生死法耶？參禪者多未必出 而念佛者出生死無疑。所以然者 參禪要離想 念佛專在想 以眾生久沉妄想 離之實難 若即染想而變淨想 是以毒攻毒 博換之法耳 故參究難悟 念佛易成。

만약 생사심이 간절하면 참구하는 마음(신심·의심·분심)으로써 염불한다. 또한 어찌 일생에 생사를 끝마치지 못할까 걱정하랴. 오직 이 정토법문뿐이다. 세상 사람은 잠시 이를 지나쳐보고 가장 진실한 법문임을 전혀 모른다. 단지 그 사람의 염불심이 간절한지, 뜻을 정하였는지에 달려있을 뿐이다. 생사심이 간절하여 머리에 붙은 불을 끄듯 하고, 뜻은 일생에 공부를 끝마치겠다고 하라. 예를 들면 사람이 불치병에 걸리는 경우 어떤 사람은 환단(還丹 ; 참선에 비유)을 찾으면 구할 수 있고, 어떤 사람은 이 바다 위에서 단방약(單方 ; 염불에 비유)을 수여하여도 충분히 기사회생할 수 있다. 오직 병자에게 결정심이 있는지, 이를 믿고 복용할 수 있는지에 달려있다. 구태여 환단을 찾을 필요는 없고, 단지 이 단방약만 복용할 뿐이다. 문득 온몸에 땀이 나게 하여 뒤가 끊어져야 비로소 소생한다. 이때 그 미묘함을 알기 시작할 뿐이니, 힘써 행하고, 결코 속이지 말라.

若果爲生死心切 以參究心念佛 又何患一生不了生死乎？惟此淨土法門 世人以權目之 殊不知最是眞實法門 但在人之念佛心切不切 志決不決耳。若爲生死心 如救頭然 志要一生取辦 譬若人患必死之症 有人覓還丹 喻參禪可救 一人授以海上單方 喻念佛足以起死回生。只在病者有決定心 信此可服 更不必待覓還丹 只服此單方 頓令通身汗出 絕後方甦 是時始知其妙耳。勉矣！行之！決不相賺。

[11] 정토를 닦는 법문을 보이시다

부처님께서는 수행으로 생사를 벗어나는 법을 말씀하셨다. 방편으로 문은 많지만, 오직 염불하여 정토에 태어남을 가장 절요切要로 삼을지라. 《유마경》에 이르시길, "그 마음이 청정해짐에 따라 불국 토도 청정하다(隨其心淨 則佛土淨)." 하셨다. 그래서 사바예토는 악업 으로 감득한 세계로 온갖 괴로움이 충만하고, 서방극락은 청정한 업으로 감득한 세계로 일체 즐거움만 누린다.

佛說修行出生死法 方便多門 唯有念佛 求生淨土 最為切要。經云心淨則佛土自 淨 故娑婆穢土 乃惡業所感 眾苦充滿 ; 西方極樂 乃淨業所感 故但受諸樂。

오직 지금 정업淨業을 수행할 뿐이다. 반드시 청정심을 근본으로 삼아 자심自心을 청정히 하여야 하니, 이를 위해 제일 먼저 계근戒根 을 청정히 하여야 한다. 몸으로 짓는 셋, 입으로 하는 넷, 뜻으로 하는 셋, 이것이 열 가지 악업이다. 이는 삼악도에 떨어지는 괴로움 의 인이다. 지금 계를 지키는 요결은 먼저 삼업을 청정히 하면 마음은 절로 청정하다. 만약 몸으로 살생하지 않고, 도둑질하지 않으며, 삿된 음행을 하지 않으면 신업이 청정하다. 입으로 거짓말 하지 않고, 꾸미는 말을 하지 않으며, 이간질하는 말을 하지 않고 험한 말을 하지 않으면 구업이 청정하다. 뜻으로 탐내는 생각을 품지 않고, 아홉째 성내는 생각을 품지 않으며, 열째 어리석은 생각을 품지 않으면 의업이 청정하다. 이와 같이 십악을 영원히 끊는다. 삼업을 깨끗하게 청정히 함이 청정심의 요결이다. 이 청정 심을 지니는 가운데 사바세계의 괴로움을 싫어하고, 왕생하길 발원하여 염불을 정행正行으로 세워야 한다.

惟今修行淨業 必以淨心爲本 要淨自心 第一先要戒根淸淨 以身三口四意三 此十惡業 乃三途苦因 今持戒之要 先須三業淸淨 則心自淨。若身不殺 不盜不淫 則身業淸淨；口不妄言綺語兩舌惡口 則口業淸淨；意不貪不瞋不癡 則意業淸淨。如此十惡永斷 三業冰淸 是爲淨心之要。於此淸淨心中 厭娑婆苦 發願往生 立念佛正行。

　그러나 염불은 반드시 생사심이 간절하여야 한다. 먼저 바깥 인연을 끊고 단제單提로 일념을 든다. 한마디 아미타불을 명근命根으로 삼아 염념마다 잊지 않고 마음마다 끊어지지 않아 12시간 동안 걸어가거나 머물거나 앉거나 눕거나, 수저를 잡거나 꺾어 돌아가거나 우러러보거나 굽어보거나, 움직이거나 고요하거나 한가하거나 바쁘거나 일체 시에 어리석지 않고 어둡지 않는다. 결코 다른 인연이 없이 이와 같이 마음을 써서 오랫동안 순일하게 익히고, 내지 꿈속에서도 또한 잊어버리지 않아 자나 깨나 한결같으면 공부가 면밀해져 타성일편(打成一片; 한 덩어리가 되어 다른 것이 끼어들 틈이 없는 상태)에 이르러 득력할 때이다. 이와 같이 일심불란一心不亂에 이르도록 염불하면 목숨이 다할 때 임하여 정토의 경계가 현전하고, 저절로 생사에 속박 당하지 않고 아미타부처님의 방광 접인을 감득하여 반드시 왕생을 증험할 것이다.

然念佛必要爲生死心切 先斷外緣 單提一念 以一句阿彌陀佛爲命根 念念不忘 心心不斷 二六時中 行住坐臥 拈匙擧箸 折旋俯仰 動靜閒忙 於一切時 不愚不昧 並無異緣。如此用心 久久純熟 乃至夢中亦不忘失 寤寐一如 則工夫綿密 打成一片 是爲得力時也。若念至一心不亂 則臨命終時 淨土境界現前 自然不被生死拘留 感阿彌陀佛放光接引 必定往生之驗也。

그래서 한평생 전념함이 물론 정행正行이지만, 관상觀想으로써 도우면 더욱 안온 친밀한 경계(穩密田地)를 보게 될 것이다. 부처님께서는 위제희 부인을 위해 십육묘관十六妙觀을 설하셨다. 그래서 일생에 공부를 끝마칠 수 있다. 지금 《관경》에서 현재 자신의 뜻과 원에 맡겨 십육관 중에 필요에 따라 일관을 취하여 혹 홀로 부처 및 보살의 미묘한 상을 관하거나 혹 정토경계를 관한다. 《아미타경》에서 연화대 등을 설하고 있듯이 뜻대로 관상한다. 관상이 분명하면 12시간 동안 현전하니 정토에 있는 듯하다. 앉거나 눕거나 경행하며 눈을 감거나 눈을 뜨거나 눈앞에 있는 듯하다.

然一心專念 固是正行 資以觀想 更見穩密 佛為韋提希 說十六妙觀 故得一生取辦。今觀經現在 任自志願 於十六觀中 隨取一觀 或單觀佛 及菩薩妙相 或觀淨土境界 如彌陀經說 蓮花寶地等 隨意觀想。若觀想分明 則二六時中 現前如在淨土 坐臥經行 開眼閉眼 如在目前。

이러한 관상觀想을 성취하면 목숨이 다할 때 임하여 문득 일념에 생한다. 이른바 (극락정토에) 태어나면 결정코 태어나고, (사바예토를) 떠나면 실제로는 떠나지 않는다. 이것이 유심정토唯心淨土의 미묘한 뜻이다. 수행인이 이처럼 마음을 써서 정일하게 계행을 지키면 육근이 청정하다. 악업·번뇌를 영원히 끊으면 마음바탕이 청정하고, 관조하며 염함(觀念)을 이어가면 미묘한 행이 성취된다.

若此觀想成就 則臨命終時 一念頓生 所謂生則決定生 去則實不去 此唯心淨土之妙指也。若行人如此用心 精持戒行 則六根清淨;永斷惡業煩惱 則心地清淨;觀念相繼 則妙行成就。

정토가 진인眞因이고, 이 밖에는 아무것도 없다는 사람이 입으로만 정토에 태어나길 구한다 말하면서 청정한 계를 지키지 않고 번뇌를 끊지 않으며 마음바탕이 더러우면 부처님께서는 이 사람은 영원히 성취하지 못한다 말씀하신다. 이런 까닭에 수행인은 첫째로 지계持戒를 기본으로 삼아야 한다. 발원은 조행助行으로 삼고 염불 관상을 정행正行으로 삼아 이와 같이 수행하여 왕생하지 못하면 부처님은 거짓말에 떨어진다.

> 淨土眞因 無外此者。若但口說 念佛求生淨土 若淨戒不持 煩惱不斷 心地汚穢 佛說是人 永不成就。是故行人 第一要持戒爲基本 發願爲助行 念佛觀想爲正 行。如是修行 若不往生 則佛墮妄語矣。

[12] 정심淨心 거사에게 법문하시다

수행에서 제일 필요한 것은 생사심의 간절함이다. 생사심이 간절하지 않으면 어떻게 염불하여 한 덩어리를 이루었다 말하겠는가? 게다가 중생은 무량겁 이래 염념마다 망상을 지어 애정의 근원에 굳게 가려져 매일 씀에 아직 반성한 적이 없는데, 지금 피상적인 믿음으로써 다겁의 생사를 끊고자 하니, 이를테면 물방울로 어찌 쌓아둔 땔감에 붙은 불에서 벗어나도록 도울 수 있으며, 어찌 이치에 맞을 수 있겠는가? 당사자가 생사심이 간절하다면 염념마다 머리에 붙은 불을 끄듯 한다. 사람 몸을 잃으면 백겁에도 다시 얻기 어려울까 두려울 뿐이다.

修行第一要爲生死心切 生死心不切 如何敢云念佛成片？且眾生無量劫來 念念
妄想情根固蔽 日用未嘗返省 今欲以虛浮信心 斷多劫生死 所謂滴水焉能救積薪
之火？豈有是理哉！若當人果爲生死心切 念念如救頭然 只恐一失人身 百劫難
復。

　이 한마디 부처님 명호 소리를 꽉 물어 반드시 망상과 대적하고,
일체 처에서 염념마다 현전하여, 망상에 얽매이고 방해받지 말라.
이와 같이 각고의 노력을 하면서 오랫동안 순일하게 익히면 저절로
상응한다. 이러하면 공부성편功夫成片을 구하지 않아도 저절로 한
덩어리가 된다.

　要將此一聲佛咬定 定要敵過妄想 一切處念念現前 不被妄想牽纏遮障 如此下苦
功夫 久久純熟 自然相應 如此不求成片 而自成一片矣。

[공부성편功夫成片]

염불할 때 망념과 뒤섞이지 않아 염불의 염念이 이어져서 한 덩어리
가 됨을 말한다. 인광대사께서 이르시길, "염불이 순일할 수 없으
면 반드시 마음을 제어하여 바깥으로 치달리지 못하게 하여야
한다. 오래되면 저절로 순일하게 된다. 성편이란 순일무잡純一無雜
을 말한다."

_《참구염불參究念佛》, 담연湛然스님

이 일은 물을 마시는 것 같아서 차가운지 따뜻한지 자신이 알뿐 다른 사람에게 일러 줄 수 없고, 전적으로 자신이 있는 힘을 다하느냐에 달려있다. 단지 염불을 하는 체하면 어느 해에도 수용할 때가 없다.

此事如魚飲水 冷暖自知 告訴不得他人 全在自己著力 若但將念佛做皮面 驢年無受用時。

[13] 심대결沈大潔에 법문하시다

참선과 정토, 두 가지 행은 원래 두 법이 없다고 영명연수대사께서 이전 사람들에게 법문하셨다. 참선은 본래 염念을 여읨은 물론이다. 그러나 정토에 상품상생이 있어 염念을 여의고 닦지 않는다고 말할 수 없다. 만약 염불이 일심불란에 이르면 어찌 염念이 있겠는가? 그러나 이 가운데 비록 둘이 없을지라도 공부를 시작하기에 이르러 교묘함과 투박함이 없지 않아 용심처(마음을 쓰는 곳/방편)를 참구함이 가장 미묘하고 가장 은밀하다.

禪淨二行 原無二法 永明大師示之於前矣。禪本離念固矣；然淨土有上品上生 未嘗不從離念中修 若是念佛 至一心不亂 豈存念耶？但此中雖是無二 至於下手 做工夫 不無巧拙 以參究用心處 最微最密。

만약 참구할 때 일념이 생하지 않음에 염불을 말한다면 염이 또 생겨나니, 이처럼 두 개의 말뚝에 염이 없지 않다. 염불처念佛處를 참구하면서 한 번의 회초리로 때려서 그것이 생겨나지 않되 생기고, 생기되 곧 생기지 않아야 바야흐로 영가대사의 성적(惺寂; 깨어있음과 고요함) 쌍류의 실행이다. 무슨 까닭인가? 만약 화두를 잡아 참구함을 논하면 의근을 차단하여 그것이 일념도 생하지 않아야 한다. 이처럼 비록 참구하는 공부일지라도 고인께서 이를 일러 말뚝을 안고 노를 저음이라 하셨으니, 단지 이는 그것이 생겨나지 않은 일념 그대로 생겨남이어야 하거늘, 어찌 진실로 생기지 않음이랴!

若當參究時 在一念不生 若云念佛 則念又生也 如此不無兩槪念。就參究念佛處打作一條 要他不生而生 生即不生 方是永嘉惺寂雙流之實行也。何耶？若論參究提話頭 堵截意根 要他一念不生 如此雖是參的工夫 古人謂之抱椿搖櫓 只這要他不生的一念 即是生也 豈是真不生耶！

가령 염불은 만약 단지 한마디 부처님 명호 소리를 마음에 걸고 염념마다 잊지 않는다면 어찌 정말 일심불란一心不亂이겠는가? 고인이 사람들에게 활구를 참구하되, 사구를 참구하지 말라 가르침은 바로 생기는 곳에 생겨나지 않는 뜻을 봄이다. 경전에서 이르길, "찰나를 보는 자는 바야흐로 무생無生을 깨닫는다." 하셨는데, 즉 이 말 하나면 참구염불로 당하에 한번의 회초리를 이룰 수 있다.

只如念佛 若只將一聲佛號 挂在心頭 念念不忘 豈是真一心不亂？古人教人參活句 不參死句 正在生處 見不生意。如經云:見剎那者 方悟無生 即此一語 則參究念佛 當下可成一條矣。

참구염불은 이를 수행하는 가운데 풀기 어려운 상황(淆訛)에 떨어지기 쉬워 소홀히 해서는 안 되니, 어떻게 해야 참구가 곧 염불이고 염불이 곧 참구인가? 부처님과 조사스님들께서는 사람들에게 단지 무생無生을 또렷이 깨달으면 대사를 마친다고 가르치셨다. 그러나 무생이 어찌 목석과 마른 말뚝과 같은가? 생하는 곳에서 무생을 깨닫는 것을 제일의로 삼아야 한다.

> 參究念佛 此中易落淆訛 不可忽也 如何參究即念佛 念佛即參究耶？佛祖教人只是了悟無生 則大事畢矣。然無生豈如木石枯椿耶？要在生處了無生為第一義。

또한 참구는 마음이 없음이고, 염불은 마음을 냄이다. 지금 참구는 한마디 「아미타불」 부처님 명호를 화두로 잡고 진실하게 살피는 공부를 할 때 바야흐로 먼저 자신의 신심세계와 이전 일체 세간의 진리인 풍속관습 언어와 불법의 지견知見을 한꺼번에 내려놓고 계속 내려놓고, 또 내려놓아 내려놓을 것이 없음에 이르도록 내려놓으면 당하에 공공적적空空寂寂하여 일념도 생겨남이 있음을 보지 않는다.

> 且參究乃無生也 念佛乃生心也 如今參究 就將一句阿彌陀作話頭 做審實的工夫 正當做時 先將自己身心世界 幷從前一切世諦俗習語言 佛法知見 一齊放下 連放下亦放下 放到無可放處 則當下空空寂寂 不見有一念生矣。

이로부터 공적한 가운데 있는 힘을 다해 「아미타불」 부처님 명호를 역력하게 제기한다. 이처럼 한 마디 두 마디 소리내어 제기하고 바야흐로 3, 5, 7마디 소리내어 제기할 때 지금 그 자리에서 이 염불하는 것은 누구인가 진실하게 살핀다. 거듭 의정을 일으켜서 살피고 또 살피며, 의심하고 또 의심하며, 의정이 줄어들고 느슨하면 또 이전처럼 제기하고 또 살피고 또 의심하여 오로지 이 염불하는 것은 필경 누구인가? 본다.

就從此空寂中著力 提起阿彌陀佛 歷歷分明 如此提一聲兩聲 三五七聲 正當提起時 直下看覷 審實此念佛的是誰? 重下疑情 審之又審 疑之又疑 疑情少鬆 又似前提 又審又疑 單看此念佛的畢竟是誰?

어디를 향하여 오르락내리락하는지 어디로 향해 가는지, 당나귀가 우물을 쳐다보듯이 보고 또 보고, 의심하고 또 의심하며 마음과 사유의 길이 끊어진 곳까지 의심하여 은산철벽처럼 몸을 바꾸고 숨을 내뱉을 곳이 없다. 이때 갑자기 부딪치고 부딪쳐서 진실로 생함이 없는 뜻이 갑자기 현전할 때 곧 온몸에 땀이 흘러 큰 꿈에서 깨어난 듯하다.

向何處起落 向何處去 如驢覷井 覷來覷去 疑來疑去 疑到心思路絕處 如銀山銕壁 無轉身吐氣處 是時忽然磕著觸著 真無生意忽然猛的現前時 則通身汗流 如大夢覺。

이곳에 이르러 생겨남이 곧 생겨남이 없음이고 생겨남이 없음이 곧 생겨남이며, 참선이 곧 염불이고 염불이 그대로 참선으로 원래 두 법이 없음을 믿게 된다. 머리를 돌려 보면 비로소 줄곧 여래의 함원전에서 장안을 찾는 줄 알게 된다.(경복궁에서 서울 찾는 격)

이처럼 공부를 하면 가장 두려운 것은 마음을 깨달으려 하면 깨달으려는 마음이 생겨 곧 머리를 막는다. 또한 원래 미묘함을 탐하여 구하지 말라. 곧 일념에 잠시 쉬면 적정寂靜에 환희하니, 결코 환희심을 짓지 말고, 즉시 뱉어내 물리쳐라.

到此方信生卽無生 無生卽生 參卽是念 念卽是參 元無二法。回頭一看 始知向來如在含元殿裏覓長安也。如此做工夫 最怕將心要悟 纔有要悟的心 便是攔頭板也。又不可貪求元妙 卽有一念暫息 寂靜歡喜 切不可當作歡喜 直須吐卻。

부처님과 조사 스님들의 본래 미묘한 말을 가지고 증명하지 말고, 일없는 집10)에 떨어져 이로써 얻음을 삼지 말라. 요컨대 일체 성인이거나 범부이거나 미혹하거나 깨닫거나 모두 상관 말고, 오르지 일념에 본분의 참된 땅(下落)11)을 추구하고 모조리 없앨 때까지 추구하여 오래되면 스스로 본래면목을 볼 것이다. 이 일을 보건대 원래 사람마다 본분상의 일로 곧 기이하고 특별한 곳이 없고 설사 일을 완수할지라도 의연히 다만 옛날 사람일 뿐이고, 다만 옛날 행하던 것일 뿐 조금도 더하여 늘어난 적이 없지만 단지 안광이 환히 빛나서 견문각지가 어두워지지 않을 뿐이다.

切不可將佛祖元言妙語來作證 不可墮在無事甲中 以此爲得。總之一切聖凡迷

---

10) 화두를 알뜰히 궁구하지 않고 모든 것을 다 털어 버리고 "도무지 아무 할 일 없다." 하며 멀거니 지내면서 "본래 일이 없다"는 알음알이를 짓고 지내가는 것을 "무사갑에 들어앉았다." 한다. 화두 열가지 병통의 하나이다.

11) 염불은 걸음걸음 본분의 참된 땅을 밟는 것으로 "본분의 참된 땅이 바로 하락이다!" (念佛是步步踏實地的"實地就是下落") _《염불과 참선》, 감산대사.

悟都不管 單單只是追求一念下落 追到趕盡殺絶處 久久自見本來面目。看來此
事 元是人人本分上事 更無奇特處 縱做了手 依然只是舊時人 只是舊時行履處
不曾增益一毛 但只是眼睛光光亮亮 不被他見聞覺知瞞昧也。

[14] 성연생盛蓮生에게 법문하시다

《원각경》에 이르시길, "나의 지금 이 몸은 사대四大가 화합하여
이루어진 것이니, 응당 몸속을 관하면 단단한 것은 땅으로 돌아가고
젖은 것은 물로 돌아가며 따뜻한 기운은 불로 돌아가고 움직이고
돌아다니는 것은 바람으로 돌아간다. 사대가 각각 분리되면 지금
이 망령된 몸은 어느 곳에 존재하는가?"

圓覺經云:我今此身 四大合成。當觀身中 堅硬歸地 潤濕歸水 暖氣歸火 動轉歸風
四大各離 今者妄身 當在何處?

이와 같이 이 마음을 체관諦觀하여 오랫동안 순일하게 익히면
몸의 상相이 홀연 공하리라. 갖가지 번뇌는 모두 망상전도로부터
생겨나고 본래 존재하지 않고 번뇌가 일어날 때 이 마음을 가까이
관하면 망상이 어느 곳에 생기는가? 본래 생함이 없는 곳까지
좇아가면 망상은 생기지 않고, 망상이 생기지 않으면 생각이 단박에
공하리라. 몸과 마음이 홀연 공하면 일체 번뇌가 지금 이 순간
소멸하리라. 응당 염하면 곧 청량한 극락국토에 들어갈 것이다.

如此諦觀此心 久久純熟 身相忽空。種種煩惱 皆從妄想顛倒而生 本來不有 當煩

惱時 近觀此心 妄想從何處生？追到本無生處 則妄想不生；妄想不生 則念頓空；身心忽空 則一切煩惱當下消滅 應念即入淸凉極樂國矣。

이렇게 절박하게 관함은 괴로움을 벗어나는 묘약이다. 그러나 초심자가 관하여 성취하기는 쉽지 않다. 다만 아미타불 부처님 명호를 화두삼아 진실하게 살펴 절절히 잊지 말라. 만약 망상이 일어날 때 아미타불 화두 한 마디를 들면 망상은 저절로 사라질 것이다. 일반적으로 정념(正念; 정도의 염을 억념함)이 없으므로 망상이 유전하고 반연攀緣이 멈추지 않아 더욱 괴로울 뿐이다. 일체 제법은 모두 마음에서 생기니, 만약 마음을 관하지 않고 괴로움을 벗어나는 길을 구하면 뒷걸음질 치며 전진하길 구하는 것과 같다

此觀喫緊 乃脫苦之妙藥。然初心觀 未易成就 但將阿彌陀佛審實話頭 切切不忘 若妄想起時 提起話頭一拶 則妄想自滅 以尋常無有正念 故專逐妄想流轉 攀援不停 以滋苦耳。一切諸法 皆自心生 若不觀心 而求脫苦之路 猶卻步而求前也。

[15] 무지감無知鑑 참선인에게 법문하시다

세간의 일체 제법은 모두 고의 근본(苦本)이고, 몸은 고의 무더기(苦聚)이다. 어리석은 사람은 자신의 몸을 위하여 욕심을 부리고 갖가지 입과 몸으로 누림을 즐거움으로 여길 줄만 알고, 괴로움의 인(因)인 줄 모른다. 이미 이것이 괴로움인 줄 안 이상, 반드시 발심 수행하여 괴로움을 벗어나는 도를 구하여야 한다.

世間一切諸法 皆是苦本 身是苦聚 愚癡之人 但知爲一身貪求 種種口體受用 將以爲樂 不知樂是苦因。旣知是苦 必要發心修行 求出苦之道。

수행의 요체는 먼저, 현재 심신의 경계를 간파하여 이 몸은 사대四大가 임시로 합하여 형체를 이루는 것으로 관하여 곧 이 몸을 위해 갖가지 누리는 즐거움을 구하지 않는다. 다음 요체는 또렷이 앎(智)이 현전하여 날마다 씀이다. 보고 듣고 느끼고 앎12)은 전부 망상에 의지해 세속 일을 처리하는 까닭에 언제나 진심이 아니다.13) 이러한 망심으로써 갖가지 업을 짓고 마음을 일으키고 생각을 움직임에 이는 업 아님이 없고 이는 죄 아님이 없으니, 즉 이 일념이 곧 생사 고의 근본이다.

修行之要 先須看破現在身心境界 當觀此身 乃四大假合成形 則不爲此身 謀求種種受用之樂。次要了知現前日用 見聞覺知 全是妄想用事 總非眞心 以此妄心造種種業 起心動念 無非是業 無非是罪 卽此一念 便是生死苦本。

---

12) 「견문각지見聞覺知」는 식심識心이 바깥 경계에 접촉하여 집착함을 총칭한다. 즉 안식의 작용이 "견見"이고, 이식耳識의 작용이 "문聞"이며 비설신鼻舌身 삼식의 작용이 "각覺"이며, 의식(제6식)의 작용이 "지知"이다. 《전심법요傳心法要》에 이르길, "세상 사람들은 깨닫지 못해 단지 보고 듣고 느끼고 아는 것을 마음으로 삼아서, 보고 듣고 느끼고 아는 것에 덮이는 까닭에 밝고 오롯한 본체(精明本體)를 보지 못한다. 단지 직하에 마음이 없으면 본체가 저절로 나타나니, 마치 태양(大日輪)이 허공에 떠서 시방세계를 두루 비춤에 곧 장애가 없는 것과 같다."
13) 일체 중생은 본래 진심에 미혹하여 일향으로 단지 망상에 의지해 세속 일을 처리하는 까닭에 지금 수습하여 상(想; 사유)을 제거함을 최상으로 삼는다. _《대승기신론직해大乘起信論直解》, 감산대사.

지금 발심수행하여 첫 번째로, 이 마음이 망상임을 간파하여 무릇 마음을 일으키고 생각을 움직여서 곧 업을 짓는 근이 망상을 따라 유전하도록 해서는 안 된다. 날마다 씀에 망상이 일어나는 곳을 밀밀히 관찰하여 간파하여야 한다. 간파하여 곧 당하에 소멸시키고 그것을 따라 이어가며 부여잡고 올라가서는 안 되나니, 가고는 돌아오지 말지라.

如今發心修行 第一要看破此心是妄想 凡起心動念處 便是業根 切不可隨他妄想流轉。日用密密觀察 妄想起處 就要看破 看破則當下消滅 切不可隨他相續攀援往而不返。

관찰이 일정하지 않아 꽉 붙들 것이 없을 때 한마디 부처님 명호 소리를 제기하고 끝까지 견지하여 염념마다 잊지 않고 이 화두(염불하는 것은 누구인가)가 있어 주인이 될지라. 다만 망상이 일어나는 곳을 보아 곧 한마디 부처님 명호 소리를 제기할지니, 이것을 정념正念이라 한다. 정념이 현전하면 망념이 버려지기를 기다리지 않아도 저절로 소멸한다.

若觀察不定 無巴鼻時 但將一聲阿彌陀佛作話頭 緊緊抱定 念念不忘 有此話頭作主 但見妄想起處 即提起一聲佛來 是謂正念 正念現前 則妄念不待遣而自消矣。

이처럼 12시 동안 밀밀히 마음을 씀에 오직 이 일념을 주인으로 여기고, 나머지 일체 망상을 모두 손님으로 여겨서 주인과 손님을 나누어 오랫동안 순일하게 익히면 망상이 저절로 소멸하고 진심이 저절로 드러난다.

如此二六時中密密用心 唯此一念為主 其餘一切妄想皆為客 主客若分 久久純熟
則妄想自消、真心自顯矣。

[16] 대범大凡 참선수행인에게 능엄경의 종지를 법문하시다

다 끝났다! 일체 중생이 괴로운 세상에 유전함은 틀림없이 일념
망상의 허물로 인한다. 원인은 최초 일념 무명에 의해 즉시 망상이
생기고 망상이 쌓여 미혹함으로 인해 탐진치를 일으키고, 살생·도
둑질·음행·거짓말 및 갖가지 업을 짓는다. 망상을 끊지 않은
까닭에 생사의 괴로운 과보가 무궁하고 유전해 마지않는다.

> 已矣哉！一切眾生 流轉苦道者 良因一念妄想之過咎也。原因最初一念無明 遂
> 生妄想 妄想積迷 起貪瞋痴 造殺盜淫妄 種種諸業；以妄想不斷 故生死苦果無窮
> 流轉不已。

지금 부처님께서 밝히시길, 일념 망상으로 인해 열두 부류 중
생14)으로 향기에 물들 듯 변화하니, 하물며 중생이 날마다 씀에

---

14) "그래서 세간의 소리 냄새 맛 감촉 등이 열두 부류 중생의 유전변화를 궁진할
수 있어 하나의 윤회를 이루느니라. 중생이 이 전도 윤회하는 상에 빠진 까닭에,
중생세계에는 알로 나는 중생과 태로 나는 중생과 습함에서 나는 중생과 화해서
나는 중생과 색이 있는 중생과 색이 없는 중생과 생각이 있는 중생과 생각이
없는 중생과 색이 있지도 않는 중생과 색이 없지도 않는 중생과 생각이 있지도
않는 중생과 생각이 없지도 않는 중생이 있느니라(是故世間聲香味觸。窮十二變。
為一旋復。乘此輪轉顛倒相故。是有世界。卵生胎生。濕生化生。有色無色。有想無想。
若非有色。若非無色。若非有想。若非無想)。"_《수능엄경》

염념마다 망상이고, 염념마다 향기에 물들어 하루 낮 하루 밤 생사가 다함이 없음에랴. 하물며 식識이 생긴 이래 내지 명이 다하도록 염념마다 망상이고 악업을 지으니, 어떻게 도모할 수 있는가!

今佛明言 因一念妄想 薰變十二類生；況眾生日用 念念妄想 念念受薰 則一日一夜 生死無窮；況有識以來 乃至盡命 念念妄想 所作惡業安可籌算！

게다가 부처님께서 이르시길, "이와 같은 중생 부류 하나하나 가운데 또한 각각 열두 전도를 갖추고 있다." 하셨다. 이와 같은 즉 서로 훈발薰發하여 업인고과業因苦果 또한 어찌 사의할 수 있겠는가! 참선수행인이 이미 불교를 취한 이상 부처님의 말씀을 따라 크게 부끄러워하고 두려워하는 마음을 내어 위없는 보리심을 발할지라.

且佛又云:如是眾生——類中 亦各各具十二顛倒。 如此則交相薰發 業因苦果 又豈得而思議耶！禪人既秉佛教 當遵佛語 大生慚愧恐懼 發無上心。

지금부터 한 평생, 반연을 좇아 내달리는 망상의 마음을 한꺼번에 내려놓고, 한마디 「아미타불」 부처님 명호에 비우고 자신의 본명원진(本命元辰; 본래면목)15)으로 되돌려서 염념마다 바꾸지 않고 염념마다 중단하지 말라. 이전의 망상은 생사를 짓는 더러운 인이고,

---

15) 본명本命은 사람마다 태어난 해의 간지干支에 해당하는 별. 그것이 본명성本命星으로서 일생의 길흉화복이 그 별에 의해 지배된다고 한다. 원진元辰은 본명성을 기초로 하고 양陽 8, 음陰 6의 추보推步에 의하여 찾아내는 것. 일종의 운명관運命觀.

염불 일념은 생사를 벗어나는 청정한 인이니, 만약 이 청정한 염으로 이전의 더러운 고의 인을 훈습시켜 정토의 참된 인으로 변화시키면 단박에 무량겁 이래 생사의 고인고과苦因苦果를 정토의 낙인낙과樂因樂果로 변화시킨다.

> 從今將一往生平 馳逐攀緣妄想之心 一齊放下。折合向一句阿彌陀佛上 消歸自己本命元辰 念念不移 心心不斷。以前妄想 乃造生死之染因也 念佛一念 乃出生死之淨因也。果能將此淨念 薰前染污苦因 變而為淨土真因 則頓令無量劫來生死苦因苦果 變而為淨土樂因樂果矣。

요컨대 성인과 범부, 본래 두 갈래 길은 없나니, 모두 더러움과 청정함으로 인해 훈습시켜 변화시키는 힘일 뿐이다. 괴로움을 벗어나는 요체를 버리고, 바깥을 향해 달리 원묘元妙한 지견知見을 구하면 필경 자신을 속이게 된다.

> 總之 聖凡本無二路 皆因染淨薰變之力耳。出苦之要 捨此向外 別求元妙知見 總為自欺也。

[17] 응축통凝畜通 참선인에게 법문하시다

염불은 비록 쉬울지라도 세인은 잘 모르고, 모두 경시하여 대수롭지 않게 여기니, 진실로 생사를 벗어나는 요로임을 모를 뿐만 아니라 염불의 미묘함도 모른다. 그래서 잘못이 많을 뿐이다. 게다

가 염불 그대로가 참선이니, 곧 다른 점이 없다. 무릇 염불할
때 먼저 자기의 가슴속에서 일체 번뇌망상·탐진치·애착과 갖가
지 뒤섞이고 산란한 생각을 한꺼번에 내려놓고, 내려놓을 곳이
없을 때까지 내려놓은 후 한마디 「아미타불」 부처님 명호를 소리내
어 단제單提함에 역력·분명하고 마음마음 끊임없어 구슬을 실에
꿰듯 할지라.

> 念佛雖易 世人不知 都輕視為尋常 殊不知為真實出生死之要路 但不知念佛之
> 妙 故多錯誤耳？且念佛即是參禪 更無二致 凡念佛時 須先將自己胸中 一切煩惱
> 妄想 貪瞋癡愛 種種雜亂念頭 一齊放下 放到無可放處 單單提起一聲阿彌陀佛
> 歷歷分明 心心不斷 如線貫珠；

또한 화살촉이 서로 맞닿은 듯 사이가 빈 곳이 조금도 없고
이처럼 있는 힘을 다해 선정에 기대어 일체 처에서 경계와 인연에
끌어당기어 잃어버리지 말지라. 이처럼 날마다 씀에 움직이거나
고요한 가운데 뒤섞이지도 산란하지도 않고 오래도록 꿈속에서도
한결같이 화두를 놓지 말지라.

> 又如箭筈相拄中間 無一毫空隙處 如此著力靠定 於一切處 不被境緣牽引打失。
> 如此日用動靜中 不雜不亂 久之夢寐一如。

만약 이처럼 마음을 써서 임종시까지 염하여 일심불란이면 곧
생사를 뛰어넘고 정토에 태어날 시절이다. 만약 입으로만 염불한다
말하고 마음바탕이 청정하지 않고 망상을 제거하지 못한 채 염불이
영험하지 못하다고만 여기면 3생 60겁에 이를지라도 곤경에서

빠져나올 연분이 없으니, 그대는 힘쓸지어다!

> 若是如此用心 念到臨命終時 一心不亂 便是超生死 生淨土之時節也。若但口說
> 念佛 心地不淨 妄想不除 只道念佛不靈驗 縱到三生六十劫 亦無出頭分 爾其勉
> 之!

[18] 등우等愚 시자侍者에게 법문하시다

자심염불이라,

부처를 염하고 마음을 염하니,

마음과 부처가 둘이 아니라.

염념마다 머물지 않아

염불하는 주체도 세우지 않고

염불하는 대상도 자성이 공하여라.

> 自心念佛 念佛念心 心佛無二
> 念念不住 能念不立 所念性空

자성이 공하니 적멸이라

주체와 대상 둘을 잊으니

이름하여, 중생심 그대로

자성불을 이룸이라.

일념을 잃어버리면

곧 마업에 떨어지리라.

性空寂滅　能所兩忘
是名即心成自性佛。一念遺失　便墮魔業。

[19] 경산선당徑山禪堂 소참小參[16]

부처님과 조사 스님들 이래로 오직 사람들에게 자심自心을 또렷이 깨달아 자신을 인식하여 알도록 가르쳤을 뿐, 줄곧 공안·화두를 이야기한 것은 아니다. 대혜선사에 이르러 바야흐로 있는 힘을 다해 주장하였고, 학인들에게 화두 하나를 참구하되, 이것을 꼭 붙들라고 가르쳤다. 왜 그러한가?

從上佛祖 只是教人了悟自心 識得自己而已！向未有公案話頭之說。到大慧禪師 方竭力主張 教學人參一話頭 以為巴鼻. 此何以故？

학인들의 제8식 밭에는 무량겁 이래 나쁜 습기의 종자가 염념마다 안에서 훈습하여 이어지며 흘러나와 망상이 끊어지지 않으니, 어찌 할 도리가 없다! 그래서 무의미한 화두 일칙을 당신이 끝까지 물고 늘어져서 먼저 일체 안팎의 마음 경계와 망상을 한꺼번에 내려놓게 하였다. 내려놓지 못한 까닭에 화두를 제기할 것을 가르쳐, 헝클어진 실을 가위로 잘라 다시는 이어지지 못하게 하듯 의식을 잡아끊어 더 이상 자유롭게 놓아두지 못하게 하였다.

---

16) 총림에서 새벽 상당을 조참早參이라 하고, 저녁 해거름의 염송을 만참晚參이라 하며, 그 밖의 설법을 소참이라 한다.

只爲學人八識田中 無量劫來 惡習種子 念念內薰 相續流注 妄想不斷 無可奈
何！故將一則無義味話 與你咬定 先將一切內外心境妄想 一齊放下。因放不下
故敎提此話頭 如斬亂絲 一斬齊斷 更不相續 把斷意識 再不放行。

이것이 바로 달마대사가 제시한 "밖으로 여러 인연을 그치고,
안으로 마음에 헐떡거림이 없게 하여 마음을 장벽과 같이 하는"
규칙이다. 이처럼 착수하지 않으면 결코 자기 본래면목을 보지
못할 것이다.

此正是達磨外息諸緣 內心無喘 心如牆壁的規則也。不如此下手 決不見自己本
來面目。

요즘 사람들은 참선 공부를 한다면서 누구나 화두를 간看하고
의정을 일으킨다고 말은 하지만, 밑뿌리를 향해 궁구할 줄 모르고,
오로지 화두 상에서 구하고 구하여 갑자기 일단의 광경이 생각나면
깨달았다 말하고 곧 게송을 읊으며 좋은 기회로 삼는데, 이는
모두 망상지견의 그물에 떨어지는 줄 모른다.

今人參禪做工夫 人人都說看話頭 下疑情 不知向根底究 只管在那話頭上求來求
去 忽然想出一段光景 就說悟了 便說偈呈頌 當作奇貨 正不知全墮在妄想知見網
中。

이처럼 참선이 어찌 오히려 천하 후세인들의 눈을 멀게 하지
않겠는가? 오도悟道 등이 쉽다면 고인의 지조로는 가장 근기가
둔한 사람이고, 지금 사람에게는 짚신을 내놓아 또한 쓸모가 없으
며, 증상만인增上慢人에게는 두려울 수 없다!

如此參禪 豈不瞎卻天下後世人眼睛？若是悟道這等容易 則古人操履 是最鈍根
的人 與你今人提草鞋 也沒用處 增上慢人 可不懼哉！

염불의 공안을 보면 "염불하는 것은 누구인가?"를 진실하게
살피지, 부처가 누구인가 의심하는 것이 아니다. 만약 부처가 누구
인가 의심한다면, 좌주스님17)이《아미타경》을 강설하면서 "이름
이 무량광이라."는 경문을 들으면서 이처럼 곧 깨달아「무량광」에
대한 게송을 몇 수 짓고 나서, 이처럼 오도悟道라고 부르면, 마음을
깨달은 자가 셀 수 없이 많을 것이다. 괴롭고 괴롭도다!

只如看念佛的公案 但審實念佛的是誰 不是疑佛是誰 若是疑佛是誰 只消聽座主
講阿彌陀佛 名無量光 如此便當悟了 作無量光的偈子幾首來 如此喚作悟道 則悟
心者如麻似粟矣。苦哉苦哉！

고인이 말하길, 화두는「남의 집 대문을 두드리는 기왓조각」
같다 하셨다. 화두로 문을 두드려 열고서 집안의 사람을 보아야지,
문 밖에서 살림을 하는 것이 결코 아니다. 이것으로 화두에 의지하
여 의정을 일으킨다고 하는 의미를 족히 알 수 있다. 의정은 화두에
있는 것이 아니라 밑뿌리에 있어야 한다.

古人說:話頭如敲門瓦子 只是敲開門 要見屋裏人 不是在門外做活計。以此足見
依話頭起疑 其疑不在話頭 要在根底也。

노인이 지금 부처님과 조사스님들의 진정한 공부의 절요처切要處

---

17) 선종禪宗에서 학문과 수행을 겸비하고 있는 스님을 가리키는데, 주로 경전과
논서를 강설하는 스님을 가리킨다.

를 좇았으니, 모두들 잘 헤아려라. 안목이 높고 통달한 정사正士라면 스스로 바로잡을 수 있을 것이다.

老人今遵佛祖眞正功夫切要處 大家商量 高明達士 自有以正之。

[20] 염불참선 절요를 법문하시다

염불하면서 공안을 진실하게 살핌(參究念佛)이란 한마디 「아미타불」부처님 명호를 소리내어 제가하고 화두삼아 곧 제기한 곳에 즉시 의정을 일으켜, 이 염불하는 것은 누구인가? 살펴 묻는다. 다시 제기하고 다시 살피며, 살피고 또 살펴 이 염불하는 것은 필경 누구인가? 본다. 이처럼 선정 화두에 기대어 일체 망상 잡념을 당하에 단박 끊고 헝클어진 실을 자르듯 더 이상 일어나는 것을 용납하지 않으면 일어나는 곳이 즉시 사라진다. 오직 일념이 역력히 홀로 밝아 맑은 날 해가 하늘에 걸려 있는 듯하고, 망념이 생하지 않아 흐리멍덩함에서 스스로 물러나 적정성성하다. 영가대사께서 이르시길, "적적성성寂寂惺惺은 옳지만 적적무기寂寂無記는 그르고, 성성적적惺惺寂寂은 옳지만 성성망상惺惺妄想은 그르다." 하셨다.[18]

---

18) 「적적성성寂寂惺惺」은 생각이 없지만 깨달음을 잃지 않음을 뜻한다. 적적寂寂은 일념도 생겨나지 않음이고, 성성惺惺은 정신이 맑고 깨끗하여 비추어서 깨달음(覺照; 일어나는 생각을 제대로 살펴보고 그 이치를 깨닫는다. 비추어 보는 공부를 잃지 않는다)이다. 「무기無記」는 흐리멍덩하여 각조覺照를 잃어버렸다는 뜻이다. _《참구염불參究念佛》, 담연湛然스님.

적적은 혼침과 무기에 떨어지지 않고, 성성은 망상에 떨어지지
않으니, 성惺과 적寂의 두 흐름은 뜨고 가라앉음 둘을 버린다.

念佛審實公案者 單提一聲阿彌陀佛作話頭 就於提處 即下疑情 審問這念佛的是
誰？再提再審 審之又審 見這念佛的畢竟是誰？如此靠定話頭 一切妄想雜念 當
下頓斷 如斬亂絲 更不容起 起處即消。唯有一念 歷歷孤明 如白日當空 妄念不生
昏沉自退 寂寂惺惺。永嘉大師云:寂寂惺惺是 寂寂無記非 惺惺寂寂是 惺惺妄想
非。謂寂寂不落昏沉無記 惺惺不落妄想 惺寂雙流沉浮兩捨。

일념도 생겨나지 않은 곳을 보면(覰究) 과거와 미래가 끊어지고
중간은 스스로 홀로 밝다. 갑자기 칠통(漆桶 ; 어두운 중생심)을 두드려
깨뜨려 단박에 본래면목을 본다. 몸과 마음의 세계가 당하에 은몰하
고, 허공꽃과 환영이 사라지며,19) 시방세계가 원만히 밝아 일대
광명장光明藏을 이룬다. 이와 같아 바야흐로 고향에 도착한 시절이
다. 날마다 씀에 현전하고, 환히 비추어 원만히 밝아, 비로소 자심自
心을 믿으니, 본래 이와 같다.

看到一念不生處 則前後際斷 中間自孤 忽然打破漆桶 頓見本來面目 身心世界
當下平沉 如空華影落 十方圓明 成一大光明藏 如此方是到家時節。日用現前
朗朗圓明 始信自心 本來如此。

이러한 경계에 이르러 공견空見을 취하여서는 안 된다. 공견을
취하면 곧 외도의 악견에 떨어진다. 또한 유견有見을 지어서도

---

19) 허공꽃은 다만 이 병든 눈의 환영일 따름임. 환영이 사라짐은 뜻으로 이르자면
망심의 속념俗念이 사라짐을 말한다.

안 되고, 원묘지견元妙知見을 지어서도 안 된다. 유견이면 곧 삿된 견해에 떨어진다. 공부하는 가운데 갖가지 경계가 나타나는데, 이를 절대 인정해서는 안 된다. "돌咄!"하면 곧 잠잠해지니, 악한 경계라 두려워하지 말고 순한 경계라 기뻐하지 말라. 이는 습기의 마로, 근심과 기쁨이 생기면 곧 마의 경계 속으로 떨어진다.

> 到此境界 不可取作空見 若取空見 便墮外道惡見 ; 亦不可作有見 亦不可作元妙知見 但凡有見 即墮邪見。若在工夫中 現出種種境界 切不可認著 一咄便悄 惡境不必怕 善境不必喜 此是習氣魔 若生憂喜 便墮魔中。

[보충]

「심문審問」은 심의식(사유)으로 살펴서 묻는 것이 아니라 처구(覷究; 엿보며 궁구)함으로써 살펴 묻는 것이다. 감산대사께서 이르시길, "지금 이르길, 참구염불하며 뜻을 묘오妙悟(명심견성)에 둔다 함은 한마디 부처님 명호 소리를 화두로 짓고 참구함(참구염불하는 화두는 부처님 명호이지 "염불하는 것은 누구인가?"가 아니다)으로 이른바 염불참선공안이다…… 다만 한마디 부처님 명호 소리를 제기하여 곧 누구인가? 의심하여 살피는 것이다. 이 부처님 명호 소리는 어디에서 일어나는가? 염하는 것은 필경 누구인가? 깊고 깊게 참구하여 이처럼 의심하고 의심하며 참하고 또 참하여 오래되면 득력하여 갑자기 또렷이 깨달을(명심견성) 것이다."_《몽유집夢遊集·答湖州僧海印》

「전후제前後際」. 전제前際는 과거를 가리키고 후제後際는 미래를 가리킨다. 《정영소淨影疏》에 이르길, "유위有為의 법은 전후로 일어

난다. 전은 전제前際이고, 후는 후제後際이다." 「전후제단前後際斷
중간자고中間自孤」. 전념이 없고 또 후념이 없어 홀로 밝고 역력한
각지覺知 상태이고 또한 일념도 생겨나지 않는 경계이다. 《종경록
宗鏡錄》에 이르길, "그래서 《심요전心要箋》에 이르길, 일념도 생겨
나지 않으면 과거와 미래가 끊어지고 비추는 본체가 홀로 우뚝하면
만물과 자신이 모두 여여하니, 곧장 마음의 근원으로 이루어서
지혜도 없고 얻을 것도 없으며, 취할 것도 버릴 것도 없고, 상대할
것도 닦을 것도 없게 된다." 《선원제전집도서禪源諸詮集都序》에 이
르길, "하나를 듣고는 천 가지를 깨달아 대총지大總持를 얻고,
일념도 생겨나지 않아 전제와 후제가 끊어진다." 「평침平沈」은
은몰(隱沒; 은밀하게 사라짐)함이다.

이 단락의 법문 중에 "오직 일념이 역력히 홀로 밝아", 이는 수많은
생각이 일념으로 돌아감이고(단지 화두 일념만 있을 뿐이다), "일념도
생겨나지 않은 곳을 보면(觀究) 과거와 미래가 끊어지고 중간은
스스로 홀로 밝다." 이는 일념은 무無로 돌아감이며(화두 일념 또한
없다), "갑자기 칠통을 두드려서 깨뜨려 단박에 본래면목을 본다."
이는 명심견성明心見性이다. "신심세계가 당하에 은몰하고 허공꽃과
환영이 사라지며, 시방세계가 원만히 밝아 일대 광명장을 이룬다."
이는 명심견성의 경계에 대한 생생한 묘사이다. "이와 같아 바야흐
로 고향에 도착한 시절이다." 이는 참구의 목표는 명심견성(본성을
직접 증득함)이고 명심견성한 후에는 다만 보임保任공부를 할 뿐임을
명백히 말한다.

본문에서 "일념도 생기지 않음(일념이 무로 돌아감)" 문구 뒤에는

"정혜등지定慧等持" 한 마디를 첨가하여 갖가지 경계와 인연 가운데 모두 일념이 생기지 않도록 유지할 수 있도록 돕는다.

_《참구염불參究念佛》, 담연湛然스님

응당 오직 자심自心만이 나타난 것이지, 바깥에서 오는 것이 아님을 관하여야 한다. 응당 청정심 가운데 마침내 한 물건도 없고, 본래 미혹과 깨달음도 없으며, 성인과 범부에게 속하지 않으니, 어찌 갖가지 경계가 있을 수 있겠는가? 지금 사람은 단지 이 마음에는 본래 물건이 없음을 믿고 지금 공부하니, 단지 본래면목을 보지 못한 까닭에 부득불 죽음을 걸고 한차례 공부해야 한다. 이로부터 곧장 공부해나가면 저절로 언젠가 단박에 본래면목을 보아 생사를 벗어나 영원히 걸림이 없으리라.

當觀唯自心所現 不從外來 應知淸淨心中 了無一物 本無迷悟 不屬聖凡 又安得種種境界耶? 今人但信此心 本來無物 如今做工夫 只爲未見本來面目 故不得不下死工夫一番 從此一直做將去 自然有時頓見本來面目 是出生死 永無疑矣。

[21] 혜경심慧鏡心 참선인에게 법문하시다

나는 불법은 일심一心을 종지로 삼고, 백 천 법문을 논할 것도 없이 일심을 또렷이 깨닫는 행이 아닌 것이 없다고 말한다. 그 가장 중요한 것은 오직 참선과 염불뿐이다. 참선은 이곳 여러 조사들이 마음을 깨닫는 법을 창립한 것이다. 염불 일문은 우리

부처님께서 십지十地 이전의 삼현三賢(십주十住 · 십행十行 · 십회향十
廻向) 보살에게 열어 보이시어 전부 염불로써 성불의 요결로 삼게
하셨다.

> 吾佛說法 以一心為宗 無論百千法門 無非了悟一心之行 其最要者 為參禪念佛
> 而已。參禪乃此方諸祖 創立悟心之法 ; 其念佛一門 乃吾佛開示三賢十地菩薩
> 總以念佛為成佛之要。

그러나 말법의 황당한 사람이 감히 염불을 하열한 행이라 비방한
다. 이는 들음(聞)이 부족하여 부처님의 뜻을 모르고, 망녕되이
분별할 뿐이다. 유심정토唯心淨土에 근거한다면 마음이 청정하면
국토가 청정하다. 그래서 참선하여 아직 깨닫지 못하였을 때 염불이
아니면 자심自心을 청정히 할 수 없다. 그러나 마음이 청정하면
곧 마음을 깨닫는다.

> 而末法妄人 乃敢謗念佛為劣行 是缺多聞 不知佛意 妄生分別耳。若約唯心淨土
> 則心淨土淨 故參禪未悟之時也 非念佛無以淨自心 然心淨即悟心也。

보살은 이미 깨달았으나 염불을 버리지 않는다. 이는 곧 염불이
아니면 정각正覺을 이룰 수 없음이다. 어찌 여러 조사들이 염불로써
마음을 깨닫지 않음이 없었음을 알겠는가. 만약 염불로 일심불란一
心不亂에 이르도록 염하면 번뇌가 사라지고 자심自心을 또렷이 밝힘
이 곧 깨달음이라 이름한다.

> 菩薩既悟 而不捨念佛 是則非念佛無以成正覺。安知諸祖 不以念佛而悟心耶?

若念佛念到一心不亂 煩惱消除 了明自心 即名為悟。

이와 같으면 염불이 곧 참선이고, 참선하여 정토에 태어난다. 이는 예나 지금이나 아직 해결되지 않은 의심을 다 설파한다. 그리고 참선과 정토를 분별하는 견해가 이로써 완전히 사라진다. 이를 버리고 달리 허망한 논의를 하면 모두 마설魔說이고 불법이 아니다.

如此則念佛即是參禪 參禪乃生淨土 此是古今未決之疑 此說破盡 而禪淨分別之見 以此全消。若捨此別生妄議。皆是魔說 非佛法也。

마땅히 명호를 꽉 잡는 것(執持名號)은
이미 간단하고 쉽고 직접적이며 빠르며,
여전히 지극히 단박에 이루어지며,
지극히 원만하다는 것을 알아야 한다.
생각 생각이 바로 부처이기 때문에,
관상觀想에 힘쓰지 않으며,
참구할 필요가 없이 당장에 원만하고
분명하여 남거나 모자람이 없다.
-우익대사, 아미타경요해

深信切願卽無上菩提

--蕅益大師

반야바라밀다심경석요般若波羅蜜多心經釋要

명明 지욱智旭 우익대사 술

대만 정홍定弘법사 강술20)

《반야심경》은 우리의 현전하는 일념의 미세한 마음 그대로 실상·관조·문자의 삼반야임을 직접 가리킨다. 무릇 마음과 부처와 중생이 셋은 차별이 없지만, 중생법은 너무 광대하고 불법은 너무 높아서 처음 발심한 사람은 오직 마음을 관하는 것이 쉽다. 이런 까닭에 대반야경 육백여 권은 이미 불법 및 중생법에 입각하여 「반야」를 자세히 밝혔다. 지금은 다만 바로 심법에 입각해 반야를 드러내 보이겠다. 그러나 《대반야경》에서 불법 및 중생법을 상세히 밝힐지라도 심법에 즉한다고 말하지 않을 수 없다. 지금 경문은 비록 심법을 직접 밝힐지라도 불법 및 중생법을 갖춘다고 말하지 않을 수 없다. 그래서 「셋은 차이가 없다」 이름한다.

此直指吾人現前一念介爾之心卽是三般若也。夫心佛眾生三無差別。但以生法太廣。佛法太高。初心之人惟觀心為易。是故大部六百餘卷。既約佛法及眾生

---

20) 정종학회 정공노화상님의 제자인 정홍定弘법사께서 2016년 1월 광주廣州 대불사大佛寺에서 이틀간 강술하신 내용을 발췌하여 번역하였다.

法。廣明般若。今但直約心法顯示般若。然大部雖廣明佛法及眾生法。未嘗不即
心法。今文雖直明心法。未嘗不具佛法及眾生法。故得名爲三無差也。

우익대사께서는 반야는 바로 우리의 현전하는 일념, 「미세한 마음
(介爾之心)」을 가리킨다고 말씀하신다. 미세한 마음은 대단히 미세
한 생각이다. 이 일심 한가운데 실상·관조·문자 삼반야를 갖추고
있다. 일체 유정의 중생은 깨달은 사람인 부처와 깨닫지 못한
사람인 중생으로 나눌 수 있다. 부처와 중생은 이 일심이 나타난
것이다. 그래서 「마음과 부처와 중생, 이 셋은 차별이 없다」 하셨다.

반야법문은 《대반야경》 6백 권으로 그것이 이야기 하는 내용은
부처님의 법계를 강설할 뿐만 아니라 중생의 법계도 강설한다.
부처님과 중생의 법계는 모두 대단히 광대하다. 불법은 매우 높고,
중생법은 매우 광대하여 초심으로 학불하는 사람에게는 불법으로
부터 시작하기도, 중생법으로부터 시작하기도 쉽지 않다. 그래서
《심경》에서는 우리에게 심법으로부터 시작하라고 가르친다. 왜냐
하면 마음과 부처와 중생, 이 셋은 차별이 없기 때문에 이 심법으로
착수하면 쉽고, 대단히 진실에 가깝다. 당신은 이 일념의 마음
가운데로부터 반야를 체득하고, 마음을 밝힐 수 있으면 저절로
불법을 밝히고 중생법을 밝힐 수 있다. 그래서 《반야바라밀다심
경》, 그것은 바로 이 심법으로부터 우주와 인생의 진상을 직접
가리킨다.

우리의 현전하는 일념 미세한 마음, 영명통철靈明洞徹한 마음으로써
항상 또렷하게 알아 안과 바깥·중간 모든 곳에 있지 않고, 또한

과거 현재 미래에 형상과 자취가 없으니, 바로 관조반야觀照般若이다.

以吾人現前一念介爾之心。虛明洞徹。了了常知。不在內外中間諸處。亦無過現
未來形跡。即是觀照般若。

삼반야는 모두 우리 일심일 뿐이다. 관조반야는 우리의 현전하는
일념의 마음으로써 우주의 진실상을 또렷이 알고 관찰하며 명료하
게 아는 것이다. 이른바 「명심견성明心見性」을 관조반야라 한다.
이 설법은 보통 설법과 그다지 같지 않다. 일반적으로 말해서
문자반야는 다만 명자관행名字觀行 위에 해당하는 사람은 교리상으
로 통달하지만 수증修證은 없다. 관조반야는 어디에서 관을 닦아도
이미 실수實修에 이미 진입하였지만, 견성은 없다. 견성은 바로
실상반야를 증득함이다. 이는 일반 보통의 설법으로 셋은 하나가
아니다.

그러나 우익대사께서는 삼반야는 하나라고 말씀하신다. "하나이
되 셋이고, 셋이되 하나이다(一而三 三而一)." 이렇게 법을 설하면
대단히 원융하다. 그래서 우리는 이 영명각조靈明覺照의 마음을
써서 이 우주의 만사만물을 관찰하고 우리의 자성, 우리의 진여본
성을 관조한다. 진여본성은 안에 있지도, 밖에 있지도 ,중간에
있지도 않다. 《능엄경》에서 아난은 일곱 차례 마음이 있는 곳을
캐물어서(七處徵心) 이 진심을 찾았으나, 이 일곱 곳에서 모두 찾지
못하였다. 왜냐하면 진심은 방향과 장소를 쓸 수 없고, 과거도
아니고 미래도 아니며 현재도 아니기 때문이다. 그래서 이와 같이
진여본성을 관조할 수 있어 관조반야라 한다.

진여본성은 도대체 무슨 물건인가? 어째서 무엇이라 말할 수

없는가? 크기를 말할 수도 없고, 형상으로 설명할 수도 없다. 어떤 안색도, 어떤 방향이나 장소로 오고 감도, 생하고 멸함도 이야기할 수 없다. 그래서 체득하기가 매우 어렵다. 비록 체득하기가 어려울지라도 비슷하게 체득하는 법은 있을 수 있다. 비유컨대 꿈을 꾸는 마음으로 당신의 진심을 비유할 수 있다. 이 비유는 진짜가 아니라 단지 비유일 뿐이다. 그러나 비유를 통하여 체득할 수 있다. 우리는 현재 흡사 꿈속 경계에 있는 것과 같은데, 이 꿈속 경계는 어디서 오는가? 당신은 왜 이런 꿈을 꾸는가? 왜냐하면 당신이 꿈을 꾸는 마음이 있어야 꿈속 경계가 있기 때문이다. 꿈을 꾸는 마음이 없다면 어떻게 꿈속 경계가 있겠는가? 그래서 비록 마음을 찾을 수는 없지만, 나는 경계 상에서 체득할 수 있다. 경계가 있으면 마음이 있기 마련이다! 그 꿈속 경계가 바로 당신의 마음이다. 그래서 꿈속 경계 가운데 모든 사람, 일체 사건, 모든 물건은 전부 당신의 일심이 변하여 나타난 것이다.

이미 모두 당신의 일심이 변하여 나타난 것인 이상, 당신과 일체이다. 그러면 일체 속에서 대립해서도 분별해서도 충돌해서도 모순되어서도 안 된다. 단지 미혹한 사람, 어리석은 사람이 있어 경계 가운데 이런 번뇌가 생기게 된다. 이러한 번뇌는 가장 기본적으로 말하면 탐진치·교만·의심 등등 이러한 견사見思 번뇌는 모두 미혹 때문에 생긴다. 그래서 이런 경계가 유심唯心임을 또렷이 이해함으로써, 이러한 경계 가운데서 나는 회광반조回光返照할 수 있다. 그러면 자신의 진심을 비출 수 있는데, 이것이 바로 「관조반야」이다. 이러한 방법은 비교적 편리하다. 근기가 예리한 사람은 이런 방법을 쓸 필요가 없다. 근기가 예리한 사람은 경계를 통해서 체득할 필요 없이 직하直下에 진여본성을 관조한다. 불법의 표준으로 말하면 우리는 근기가 둔한 사람이다. 근기가 둔한 사람은 이런 진여본성을 체득할 수 없다. 그래서 경계를 통해서 회전하여야 하니, 회광반조가 귀중하다.

근기가 예리한 사람이 있는가? 있다! 선종에서 육조혜능 대사 같은 분이 근기가 예리한 사람이다. 그는 오조 홍인대사께서 《금강경》에서 "응당 머무는 바 없이 그 마음을 낼지라(應無所住 而生其心)." 하신 경문을 강설하는 것을 듣고서 확철대오하여 곧장 "어찌 자성이 본래 청정함을 알았으리오! 어찌 자성이 본래 생멸하지 않음을 알았으리오! 어찌 자성을 본래 갖추고 있음을 알았으리오! 어찌 자성이 본래 동요함이 없음을 알았으리오! 어찌 자성이 능히 만법을 냄을 알았으리오!" 말하였다.

그는 그 경문이 곧장 자성을 관조하여 자성의 모습을 말한 것임을 알 수 있었다. 오조대사께서는 그에게 인증을 해주었다. "그대는 명심견성하였다! 바로 천인사天人師이다! 바로 부처이다!" 이에 선종의 의발衣鉢을 그에게 전수해주었다. 이런 사람이 근기가 예리한 사람이다. 그러나 일반인은 매우 어렵다. 그래서 부처님께서는 우리에게 늘 몽관夢觀을 짓게 하셨다. 몽관은 비교적 체득하기 쉽다.

그래서 《무량수경》에서는 우리에게 "일체제법이 환화幻化 같다 관하라(觀法如化)." 가르치신다. 이것이 바로 관조반야이다. 일체법, 일체 현상이 환화 같고 진실이 없어 바로 한바탕 환幻 같은 꿈이라 관하고, 여기에 미혹 · 전도되지 말라. 《금강경》에서는

"일체 유위법은 꿈같고 환 같으며, 물거품 그림자 같으며, 이슬 같고 또한 번개 같으니, 응당 이와 같이 관할지라(一切有為法 如夢幻 泡影 如露亦如電 應作如是觀)." 하셨다. 이것이 「관조반야」이다.

우리의 현전하는 일념 미세한 마음에 안으로 육근의 몸과 밖으로 기세간 내지 십법계가 환하게 나타난다. 가실假實[21)의 국토를 평등하게 인지印持[22)하여 앞서지도 뒤서지도 않고, 동시에 단박에 갖추니, 바로 문자반야文字般若이다. 산하대지, 명암과 색공 등 일체 경계는 문자가 아님이 없으니, 종이와 묵 언어만 문자가 되는 것은 아니다.

> 以吾人現前一念介爾之心。炳現根身器界。乃至十界。假實國土。平等印持。不前不後。同時頓具。即是文字般若。蓋山河大地明暗色空等一切諸境界。性無非文字。不但紙墨語言為文字也。

「문자반야文字般若」는 바로 당신이 관조하는 대상이다. 관조하는 주체는 당신의 지혜이고, 관조하는 대상은 모두 문자이다. 그래서 이 문자가 일정하지 않은 것은 종이 위에 쓴 것이다. 종이와 묵, 이런 문자에는 「근根·신身·기器·계界」 내지 십법계의 만사·만물을 포괄한다. 일체 중생과 일체 국토 이것은 모두 문자에 속한다. 이 문자는 마치 「인새(印璽; 도장)」를 찍은 것과 같다. 여기서 「인印」은 바로 「실상반야實相般若」이다.

---

21) 인연은 헛되고 거짓이며 이름만 있고 진실이 없다는 뜻이다. 《종경록》에 이르길, "이른 바 지옥계는 가실假實의 국토며 내지 불계도 가실의 국토다."
22) 문자 그대로의 뜻은 '새기고 유지함'으로, 도장 찍듯이 마음에 확실히 이해를 새긴 후 그 이해를 상실하지 않고 유지하는 것을 뜻한다.

이러한 실상인實相印23)을 가지고 종이 위에 도장을 찍으면 인印이 생긴다. 그래서 평등한 인지印持라 하니, 이는 선후가 없고 원근이 없으며 내외가 없다. 우리는 책을 인쇄할 때 도장을 찍는다. 예컨대 정공 노화상께서는 「진성청정평등정각자비眞誠淸淨平等正覺慈悲 간파방하자재수연염불看破放下自在隨緣念佛」24) 20글자를 도장에 새기고, 종이 위에 찍으면 20글자가 선후 구분 없이 동시에 나타난 다. 먼저 진성眞誠이 출현하고, 다시 청정淸淨이 출현하며, 다시 평등平等이 나타난다고 말하는 것이 아니다. 그것은 순서가 없고, 인쇄하면 전부 출현한다.

이와 같이, 우리는 눈앞의 일체 경계 · 국토 · 중생을 이렇게 체득 한다. 중생에는 유정중생과 무정중생이 포괄된다. 유정에는 모든 사람 동물 귀신 등의 중생이고, 무정중생에는 산하대지의 모든 광물과 식물이 무정중생에 속한다. 그래서 모든 국토중생의 경계 는 모두 「일실상인一實相印」을 찍은 것으로 실상인은 또한 자성, 진심이라 하기도 한다. 우리의 진여본성은 일체 만법을 낼 수 있고 일체 만법을 나타낼 수 있으니, 이렇게 도장을 찍게 되면 시방세계 십법계가 출현한다.

이러한 인印일 뿐만 아니라, 그것은 평면의 인印이 아니다. 어쩌면

---

23) 불법佛法임을 증명하는 인印. 또는 표치標幟. 소승에서는 삼법인을 이르고 대승에서는 제법 실상의 이치를 이른다.

24) "불법은 심心과 행行을 말합니다. 「진성眞誠 · 청정淸淨 · 평등平等 · 정각正覺 · 자비慈悲」는 보살심菩薩心이고,「간파看破 · 방하放下 · 자재自在 · 수연隨緣 · 염 불念佛」은 보살행菩薩行입니다. 이것이 제가 50년 동안 수학한 심득心得입니 다."_정공법사

사람들은 평면 종이 위의 인印을 본 적이 있을 것이다. 현재 이러한 인은 입체적인 인印으로 한번 찍혀서 나오면 그것은 공간이 있고 시간이 있어, 일체 시공 가운데 실제로 모두 찍혀 나온 것이다. 이러한 인印 상에서 말하면 그것은 선후가 없고 원근이 없다. 인印 상에서 시공이 없는 것이지만, 찍혀 나온 후 당신 자신이 분별하기 때문에 시공이 있고, 과거 현재 미래가 있다고 여긴다. 이를 삼세 — 시간이라 하고, 수자상壽者相25)이라 한다. 그런 후에 무엇이 있는가? 동서남북 상하 시방세계가 있는데, 이는 공간이다. 시간과 공간은 모두 허망한 법으로 진실이 아니다. 그래서 이런 경계의 상은 모두 문자반야에 속한다. 그리고 이 문자분야는 또한 전부가 당신의 일심이 변하여 나타난 것이니, 이는 미묘하다!

우리의 현전하는 일념 미세한 마음으로써 모든 지각의 성덕 및 경계는 구분도 없고 제한도 없으며, 능념도 없고 소념도 없으며, 이것도 없고 이것 아님도 없어 전부 오직 일진법계의 본체이니, 바로 실상반야이다.

以吾人現前一念介爾之心。所有知覺之性。及與境界之性。無分無劑。無能無所。無是非是。統惟一法界體。即是實相般若。

무엇을 「실상반야實相般若」라 하는가? 앞에서 설명하였듯이 우리의 현전하는 이 일념, 「개이介爾」의 마음으로써 명료하게 깨닫는다.

25) 「수자상壽者相」: 수자壽者는 시간의 상속이다, 상속으로 말미암아 가상이 세워진다.

개이介爾의 마음은 바로 매우 작은, 미세한 마음이다. 이 마음은 지각의 성덕을 갖추고 있다. 이른바 견見·문聞·각覺·지知 이러한 공능이 있다. 이러한 공능은 성덕이다. 본래 갖추고 있는 것으로 당신이 배운 것에 기대지 않는다. 당신이 닦은 것이 아니라 본래 갖추고 있는 것이다. 이러한 지각은 바로 **능지능각能知能覺**의 성덕이다. 지각의 대상인 경계와 성덕은 하나이되 둘이 아니다. 이는 이른바 일진법계一眞法界이다. 이 일진법계의 본체를 실상이라 한다. 실상반야는 여전히 당신의 일심을 가리킨다.

그래서 참선하는 사람은 **능소양망**(能所兩忘: 주관과 객관 둘 다 잊는다)을 중요시한다. 관조할 수 있는 심성과 관조하는 대상인 경계, 이 둘을 합치면 하나가 된다. 만약 능能이 있고 소所가 있으면 이는 하나가 아니고 둘이다. 우리 염불인에게 참선은 이치상 염불과 같다. 실제로 염불이 바로 참선이다. 참선일 뿐 아니라 나아가 《대집경大集經》에서는 **염불이「무상심묘선無上深妙禪」**이라고 말한다. 그래서 이 선은 깊은 선, 미묘한 선인가? 무상심묘한 선인가? 그럼 어떻게 말하는가? 같은 원리로 능소양망을 해야 한다. 이러한 염법을 「**이일심불란理一心不亂**」이라 한다. 《아미타경》에서 이르시길, "선남자 선여인이 아미타부처님에 대한 설법을 듣고, 그 명호를 집지하여, 하루나 이틀이나 사흘이나 나흘이나 닷새나 엿새나 이레 동안 「일심불란」한다면, 그 사람이 목숨을 마치려 할 때에 아미타부처님께서 수많은 성중들과 함께 그 앞에 나타나느니라. 그래서 그 사람은 임종할 때에 마음이 전도되지 아니하고 아미타부처님의 극락국토에 즉시 왕생할 수 있느니라." 하셨다.

일심불란은 「사일심불란事―心不亂」, 「이일심불란理―心不亂」으로 나뉜다. 사일심불란은 단지 공부가 서로 이어져서 중단되지 않지만 이치를 밝힘(明理)이 없으면 개오開悟가 없다. 만약 이치를 밝히고 개오한다면 이는 바로 이일심理―心으로 바로 「무상심묘선無上深妙禪」이다. 그래서 우리는 염불하면서 반야를 조금 배우면 매우 빠른 속도로 진보할 수 있다. 우리는 염불할 때 이 능념能念의 마음이 본래 바로 부처임을 알아야 한다.

우익대사께서는 우리에게 매우 또렷하게 강설하신다. "능념의 마음을 염하라(念能念的心)." 당신은 어떤 염불에 기대는가? 능념의 그 마음이 있기 때문이 아닌가? 당신이 무심無心이라면 당신은 염불을 이루지 못한다. 입으로 염하나 마음으로 염하지 않으면 염불이라 할 수 없다. 능념의 마음이 부처님 명호를 일으켜서 입에서 염이 나오고 귀로 들어가니, 아미타불… 그 염하는 대상인 부처 자체는 바로 실상이고, 바로 자성이며, 그것은 아미타부처님의 원만한 공덕을 갖추고 있다. 그래서 명호는 심성이자 진여본성이다.

어떻게 명호가 진여본성이라 말할 수 있는가? 진여본성은 상이 없지만, 명호는 상이 있다. 소리는 상이 있는데, 어떻게 진여본성이라 말하는가? 당신은 단지 진여본성에 대해 무상無相, 절반만 이해하고 있다. 그러나 그것도 상이 아닌 것이 없다. 「진여본성」은 「무상무불상(無相無不相: 상도 없고 상 아님도 없다)」이다. 무상 그것은 「체體」를 말한다. 즉 체성 상에서 무상을 말한다. 그러나 상이 아닌 것이 없어, 그것은 바로 일체만물을 능히 내고 능히 만드는 것이다. **일체 만물은 모두 진여본성이다.** 그것은 바로 일체상이다. 이것이 바로 진여본성을 원만히 이해한 것이다. 단지 절반만 이해하면 편공偏空이라 한다. 「편공열반偏空涅槃」은 진실한 열반이 아니다. 그래서 진정한 대보살이 중도를 행함에 만법이 모두 공함을 알고 일체법이 상이 없고 소리가 없지만, 또한 불길 같이 중생을 제도하는 사업을 행하니, 상 아닌 것이 없다. **일체 중생과 자기는 모두 일심이 나타난 것이고 모두 진여본성이다. 그래서 명호도 당연히 진여본성이다.**

우리가 정토를 닦는 것은 이 한마디 부처님 명호를 전취專取하여 염하는 대상으로 삼는다. **염하는 주체인 마음은 바로 자성이다. 염하는 대상인 부처님 명호도 자성이다.** 그러나 이치상으로 비록 명백할 지라도 당신은 닦아서 증득하여야 한다. 내가 이렇게 말하면 여러분은 염하는 주체인 마음과 염하는 대상 부처가 모두 진여본성임을 이해할 수 있을 것 같지만, 당신은 여전히 한 법이지 않고 두 법이다. 즉 그 마음과 부처가 둘이 아님이 아니다. 어떻게 해야 둘이 아님에 이를 수 있는가? 그것은 바로 아미타불·아미타불·아미타불 … 밤낮으로 부처님 명호를 10만 번, 혹 5만 번 혹 3만 번 착실히 염하면 이를 수 있다. 이것은 우익대사께서 시작하신 숫자로 최소한 날마다 3만번 부처님 명호를 염해야 한다. 이렇게 착실히 염하지 않으면 당신의 마음은 여전히 마음이고, 부처는 여전히 부처로 둘이다. 줄곧 염하고 염하여 한 덩어리가 되도록 염해야 한다. 이러면 염하는 주체인 마음과 염하는 대상인 부처가 합하여 일체가 된다. 이래야 「능소양망能所兩忘」의 경계로 들어갈 수 있다. 이래야 일심을 증득할 수 있고, 이러한 정도에 이르러야 진정으로 산란하지 않는다.

왜 그런가? 아무것도 산란시킬 수 없기 때문이다. 모든 번뇌는 저절로 이미 끊어졌다. 단지 이 일념만 있으니, 이른바 「영명통철靈明洞徹」이다. 삼시계념三時繫念에서는 이 진심을 「영지심靈知心」이라 말한다. 단지 이 영지심만 있어 「환하게 홀로 비추고(炳然獨照)」, 「탁월하여 무리를 이루지 않는다(卓爾不群)」. 「병연독조炳然獨照」 「병연」은 대단히 또렷하고 명료하여 얼버무림(含糊)이 없다. 홀로 비추어 그것은 홀로 하나이되 둘이 아니니, 왜냐하면 그것은 심성이기 때문이다. 「탁이불군卓爾不群」, 「탁卓」은 탁월하여 그것과 맞는 짝이 없다. 왜냐하면 그것은 일체 만법의 본체이기 때문이다. 일체 만법은 모두 그것으로 말미암아 생겨나고 나타난 것이다. 그래서 이 심성을 증득하면 이 큰일을 잘 처리하고 이러한 정도까지 학불하면 원만히 성불하게 된다.

그래서 참선하는 사람은 참구하는 방법을 사용한다. 「능소양망能所兩忘」에 이르도록 참구하면 이 일심이 현전한다. 염불하는 사람은 염불의 방법을 사용하여 능소양망에 이르도록 염하면 능념의 마음과 소념의 부처가 하나이되 둘이 아니다. 《관무량수경》에서 "이 마음 그대로 부처가 되고, 이 마음 그대로 부처이다(是心作佛是心是佛)"라고 말한다. 당신의 이 마음 그것이 바로 부처이다. 그래서 이러면 성불이다. 이 이치를 알아야만 할 뿐 아니라 진정으로 이를 닦아 증득하는 공부를 하여야 한다. 우리는 여기서 타선칠(打禪七; 참선집중수행)을 시작하였다. 진정으로 공부해 오직 닦는 법만 있을 뿐, 이 세간의 모든 만사만물, 모든 인연을 내려놓는다.

이 법은 참구로서 화두를 참해도 좋고, 혹은 직접 제법실상을 관해도 좋다. 혹은 여전히 한 가지 특별법이 있으니, 관세음보살의 이근원통耳根圓通을 닦는 것도 좋다. 즉 당신은 이 귀를 가지고 모든 소리를 들으면서 생각을 움직이지 않고 당신의 귀 속으로 나아간다.

사람들은 현재 마음을 조용히 하고 생각을 일으키지 않으며 직하에 바깥 소리를 듣되, 이것은 무슨 소리, 저것은 무슨 소리, 그 소리를 분별하지 않으면 이 조용한 가운데 이 소리가 흘러들어간다. 이렇게 분별하지 않을 때 당신이 사용하는 것은 바로 심성이다. 분별하면 이식耳識을 사용하여 팔식八識에 떨어지게 된다. 여러분은 현재 나의 강경하는 소리를 듣고 있어 다른 소리가 들리지 않는다. 저곳에서는 경문 독송소리가 흐르나 들리지 않는다. 단지 정홍스님이 여기서 강설하는 소리만 들린다. 왜냐하면 당신의 의식은 나의 강설에만 집중하고 있기 때문이다. 그래서 바깥에 어떤 소리가 있어도 저쪽에서는 노래하고 도로에는 차 소리, 사람들이 떠드는 소리가 당신에게는 모두 들리지 않는다. 실제로는 들리지 않는 것이 아니라 이 소리가 당신의 이근에 도착하지만 당신의 의식이 그것을 취하지 않는다. 당신이 취하는 것은 바로 정홍스님의 강경하는 소리뿐이다.

이것도 일종의 참선방법이다. 그러면 당신이 사용하는 식識을 현재 놓아버리고 이 소리를 취하지 않고, 모든 소리가 동시에 이근으로 들어가도 분별하지 않아 일념도 생겨나지 않으면 당신은 자성 한 가운데 안온히 머문다. 이것이 바로 체득할 수 있는 순간이다. 마치 대원경大圓鏡에 만물이 비치듯이 한번 비치면 멀거나 가까운 광경이 거울 한가운데 전부 비치는 것과 같다. 우리의 이근 안의 근성은 바로 하나의 대원보경大圓寶鏡으로 모든 소리를 먼 것이든 가까운 것이든 주위의 것이든 사방의 것이든 위·아래이든 모두 한번에 나의 이근으로 들어온다. 이러한 선을 닦는 방법으로는 상근기의 사람은 성취할 수 있으나, 중·하근기의 사람은 매우 어렵다. 왜 그런가 하면 우리 중·하근기의 사람은 일념이 생겨나지 않도록 하지 못해서 당신은 이 자성 가운데 안온히 머물 수 없다.

대개 당신은 10초간, 20초간 안온히 머물 수 있어 잠깐 동안 조금 체득할 수 있다. 그러나 이 가운데 영원히 안주하는 정도에 이르지 못할까 두려울 것이다. 하근기의 사람이 참선하려고 하면 성취하기 어렵다. 염불은 실제로 참선과 이치가 같은데 방법이 좀 더 간편한 것에 불과하다. 어디가 간편한가? 바로 참선은 의식을 쓰지 않는 것을 중시하나 염불은 의식을 사용한다는 점이다. 의식으로 이 한마디 부처님 명호를 취하기만 하면 된다. 이른바「집지명호執持名號」로「아미타불」부처님 명호를 꽉 쥐는 것이다. 이는 우리들 일반인도 할 수 있다. 당신의 의식으로 곧장 그것을 놓지 않고 꽉 틀어쥔다. 하루 이틀 사흘 나흘, 이레까지 계속 이렇게 명호를 잡으면 습관이 된다. 처음에는 당신이 입으로 염하여 귀로 듣고 또렷이 듣는다. 그것은 이식과 의식을 사용하는 것이다. 이 두 가지 식의 작용은 천천히 오래되면 그것을 내려놓고 붙잡지 않게 된다. 마치 기차처럼 달리다 보면 기름이 없어 멈추게 됨과 같다. 이식과 의식도 이와 같아 당신이 부처님 명호를 꽉 쥐고 또 쥐면 마지막에 이르러 그것을 쥐지 못하고 내려놓게 된다. 이렇게 내려놓으면 식이 바뀌어 지혜를 이루니, 이것이 바로 이일심불란理一心不亂이다. 그래서 우리는 염불로 당신의 팔식이 모두 탈락할 때까지 줄곧 염하면 진여본성이 현전한다. 이는 우리가 비교적 성취하기 쉽다.

실상반야는 저 언덕도 아니고 이 언덕도 아니며, 이 현전하는 일념의 실상에 도달함이다. 그래서 생사 그대로 열반을 바라밀이라 한다. 관조반야도 또한 저 언덕도 아니고 이 언덕도 아니며, 이 현전하는 일념 그대로 실상임을 비춘다. 그래서 미혹 그대로 지혜를 이룸을 바라밀이라 한다. 문자반야는 또한 저 언덕도 아니고 이 언덕도 아니며, 이 현전하는 일념 그대로 실상임을 드러낸다.

實相般若。非彼岸非此岸。達此現前一念之實相。故生死即涅槃。名波羅蜜。觀照般若。亦非彼岸非此岸。照此現前一念即實相。故即惑成智。名波羅蜜。文字般若。亦非彼岸非此岸。顯此現前一念即實相。

「바라밀다波羅蜜多」는 「도피안到彼岸」으로 해석된다. 요즘말로 절정에 이르다, 성취하다는 뜻이다. 반야의 지혜를 성취하여 일체 번뇌를 끊고, 일체 번뇌를 끊으면 생사를 끝마친다. 견사번뇌見思煩惱를 끊어 분단생사分段生死를 끝마치고 삼계를 벗어나며, 진사번뇌塵沙煩惱와 무명번뇌를 끊고 변역생사를 벗어나면 성불한다.[26]

---

26) "분단생사는 중생의 생사로 무명과 갈애를 원인으로 하여 나고 죽는 것이고, 변역생사는 대비대원을 원인으로 하여 나고 죽는 것이다."_《법보신문》, 이제열

그래서 곧 업을 끝맺음이 해탈이니, 바라밀이라 한다. 이런 까닭에 이 마음은 즉 삼반야이다. 삼반야는 단지 일심일 뿐이다. 이 이치는 늘 그러하여 바뀔 수 없다. 그래서 「경」이라 한다. 이것에 의지해 행을 이루니, 삼세 제불보살이 모두 따르는 가르침이다. 그래서 경이라 한다. 이 법문을 설하니, 천마 · 외도가 어지럽히고 무너뜨릴 수 없다. 그래서 「경」이라 한다.

> 故卽結業是解脫名波羅蜜。是故此心。卽三般若。三般若祇是一心。此理常然不可改變。故名爲經。依此成行。三世諸佛菩薩之所共遵。故名爲經。說此法門。天魔外道不能亂壞。故名爲經。

「심心」을 해석하면 이 마음은 바로 우리의 진심으로 즉 관조반야 · 문자반야 · 실상반야 삼반야이다. 삼반야는 단지 일심일 뿐이다. 일심 이외에는 얻을 수 있는 한 법도 없다. 그래서 이 마음은 바로 우리의 진심을 말한다. 「경經」은 부처님께서 설하는 이 경을 말한다. 이는 영원히 변하지 않은 진리이다. 그래서 경이라 부른다. 또한 시방삼세 제불이 따르고 봉행하는 가르침이다. 그래서 경이라 부른다. 또한 천마 · 외도가 교란하는 정법이다. 그래서 경이라 부른다.

관자재보살께서 깊은 반야바라밀다를 행하실 때 오온을 관조하여 모두 공함을 깨달아 알고, 일체 괴로움과 재난을 건너갔느니라.

觀自在菩薩。行深般若波羅蜜多時。照見五蘊皆空。度一切苦厄。

산 아랫길을 알려면 모름지기 몸소 겪어본 이에게 물어야 한다. 그래서 관심을 들어 행을 이룸을 모범으로 삼는다.

要知山下路。須問過來人。故擧觀心行成者爲榜樣也。

「관자재보살」은 바로 관세음보살이다. 「관자재觀自在」는 그 자신이 수증한 방면에서 준 명호이다. 관세음觀世音은 그가 중생을 제도하는 방편에서 말한 명호이다. 일체 중생의 음성을 관하여 중생의 소리 따라 온갖 고통에서 건지시고(觀一切眾生的音聲 尋聲救苦), 고통을 구해주길 비는 곳엔 어디서나 응하신다(千處祈求千處應). 그 어르신은 어떻게 성취하는가? 바로 반야지혜에 의지해 성취한다. 관세음보살께서는 그 지위가 몸소 겪어 본 분(過來人)이다. 우리는 그가 어떻게 수행하였는지 살펴볼 것이다.

관이란 능관能觀의 지혜로 곧 일심삼관一心三觀이다. 이를 관조반야라 통칭한다.

觀者能觀之智。即一心三觀。通名觀照般若也。

「관觀」은 바로 능관能觀의 지혜로 천태종에서 말하는 「일심삼관一心三觀」이다. 「일심一心」 가운데 작용을 일으키는 것은 바로 「삼관三觀」이고, 삼관 또한 일심이다. 삼관은 「공空」·「가假」·「중中」이다.

「공관空觀」은 실상반야를 관조함이니, 바로 만법의 본체는 진공眞空이다. 이 진공은 아무것도 없는 것이 아니라 만법에 존재해 있는 당하當下이다. 그것은 본성이 바로 공이다. 우리가 꿈을 꾸는 것과 같아서 몽관夢觀을 드는 것이 가장 잘 이해된다. 내가 방금 꿨던 꿈에서 나는 대학에서 교수를 담당하였다. 이런 교수와 사귀면서 논문을 쓰는데, 꿈속의 나, 꿈속의 사람은 도대체 있는가, 없는가? 당신은 그가 없다고 말한다. 나는 분명 꿈을 꾸고 있다. 매우 또렷하게 보고, 만지고 있다. 당신은 그가 있다고 말하는데, 그는 또한 꿈이다. 이것이 바로 진공이다. 모든 경계가 있지만, 당체는 바로 공空이다. 왜냐하면 그것은 꿈속 경계이기 때문이다. 이를 「공관空觀」이라 한다.

「가관假觀」은 경계 상으로부터 관찰하는 것으로, 공으로부터 가假를 벗어난다. 이 꿈을 꾸는 마음을 당신은 찾지 못한다. 당신이 꿈을 꾸는 마음을 찾아보아도 찾을 수 없다. 꿈을 꾸는 경계는 어떻게 실재하는 것이 가능한가? 그래서 꿈을 꾸는 경계, 꿈속 경계는 바로 가짜이다. 이를 가관이라 한다. 가관에서 나는 이런 경계가 모두 필요 없다고 말하는 것이 아니다! 이런 경계 가운데 당신은 매우 또렷하고 매우 명백하다. 그것은 바로 한바탕 꿈으로 진공·묘유이다. 「묘유妙有」는 가유假有이다. 묘유는 유가 아니고, 진공은 공이지 않아, 공과 유는 둘이 아니다. 이런 뜻을 세세하게 체득한다.

공유불이空有不二, 이것이 바로 「중관中觀」으로 공에도 집착하지 않고, 유에도 집착하지 않는다. 범부는 유에 집착하여 이 세계는 진유眞有라고 여겨서 번뇌가 생기고 욕심을 부린다. 순조롭게 될 때에는 기쁘고, 순조롭게 되지 않을 때는 화가 난다. 다른 사람은 그에게 미안해 하지만 그는 보복과 원한을 품는다. 그것은 모두 스스로 자신을 귀찮게 하는 것이다. 그는 자신이 꿈꾸고 있는 줄 모른다. 이승二乘의 사람은 견사번뇌를 끊고 만법이 모두 공함을 알면, 이런 공성 가운데 머물러 선뜻 나서서 중생을 제도하지 않으려 한다. 혹은 나선다는 말을 하면 자신이 교란될까봐 두려워 한다. 그래서 이런 공은 진공이 아니고, 중도가 아니다. 보살은 유에 집착하지도 공에 집착하지도 않는다. 그래서 「일체 상을 여의고 일체 선을 닦아」, 일체 중생을 제도하나 실로 제도할 수 있는 중생은 하나도 없음을 안다. 이른 바 「꿈속의 불사인 줄 알고 크게 지어야 하고, 물에 비친 달빛 같은 도량인 줄 알고 건립해야 한다(大作夢中佛事 建立水月道場)」.

예를 들면 요지耀智 대화상께서 여기에 매우 장엄한 도량을 세우셨 다. 홍법건물이 광주시 가장 번화한 지역에 우뚝 솟아 있으니, 이른바 법의 깃발을 드높이 세웠지만, 이것이 무엇인가? 「수월도 량水月道場」이다! 물에 비춘 달빛이 더욱 아름지만, 물에 비친 달빛 이 사실일 필요는 없다. 그러나 사실이 아니라고 해서, 나는 하지 않는다 말하는 것이 아니다. 나는 여전히 매우 진지하게 노력하고 정진하며 치열하게 홍법하며 중생을 이롭게 하는 사업을 하지만, 이런 사업은 바로 꿈인 줄 안다. 그래서 일체 중생을 제도하여도 제도할 수 있는 중생은 없고, 꿈속의 중생이 깨어나면 아무것도 없는데, 어찌 중생을 제도하는 일이 있겠는가? 중생을 제도하는 일은 없지만, 그는 여전히 중생을 제도하니, 이것이 바로 중도中道

이다. 우리가 수학하여 중도에 계입契入하고자 함이 바로 관세음보
살께서 닦으신 것으로 우리의 모범이다.

**자재란 실상이제實相理諦를 증득하여 여러 경계에서 대해탈을 얻음이
다.**

> 自在者。繇證實相理諦。於諸境界得大解脫也。

「자재自在」, 관자재의 자재는 우주와 인생의 진상을 명료히 앎이
고, 반야지혜가 원만하여 대해탈을 얻음이다. 이른바 대해탈大解脫
은 아무런 번뇌가 없다. 그래서 얻을 수 있는 생사가 없다. 이를
생사를 끝마침이라 한다.

보살은 각유정覺有情이라 번역하니, 자신을 이롭게 하고 타인을 이롭
게 함의 명칭이다. 지혜를 실상에 계합시켜 곧 자신을 만족스럽도록
이롭게 하고, 지혜를 문자로 펼쳐서 곧 타인에 두루 미치도록 이롭게
한다. 그래서 보살菩薩이라고 한다. 이는 행하는 주체인 사람을 설명
한다.

> 菩薩翻覺有情。乃自利利他之號。智契實相。則自利滿足。智宣文字。則利他普
> 遍。故名菩薩。此明能行之人也。

보살은 번역하면 「각유정覺有情」으로 바로 깨달은 유정중생이다.
정이 있음은 여전히 번뇌가 있다는 뜻이다. 그러나 그는 깨달아서

보살로 「자리自利 · 이타利他」의 사업을 행하여 자신을 제도할 뿐만 아니라 중생을 제도한다. 이러한 자신을 제도하고 타인을 제도하는 그의 수행은 여전히 만족스럽지 못한 것이 당연하다. 만약 원만하다면 성불할 것이다.

관세음보살에 지나지 않는다고 해서 진실로 원만하지 못하다는 말은 아니다. 그는 이른바 「도가자항倒駕慈航」[27]의 모습을 시현하였다. 보살들을 위해 모범을 보이셨지만, 실제로는 구원겁 이전에 이미 성불하셨다. 경전상의 기록에 따르면 그는 과거 일찍이 성불하시어 명호를 「정법명여래正法明如來」라 하였다. 그런 후 중생을 불쌍히 여겨 대자비심을 발하고 **자비의 배를 갈아타시고** 보살이 되어 부류에 따라 화생하신다. "어떤 몸으로 제도 받음을 얻는 자에게 응하여 곧 어떤 몸으로 나타나서 그를 위하여 설법하느니라."

---

27) 수행의 목적은 바로 삼계를 벗어나고 인간세상의 고해를 벗어나 극락정토에 왕생하여 영원한 해탈을 얻고자 하는 것이다. 그러므로 일반적으로 수행자는 속히 이 인간세상의 고해를 벗어나 영원히 다시 오지 않기를 간절히 바라지만, 그러나 불보살께서는 자비하시어 비록 자신이 수행하여 성취하셨을지라도 중생을 불쌍히 여기시기 때문에, 안락한 정토에서 도리어 고난의 인간세상으로 돌아와 모태에 들어가 사람으로 태어난 후에 출가하여 스님이 되어 경전을 강설하고 법을 설하여 중생을 제도한다. 비유하면 자신이 고해를 건넜지만 다시 돌아와 고난의 사람이 고해를 벗어나도록 돕고자 하기 때문에, 불보살의 이러한 행위를 "도가자항倒駕慈航"이라 한다. 관세음보살이나 문수보살 등은 모두 고불古佛이 자비의 배를 갈아타시고 이 인간 세상에 와서 고난을 구제하는 것이다. 간혹 고승대덕을 찬탄할 때, 또한 "도가자항倒駕慈航"을 가지고 형용하기도 한다. 다시 말하면, 이미 정과正果를 증득한 성인이 다시 육도로 돌아와 사람들을 고해에서 벗어나도록 돕는 것을 가리킨다. "도가倒駕"는 그는 과지果地에 있으면서 대원大願에 따라 응당 있어야 하는 극락세계에서 우리가 사는 고해 속으로 와서 "자항慈航(자비로운 배)"이 되는 것을 말한다.

「깊은 반야바라밀」이란 삼지일심三智一心 가운데 얻는 것으로 권교삼
승은 함께 할 수 없다. 그래서 깊다고 이름한다. 이는 행하는 대상인
법을 전체적으로 설명한다. 「때」란 광겁 이전을 가리켜 말한 것이다.
이로부터 한번 얻어 상응하니, 미래제에 이르기까지 시종일관 깊은
반야를 여의지 않는다.

> 深般若波羅蜜多者。三智一心中得。權教三乘所不能共。故名為深。此總明所行
> 之法也。時者。追指曠劫以前而言。從此一得相應。則直至盡未來際。終始不離
> 深般若矣。

《법화경》「관세음보살보문품」을 독송하다 보면 「삼십이응三十二
應」을 성취한 그 지위의 보살은 모두 「깊은 반야바라밀다를 행함」
을 또렷이 이해할 수 있다.[28] 이 「깊은 반야」는 일반 범부가
증득할 수 있는 것도 아니고, 또한 소승의 사람 내지 권교의 보살이
증득할 수 있는 것도 아니다.

이런 반야는 일심삼관一心三觀, 공·가·중 삼관을 동시에 운영한
다. 천태종에서는 「장藏·통通·별別·원圓」 사교四教로 나눈다.
「장교」는 소승이고, 「통교」는 통대승通大乘이고, 「별교」에 이르러
순대승純大乘이고, 「원교」는 별교의 사람이 달성하지 못하는 경계
로 「원융일심圓融一心」이다.

---

[28] 『능엄경』에서 보살이 스스로 말씀하여 이르시길, "제가 관음여래께 공양함으로
말미암아 그 여래께서 저에게 세간의 일체법은 환과 같다 가르쳐 주시니, 듣는
성품으로 훈습하고, 듣는 성품으로 수행하여 이룬 금강삼매로 삼십이응신·십사
무외·사부사의를 성취함에 저 부처님여래께서 제가 원통법문을 잘 얻었다고
찬탄하시며 큰 법회 중에 저에게 수기를 주시고 호를 「관세음」이라 하셨나이다."
_《관세음보살보문품심요》(비움과소통)

그래서 별교보살은 **차제삼관**次第三觀으로 먼저 '공관'을 하고 다시 '가관'을 하며 다시 '중관'을 한다. 이는 비교적 쉽다. 먼저 이 건물은 바로 한바탕 꿈이라 관찰하여 꿈속의 건물을 먼저 공하다고 본다. 그런 다음 보니 이 건물이 매우 장엄하다. 이런 상에서 보면 이는 가관이다. 그런 다음 보아, 이 상에 집착하지 않고 그것이 공인 줄 안다. 그런 후 또 공에도 집착하지 않는다. 이것이 바로 중관이다. 차례대로 끌어올리며 관하는 것으로 이는 근기가 둔한 사람이다.

원교의 사람은 근기가 예리하여 일심삼관으로 닦는다. 일심 가운데 공·가·중 삼관을 구족하니, 이런 차제에 의지할 필요가 없다. 이는 아마도 사람들이 느끼기에 좀처럼 파악하기 어려울 수도 있고, 익숙히 알지 못할 수도 있다. 천태의 교의는 매우 깊다.

나는 여러분에게 가장 간단한 방법을 안내하겠다. 이는 아미타불을 염하는 것으로 당신이 공·가·중 삼관을 알든 모르든 상관없이 당신이 염하는 당하當下에 이미 **일심삼관**一心三觀을 쓰고 있다. 당신의 능념能念의 마음이 바로 이 일심이고, 바로 부처님이고, 바로 진여본성이다.

일심으로 이 한마디 부처님 명호를 염할 때 이 부처님 명호의 당체는 공하다. 명자 그 자체가 바로 공하다. 이것이 **공관**空觀이다. 그렇지만 또 또렷이 들으면 아미타불·아미타불·아미타불 … 역력히 분명하다. 이것이 **가관**假觀이다. 공空에 집착하지도 않고, 유有에 집착하지도 않으며 바로 이렇게 많이 생각할 필요도 없이 이 부처님 명호에 집중하여 한마디 이어서 한마디 이렇게 염하면 저절로 중도에 합치한다. 이것이 바로 **중관中觀**이다. 너무 간단하다! 당신이 착실히 염불하기만 하면 공·가·중 삼관을 이미 증득한 것이다. 이것이 바로 깊은 반야를 행함(行深般若)이다.

「조견」이란 능관의 지혜를 개별적으로 설명한 것이다. 곧 관조반야이다. 「오온」이란 소관의 경계를 개별적으로 설명한 것이다. 곧 문자반야이다. 「모두 공함」이란 드러내는 대상인 진리를 개별적으로 밝힌 것이다. 곧 실상반야이다. 오온은 공가중空假中에 즉하지 않음이 없어 사구(四句; 분별)를 모두 여의고, 백비百非의 자성을 끊음을 억지로 공이라 할 뿐이다. 「도일체고액」이라 함은 스스로 분단생사 및 변역생사 두 가지 생사의 고인苦因·고과苦果에서 벗어나고, 또한 법계중생이 함께 두 가지 생사 인과에서 벗어나게 함을 말한다. 이는 곧 법을 행하는 효과이고 곧 바라밀다이다.

> 照見者。別明能觀之智。即觀照般若。五蘊者。別明所觀之境。即文字般若。皆空者。別明所顯之諦。即實相般若。五陰無不即空假中。四句咸離。百非性絕。強名為空耳。度一切苦厄者。自出二死苦因苦果。亦令法界眾生同出二死因果。即是行法之效。亦即波羅蜜多也。

관세음보살께서는 그 지위가 몸소 겪어 본 분[過來人]이다. 그분은 어떻게 수행하시는가? 바로 오온을 비추어 모두 공함을 깨달아 아신다. 이 「조견照見」이 바로 「관조반야觀照般若」이다. 막 수학을 시작할 때 먼저 이렇게 관한다. 즉 「오온五蘊」은 관하는 대상(所觀)인 경계이다. 관하는 경계는 한바탕 꿈이고 환이다. 꿈속 경계는 그래서 당체는 바로 공하다.

"당신에게 이런 지혜가 생겨나야 비로소 공으로 변한다"고 말하는 것이 아니다. "당신에게 지혜가 생겨나지 않아도 여전히 공하다"는 걸 알고 있는가? 그것은 공한지, 공하지 않은지와 아무런 관계가 없다. 그것은 본래 공하다. 공함이 명백하여도 당신은 그것이 공한 줄 잘 알지 못한다. 잘 알지 못하는 것은 곧 깨닫지 못함(不覺)이다. 깨닫지 못해 당신은 이런 경계를 실재로 여기고, 진짜라고 여긴다. 당신은 이런 경계 가운데 업을 짓고, 업을 지으면 결국 괴롭다. 이른바 「혹업고惑業苦」로 무량겁에 윤회한다.

그래서 우익대사께서는 염불을 칭하길 「원돈심종圓頓心宗」이라 하셨다. 「심종」은 곧 선종禪宗이다. 그 선종은 바로 마음을 깨닫는 것이다. 염불이 바로 원돈심종인 줄 전혀 알지 못한다. 「돈頓」은 곧장 끊어 대사를 마치고 심지를 밝혀 깨침(直截了當)이고, 이 마음 그대로 부처가 되는(是心作佛) 때이며, 이 마음 그대로 부처이다. 즉 당신이 아미타불을 염할 때가 곧 성불한 때이다. 이는 「향상의 일착(向上一著) 」, 향상의 기관機關이다. 당신은 성불 향상의 일착과 견줄 무엇이 있는가? 묻는다. '지금 바로' 염불할 때가 곧 성불한 때이다.

「행심반야바라밀다시行深般若波羅蜜多時 조견오온개공照見五蘊皆空」. 오온은 관하는 대상인 경계로 우리의 몸과 마음이니, 이는 일체 중생의 몸과 마음을 포함한다. 관하는 주체(能觀)인 지혜는 곧 관조반야이고, 관하는 대상(所觀)인 오온은 곧 문자반야이며, 능관能觀·소관所觀의 체성은 곧 실상반야이다. 그래서 일심 삼반야이다.

「도일체고액度一切苦厄」. 진정으로 이러한 경계에 들어가면 만법이 모두 공하고, 견사번뇌가 끊어진다. 그리고 일체 만법을 관조하니, 눈에 보이는 것처럼 또렷하다. 이는 곧 묘가妙假로 가관假觀이 성취된다. 진사번뇌塵沙煩惱를 끊어 공에도 집착하지 않고 또한 유에도 집착하지 않아서 내고 맞이하여 중도에 알맞게 되니(從容中道), 이러한 중관中觀으로 무명번뇌를 끊는다. 모든 이러한 견사 · 진사 · 무명의 번뇌를 끊으면 일체 고액을 건너고, 분단생사分段生死와 변역생사變易生死의 두 가지 생사를 벗어난다. 이것이 이른바 바라밀다, 즉 도피안到彼岸이다.

깨달은 사람은 관자재보살처럼 「깊은 반야」를 써서 조견 관조할 수 있어 모든 경계의 당체가 '공 그대로'(即空)이다. 그래서 "일체고 괴로움과 재난을 건너간다." 하셨다. 일체 번뇌와 생사가 모두 공하니, 이를 「바라밀다」라 한다. 바라밀다는 곧 증득한 실상 · 원만한 성취이다. 이를 「열반의 피안에 도달함」이라 한다. 그리고 열반의 피안에 이르면 얻을 수 있는 열반이 있는가? 《열반경》에 이르시길, "만일 열반보다 더 나은 것이 한 법이라도 있다면, 나는 또한 환幻 같고 화化 같다 말하리라(若有一法過涅槃者 我亦說如幻如化)." 그래서 반드시 일체의 정집망견, 일체의 망상을 다 끊어야 한다. 생사도 망상이고 열반도 망상이어서, 이런 망상을 모두 내려놓아야 구경원만이라 한다.

사리자여, 색온은 진공과 다르지 않고, 진공은 색온과 다르지 않으며, 색온은 그대로 진공이고 진공은 그대로 색온이니,

수온·상온·행온·식온도 또한 이와 같으니라.

舍利子。色不異空。空不異色。色即是空。空即是色。受想行識。亦復如
是。

이 단락에서는 오온이 모두 공하다는 경계진리(境諦)를 상세하게 해설
한다. 관조가 아니고서는 이런 경계진리를 요달할 수 없다. 그래서
대저 마음이란 일으키지 않을 뿐이다.

此廣釋五蘊皆空之境諦。而觀照自在其中。以非觀照不能了達此境諦。故夫心
者。不起則已。

[강기] 이 단락에서는 우리를 위해 오온이 모두 공한 이치를 상세하
게 해설하신다. 앞 단락은 총설로 단지 오온이 모두 공함을 조견한
다 말하였을 뿐이다. 그러나 여기는 별설別說로 우리가 체득할
수 있도록 분별하여 말씀하신다. 「오온五蘊」은 이른바 「색色·수受
·상想·행行·식識」이다.

미세한 마음이 있으면 곧 반드시 안으로 육근의 몸과 밖으로 기세간이
단박에 나타나는데, 이를 색온이라 이름한다.

介爾有心。則必頓現根身器界。名為色蘊。

「색色」은 바로 물질이다. 물질의 세계는 우리의 육체를 포괄하고,
일체 중생의 육체를 포괄하며, 또한 일체 무정의 중생인 산하대지

도 포괄한다. 이들은 모두 「지地 수水 화火 풍風」 사대四大 요소로
형성된 것이다. 이미 그것이 사대가 인연하여 화합된 이상, 당체는
곧 공하다. 이는 소승의 사람도 모두 체득할 수 있다. 당신이
나의 육체를 보고서 이 육체가 당신이라고 말한다면 나는 당신에게
묻겠다. "나의 육체, 어느 덩어리가 진정으로 나를 대표한단 말인
가? 나의 머리? 나의 오장육부? 나의 팔다리? 당신은 마음이
없을 수 없으니, 마음이 나를 대표한다 말한다. 현재 의학기술의
발달로 심장도 이식할 수 있다. 어느 날 내 심장에 문제가 생겨
아무개의 심장을 나의 육체 속에 이식하면 나를 나라고 불러야
하나, 아무개라 불러야 하나?

이를 관하면 이 육체는 주재함이 없고, 이른바 사대가 임시로
합한 몸임을 안다. 「지地」는 견고한 것을 대표하며 뼈와 살처럼
형체가 있고 견고한 것이다. 「수水」는 액체, 혈액, 오줌, 체액을
대표하고, 「화火」는 습도, 체온을 대표한다. 체온이 없다면 사람은
없다. 「풍風」은 호흡을 대표한다. 호흡이 없으면 죽는다. 그래서
사람의 육체가 생존하는 원인은 바로 이 사대요소가 화합하여
이루어진 가상이다. 우리가 이 가상에 가명을 붙여서 '나'라고
하는데, 실제상으로 내가 있는가? 없다. 당체는 바로 공이다.
그래서 「색즉시공 색불이공」이라 하였다. 이는 소승의 근성이
체득하는 것으로 「석공관析空觀」이라 한다. 육체를 분석하면 그
개인은 실제로 사대요소가 임시로 합한 것이다.

대승보살의 지혜는 이것에 비해 한층 더 미묘하다. 소승인은 여전
히 「사대四大」가 있고, 육체는 사대가 임시로 합한 것이라 여긴다.

즉 사대가 실제로 있다고 여기고, 사대 또한 모두 공임을 잘 알지 못한다. 현대 양자역학의 발견처럼 물질을 가장 미세하게 분석하였을 때 현재까지 발견된 가장 작은 입자는 중성미자이다. 전자는 80년 전에 발견된 것으로 현미경으로 측정할 수 없다. 단지 수학의 확률을 사용, 그것의 운동궤적을 측정하여 그 존재를 증명할 수 있을 뿐이다. 중성미자는 전자의 1백억 분의 1 체적으로 더욱 상상하기 어렵다. 이는 여전히 물질이다. 그것은 지대地大로 그 안에는 또한 수대, 화대, 풍대가 있다. 「지地」는 바로 물질이고, 「수水」는 그것의 습도를 대표하는데 양자 상에서 말하면 음전하이다. 「화대火大」는 양전하이다. 이것은 모두 음양의 전극이다. 「풍風」은 그것이 운동함을 대표한다. 전자는 광속에 가깝게 운동한다.

그래서 물질이라면 그것은 사대를 갖추고 있다. 크게는 항성계에서 작게는 미세입자에 이르기까지 모두 사대이다. 현재 이러한 양자는 모두 색법色法이다. 계속 분석해 들어가면 양자는 더 이상 나눌 수 없다. 그것은 일종의 진동일 뿐이고, 진동으로 생성된 형체임이 발견되었다. 양자역학에서는 모든 입자는 끈이나 작은 고리로 이루어졌다는 끈 이론(string theory)을 제시하였다. 예를 들면 당신이 손가락으로 바이올린 줄을 튀기면 음부(音符; 음의 길이와 높낮이)가 생겨 다양한 소리가 나는 것과 같다. 그 음부는 가장 작은 입자인 양자와 같아서 이렇게 진동하면 음부가 생성되고, 양자가 나온다. 이어서 입자는 곧 조합되어 비교적 큰 것이 된다. 전자는 원자를 돌면서 운동하고, 원자핵은 중성자와 양성자가 결합되어 이루어진다. 또한 원자는 결합되어 분자가 되고, 분자가 결합하여 우리에게 보이는 물질이 된다. 우리의 육체는 무한한 분자로 조성되어 있다. 그래서 물질을 **최후까지 분석하면** 움직이는 모습만 있을 뿐, 물질은 **없다.**

그래서 이른바 물질도 그 당체는 공이다. 그것은 단지 움직이는 모습만 있다. 도대체 이 움직이는 것의 근원은 어디에서 나오는가? 과학자는 그 답을 찾지 못하였다. 만약 과학자가 육조 혜능대사에게 질문할 기회가 있다면, 혜능대사는 그에게 말할 것이다. "바람이 움직이는 것이 아니고, 깃발이 움직이는 것도 아니거늘, 이는 무엇인가? 당신의 마음이 움직이는 것이다." 이 말씀은 그에게 답을 알려준다. 원래 그 물질은 **당신의 생각이 움직여서 생성된다.** 생각이 없으면 물질세계도 생성되지 않는다.

이런 생각은 우익대사께서 주해에서 말씀하신 「개이介爾의 마음」, 지극히 미세한 생각이다. 《대승기신론》에서는 "무명으로 인하여 삼세三細가 생겨나고, 경계가 인연하여 육조六粗가 생겨난다(無明爲因生三細 境界爲緣長六粗)." 하셨다. 「무명」은 미혹이다. 만법이 모두 공하다는 진상真相을 미혹하면 마음이 움직인다. 최초 그 생각은 가장 미세하여 삼세상三細相이 출현한다. 세 가지 미세한 상은 이른바 「무명업상無明業相」·「무명전상無明轉相」·「무명의 경계상 無明的境界相」으로 이는 모두 지극히 미세한 상태이다. 이러한 업상이 곧 '개이의 마음'이다. 갑자기 마음이 움직일 때 즉시 「능소能所」가 생기고, 능관能觀의 지혜, 소관所觀의 경계, 경계상이 생겨난다. 전상轉相이 바로 「능能」이고 경계상이 바로 「소所」이다. 이로부터 관하는 주체(能觀)와 관하는 대상(所觀)이 곧 나온다.

이 삼세상은 대단히 미세하지만 계속 미혹하면 그 미혹이 깊어질

수록, 생각이 심하게 움직일수록 무엇으로 변화되는가? 「장육조長
六粗」, 즉 거친 상(粗相)이 나온다. 나아가 어느 정도까지 거칠어지
는가? 하면 삼계육도가 형성되고, 심지어 삼악도가 생겨난다.

그래서 우주는 이렇게 생성되는데, 이를 「색온色蘊」, 색법「色法」이
라 한다. 색법에는 여전히 마음이 있다. 유심唯心의 차원에서 말하
면 「공空」이라 한다. 왜냐하면 생각은 공이고 그것은 형체가 없다.
당신이 생각을 잡아서 보여주려고 해도 잡을 수 없다. 그것이
공이다. 게다가 생각이 생멸하는 속도는 지극히 빠르고 또 빠르다.
과학자는 광속이라 생각하였다. 아인슈타인 가설(중력의 속도는
빛의 속도와 동일하다)에 따르면 광속은 우주 최고의 속도이다. 그러
나 현재 이 가설은 깨어져 초광속이 존재한다. 그러나 불경에서
말하는 속도에 이르기에는 아직 요원하다.

불경에서는 생각이 생멸하는 속도가 얼마나 빠르다고 말하는가?
《보살처태경菩薩處胎經》에서 미륵보살은 우리에게 「일탄지一彈指」
라고 말씀하신다. 일탄지에는 "한 번 손가락을 튕기는 동안에
32억 백천의 생각이 있고, 그 염념마다 형체를 이루며 그 형체마다
모두 식識이 있다." 하셨다. 생각은 지극히 미세하여 집지執持할
수 없다. 과거 32억 백천의 생각은 인도의 단위이다. 실제로
이는 1백에 1천을 곱한 것으로 십만이다. 그래서 320만억 생각이
바로 일탄지이다.

일탄지는 1초를 가리키는 것이 아니다. 1초는 바로 1천5백만억
생각이다. 이런 생각은 매우 빠르고 매 생각마다 우주를 생성할
수 있다. 「염념형성念念成形」, 여기서 「형形」은 곧 물질세계, 색법이

고, 전체 우주이다. 우리가 상상할 수 있는 공간과 시간은 모두 이 생각 하나에 포함되어 있다. 「형개유식形皆有識」, 이 우주의 시공 가운데는 여전히 「식識」이 있다. 식은 바로 유정중생이다. 유정에는 식이 있는데, 무정은 어디서 오는가? 무정은 유정의 식이 변하여 나타난다. 그래서 형체 마다 모두 식이 있다. 유정이든 무정이든 모두 이 식이 변하여 나타난 것이다. 이것이 우주의 진상이다.

과학자는 애석하게도 불경을 성실히 배우지 않는다. 진정으로 불경을 배우면 그들의 과학연구에 큰 폭의 진보가 있을 것이다. 현재 불경이 말하는 사실의 진상은 점차적으로 증명되고 있다.

이상으로 색온을 말하였다. 그것은 색법으로 물질이다. 또한 「심법心法」이 있다. 심법은 정신세계로, 그 내용은 많다. 수受·상想·행行·식識 이는 모두 심법으로, 이른바 심리활동이다.

(미세한 마음이 있으면) 곧 반드시 여러 괴로움과 즐거움의 경계를 받아들이는데, 이를 수온이라 이름한다.

則必領納諸苦樂境。名為受蘊。

무엇을 「수온受蘊」이라 하는가? 색법 이런 경계 가운데 당신이 받아들이는(領受) 괴로움과 즐거움, 이런 수용(受用 ; 느낌, 감정)을 수온이라 한다. 이런 느낌은 당신에게 분별이 있어서 생성된다. 예를 들면 어떤 사람은 달빛을 보고 매우 기뻐하고, 어떤 사람은 달빛을 보고 매우 슬퍼한다. 달빛 그 자체가 우리에게 이런 정보를 보내고 있는가? 없다. 그것은 분별을 두지 않는 것(無記)이다. 그러나 우리가 달빛을 보면 다른 사람에게 다른 느낌(感受)이 생긴다. 괴로움이 있고 즐거움이 있으며 근심이 있고 기쁨이 있다. 그것은 곧 당신 자신의 분별에 있다. 달빛 자체는 아무런 분별이 없다

그래서 일체 경계 가운데 물질환경이든 인사환경이든 상관없이 모두 다 괴로움과 즐거움이 없고 선도 악도 없다. 그래서 이런 경계 가운데 허망하게도 이런 분별심이 일어나 허망한 느낌이 생긴다. 이런 느낌의 당체도 공이다.「색불이공色不異空」일 뿐만 아니라, 수受도 공과 다르지 않다. 색 그대로 공이듯이, 수 또한 공이다. … 이러한 유추로써 상想 또한 공과 다르지 않고, 상 그대로 공이다. 행行 또한 공과 다르지 않고, 행 그대로 공이다. 식識 또한 공과 다르지 않고, 식 그대로 공이니, 오온이 모두 공하다.

(미세한 마음이 있으면) 곧 반드시 상을 취해 명언을 시설하는데, 이를 상온이라 이름한다.

則必取相施設名言。 名爲想蘊。

무엇을「상想」이라 하는가?「상想」은 바로 당신의 생각으로, 일체 경계상 가운데 그것에 명상名相을 붙여 주는 것이다. 예를 들어 이것은 의자이고 이는 마이크이며, 이 사람은 아무개 스님이다.

이는 경계상 가운데 이름을 붙인 것이다. 이름이 없으면 당신은 생각할 수 없다. 그래서 이를 상온이라 한다. 상온은 색온에 의지하고 경계에 의지하며 당신의 느낌에 의지해 생성된 것이다. 색온과 수온이 모두 공한 이상, 상온 또한 공하다.

(미세한 마음이 있으면) 곧 반드시 생겨나고 사라지며 옮아 흘러서 멈추지 않는데, 이를 행온이라 이름한다.

則必生滅遷流不停。 名為行蘊。

「행온行蘊」은 우리의 마음이 생겨나고 사라지며 옮아 흘러서 멈추고 쉬지 않음을 말한다. 앞에서 말했듯이 1초는 1천6백 만억 개의 생각이 멈추지 않고 생각생각 그 속에서 나고 사라지니, 무량겁에서 줄곧 오늘에 이르기까지 모두 생겨나고 사라진다. 현재 지금 이 시각에도 당신의 생각은 생겨나고 사라지며 멈추지 않는다. 당신의 생각이 멈추지 않음을 행온이라 한다. 행이 우리에게 가져다주는 것은 또한 괴로운 느낌(苦受)이다. 그러나 우리 욕계의 중생심은 매우 거칠어서 그렇게 미세하지 않다. 그래서 이러한 행으로 인한 괴로움(行苦)을 느끼지 못한다. 어떤 중생이 행고行苦를 느낄 수 있는가? 무색계의 천인은 깊고 깊은 선정 가운데 이 생각이 멈추지 않음을 느낀다. 생각이 멈추지 않으면 경계상도 끊임없이 생겨나고 사라져서 멈출 수 없다.

욕계는 가장 괴로운 곳이어서 "팔고八苦를 모두 갖추고 있다."

욕계의 중생은 생노병사 등의 팔고인 「고고苦苦」는 없지만, 느끼는 괴로움인 「괴고壞苦」는 있다. 그에게는 여전히 물질적 신체인 색온이 있고, 궁전과 누각이 있다. 이는 천인의 경계이다. 무색계에는 육체도 없고 물질세계도 없지만, 생각상의 행이 있으니, 영계에서 느끼는 고뇌를 말한다. 언제 생각이 갑자기 툭 끊어져 더 이상 생겨나고 사라지며 옮아 흐르지 않는 이러한 경계상은 없다. 이런 사람은 개오開悟한 이로 그는 「생겨나지도 사라지지도 않는」, 「본래 스스로 청정한」 자성을 보게 된다.

그래서 선종의 영가永嘉대사께서는 개오開悟하셨을 때 말씀하시길, "꿈속에서는 분명코 육취(육도윤회)가 있더니만 깨달은 후에는 텅 비어 대천세계가 없더라(夢裡明明有六趣 覺後空空無大千)." 하셨다. 우리가 현재 보는 경계는 전체 그대로 꿈이고 환이다. 왜냐하면 당신에게는 끊임없이 생겨나고 사라지는 생각이 있기 때문이다. 그래서 한 생각이 변하여 우주의 상 하나가 나타나며, 염념마다 생겨나고 사라짐에, 이런 경계상은 염념마다 생겨나고 사라지며 멈추지 않는다.

비유를 들면, 초기에 영화는 어떻게 상영되었는가 하면 영화필름으로 상영되었다. 현재는 전부 디지털화되어 매우 잘 이해된다. 이전에는 영상을 두루마리 필름 위에 제작한 다음 영사기를 사용하여 은막 위에 투사하였다. 영사기는 끊임없이 열렸다 닫혔다 하며 영화필름이 쉼없이 영상재생기를 통과하고 그런 다음 첫 번째 필름이 은막 상에 상영되어 당신은 영상이 나타나는 장면을 본다. 그런 다음 매우 빨리 투영기의 등이 닫히고 두 번째 필름으로 바뀐 후 열려서 또 은막 상에 두 번째 영상을 보지만 이 속도는 매우 빠르다. 초기에는 1초에 필름이 24장이었다. 당신이 보는 장면은 서로 잇달아 일어나는 움직임에 줄거리가 있는 것이지, 필름 한 장 한 장에 있는 것이 아니다. 당신의 육안이 정체성이 있기 때문에, 당신이 보는 장면이 잇달아 일어난다. 이것이 바로 영화이다. 실제로 그 필름은 한 장 한 장씩, 앞장과 뒷장은 서로 연관되어 있지 않다.

우리의 현재 생각도 생각이 한번 생기는 것은 투영기의 등이 열려서 한 장의 필름이 은막 위에 상영되는 것과 같다. 은막은 우리의 자성과 같고, 필름은 우리의 생각과 같다. 생각이 한번 생기면 자성이 당신의 생각을 따라 한 장면의 영상으로 변하여 나타난다. 이렇게 우리는 우주의 진상을 해석할 수 있다. 그것은 은막 위에 상영되는 평면적인 상이 아니라, 시공간에 펼쳐지는 입체적인 상이다. 오늘날 3D 입체 영화가 있어 영화도 입체적이다. 그러나 우리의 생각은 단순히 입체적일뿐만 아니라 그것에는 과거 현재 미래의 삼세가 있고, 공간도 시방이 있다. 실제상으로는 단지 3유維 공간뿐만 아니라. 4유 5유, 현재 과학자들은 11유 공간도 발견하였다.

불법에서는 말하길, 이는 무량한 유차維次의 공간이 전부 이 한 장의 필름 내용으로, 곧 한 생각 가운데 생성된다. 그런 다음 이 일념이 존재하는 시간은 얼마나 긴가? 1천 6백억 분의 1초에 생각이 존재한다. 바꾸어 말하면 우리의 현재 이 우주, 우리가 머무는 지구, 태양계, 은하계, 은하 바깥의 항성계 등 갖가지 이렇게 큰 항성계로 구성된 우주, 당신이 아는 우주, 미지의 우주 전부 이 1천 6백만억 분의 1초에 발생하는 생각 가운데 존재하고 이 생각은 매우 빨리 사라진다. 또한 두 번째 생각으로 바뀌고 이에 또 하나의 새로운 우주가 출현하니 이것이 두 번째 필름이다. 이 우주가 존재하는 시간도 생각과 같아서 1천6백만 억 분의 1초 후에 다시 바뀌고 세 번째 우주가 출현한다. … 이와 같이 나고 사라지며 멈추지 않는다. 1초에 1천 6백만억 번 나고 사라지면서 앞으로 변천하며 나아가는 것이 우주의 진실상이다. 부처님께서 우리에게 일러주시지 않았다면 우리는 상상도 하지 못한다!

이와 같은 이상, 이 우주를 얻을 수 있겠는가? 얻을 수 없다(不可得). 왜냐하면 당신이 막 생각할 때 그것은 또한 몇 번이나 나고 사라졌는지 몰라서「집지할 수 없다(不可執持)」함이 불가득不可得이다. 색·수·상·행·식은 모두 우리의 이런 생각 가운데 생겨나는 현상이다. 생각의 당체는 바로 공이다. 과거의 것은 사라지고 다시는 찾을 수 없다. 그래서 생각이 변하여 나타난 모든 우주 만사만물의 당체도 공하다. 이를「오온개공五蘊皆空」이라 한다. 이는 대승보살의 지혜로 소승의 지혜로는 도달할 수 없다. 대승인은 이 본체를 본다. 우주가 생겨나고 사라지며 멈추지 않는 이 생각을 그들은 본다.

(미세한 마음이 있으면) 곧 반드시 제법을 또렷이 분별하는데, 이를 식온이라 이름한다.

　則必了了分別諸法。名爲識蘊。

「식온識蘊」은 무엇인가? 일반 소승에서 말하는 「의식意識」이다. 소승에서는 단지 「육식六識」을 말하고, 대승에서는 「팔식八識」을 말한다. 의식은 분별이다. 당신은 경계상에서 분별한다. 일체의 법상을 또렷이 분별하는 것이 바로 「식識」이다. 만약 팔식을 말한다면, 이는 바로 생각한 것, 행한 것은 모두 종자를 남겨 당신의 팔식 밭에 존재한다. 이런 생각이 생겨날 수 있는 원인은 바로 당신에게 이런 생각의 종자가 있고 종자가 「의意」를 생성하고, 인연을 만나 그것이 형체를 드러내게 된다.

이는 그 일어난 미세한 마음을 따라 자연 그대로 다섯 겹의 혼탁함을 구족하게 됨을 안다. 지금 깊고 깊은 반야로써 그것을 비추어 색온이 오직 마음임을 또렷이 안다. 달리 실색이 없고, 일체 근신과 기계는 모두 허공꽃, 꿈속 물건과 같다. 그래서 색온은 진공과 다르지 않고 진공 또한 유심일 뿐, 달리 진공과 다름이 없다.

> 是知隨其所起介爾之心。法爾具足五疊渾濁。今以甚深般若照之。了知色惟是心。別無實色。一切根身器界。皆如空華夢物。故色不異空。空亦惟心。別無異空。

그래서 색·수·상·행·식은 전부 우리의 심성으로부터 생겨난 것이다. 앞에서 말했듯이 심성은 영화의 은막과 같다. 은막은 분별이 없고, 그 자체에는 또한 얻을 수 있는 영상이란 없다. 이는 당신이 영화를 방영하였기 때문에 영화필름이 은막 상에 비추어 얻을 수 있는 영상이 있지만, 그것은 은막에 영향을 미친 것은 아니다. 영상에는 좋고 나쁨이 있고, 선과 악이 있고, 더러움과 깨끗함이 있고, 늘어남과 줄어듦이 있고, 생겨남과 사라짐이 있다. 갖가지 모두 상이지만, 은막 그것은 생겨남과 사라짐도 없고 더러움과 깨끗함도 없다.

당신이 영상을 놓아도, 불상을 놓아도 깨끗해지는 것은 아니다. 은막은 말할 여지도 없고 자성도 깨끗해지는 일은 없다. 당신이 지옥 중생을 위에 놓아도 자성이 물드는 일은 없다. 당신이 매우 많은 황금 사진을 위에 놓아도 그것은 더 화려하게 변하는 일은 없다. 당신이 똥오줌 사진을 위에 놓아도 더럽게 변하는 일은 없다. 은막은 더럽혀지지도 깨끗해지지도 않는 것이다. 우리의 심성도 이와 같아서 그 자체는 생겨나지도 사라지지도 않고, 더럽혀지지도 깨끗해지지도 않고, 늘어나지도 줄어들지도 않지만, 일체 생겨나고 사라지는 법도, 더럽고 깨끗한 법도, 늘어나고 줄어드는 법도 나타날 수 있다. 이런 마음이 바로 우리의 진심이자 본성이다. 우리의 진심·본성은 바로 이러하다.

그래서 당신이 깨닫는다면 당신의 마음이 나타난 법계가 바로 불법계이지만, 당신이 깨닫지 못하여 미혹전도되면 당신의 심성이 나타나는 경계는 바로 삼악도, 삼계육도三界六道, 고의 경계이다. 그러나 당신이 깨달아서 나타나는 부처님의 경계도 당체는 공이다. 극락세계도 당체가 공인가? 당연히 그 당체는 공이다. 그래서 《금강경》에서 이르시길, "무릇 모든 상은 다 허망하니라(凡所有相 皆是虛妄)." 하셨다. 이어서 보리를 성취함도 열반을 증득함도 허망하다. 그래서 《반야심경》에서 이르시길, "얻을 바가 없는 까닭에 아뇩다라삼먁삼보리를 얻느니라(以無所得故 得阿耨多羅三藐三菩

提).” 하셨다.

당신은 “내가 불도를 이룬 것은 이룰 수 있는 어떤 불도가 있고, 증득할 수 있는 보리가 있음이다.”고 말해서는 안 된다. 그러면 당신은 여전히 망상에 빠져있고 여전히 허망한 법이다. 「색불이공 色不異空 공불이색空不異色」에서 「색色」은 공인 색이고, 「공空」은 색인 공으로 색 · 공은 나눌 수 없다. 색 이외에 공을 찾을 수가 있다는 말이 아니고, 찾은 공도 여전히 색이다. 당신은 허공을 찾았다고 말한다. 이는 현재 과학자가 말하는 진공이다. 이 진공은 여전히 색법이고, 여전히 물질세계 내의 것이다. 불법에서 말하는 공은 물질상태의 공을 말하는 것이 아니다. 아무것도 없는 그런 공이 아니라 그것의 체성을 말한다. 당연히 이런 비교는 매우 추상적이라 이해하기 어렵다. 우리는 여전히 몽관夢觀을 활용한다. 몽관은 체득하기 가장 쉽다.

예를 들면 당신이 꿈에서 대불사 홍법빌딩에 수많은 사람이 함께 모여 학습하는 모습을 보았다면 이러한 꿈은 색법으로 당연히 수 · 상 · 행 · 식이 있어 당신은 매우 수승하다고 느낀다. 「상想」은 당신이 이런 법의法義를 사유함에 있고, 「행行」은 당신의 생각생각 모두 법의에 안온히 머묾에 있으며, 「식識」은 당신의 팔식 밭에 부처님의 종자를 남김에 있다. 여기서 오온은 모두 매우 수승하다. 그러나 이는 단지 한바탕 꿈일 뿐, 그 꿈의 당체는 공으로 깨어나면 이것들은 모두 사라져 찾아도 모두 찾을 수 없다. 그래서 그 꿈속의 색법과 꿈속의 수 · 상 · 행 · 식 그 당체는 바로 공이고, 공과 분리할 수 없다. 색 · 수 · 상 · 행 · 식 이러한 오온을 없애야 공으로 변하는 것이 아니라, 당체가 공이다. **꿈에서 깨어나야 공이라 말하는 것이 아니라 꿈을 꿀 때에도 공으로, 이런 경계는 지금까지 생겨난 적도 없고 생성된 적도 없다.** 이미 지금까지 생겨난 적도 없고 지금까지 사라진 적도 없다. 그래서 당체는 생하지도 멸하지도 않는다.

우리가 이와 같이 우주와 인생을 관찰한다면 깨달을 수 있다. 그래서 색·수·상·행·식은 바로 그 일심이 변하여 나타난 것이고, 마음 바깥에는 얻을 수 있는 색·수·상·행·식이란 없고 내지 색·수·상·행·식은 모두 공해버렸다. 영가대사께서 말씀하신 것처럼 "깨달은 후에는 텅 비어 대천세계가 없다(覺後空空無大千)." 꿈속에서는 육취가 있었다. 「육취六趣」는 바로 육도六道, 삼계 육도이다. 꿈속의 것은 갑자기 깨치면 텅 비어 대천세계가 없고 열반을 증득한다. 이때 여전히 열반이 있다고 여긴다면 이는 여전히 공하지 않다는 것을 알아야 한다.

"만일 열반보다 더 나은 것이 한 법이라도 있다면, 나는 또한 환幻 같고 꿈같다 말하리라." 하셨다. 그래서 진공은 색온과 다름이 없다. 이미 다름이 없다 한 이상 이미 상즉相卽이다. 오히려 미혹한 마음에 휩싸일까 두려워 여전히 손바닥을 뒤집고 손등을 엎는다고 이해하라. 그래서 거듭 보이시며 「색즉시공 공즉시색」이라 이르신다.

設有一法過涅槃者。我亦說為如幻如夢。故空不異色。既云不異。已是相卽。猶恐封迷情者。尚作翻手覆手之解。故重示云色卽是空空卽是色。

그래서 우익대사께서 《마하반야바라밀다경》의 경문을 인용하여 말씀하시길, "만일 열반보다 더 나은 것이 한 법이라도 있다면, 나는 또한 환 같고 꿈같다 말하리라(設有一法過涅槃者 我亦說為如幻如夢.29) 천자가 질문하길, 이미 만법이 모두 공한데 어찌 열반이 가장 수승한가? 왜냐하면 열반은 깨달은 후에는 텅 비어 대천세계가 없더라(覺後空空無大千)." 하셨다. 깨달은 후 텅 비어 대천세계도 없을 정도로 모두 공하다. 이것이 가장 수승하다. 모든 번뇌, 모든 생사로부터 해탈한다. 그래서 만법 가운데 열반이 가장 수승한 법이다. 실제로 열반은 결코 공하지 않다. 그렇게 열반보다 더 수승한 법이 있는가? 열반은 공한 법으로 여전히 열반보다 수승하되 공하지 않는, 한 법이 있는가? 만약 열반보다 수승한 법이 하나라도 있다면 열반보다 수승하여야 한다. 나는 또 그것은 꿈같고 환 같으며 또한 공하다 말할 것이다.

당신은 일체 정집망견(情見)을 깨뜨릴 수 있다. 당신은 정집망견을 지닌 범부이다. 당신은 현재 보리가 있고 열반이 있다는 정집망견

---

29) 이미 당체는 전체 그대로 공이다. 그래서 「생사열반은 꿈속 경계와 같다(生死涅槃 同於夢境)」, 생사에 대해 집착하지 않고 열반에 대해서도 집착하지 않는다. 왜냐하면 모두 환 같고 화 같다. 그래서 《대지도론大智度論》에서 이르시길, "만일 열반보다 더 나은 것이 한 법이라도 있다면, 나는 또한 환 같고 화 같다 말하리라." 열반은 이미 가장 최고의 경계이다. 만약 열반보다 뛰어난 법이 있다면 나(부처님)도 그것은 환 같고 화 같다 말할 것이다. 《대반야경》에서도 이르시길, "나는 열반이 환 같고 꿈같다 말한다. 만약 열반보다 뛰어난 법이 있다면 나는 또한 환 같고 꿈같다 말하리라. 왜 그러한가? 환·꿈·열반은 둘이 아니고 다르지 않기 때문이다." 이것이 바로 통교通教 인이 이해한 명자즉名字即이다. _《천태교관약설강기天臺教觀略說講記》, 오희인吳希仁 강술.

을 모두 다 말끔히 깨뜨려야 구경열반이다. 구경열반은 얻을 수 있는 열반이 없다. 그래서 여기서 특별히 「색즉시공色即是空 공즉시색空即是色」을 말한다. 당신은 「색불이공 공불이색」을 완전히 말했는데, 또 색즉시공 공즉시색을 덧붙여 말하였다. 불경에서는 어떻게 중복된 언어가 있는가? 그 뜻은 한층 더 깊다. 「색불이공」인데, 여전히 얻을 수 있는 공이 있고 색 바깥에 공이 있다고 여길까봐 두렵다. 이는 잘못이다.

경전에서처럼 든 예를 말한다. 「번수복수翻手覆手」. 여기서 손은 우리는 손바닥과 손등(手心手背)이라 말한다. 손바닥은 생사이고, 손등은 열반과 같다. 당신이 생사윤회를 하지 않고 뒤집으면 열반이지 않은가? 부처님께서는 당신에게 일러주신다. "이 손바닥과 손등은 모두 손 하나이지 둘이 아니니, 바로 한 손이다. 손바닥도 이 한 손이고 손등도 이 한 손으로 하나이되 둘이 아니다.

이를테면 미진의 색체 하나를 집어 드니, 곧 법계는 공간으로 시방에 두루 하고 시간으로 삼제를 궁진한다. 그래서 「즉시공即是空」이다. 이른바 전체 사상事相 그대로 곧 이성理性이니, 약간의 이성이 있어도 이 사상 가운데 있지 않음이 없다. 곧 이 미진은 진공 전체의 이성을 갖추고 있고, 단박에 법계 전체의 사상을 갖추고 있다. 그래서 「즉시색即是色」이다. 이른바 전체 이성 그대로 곧 사상이니, 약간의 사상이 있어도 이 이성 가운데 있지 않음이 없다.

謂隨拈一微塵色體。即法界橫遍豎窮。故即是空。所謂全事即理。無有少許理性而不在此事中。即此微塵所具眞空全理。還即頓具法界全事。故即是色。所稱全

理卽事。無有少許事相而不在此理中。

그래서 생사는 곧 열반이고, 번뇌는 곧 보리이다. 여기서는 「색즉시공 공즉시색」이라 한다. 바꾸어 말하면 한 물건을 집어 들고, 우주만법에 미진 하나를 집어 드니, 이것이 색법이다. 색법 가운데 법계 전체의 공성 본체를 갖추고 있음이 「색즉시공」이다. 이 공성의 본체는 당하에 또한 법계 전체의 만사만물을 갖추고 있다. 이를 「색불이공 공불이색」이라 한다. 색 그대로 공이고, 공 그대로 색이다. 공 가운데 바로 색이고, 공 바깥에 색이 하나라도 있는 것이 아니므로 공과 색은 둘이 아니고 한 법이다.

《화엄경》에서는 "겨자씨 속에 수미산을 받아들인다(芥子納須彌)."하였다. 미진 가운데 법계가 있고, 시방 제불이 미진에 앉아 대법륜을 굴린다. 미진은 이렇게 작거늘 어찌 시방법계의 제불여래를 용납할 수 있기에 여기서 설법하는가? 제불도 작아질 수 없고, 미진도 커질 수 없지만, 서로 용납함을 우리 범부는 확실히 체득하기 어렵다. 그러나 이치상으로 우리는 최저한도로 인정할 수 있다. 왜 그런가? 미진의 당체는 곧 공하다. 공한 가운데 당체는 법계 전체의 사상을 갖춘다. 그래서 미진 속에도 당연히 법계 전체의 사상을 갖추니, 시방법계 전체가 미진 하나 속에 있다. 이것이 바로 「색불이공 공불이색」이다.

이로써 보면 당체는 절대 원융하여 곧 두 물건이 없으니, 이미 색온에서 이 실상을 요달하였다. 수상행식도 전례를 따라 모두 알 수 있다.

斯則當體絕待。更無二物。既於色蘊了達此實相已。受想行識例皆可知。

그래서 반드시 우리의 망상 분별을 내려놓아야 한다. 당신에게 분별이 있어, 크다고 분별하거나 작다고 분별하거나, 안이라 분별하거나 바깥이라 분별하거나 이러면 당신은 이해할 수 없다. 이를 「절대원융絕待圓融」이라 한다. 상대함이 없다. 크고 작음도 상대함이고 안과 바깥도 상대함이다. 이러한 상대함이 없어야 원융하다. 색법은 이와 같다. 수상행식도 이런 이치에 의지해 추론할 수 있다. 추론하면 모두 이와 같다. 바꾸어 말하면 당신은 이렇게 몸으로 느끼고(受) 마음으로 생각(法)하는 가운데 마음속에 괴로운 느낌이 있거나 즐거운 느낌이 있다고 여긴다. 이렇게 느끼는 일념 속에 법계 전체가 함유되어 있다. 상想도 이와 같고, 행行도 이와 같으며, 식識도 이와 같다. 그래서 이른바 공空은 본성상으로 생겨남도 사라짐도 없으며, 본래 스스로 청정하다고 말한다. 다음으로 「제법공상諸法空相 불생불멸不生不滅」을 말하겠다. 이는 공상空相을 말하는데, 왜냐하면 생겨남이 없으면 사라짐도 없기 때문이다.

사리자여, 이 오온제법의 진공실상은 생겨나지도 사라지지도 않고, 더럽혀지지도 깨끗해지지도 않으며, 늘어나지도 줄어들지도 않느니라.

舍利子。是諸法空相。不生不滅。不垢不淨。不增不減。

또한 아마도 집착과 미혹에 빠진 자는 이 오온실상이 조견照見으로부터 생겨난다고 말할 것이다. 그래서 다시 되풀이하여 이를 보이며 말하기를, 이 오온제법은 당체 그대로 진공실상이다. 본래 이와 같아 실상이 생겨나고 오온이 사라짐이 아니어서, 오온은 본래 스스로 생겨남도 사라짐도 아니다. 그래서 공상이라 이름할 뿐이다.

> 又恐執迷之人。謂此五蘊實相。從照見生。故更申示之曰。是五蘊諸法。當體即是眞空實相。本自如斯。非實相生而五蘊滅。以五蘊本自不生不滅。故名為空相耳。

또한 아마도 미혹한 자는 이 오온제법의 공상은 생겨나고 사라짐이 아닐지라도 더러움과 깨끗함이 있다고 말하고, 범부는 물든 인연에 따르니 곧 더러워지고 성인은 청정한 인연에 따르니 곧 청정해진다고 말할 것이다. 그래서 다시 되풀이하여 이를 보이며 말하기를, 오온도 또한 그대로 공상이고, 성인의 오온도 또한 그대로 공상이니, 어찌 더럽고 깨끗함이 있겠는가!

> 又恐迷者。謂此五蘊空相雖非生滅。而有垢淨。謂凡夫隨於染緣則垢。聖人隨於淨緣則淨。故更申示之曰。凡夫五蘊亦即空相。聖人五蘊亦即空相。何垢淨之有哉。

또한 아마도 미혹한 자는 말하길, 이 오온공상이 더럽고 깨끗함이 없을지라도 늘어남과 줄어듦이 있다. 생사에 지극히 크고 굳세어 늘어나고 덕상을 감추고 덮어 줄어든다. 성인은 깨달아서 조용히 다함이 없어 늘어나고 혹업이 사라져 줄어듦이 있다. 그래서 다시 되풀이하여 이를 보이며 말하기를, 미혹할 때에도 또한 단지 이 제법공상뿐이고, 깨달았을 때에도 또한 단지 이 제법공상 뿐이니,

어찌 늘어나고 줄어듦이 있겠는가!

又恐迷者。謂此五蘊空相。雖無垢淨而有增減。謂凡夫迷。故生死浩然爲增。德
相隱覆爲減。聖人悟。故照用無盡爲增。惑業消亡爲減。故更申示之曰。迷時亦
只此諸法空相。悟時亦只此諸法空相。何增減之有哉。

이미 오온을 향해 이 미묘한 진리를 발명하였으니, 드디어 일체
차별법상을 자세히 말하여 성인과 범부의 정집망견을 녹이고 끊는다.

既向五蘊發明此妙諦已。遂即廣□一切差別法相。融絶聖凡情見。

《능엄경》에서는 하나의 사례를 들어 공상空相을 말하고 허공꽃(空
華)을 말한다. 즉 눈병이 들거나 혹은 자신의 손으로 안구를 조금
힘을 주어 약간 미세하게 지압하면 눈앞에 꽃무늬 같은 것이
생겨나는 것을 보게 된다. 이른바 「허공꽃」이다. 묻건대, 정말
허공꽃이 생성되는 일이 있는가? 없다. 다른 사람은 볼 수 없다.
그에게는 허공꽃이 생성되는 일이 없지만, 당신은 볼 수 있다.
왜냐하면 당신이 허망하게 분별하여 그것을 진짜로 여기고 이
꽃무늬의 당체가 바로 공상인 줄 모른다. 당체가 공상인 줄 알면
그것에 집착하지 않는다. 이 꽃무늬가 어떤 형상인지? 좋아 보이는
지? 어떤 색인지? 분별하지 않는다. 분별하지 말고, 망상을 일으키
지 말라. 제법공상은 본래 스스로 생겨난 적이 없다. 그래서 본래
사라지는 일이 있을 리 없다.

「불구부정不垢不淨」. 이는 범부와 성인 사이를 말한다. 범부는 더러
운 오염된 경계 가운데 머물고 성인은 청정한 경계 가운데 머문다.
그러나 오온의 공상은 당신이 범부이기 때문에 그것이 변하여

오염되는 것이 아니고, 당신이 성인이기 때문에 그것이 변하여 청정해지는 것이 아니라 오온은 여전히 공상이다. 범부에게도 공상이고 성인에게도 공상이니, 더러워지지도 깨끗해지지도 않고 늘어나지도 줄어들지도 않는다.

성인이 깨닫고서 오온이 모두 공함을 또렷이 이해하고, 무루의 지혜가 생겨날지라도 늘어나는 일은 없고, 오온은 여전히 공상이다. 범부는 이런 사실을 미혹하여 허망하게 번뇌를 일으켜서 헛되이 생사윤회를 받는다. 이 오온은 여전히 공상이니, 늘어나지도 줄어들지도 않는다. 부처님께서는 이런 사례를 들어 우리에게 사실의 진상을 상세히 설명하여 주시고 우리의 모든 정집과 망견을 녹여 없애주신다. 정집 · 망견으로 인해 당신에게 망상이 있고, 분별이 있으며, 집착이 있다. 이어서 성인마저도 망상 분별 집착을 모두 내려놓아야 한다. 아라한도 여전히 색법色法이 있다고 여기고, 보살도 여전히 심법心法이 있다고 여기니, 모두 다 망상이다. 이러한 것을 모두 말끔히 녹여 없애야 한다.

그래서 진공에는 색온도 없고 수온 · 상온 · 행온 · 식온도 없으며, 안근 · 이근 · 비근 · 설근 · 신근 · 의근도 없으며, 색진 · 성진 · 향진 · 미진 · 촉진 · 법진도 없으며, 안계도 없고 내지 의식계도 없느니라.

是故空中無色。無受想行識。無眼耳鼻舌身意。無色聲香味觸法。無眼界。乃至無意識界。

이는 오온을 전개하여 말한 것이다. 오온은 단지 색법 하나와 심법 네 개를 말할 뿐이다. 안眼・이耳・비鼻・설舌・신身・의意, 색色・성聲・향香・미味・촉觸・법法, 안계眼界 내지 의식계意識界 는 육근六根・육식六識・육진六塵, 총 18계를 말한다. 18계 가운데 육근 중에서 안이비설신은 색법, 물질적인 것에 속하고 의근은 심법이다. 색성향미촉법 이는 육진 경계로 모두 물질세계에 속한 다. 이런 법은 항상하지 않으며, 법은 의근이 인연하여 생각 사유하 는 대상이다. 법진法塵은 심법이다. 안계眼界가 있는데, 안은 바로 식識이다. 안・이・비・설・신・의 육식은 모두 심법이다.

그래서 여기서 말한 것은 색법이 총 11종이고, 심법이 9종이 있다. 이는 오온이 전개된 것일 뿐, 여전히 오온을 말한다. 오온을 농축하면 바로 「색심色心 두 법」이다. 당신은 부처님께서 우주법을 말씀하신 분석을 본다. 상세히 말씀할 수도, 간략히 말씀할 수도 있다. 당신이 색법을 말하든 심법을 말하든 상관없이 전부 공상空相 이다.

무명이 없어서 또한 무명이 다함도 없으며, 늙고 죽음이 없어서 또한 늙고 죽음이 다함도 없으며, 고제・집제・멸제・ 도제도 없으며, 또렷이 앎도 없고 또한 얻음도 없나니, 얻을 것이 없는 까닭이니라.

無無明。亦無無明盡。乃至無老死。亦無老死盡。無苦集滅道。無智亦 無得。以無所得故。

　　십이인연十二因緣은 "무명을 연해서 행行이 있고, 행을 연해서 식識이 있고, 식을 연해서 명색名色이 있고, 명색을 연해서 육입六入이 있고, 육입을 연해서 촉觸이 있고, 촉을 연해서 수受가 있고, 수를 연해서 애愛가 있고, 애를 연해서 취取가 있고, 취를 연해서 유有가 있고, 유를 연해서 생生이 있고, 생을 연해서 노사우비고뇌老死憂悲苦惱가 있다." 이는 윤회하는 **생멸문**生滅門을 말한다. 이 무명은 「지말무명枝末無明」이지, 「근본무명根本無明」이 아니며, 당신의 견사번뇌見思煩惱이다. 견사번뇌가 있으면 한 계열의 윤회하는 업인과보業因果報를 생성한다. 이런 체인 그 가운데 한 가닥을 잘라버려야만 이 윤회는 사라진다. 「무명無明」은 우리가 끊기 매우 어렵다. 「무명연행無明緣行」, 「행行」은 염념마다 생겨나고 멸하며, 옮아 흘러 쉬지 않는다. 이것도 끊기가 매우 어렵다. 「행연식行緣識」, 「식識」은 모태에 들어가는 주체이다. 이것들은 모두 인因 상에서 말한 것으로 비교적 끊기가 어렵다.

　　우리는 무엇을 끊을 수 있는가? 「애취유愛取有」, 이 세 가닥이다. 애愛를 끊을 수 있으니, 바로 애욕이다. 그래서 가장 먼저 첫 번째로 수행하는 것은 소욕지족少欲知足이다. 윤회는 애욕이 있어야 생겨남을 알아야 애욕을 비로소 취사선택한다. 취착取著, 우리는 취착을 내려놓아야 한다. 이 몸과 마음의 세계를 일제히 내려놓음에 염불인은 한마디 「아미타불」 부처님 명호를 사용한다. 당하에 애욕이 일어나고 취착하는 마음이 일어나면 당신은 아미타불을 염하여 이 망념을 눌러서 조복시킨다. 그것을 오래 조복하면 끊어져버린다. 끊어지면 윤회는 없다. 이것이 바로 「환멸문還滅門」이다. 그래서 무명이 다함도 없고 내지 노사가 다함도 없으면 거꾸로 끊어진다. 하나를 끊고 하나를 다하기만 하면 결국 나머지 전부가 다한다. 이 십이인연은 불법 내에서 하나의 이치를 말한 것이다.

아래에서는 또한 「고苦·집集·멸滅·도道」를 말한다. 이것도 불법 내에서 말하는 두 가지 인과, 즉 세간인과·출세간인과이다. 범부의 고집苦集, 이 세간의 인과에서 고苦는 과이다. 고는 어떻게 유래하는가? 왜냐하면 당신에게 「집集」이 있기 때문이다. 「집集」은 번뇌이다. 미혹이 있으면 업을 짓고, 업이 있으면 괴로운 과가 있다. 이는 세간의 고인苦因 고과苦果이다. 「멸도滅道」는 출세간의 인과이다. 「멸滅」은 적멸이고 열반이다. 「도道」는 당신이 닦는 도이다. 이 도는 세 글자를 써서 요점을 간명하게 제시하면 바로 「계정혜戒定慧」 삼학三學이다. 이것이 불법이다. 계율로 인해 선정을 얻고, 선정으로 인해 지혜가 열리니, 이것이 수도修道이다. 수도한 결과는 곧 적멸·열반을 증득함이다.

그리고 말하길, 「그래서 진공에는 색온도 없고 내지 또한 얻음도 없다」 하셨다. 그리고 이른바 색이 없고 내지 또한 얻음이 없다 하거늘 어찌 녹여 끊고서 나중에 없음을 기다리겠는가! 자못 본래 얻은 바가 없는 까닭이다.

> 而日是故空中無色乃至亦無得也。然所謂無色乃至亦無得者。豈俟融絕而後無哉。良以本無所得故也。

본래 얻을 바가 없음을 이름하여 체諦라 한다. 이 얻음이 없음을 깨닫는 것을 이름하여 관觀이라 한다. 그리고 모두 오온을 여의지 않음을 관하는 바 경계로 삼는다. 경계이든 체諦이든 관이든 또한 모두 현전하는 일념의 미세한 마음을 여의지 않는다. 일심에 세 가지 뜻의 체諦를 완연히 갖춤이 곧 실상이다. 관은 곧 관조이고, 경계는 곧 문자이다. 종횡으로 합치고 구별하지 않고 또한 같고 다름이 아닌 까닭에 깊은 반야라 이름한다.

> 本無所得名之為諦。了此無得名之為觀。而總不離五蘊為所觀境。若境若諦若觀。又總不離現前一念介爾之心。一心宛具三義諦即實相。觀即觀照。境即文字。不縱橫並別。亦非一異故名為深般若也。

적멸과 열반은 곧 일체 번뇌를 끊고 일체 생사를 여의니 분단생사를 여읠 뿐만 아니라 변역생사도 여읜다. 변역생사를 모두 여의면 성불한다. 관자재보살께서는 여기에서 우리에게 말씀하신다. "이런 것들은 모두 다 없다. 앞에서 말한 오온 십팔계도 없으며, 십이인연도 없고, 사성제인 고집멸도도 없다." 이러한 것들을 모두 끊어버리고 당신은 여전히 지혜가 있어 진상을 비추어서 깨닫는데 그것도 「무지역무득無智亦無得」이라. 이렇게 비추어서 깨닫는 지혜조차도 없고, 관하는 주체인 지혜와 관하는 대상인 그 경계 모두 얻을 수 없다. 왜 얻을 수 없는가? 「얻을 바가 없는 까닭이다(以無所得故)」, 그것은 본래 얻을 수 없다. 본래 없어, 꿈속의 경치와 같다. 눈병의 허공꽃과 같아 본래 없다. 당신이 깨닫고서 그것이 비로소 없다고 말하는 것이 아니라 그것은 본래 없다. 즉 깨닫지 않아도 그것은 여전히 없다.

아래 단락에서 비로소 말하는 것은 바로 「행심반야바라밀다行深般若波羅蜜多」로 당신은 일체 상은 모두 얻을 수 없음을 또렷이 안다.

이 일체상의 당체는 바로 공이다. 이것이 바로 「실상반야」이다. 당신은 이 반야지혜를 사용하여 일체 만법의 당체가 공함을 또렷이 안다. 이것이 바로 「관조반야」이다. 당신이 또렷이 아는 대상, 관조하는 대상, 그것은 일체가 꿈같고 환 같다. 일체 경계상은 바로 「문자반야」이다.

그래서 우익대사의 경전해석(詮釋)에서 그는 일심은 삼반야를 구족하고 있고 차제(순서)가 없다고 말한다. 먼저 문자를 이해하고, 그런 후 다시 관조하며, 최후에 실상을 증득함은 차제로 닦음이다. 차제로 닦음은 별교이다. 천태사교天台四教에서 별교別教는 지혜가 비교적 하열하여 근기가 둔한 사람이다. 근기가 예리한 사람은 일심이면 동시라 하고, 앞도 없고 뒤도 없어 차제가 없다.

그래서 우리는 이러한 이치를 알 수 있다. 원교圓教의 지혜에서 설사 우리가 번뇌를 끊지 못하였을지라도 우주의 진상에 대한 체득은 십분 수승하다. 게다가 아미타불을 염하면 이 세계를 간파하고 내려놓기가 매우 쉽다. 그래서 염불공부를 하면 저절로 득력한다. 당신이 수학해야 하는 법문은 또한 당신이 내려놓도록 돕는 반야지혜에 기대어야 한다. 그래야 당신이 참선하여도 득력할 수 있고, 주문을 지송하여도 득력할 수 있다.

보리살타는 반야바라밀다에 의지해 마음에 연연함이 없고, 연연함이 없어 공포가 없으며, 전도몽상을 멀리 여의니, 구경 열반이라.

菩提薩埵。依般若波羅蜜多故。心無罣礙。無罣礙故。無有恐怖。遠離

顚倒夢想。究竟涅槃。

이 단락에서는 두루 보살과 제불을 들어 증명을 삼아, 이 깊은 반야가 진실로 일체 괴로움과 재난을 건너갈 수 있음을 밝힌다. 《능엄경》에 이르시길, "과거 여러 여래께서도 이 열반의 문을 이미 성취하셨고, 현재 여러 보살들도 지금 원만한 밝음에 들어가고 있으며, 미래에 닦고 배울 사람들도 마땅히 이러한 법을 의지하리라. (나 또한 이 방법으로 증득했으니) 어찌 관세음보살만 그렇겠느냐!" 하셨다.

此遍擧菩薩諸佛爲證。而明此深般若。眞能度一切苦厄。所謂過去諸如來。斯門已成就。現在諸菩薩。今各入圓明。未來修學人。當依如是法。非惟觀世音也。

이는 제불보살 그들이 닦은 것과 증득한 것이 바로 이 깊은 반야의 지혜, 반야바라밀다임을 예를 들어 증명한다. 이 반야지혜에 의지해 일체 고액을 건너갈 수 있다. 과거 모든 제불보살은 모두 이렇게 성취하였고, 현재 일체 보살들도 이 깊은 반야지혜에 의지해 이러한 경계에 들어가 보리를 증득하였으며, 미래에 수학하는 사람도 여전히 이 깊은 반야바라밀의 지혜에 의지해 장래에 득도하고 성불할 것이다. 오직 관자재보살만 있는 것이 아니라 한 개인도 이렇게 수행한다. 이 법문은 모든 학불하는 사람이 모두 닦아야 한다.

당연히 우리 염불하는 사람도 예외가 아니다. 염불인도 반야지혜가 없어서는 안 된다. 그렇지 않으면 당신이 정토에 태어나길 구하고자 하여도 이쪽에서는 모두 내려놓지 못한다. 당신은 간파

(알아차림)하지 못하면 내려놓지 못하고 내려놓지 못하면 당신이 왕생하고 싶어도, 아미타부처님께서 자비로 당신을 뽑고 싶어도 움직이지 않고, 당신은 이러한 꿈같고 환 같은 경계에 꼼짝 못한다.

연연함이 없으면 업을 끝맺음이 곧 해탈로 구경 방편정열반方便淨涅槃이고, 공포가 없으면 괴로운 과보가 곧 법신으로 구경 성정열반性淨涅槃이며, 전도몽상을 멀리 여의면 번뇌가 곧 지혜의 밝음으로 구경 원정열반圓淨涅槃이다.

無罣礙。則結業即解脫。究竟方便淨涅槃。無恐怖。則苦果即法身。究竟性淨涅槃。遠離顚倒夢想。則煩惑即智明。究竟圓淨涅槃。30)

그래서 반야지혜가 있는 것이 매우 중요하다. 반야지혜가 있으면 저절로 「심무가애心無罣礙」, 연연함이 없고 번뇌가 없다. 나란 것에 걸리지 않고, 아집我執의 번뇌가 없어 이른바 견사번뇌見思煩惱로부터 해탈한다. 이러한 현상에 걸리지 않고, 이러한 만법에 대한 법집法執이 없으면 진사번뇌塵沙煩惱를 여읜다. 능관能觀의 지혜와 소관所觀의 경계, 이러한 능소의 상대함조차도 모두 내려놓고, 무명도 없으면 「심무가애心無罣礙」이다. 그래서 이른바 업을 끝맺

---

30) 방편정열반方便淨涅槃은 중생의 근기에 맞추어, 화현한 응신불應身佛이 그 중생을 교화하는 일을 마치고, 도로 멸도滅度하는 것을 말하고, 성정열반性淨涅槃은 염染정淨을 초월하여 불생불멸하는 제법 실상의 이치를 말하며, 원정열반圓淨涅槃은 지혜로 번뇌를 끊고 증득(證得)한 열반을 말한다.

음이 바로 해탈이다. 중생은 업을 맺어 매우 많은 죄업을 지어도 이러한 업을 지음의 당체가 바로 해탈인 줄 모른다. 단지 당신은 깨닫지 못하였을 뿐이다.

연연함이 없으면 공포가 없다. 두 가지 생사를 벗어나면 괴로운 과보가 없다. 우리 범부는 왜 공포가 있는가? 괴로운 과보를 무서워하고 두려워하기 때문이다. 「원리전도몽상遠離顚倒夢想」, 범부 경계에 있을 때 뿐만 아니라 우리가 본 경계도 꿈을 꾸는 것이다. 성인의 경계에서도 여전히 전도몽상이다. 그래서 번뇌는 범부에게 있는 것이고, 보리와 지혜는 성인에게 있는 것이지만 번뇌와 보리는 모두 같아서 전부 전도몽상이 생성된다. 이로 인해 「번뇌즉보리煩惱即菩提」, 「생사즉열반生死即涅槃」이니 둘이 아니다. 당신이 둘이 있다고 여기면 여전히 전도몽상이다.

그래서 엄격히 말하면 소승 아라한, 권교보살은 모두 전도몽상이다. 그래서 구경의 열반을 증득할 수 없다. 소승이 증득한 것은 단지 편공열반偏空涅槃일 뿐이고, 여전히 망상 가운데 일이다.

삼세 제불은 반야바라밀다에 의지해 아뇩다라삼막삼보리를 얻느니라.

三世諸佛。依般若波羅蜜多故。得阿耨多羅三藐三菩提。

실상반야에 의지해 진성보리眞性菩提를 얻고, 관조반야에 의지해 실지보리實智菩提를 얻으며, 문자반야에 의지해 방편보리를 얻는다. 보리는 여여지如如智로 지혜는 반드시 이치에 그윽하게 합하고, 열반은 여여리如如理로 이치는 반드시 지혜에 계합한다. 그래서 서로 비추어서 생략하고 바꾸어 말한다.

> 依實相般若。得眞性菩提。依觀照般若。得實智菩提。依文字般若。得方便菩提。菩提是如如智。智必冥理。涅槃是如如理。理必契智。故影略而互言之。

「삼세제불三世諸佛 의반야바라밀다依般若波羅蜜多」, 삼세의 제불은 이런 깊은 반야지혜에 의지한다. 그래서 「득아뇩다라삼먁삼보리得阿耨多羅三藐三菩提」라. 그러나 당신은 아뇩다라삼먁삼보리는 여전히 얻을 것이 없음을 알아야 한다. 《능엄경》에 이르시길, "원만한 보리는 무소득의 열반경계로 돌아간다(圓滿菩提 歸無所得)." 하셨다. 당신이 소득이 있다고 여기면 미안하지만, 아뇩다라삼먁삼보리를 증득하지 못한다. 아뇩다라삼먁삼보리, 이 일구는 번역하면 「무상정등정각無上正等正覺」으로 성불이다. 그러나 정말로 성취할 수 있는 부처가 있다고 여기지 않고, 정말로 증득할 수 있는 보리가 있다고 여기지 말아야 한다. 그것은 모두 세존께서 선교방편으로 안립한 가명假名이다. 사실의 진상은 "마침내 얻을 수 없는 것이다(了無所得)."

그래서 깨달아 알지니, 반야바라밀다는 크게 신통한 주문, 크게 비추는 주문, 위없는 주문, 견줄 수 없는 평등한 주문으로 일체 괴로움을 없앨 수 있어 진실해서 헛되지 않느니라.

> 故知般若波羅蜜多。是大神咒。是大明咒。是無上咒。是無等等咒。

能除一切苦。眞實不虛。

이 깊은 반야는 곧 대신주大神咒로 미묘한 용을 갖춘 까닭이고, 곧 대명주大明咒로 지혜와 비춤의 상相인 까닭이고, 곧 무상주無上咒로 실상의 체인 까닭이고, 곧 무등등주無等等咒로 이 마음과 견줄 수 있는 한 법도 없고 이 마음이 일체 제법과 평등할 수 있어 그것이 실상인實相印으로 함께 돌아가는 까닭이다.

> 此深般若。即大神咒。具妙用故。即大明咒。智照相故。即無上咒。實相體故。
> 即無等等咒。無有一法能等此心。此心能等一切諸法。令其同歸實相印故。

무엇을 「무상주無上咒」라 하는가? 이 깊은 반야를 씀이다. 지혜로 실상을 관조하여 일체법이 꿈같고 환 같으며 당체가 곧 공임을 요달한다. 비록 당체가 곧 공일지라도 여전히 환 같고 꿈같은 이런 현상이 있다. 그래서 색은 바로 공이고 공도 바로 색이다. 이런 실상을 명료하게 이해함이 바로 무상주이다. 이 주문은 사다라니四陀羅尼31)의 하나이다. 다라니는 대총지大總持로 "일체법을 총괄하고, 일체의를 수지한다"(總一切法 持一切義)는 뜻이다. 바꾸어 말하면 전체 불법은 바로 이것으로 꿰뚫으니, 이것이 무상주이고, 관조반야를 통해서 말한 것이다. 그런 실상의 본체는 바로 당체즉

---

31) (1) 법다라니法陀羅尼는 부처님의 교법敎法을 듣고 잊지 않는 것이다. (2) 의다라니義陀羅尼는 일체법에 있는 의취義趣를 총지總持하여 잊지 않는 것이다. (3) 주다라니呪陀羅尼는 선정에 들어가 부사의한 주술을 일으켜 타인을 구제하고, 주문을 총지하여 잊지 않는 것이다. (4) 인다라니忍陀羅尼는 일체법의 실상을 깨닫고 인지하여 잊지 않는 것이다.

공이다. 이는 「무등등주無等等咒」로 실상반야의 각도로부터 이야기한다.

이 「대명주大明咒」는 수용受用으로부터 말한 것이다. 우리의 반야묘지般若妙智는 미묘한 용을 구족한다. 깊은 반야는 바로 대명주이다. 그래서 주문을 수지함에 반야지혜가 열리도록 수지하여야 주심咒心을 진정으로 얻었고, 진실한 전수를 얻었다고 한다.

이것의 심주心咒로 확실히 자신과 타인의 분단생사, 변역생사 등 일체 괴로움의 인과를 제거할 수 있어 진실하여 헛되지 않으니, 응당 잘 듣고 믿을지라.

　　此之心咒。的的能除自他分段變易諸苦因果。眞實不虛。應諦信也。

그래서 이것의 심주心咒는 일체 고락의 인과를 제거할 수 있고, 일체 번뇌와 생사를 제거할 수 있다. 이로 인해 「진실불허眞實不虛」라고 부른다. 우리는 적어도 이것에 대해 의심하지 말고 깊이 믿으며, 그런 후 천천히 배우고 이 반야지혜를 써서 세간을 관찰하여야 한다.

《무량수경》에서는 우리에게 "일체 제법이 환화幻化 같다 관하라(觀法如化)." 가르치셨다. 당신이 이런 관을 배워서 오래 관하여 당신 자신의 세계관을 형성하고, 당신 자신의 우주관 인생관을 형성한다. 이것이 바로 지혜가 열림이다. 이때 당신은 어떠한 집착도 있을 리 없다. 모두 공하니, 구태여 집착할 게 있겠는가?

그래서 반야바라밀다주를 설하나니, 즉 주문을 설하여 말하길, 아제아제 바라아제 바라승아제 모지사바하.

故說般若波羅蜜多咒。即說咒曰：揭諦揭諦。波羅揭諦。波羅僧揭諦。菩提薩婆訶。

[강기] 앞쪽의 단락은 현설顯說이고, 여기 이 단락은 밀설密說이다. 밀주密咒는 전부 범어이다. 강설하는 내용은 무엇인가? 방금 말한 이치로 《심경》의 내용이다. 밀주란 방식으로 강설하였을 뿐이다. 왜 현설을 완료한 후 밀설이 필요한가? 통상 부처님께서는 경전을 강설할 때 수많은 제천과 귀신이 참가하기 마련이다. 오늘의 법회도 마찬가지로 예외가 아니기에 기꺼이 모여 있다고 생각한다.

그들에게 부처님께서는 특별히 자비를 베푸셔서 그들이 명료하게 이해할 수 있는 언어를 사용하여 앞 단락의 경문의 요의를 다시 중복하여 한번 말씀하신다. 이는 바로 주문으로 이들 귀신 부류의 중생을 배려하셨다. 이른바 인천이 환희함(人天歡喜)으로 모두 기뻐서 법희가 충만하다. 그래서 이 단락의 주문은 번역할 필요가 없다. 왜냐하면 번역하면 바로 《심경心經》에서 설한 그 내용이다. 그래서 이렇게 염하여 주문을 수지할 수 있다.

"아제아제, 바라아제, 바라승아제, 모지사바하!"

이렇게 염한다.

이는 이른바 「사실단의四悉檀義」를 갖추었다. 사실단四悉檀은 부처님께서 설법하실 때 쓰는 원칙이다. 첫째 「세계실단世界悉檀」은 중생이 기뻐하도록 설법하심이다. 가장 먼저 당신이 잘 이해하는 언어를 쓰는 것이 맞지 않겠는가? 오늘날 국어를 사용하면 사람들이 잘 알아듣지만 영어를 사용하면 알아듣지 못할 것이다. 중생이 기뻐하도록 당신이 듣고서 잘 이해하고 기뻐하도록 설법한다. 이것이 세계실단이다.

다음은 「위인실단為人悉檀」으로 당신을 위해, 당신의 근성에 따라 적절하게 대응하여 당신의 선근을 증장시켜 당신이 진상을 명료하게 이해할 수 있도록 돕는다. 당신에게 맞게 말씀하시는 것으로 이것이 위인실단이다.

셋째 「대치실단對治悉檀」 우리 중생의 습기와 병통에 대치하여 설법하는 것이다. 우리에게 보편적인 습기와 병통은 무엇인가? 내려놓지 못함이다. 어차피 당신에게는 내려놓지 못하는 일이 있게 마련이다. 내려놓지 못하는 일이 없다면 당신은 선뜻 오지 않고, 집에서 밤낮으로 10만 번, 20만 번 착실히 염불할 것이다. 당신은 정홍법사가 여기서 하는 허튼 소리를 들을 필요 없이 착실히 염불할 것이다. 그러나 이왕 온 김에 내려놓을 게 있으면 내려놓으라고 말하겠다. 어떻게 내려놓을까?《무량수경》에서 이르시길, "일체 제법이 환화幻化 같다 관하라!"

마지막으로 「제일의실단第一義悉檀」이다. 설한 법은 반드시 제일의第一義諦와 상응한다. 실상과 상응하는 것이다. 실상과 상응하지 않는 것은 마구니가 설한 것이지, 부처님이 설한 것이 아니다.

그래서 이 주문은 이렇게 염할 수 있다. 주문은 잘 염하여야 하고, 반드시 정확히 염해야 한다. 정확히 염하지 않으면 이익을 얻기 어렵다. 그래서 주문은 간단할수록 좋다.

한마디 가장 간단한 주문이 있다면 무엇인가? 바로 「아미타불」이다. 여러분들은 정말 매우 지혜가 있다. 「아미타불」이 네 글자는 전부 범어이다. 번역하지 않는 것이 주문이다. 당신이 「아미타불」 4자 명호를 수지할 수 있고, 1천 번 혹 3만 번, 혹 5만 번, 혹 10만 번 착실히 염하면서 이번 생이 다하도록 바꾸지 않으면, 우익대사께서 말씀하셨듯이 만약 당신이 왕생하지 않으면 일체제불의 말은 모두 허황된 말이 된다. 일체제불께서 어떻게 사람을 속일 수 있겠는가? 그래서 당신은 기꺼이 왕생할 것이니, 이는 진정한 대신주·대명주·무상주·무등등주이다.

꿈을 꾸면
나 자신과 산하대지와 인물들이 출현하는데,
이것들은 모두 나의 의식으로 말미암아
마음속에서 변화하여 나타난 것들이다.
마음 밖에 법法은 없다.
우주와 일체만유는 바로 하나의 자신일 뿐이다.
만약 이런 사실을 분명하게 인식한다면,
법신法身을 증득할 수 있다.
법신을 증득한 후에는 모든 사람들을 사랑하게 된다.
일체 중생이 바로 자신이기 때문에,
중생을 애호愛好하는데 아무런 조건이 없다.
-정공법사 '불설아미타경요해강기'

반야바라밀다심경강기

[정공 큰스님]

정공법사는 대단히 많은 대경·대론을 강술하셨다. 정토경전을 제외하고 그 밖에 반야경 및 기타 대승경전을 늘 강술하셨다. 정공법사는 각종 대승경전에서 설한 우주와 인생의 진상을 명료하게 공을 통해 밝히시고 말씀하시길, "불법은 바로 우리에게 우주와 인생의 진상을 강설해 준다." 하셨다.

《반야바라밀다심경강기》는 정공법사가 미국 정종학회에서 강연한 것이다. 정공법사는 정토종의 수행 입장에서 우리에게 "《반야심경》에서 말씀하신 오온개공五蘊皆空의 총강령은 염불하여 정토에 태어나길 구함과 중요한 관계가 있습니다." 일러주셨다.

또한 "우리가 현재 비록 반야경론에 대한 상당한 이해가 있을지라도 절대 자만하지 말고 이체理體를 비록 돈오頓悟하였을지라도 사상事相을 점수漸修하여야 한다. 자신의 병통과 습기를 끊을 수 있는가? 일상생활 속 재욕과 색욕, 명예욕과 식욕, 수면욕에서 여색을 보며 음주가무를 즐겨도 마음을 움직이지 않을 수 있는가? 환상이 현전하여 실오라기 한 올이라도 사랑하고 미워하는 마음이 있으면 삼계를 벗어날 수 없다. 어떠한 법문이든 반드시 번뇌를 끊어야 윤회를 벗어날 수 있지만 오직 염불법문만이 업을 지낸 채 왕생할 수 있어 단지 번뇌를 조복시키기만 하면 즉시 삼계를 벗어날 수 있고 번뇌를 조복하는 것은 번뇌를 끊기보다 쉽다. 문수·보현보살께서는 화엄회상에서 41위 법신대사에게도 이 법문을 채용하도록 가르치셨다. 이로써 이 법문을 선택함은 진실로 지혜가 있음으로 상상승上上乘 최고 인물의 선택임을 알 수 있다. 정토법문을 닦음은 자신이 성취할 수 있을 뿐만 아니라 인연 있는 동참 도우에게도 권하여야 일생 중에 원만히 불도를 완성할 수 있다." 하셨다.

반야바라밀다심경 강기32)

정공淨空법사 주강主講

유승부劉承符 거사 기記

동수 여러분, 오늘 우리들은 좋은 기연機緣이 있어 미국 정종학회에서 여러분들과 《반야바라밀다심경》을 학습하게 되어 매우 다행입니다.

옛 대덕께서 늘 말씀하시길, "불법의 큰 바다는 믿음으로 능히 들어갈 수 있고, 지혜로 능히 제도할 수 있다(佛法大海 信爲能入 智爲能度)." 하셨습니다. 세존께서는 일대시교一代時教로 49년 설법하셨습니다. 그 중에 반야를 강설한 시간이 가장 길어 22년을 차지하고, 또한 반야경의 분량도 가장 중요합니다. 이로써 불법의 교학은 반야지혜를 위주로 함을 알 수 있습니다.

어떤 사람은 오해하여 정토를 닦는 사람은 이따금 반야지혜를 소홀히 한다고 생각합니다. 이런 의견은 부정확한 것입니다. 《아미

---

32) 정공법사께서 1994년 3월 1일, 캘리포니아주 쿠퍼티노 시 정종학회에서 강술한 《반야바라밀다심경강기般若波羅蜜多心經講記》를 번역하였다.

타경》에서 세존께서는 이 법문을 선양하고자 여러 대제자 중에서 특별히 지혜제일 사리불 존자를 선택하셨고, 보살 중에서 특히 대지大智 문수대사文殊大士를 선택하여 그를 상대로 설법하셨습니다. 정말 대지혜가 아니면 이 법문을 받아들이기 매우 어렵습니다. 그래서 지혜로 능히 제도할 수 있다 함은 정토종에 대해서도 대단히 적절하다고 말할 수 있습니다.

역대로 번역된 심경은 총 14종이 있지만, 항상 보이는 것은 7종이 있습니다. 그 중에서도 가장 광범위하게 유통된 것은 현장대사 역본입니다. 대승불교의 각 종파에서는 모두 심경을 선택하여 아침·저녁 예불 독송집에 넣었는데, 전체 불교에서 그 차지하는 지위를 알 수 있습니다. 이번에 시간관계로 상세히 해설할 수 없을지라도 반드시 정요 부분을 여러분들에게 브리핑하도록 하겠습니다.

[경전제목]

반야바라밀다심경

般若波羅蜜多心經

「반야般若」는 고인도의 언어인 범어로 '지혜'라는 뜻입니다. 역경 규칙 측면에서는 다섯 가지를 번역하지 않습니다. 첫째는 비밀한 뜻이 있는 경우입니다. 예를 들면 진언은 모두 음역입니다. 둘째는 여러 가지 뜻을 함축하고 있어 한자로는 적당한 어휘를 찾을 수 없는 경우입니다. 예를 들면 박가범(婆伽梵)이란 명사에는 여러 뜻이 함축되어 있습니다. 셋째로는 이곳에는 없는 경우입니다. 예를 들면 염부제閻浮提는 나무 이름인데, 중국에는 이런 나무가 없습니다. 넷째는 예전부터 써오던 관습을 따르는 경우로 아뇩다라삼먁삼보리阿耨多羅三藐三菩提가 그 예입니다. 다섯째 그 뜻이 너무 커서 존중하는 경우로 반야가 그 예입니다.

반야에는 통상 세 가지가 있다고 말합니다. 첫째는 실상반야實相般若로 진공眞空의 체體, 즉 진실한 상상相狀입니다. 둘째는 관조반야觀照般若로 실상의 용用입니다. 셋째는 문자반야文字般若로 언교言敎라 새기는데, 불경은 전부 다 문자반야에 속합니다. 반야의 별명은 매우 많아서 예를 들면 진성眞性·실상實相·수능엄首楞嚴·중도中道·필경공畢竟空 등등입니다. 부처님께서 말씀하신 이와 같이 매우

많은 이름은 하나의 일을 가리킵니다. 그 목적은 우리에게 명상名相
(이름과 모양)에 집착하지 않도록 하여 우리가 진실한 의취意趣를
체득하도록 하는데 있습니다.

《대지도론大智度論》 상에 게송 한 수가 있습니다. "반야 이 한
법을 설함에 부처님께서는 갖가지 이름으로 말씀하시나니, 여러
중생들 부류를 따라 (각기 다른) 이름을 세운다(般若是一法 佛說種種名；隨
諸衆生類 爲之立名字)." 이 게송은 대단히 중요한데, 부처님께서 중생을
위해 경전을 설하면서 수많은 명상 술어를 건립한 이유입니다.
통상적으로 반야는 지혜로 번역됩니다. 지智는 조견照見으로 속제俗
諦를 알고, 혜慧는 간별揀別로 진제眞諦를 비춥니다. 바꾸어 말하면
지智에는 비춤(照)의 공능功能이 있고, 혜慧에는 감별하는 작용이
있습니다. 유위有爲의 사상事相을 통달함이 지智가 되고, 무위無爲의
공리空理를 통달함이 혜慧가 됩니다. 요컨대 일체 법을 얻을 수
없음을 비추어, 일체 법에 확실히 장애가 없음을 통달함이 참
지혜입니다.

[보충]

"반야 이 한 법을 설함에 부처님께서는 여러 이름으로 말씀하시나니,
모든 중생이 지닌 힘에 따라 각기 다른 글자로 정립된다(般若是一法
佛說種種名；隨諸衆生力 爲之立異字)."

이 게송에서 말하는 것은 반야지혜에는 비록 두 가지 상이 없을지
라도 부처님께서는 대상 및 시기에 따라 갖가지 명칭을 가지고

그것을 부르고 다른 방식으로 그것을 소개한다.

「반야시일법般若是一法」, 한 층 더 깊이 보면 반야 중에는 이단이 없을 뿐만 아니라 반야에는 결코 한 법도 없다고 말할 수 있다. 그러나 일반인에게는 이렇게 말할 수 없다. 그렇지 않으면 할 말이 없다. 부처님께서는 중생을 제도하기 위해서 여전히 갖가지 명사와 언어, 방식과 기교 등을 사용하여 다른 사람들에게 동일한 기원의 소식을 받아들이게 하고 사람들을 같은 방향으로 인도해 그들이 노력하도록 격려하신다. 말하자면 반야지혜에서 발원하여 반야지혜를 향해 돌아간다. 도대체 반야 이러한 물건이 있겠는가? 깨닫지 못한 사람은 있음을 알지 못하고, 이미 깨달은 사람은 있음에 거하지 않는다.

그러나 이 게송에 있는 반야는 사람마다 마음속에는 모두 불성이 있다는 부처님의 대각지혜를 가리킨다. 깨달았거나 깨닫지 못했거나 사람마다 마음속에는 또한 부처님과 같은 반야가 있다. 깨닫지 못했을 때는 단지 번뇌를 볼뿐, 반야를 보지 못한다. 깨달은 후에는 번뇌를 여의는 즉시 반야이다. 깨달은 후의 사람은 반야지혜를 가지고 자신을 이롭게 하고 타인을 이롭게 한다. 아직 깨닫지 못한 사람은 금이 광산에 있듯이 자신을 이롭게 할 수도, 타인을 이롭게 할 수도 없다. 반야의 지혜는 등불이 어둠을 비추되 밝음을 비추지 못하는 것과 같다. 범부는 미혹할 때 반야가 있음을 모르고 반야를 쓸 줄 모른다. 지혜로운 자는 깨달은 후 쓸 때면 있고 쓰지 않으면 없어 중생에 따라서 있다. 중생이 무량무변하므로 반야로부터 생성되는 불법 또한 무량무변하다.

석가모니부처님께서 세상에 계실 때 49년 설하신 법은 다른 층차, 다른 수요를 지닌 중생을 만나서 사람을 보면 사람의 말로 설하고 귀신을 만나면 귀신의 말로 설하지만, 사람과 귀신이 듣는 것은 모두 같은 목표를 지향하니 그것은 곧 중생 가운데 있는 반야지혜를 개발하는 것이다. 지혜의 검을 써서 번뇌의 적을 베어버린다.

《유마경》에서 말씀하시길, "부처님께서는 일음으로 법을 연설하시니, 중생은 부류에 따라 각자 이해를 얻는다(佛以一音演說法 衆生隨類各得解)." 하셨다. 부처님께서는 한 음성 한 이름 한 언어로써 같은 한 법을 연설하고 중생이 이해한 것은 각자 다르다.《대지도론》의 게송에서는 즉 부처님께서는 단지 이러한 반야법을 설하셨지만, 그것에 갖가지 이름을 주어 다른 사람이 들은 후 결과는 알고 보니 같은 반야이다. 불법은 반야로부터 출발하여 최후에 또한 반야로 회귀함을 알 수 있다.

마치 물은 바다에서 허공으로 올라가 구름이 되고, 안개가 되고, 우박이 되고, 눈이 되고 변하여, 비가 되고, 이슬이 되어 내려서 서리가 되고 얼음이 되지만 최후에는 모두 물이 되어, 호수와 내천으로 흘러들어 강으로 나아가 바다로 회귀한다. 그런 가운데 물의 체성은 변하지 않지만 작용은 수만 수천이다. 반야 또한 이러하여 단지 한 맛일 뿐 갖가지 사람으로 인해 갖가지 작용과 갖가지 명칭이 있다.

세상에서도 수많은 지혜로운 자가 있어 필요에 근거하여 배우고 탄력적으로 적용하여 한 가지 격식에 얽매이지 않고, 한 가지 국면에 제한되지 않는다. 높이 만나면 높고 낮게 만나면 낮으며,

간략해야 하면 간략하고 번잡하여야 하면 번잡하며, 깊이 보면 깊고 얕게 보면 얕다. 크든 작든 모나든 둥글든 모두 꼭 알맞게 잘 처리한다. 세상에 나가 좋은 일을 하든 홀로 자기 몸을 닦는 데 힘쓰든 모두 마음에 꼭 들게 뜻대로 하며 지낼 수 있다.

_《대지도론大智度論》 18권 초품 중 반야바라밀 해석, 성엄聖嚴법사

「바라밀다波羅蜜多」에서 「바라」는 저 언덕으로 번역하고, 「밀다」는 이른다로 번역합니다. 합치면 즉 저 언덕에 이른다(到彼岸)는 말입니다. 그 의미는 중국어로 「절정에 이르다, 완벽하게 익히다(到家了)」에 매우 가깝습니다. 그림공부의 순열純熱처럼 그의 공부가 절정에 이르렀다는 말입니다. 바로 구경원만하다는 뜻입니다. 반야바라밀다는 즉 「구경원만한 지혜」로 일반적으로 말하는 총명지혜와 차별이 있습니다.

범문의 도피안到彼岸에 대해 고인께서 주해하시길, "생사는 이 언덕에 비유되고 열반은 저 언덕에 비유된다. 반야의 원만한 지혜가 있어야 생사를 여읠 수 있고 대열반의 저 언덕을 증득할 수 있다." 하셨습니다. 부처님께서는 경론에서 범부가 수행하여 성불하는데 삼대아승지겁이 걸리니, 그 기간은 겁으로 계산하지 년으로 계산하지 않습니다. 우리들 과거 생에 무량겁 이래 모두 법을 듣고 수행한 적이 있어야 오늘의 선근 복덕 인연이 있어 세존께서 설하신 구경원만한 대법을 들을 수 있습니다.

우리는 이미 과거 생 무량겁 동안 수행을 했는데, 왜 아직 성불하지 못하고 있을까요? 부처님께서 삼대아승지겁이 걸린다 말씀하신 것은 소승초과小乘初果인 수다라修多羅로 말미암아 계산한 것임을 알아야 합니다. 과거 생 동안 비록 수행이 있지만 아직 초과를 증득하지 못하면 그 수행시간은 전혀 계산할 수 없습니다. 초과初果를 닦아야 물러나지 않는다고 여겨집니다. 이로부터 다시 십주十住·십행十行·십회향十回向의 삼현三賢을 거치는데, 첫 번째 아승지겁이 걸립니다. 이때 도력이 미약하여 번뇌에 조복당합니다. 이를 원바라밀다遠波羅蜜多라 합니다. 초지에서 칠지까지 두 번째 아승지겁을 거치면 도력이 증장하여 번뇌를 조복시키는 능력이 생깁니다. 이를 근바라밀다近波羅蜜多라 합니다. 팔지에서 십지까지는 세 번째 아승지겁으로 도력이 세차고 선정지혜가 증강하여 번뇌를 모두 조복시킵니다. 이를 대바라밀다大波羅蜜多라 합니다. 사교四教 가운데 별교別教에 속합니다.

[보충] 무엇을 「바라밀다」라 하는가? 《마하반야바라밀경》 제12권에서 이르시길, "「세존이시여! 불법의 바라밀이 반야바라밀입니다.」 부처님께서 이르시길, 「일체법을 건너가는 까닭이다.」 「세존이시여! 여실하게 말함이란 바라밀이 반야바라밀입니다」 부처님께서 말씀하시길, 「일체 말이 여실한 까닭이다」 「세존이시여! 자연바라밀이 반야바라밀입니다.」 부처님께서 말씀하시길, 「일체법이 자재한 까닭이다.」 「세존이시여! 부처의 바라밀이 반야바라밀입니다.」 부처님께서 말씀하시길, 「일체법을 앎이 일체종지一切

種智인 까닭이다.」"

「불법의 바라밀이 바로 반야바라밀」이란 경문에서 바라밀은 바로 저 언덕에 이름이고 바라밀다는 지혜로 저 언덕에 이른다는 뜻이다. 말하자면 불법이 있어야 중생을 생사의 이 언덕에서 해탈의 저 언덕으로 건낼 수 있다. 일체 중생이 생사를 벗어나 구경성불을 이루고 싶으면 모두 불법이 아니고서는 얻을 수 없다. 불법이 있어야 중생을 제도하여 해탈 내지 성불을 이룰 수 있다. 그리고 중생을 제도함이란 오음五陰 십팔계十八界의 생사경계를 넘어가 생사가 없는 열반의 경계에 도달함을 가리키는 것인데, 이것이 바로 바라밀의 뜻이다. 그래서 불법바라밀이 바로 반야바라밀로 오직 반야가 있어야 중생을 제도하여 저 언덕에 이르게 할 수 있다.

반야는 실상심實相心을 가리키는 지혜이다. 불도를 수학하여 성불하려고 하는 보살들은 이 마음을 직접 증득함을 가장 중요시해야 한다. 이 여래장심(如来藏心; 자성청정심)을 증득할 수 있음이 바로 반야바라밀을 증득함이다. 만약 오음五陰의 생사 가운데 불생불멸의 실상심實相心으로 전의(轉依; 바꾸어 의지)하면 영원히 생사윤회의 괴로움을 받지 않고, 동시에 육도만행六度萬行을 폭넓게 닦는 불보리도佛菩提道를 향해 걷기 시작할 수 있어 구경성불究竟成佛의 날이 멀지 않았다. 반면에 만약 이 여래장심을 증득하지 못하면 영원히 성불의 큰 문 바깥에서 배회하고, 영원히 모두 자량위資糧位에 머물러 복덕자량福德資糧33)을 심을 수 있을 뿐이며, 불과의

33) 《유가론瑜伽論》에서 설한 네 가지 자량 중에 하나로 과거세에 복덕을 쌓았으므로

원만한 성취는 곧 기약도 없이 아득하다. 그래서 실상심을 실증하고 반야지혜를 일으키는 것이 모든 보살행자의 급선무이다. 다시 말해 오직 여래장심을 실증하여 바라밀의 지혜를 일으켜야 생사의 험난한 길을 건너갈 수 있으며, 더 나아가 성불할 수 있다. 이상으로 바라밀의 함의를 간략히 말하였다.

현장玄奘보살께서는 《성유식론成唯識論》 중에서 보살의 지혜바라밀다를 삼위三位의 차별로 나누었다. 말하자면 성불의 도를 세 가지 단계로 나누었다.

《성유식론》 제9권에서 이르시길, "이 십인위十因位에는 세 가지 이름이 있다. 첫째 **원바라밀다遠波羅蜜多**로 첫 번째 무수겁이라 한다. 이때는 보시바라밀(施等; 고르게 나누어 줌)의 세력이 아직 미약하여 번뇌에 굴복당하고 아직 그것을 조복시킬 수 없다. 이에 번뇌가 어느새 현행現行한다. 둘째 **근바라밀다近波羅蜜多**로 두 번째 무수겁이라 한다. 이때는 보시바라밀의 세력이 점차 증가하여 번뇌에 굴복당하지 않고 그것을 조복시킬 수 있다. 이에 일부러 번뇌를 일으켜 중생을 제도한다(故意方行位). 셋째 **대바라밀다大波羅蜜多**로 세 번째 무수겁이라 한다. 이때는 보시바라밀의 세력이 더욱 증가하여 끝내 일체 번뇌를 조복시킬 수 있다. 이에 번뇌는 영원히 현행하지 않는다. 그러나 아직 알아야 할 미세하게 현행하는 종자 및 번뇌의 종자가 여지가 있는 까닭에 아직 구경이 아니다."

말하자면 《성유식론》에서는 성불의 도를 원바라밀다·근바라밀다·대바라밀다의 3계단으로 나뉜다. 반드시 3계단의 수증修證을

금세에 재물이 넉넉하여, 불도를 수행할 수 있는 것을 말한다.

구족한 이후 비로소 원만한 바라밀다의 불지과덕佛地果德을 성취할
수 있다.

제1계단은 원바라밀다로 이는 보살이 불보리도를 수학한 최초의
무수겁으로 첫 번째 대아승지겁을 가리킨다. 주요한 것은 「십신위
十信位」 및 「십주十住 · 십행十行 · 십회향十迴向」 등 삼현위三賢位의
수행을 가리킨다. 보살이 삼현위에 진입하기 전 반드시 십신위의
공덕을 원만히 하고 보살의 종성種性을 구족하여야 순차적으로
불보리도를 수학할 수 있다.

_《삼승보리개설三乘菩提概說》, 정각교단正覺敎團

자고이래로 「심心」 자를 해석한 글은 매우 많지만, 이는 600권
대반야경의 정요로 이 한마디 말로 원만합니다. 심경心經은 대반야
경의 강령입니다. 그래서 대반야의 중심이라 불리고, 또한 사람의
심장에 비유될 정도로 지극히 중요합니다.

[보충] 「심법心法」: 또한 「심왕心王」이라고 부르는데, 바로 여덟
가지 식識이다. 이 심법은 일체 만법의 본원本源으로 일체법이
모두 심법에서 생기는 까닭에 경에 이르길, "마음이 생하는 까닭에
일체법이 생하고, 마음이 멸하는 까닭에 일체법이 멸한다(心生故一
切法生 心滅故一切法滅)."라고 하였다.

그래서 일체법은 모두 이 심식心識이 변하여 나타난 것이다. 이
때문에 유식학에서는 심식을 「능변能變」이라 부르고 일체법을

「소변所變」이라고 부른다. 또 일체법은 모두 심식이 변하여 나타난 것인 까닭에 심식을 제외하고 그밖에는 얻을 수 있는 작은 법도 전혀 없고, 일체법은 모두 자심自心이 나타난 영상(자심의 상분相分)이다. 그래서 「삼계유심三界唯心 만법유식萬法唯識」이라 말한다. 이것이 바로 유식학의 주요한 종지宗旨이다. 즉 일체법은 오직 식識만 있을 뿐, 모두 식이 변화된 것으로 실제로 얻을 수 있는 안팎의 제법諸法은 전혀 없다.

_천친보살《대승백법명문론大乘百法明門論 금주今註》, 석성관釋成觀

마지막 「경經」자는 공통의 제목(通題)이다. 부처님께서 설하신 언교言教를 제자들이 결집한 글을 모두 경이라 부른다. 고래로 대덕께서는 관貫·섭攝·상常·법法 네 글자로 경자를 해석하셨다. 관貫은 말씀을 뚫어서 꿰는 의리를 말한다. 불경 하나하나마다 모두 계통이 있는 한편의 문장으로 서두부터 말미까지 곧장 뚫어서 꿰어 절대 뒤섞여 산만함이 없음을 뜻한다. 섭攝은 교화대상인 중생을 거둔다는 뜻이다. 자석이 철을 끌어당기듯이 독자로 하여금 백번 읽어도 싫증이 나지 않게 한다. 상常은 예나 지금이나 바뀌지 않는다는 뜻이다. 법法은 멀거나 가깝거나 모두 준수하고, 시간과 공간을 확실히 초월한다. 즉 요즘 사람들이 말하는 진리이다.

[번역자]

본경은 당나라 현장대사께서 번역하셨습니다. 대사께서는 허난(河南)성 옌스(偃師)시 출신 사람으로 성씨는 진陳이고 이름은 위褘입니다. 13세에 낙양 정토사에서 출가하였고, 정관貞觀 3년 인도에 가서 배움을 구하며 128개 나라를 두루 돌아 다녔습니다. 당시 서역과 인도는 아직 통일되지 않아서 작은 나라가 매우 많았습니다. 중인도 갈타국의 나란타사에 유학하셨습니다. 이 고적은 지금도 여전히 남아 있습니다. 그는 계현戒賢 논사 및 승군勝軍 거사에게 수업을 받았는데, 그의 스승은 스님 한 분과 속인 한 분이었습니다. 정관貞觀 19년 귀국하셨으니, 왕복 17년이 흘렀습니다. 대사께서는 세수 65세, 인덕麟德 원년元年 2월 초 닷새에 원적에 드셨으니, 서기 664년이었습니다.

인도에서 귀국하신 후 19년 동안 역경 작업을 하여 73부 1천3백30권을 번역하였습니다. 그 분량이 매우 많아 역경사 중 으뜸이고 대승불교에 가장 큰 공헌을 하신 분입니다. 번역하신 경전은 모두 대장경에 수록되었습니다. 반야심경은 대사께서 정관 22년 5월 24일 종남산 취미궁에서 역경작업을 완료하셨습니다. 양인산楊仁山(양문회) 노거사는 난징(南京) 금능각경처金陵刻經處를 설립하여 대사께서 번역하신 경전을 판각하여 유통하였습니다.

[보충] 현장玄奘대사께서는 그 시절 인도에 가서 법을 구함에 있어

자기의 신명을 돌보고 자기의 안위를 돌보며 누리는 것을 희생하지 않고서 어떻게 그런 고생을 하며 생활할 수 있었겠습니까? 물론 도보로 가셨습니다! 중국에서 인도까지 가는데 3년이 걸렸습니다. 그것은 결코 짧은 거리가 아니었습니다. 그 가운데 큰 사막을 지나가야 했고, 밀림을 통과해야 했습니다. 그 산은 물론 높은 산으로 대만의 원시림인 아리산阿里山에 비해 몇 배나 높은지 모릅니다. 제2차 세계대전 시절, 비행기도 날아서 아리산을 넘을 수 없었고 산 중턱을 둘러서 갔다고 합니다. 그래서 이렇게 발심하여 인도에 경을 얻으려고 간 사람은 백여 명에 이르나, 돌아온 사람은 몇 사람에 불과하였습니다. 모두 중도에 어려움을 만나 생명을 잃었습니다. 누구든 이런 위험을 알고서 발심하여 법을 위해 희생하셨습니다.

_《관세음보살보문품 심요》, 정공법사(비움과소통)

[경문해석]

관자재보살께서 깊은 반야바라밀다를 행하실 때 오온을 관조하여 모두 공함을 깨달아 알고, 일체 괴로움과 재난을 건너갔느니라.

觀自在菩薩 行深般若波羅蜜多時 照見五蘊皆空 度一切苦厄。

「관자재觀自在」는 즉 관세음보살입니다. 이 보살의 명호는 두 가지로 번역됩니다. 「자재自在」로 번역함은 보살의 지혜를 드러냅니다. 보살께서는 구경원만한 지혜가 있어 법에 자재합니다. 「관세음觀世音」으로 번역함은 보살께서 대자대비로 소리를 따라 중생의 괴로움을 구제함을 드러냅니다. 이 두 명호는 각각 취의取義가 있으니, 즉 보살은 스스로 행하고, 타인을 교화함을 표명합니다.

「행심반야바라밀다行深般若波羅蜜多」. 행行은 수행으로 "일을 겪으면서 마음을 단련하는 것(歷事練心)"입니다. 범부의 마음은 청정하지 않고 평등하지 않습니다. 보살은 깨달은 사람으로 일체 순順경계와 역逆경계에서 청정심과 평등심을 닦아 구경 원만한 지혜로써 깊고 깊은 경계의 반야를 수행합니다. 깊이에 대해 말하면 경교에는 얕음과 깊음 두 가지가 있습니다. 첫째 부류는 인공人空반야로 아집我執을 깨뜨려 없애지만, 공空은 보나 불공不空은 보지 못합니다. 이는 아라한·벽지불·권교보살 삼승이 닦는 것으로 이를 일러

공통의 반야법문(共般若)이라 하고, 현수종에서는 대승시교大乘始教
라 부릅니다. 둘째 부류는 법공法空반야로 인아人我가 공할 뿐만
아니라 법아法我도 또한 공합니다. 한 걸음 더 나아가 법집法執도
깨뜨려 공을 볼뿐만 아니라 불공도 봅니다. 이는 삼승인이 보고
깨닫는 바와 달라서 불공의 반야법문(不共般若)이라 하고, 또한 원교
초주 이상 보살이 증득한 것으로 교하教下에서는 이를 실교實教보살
이라 하며 대승의 종교終教 · 돈교頓教 · 원교圓教를 포괄합니다. 관
자재보살께서 증득한 것은 곧 깊은 반야바라밀다입니다.

[역사연심歷事練心]

정토를 닦음은 일체법문을 닦음에서 나 자신이 몇십 년 동안
체험한 것으로 그것은 미묘합니다! 미묘함은 어디에 있습니까?
우리가 어떤 환경에 있든지 상관없이 사람을 상대하고 물건과
접하는 가운데 일심을 닦으면 장애가 없습니다. 순경에서 사람들
이 나를 좋아하여도 나는 일심을 닦아 장애가 없고, 역경에서
나를 싫어하고 욕하며 해치려하여도 나는 여전히 일심불란을
닦아 아무런 방해를 받지 않습니다. 이는 자기 마음바탕에서 닦는
것으로 바깥 경계에 영향을 받지 않습니다.

그러나 다른 법문을 닦으면 영향을 받습니다. 예컨대 초학이 참선
하는 경우 반드시 매우 고요한 곳에서 참선을 하여야 합니다.
염불인은 떠들썩한 장소에서도 「아미타불 · 아미타불」 입으로 염
불하지 않고 내 마음으로 염불하며 방해를 받지 않습니다. 길을
가거나 머물거나 눕거나 앉거나 모두 염불할 수 있고, 침대에

누워서도 염불할 수 있습니다. 그러나 침대에 누워서 염불하면 몸을 상합니다. 그래서 묵념이 좋고, 금강지金剛持도 좋습니다.

솔직히 말해 다른 법문을 닦으면 이미 늦습니다! 다른 법문이 좋지 않은 것이 아니라 다른 법문은 이렇게 빠를 수 없고 이렇게 편리할 수 없습니다! 이 방법은 가장 쉽게 성취하는 수행방법으로 조금도 바깥 경계에 방해를 받지 않는다 말할 수 있습니다. 이는 《화엄경》에서 선재동자가 53선지식을 참방하며 시현하는 「역사연심歷事練心」과 같습니다. 사事는 바로 경계입니다. 일체경계에서 자신의 청정심을 단련합니다. 바깥 경계를 대면할 때 자신에게 탐내는 마음이 있는지, 어리석은 마음이 있는지 살펴봅니다. 일체 사람과 일을 대면할 때 또렷하게 명백하게 공가중空假中 삼제三諦를 알면 어리석지 않습니다. 순경에서도 탐심을 일으키지 않고 역경에서도 분노심을 일으키지 않으면, 이것이 바로 일심불란이고 진정한 공부입니다.

바깥 환경을 여의고 어디에서 수행하겠습니까? 아무 곳에서도 닦지 못합니다. 수행은 사회를, 인사환경을 떠날 수 없습니다! 진실한 공부는 이곳에서 연마하여야 합니다. 칼이 날카로우려면 숫돌을 떠날 수 없습니다. 숫돌을 떠나서 당신의 칼을 날카롭게 만들 수 있겠습니까? 속담에 시대의 시련을 이겨낼 수 있고, 인사환경의 시련을 이겨낼 수 있어야 한다 말합니다. 여기서 무엇을 단련할까요? 일심불란을 단련하고 청정심을 단련합니다. 이렇게 공부하여야 성취할 수 있습니다. 청정심은 바로 자신의 진여불성입니다. 이런 환경에서 자신의 진여불성을 드러내어야 합니다.

일심불란은 바로 자신의 진여이자 자신의 불성입니다.

대승법문에서는 "일을 겪으면서 마음을 단련하라!" 가르칩니다. 염불인은 어디서 선정과 지혜를 배워야 할까요? 일상생활에서 일을 처리하고, 사람을 상대하며, 물건을 접하는 곳마다 선정을 닦고 지혜를 닦아야 합니다. 이러한 이치를 잘 알아야 합니다. 우리가 경계에 부딪치면서 탐진치·교만을 일으키고, 분별·집착을 일으키면 우리의 불성이 미혹됨을 즉시 깨달아야 합니다. 여하히 언제나 깨달음을 잘 보임하여 미혹하지 않으면 이것이 진정한 공부이고, 이것이 진정한 수행입니다.

_《정공법사법어》

「조견照見」은 공부로 지혜의 운용이자 수행의 중심축입니다. 아라한의 일체지一切智·보살의 도종지道種智·부처님의 일체종지一切種智 이 세 가지 지혜를 사용하는 것이 곧 지혜의 운영입니다. 일상생활에서 육근六根이 육진六塵경계에 접촉할 때 우리의 견해와 보는 법이 지혜에 속합니다.

첫 번째는 공관空觀이 깊은 경우로 견사혹見思惑을 끊을 수 있어 일체지一切智가 드러나면서 진제眞諦를 봅니다. 진제眞諦는 곧 철학자들이 말하는 본체입니다. 두 번째는 가관假觀이 깊은 경우로 진사혹塵沙惑을 끊을 수 있어 도종지道種智가 드러나면서 속제俗諦를 봅니다. 속제는 법계의 자연현상에 대해 완전히 통달하여 명백히 아는

것입니다. 세 번째는 중관中觀이 깊은 경우로 무명을 깨뜨릴 수
있어 일체종지一切種智가 드러나면서 중제中諦를 봅니다.

일체지와 도종지는 하나이되 둘이 아닙니다. 앞 두 가지 관조觀照
는 모두 일변에 치우쳐 원융에 도달하지 못한 상태입니다. 관조공부
가 깊어질 때 이르러 일체 성상性相과 이사理事가 하나이되 둘이
아님을 알아서 우주와 인생의 진상에 대해 완전히 명백히 알아
털끝만큼도 의심이 없습니다. 이것이 바로 중제中諦를 보는 구경원
만한 지혜입니다.

[보충] 옛 대덕께서는 우리에게 수행공부에 세 가지 층차層次가
있음을 말씀해주셨습니다. 첫째는 바로 **관조觀照**입니다. 한 등급
올라가면 **조주照住**이고, 또 한 등급 올라가면 바로 **조견照見**입니다.
이 세 가지 공부는 염불법문 상에 있습니다. 관조를 하면 염불이
한 덩어리를 이루어 업을 지닌 채 왕생하여 범성동거토凡聖同居土에
왕생합니다. 염불에 관조가 없으면 일생동안 부처님을 염하였을지
라도 왕생할 수 없습니다. 우리가 이번 일생에 학불하지 않으면
우리가 과거 생에 세세생생토록 염불법문을 닦았을지라도 서방극
락에 왕생할 수 없음을 기억해야 합니다. 원인이 무엇입니까?
바로 한마디 부처님 명호를 염불함에 관조공부가 없었기 때문입니
다. 그래서 한평생 부처님을 염하고 세세생생토록 염불하여도
부처님 명호가 복보로 변하고 인천의 복보로 변한다는 것을 깨달아
야 합니다. **조주照住**는 바로 염불삼매이자 사일심불란事一心不亂입
니다. **조견**은 바로 이일심불란理一心不亂으로 그 경계는《반야심경》

에서 말하는 것과 같습니다. 즉 「오온이 모두 공함을 비추어 보는 것(照見五蘊皆空)」으로 원교초주圓敎初住 보살의 경계입니다. …

무엇을 관조觀照라고 합니까? 관조를 통해서 우리는 항상 자기 자신을 일깨울 수 있습니다. 예컨대 우리의 육근六根이 육진경계에 접하여 마음을 일으키고 생각을 움직이며 탐심을 일으킬 때 즉시 한마디 「나무아미타불南無阿彌陀佛」을 염하면, 이 한마디 부처님 명호가 우리를 일깨우는 관조공부입니다. 나는 어떻게 또 미혹하는가? 어떻게 또 마음을 일으키고 생각을 움직이는가? 마음은 또 바깥으로 달리는가? 부처님 명호를 꺼내어서 이 마음을 거두어들이는 것이 관조공부입니다. 마음이 경계境界상으로 달리지 않도록, 바깥을 향하지 않도록 유의하여 마음을 거두어들이십시오. 바깥경계에 한결같이 또렷하고, 마음이 경계에 구르는 바가 되지 않는 것이 관조공부입니다.

이 공부는 얕지만 중단하지 말고 계속해야 합니다. 왜 그렇습니까? 한번 관조를 잃으면 마음은 즉시 외부 경계에 끌려 다닙니다. 그래서 고인께서는 「생각이 일어날까 두려워하지 말고(不怕念起)」, 념은 망념입니다. 「알아차림이 더딜까 두려워할 뿐이다(只怕覺遲)」, 각이 바로 관조입니다. 마음에 불쾌한 생각이 들고 화를 낼 때 곧장 「나무관세음보살南無觀世音菩薩」 하고 칭념하면서 관세음보살께서 대자대비하심을 생각하면 심기가 평온해지고 분노하는 마음이 저절로 없어질 것입니다. 그래서 명호에 이런 공덕이 존재합니다.

그래서 불보살의 명호가 당신이 관조하도록 돕고, 경문의 중요한 문구나 글자가 당신이 관조하도록 돕는다는 것을 기억해야 합니다. 우리가 일체 경계 안에서 내려놓지 못하고 지나치게 진지할 때 《금강경》에서 말하는 "무릇 모든 상은 모두 허망하니라(凡所有相 皆是虛妄)." 이 문구를 생각하면 어떻게 내려놓지 못하겠습니까? "일체 유위법이 꿈같고 환 같고, 물거품 같고 그림자 같으니라(一切 有爲法 如夢幻泡影)." 이 문구를 생각하는데도 어떻게 여전히 집착하겠습니까? 이렇게 내려놓고 집착하지 않고서 살펴보면 마음이 훨씬 자재하고, 얻으려고 근심하고 잃을까봐 근심하는 이런 망상이 곧장 사라지는데, 이것을 관조라 합니다. 때때로 관조를 일으킬 수 있고 경계를 살펴볼 수 있다면 어찌 자재하지 않겠습니까? 앞에서 말하였듯이 무엇을 마음 쓸 줄 아는 것이라 합니까? 마음 쓸 줄 아는 것은 바로 항상 관조를 일으키는 것입니다. 마음을 쓸 줄 모르는 사람에게는 이런 관조가 일어나지 않습니다. 그가 날마다 몇 부의 경전을 읽고 몇 만 번 소리 내어 염불할지라도 그에게 관조하는 공부가 없다면 모든 작용이 일어나지 않아 번뇌를 끊을 수 없고, 지혜가 열리지 않으며, 공덕을 성취할 수 없습니다.

_《관세음보살보문품 심요》, 정공법사(비움과소통)

「오온五蘊」은 곧 만유萬有이니, 색色·심心 두 법으로 나뉩니다. 색법은 곧 물질입니다. 모든 물질은 색色으로 대표합니다. 심리정신 방면은 심心으로 대표합니다. 마음은 수受·상想·행行·식識 네 부류로 나뉩니다. 수受는 전5식이고, 상想은 제6의식이며, 행行은 제7말나식未那識이고, 식識은 제8아뢰야식阿賴耶識입니다.

색법은 물질입니다. 물질은 매우 많은 극미진이 취합한 것(衆微聚)입니다.34) 취聚는 인연으로 생겨난 법입니다. 연이 모이면 생하고 연이 흩어지면 멸합니다. 《금강경》에서 말씀하시길, "무릇 모든 상은 모두 허망하니라(凡所有相 皆是虛妄)." 하셨습니다. 또한 말씀하시길, "일체 유위법은 꿈·환·물거품·그림자 같고, 이슬 같으며, 번개 같다. 응당 이와 같이 관할지라(一切有爲法 如夢幻泡影 如露亦如電 應作如是觀)." 하셨습니다. 이는 바로 오온 및 우주와 인생의 진상眞相을 설명한 것입니다. 불법에서 말한 매우 많은 미진(衆微)은 비유로서 모든 물질은 매우 많은 미세한 분자가 취합한 것임을 설명합니다. 현재 과학기기의 진보로 현미경을 사용하여 원자와 전자 및 기본 입자를 볼 수 있습니다. 《금강경》에서는 모든 물질은 전부 일합상一合相을 이룬다고 말합니다. 분자조합으로 말미암아 모두 물질로 됩니다. 부처님의 오안五眼은 원만하게 널리 비추어 우리가 현미경으로 관찰하는 것보다 더 정확합니다.

부처님께서는 기본물질에는 네 가지 특성이 있다고 말씀하셨습니다. 지수화풍 사대四大입니다. 지대地大는 물체를 대표합니다. 그것은 비록 작아서 육안으로 볼 수 없을지라도 확실히 그 물질의

---

34) "공간적 부피를 지닌 색(有對色)을 최후에 세분하여 더 이상 쪼갤 수 없는 것을 극미極微라고 한다 … 이러한 매우 많은 극미가 화합하여 분리할 수 없는 것을 미취(微聚)라고 한다." _《아비달마장현종론阿毘達磨藏顯宗論》, 존자 중현

존재가 있습니다. 화대火大는 온도로 대표되고, 수대水大는 습도로 대표됩니다. 과학자는 그밖에 하나의 의견이 있습니다. 즉 그것이 양전기를 띠면 화대라 하고 음전기를 띠면 수대라 합니다. 그것이 움직이는 것은 풍대風大라 부릅니다. 사대는 기본물질의 네 가지 특성을 대표합니다.

[보충]《금강경》에 이르시길, "무슨 까닭인가? 만약 세계가 실제로 있다면 일합상이다. 여래가 설한 일합상은 즉 일합상이 아니고 이름이 일합상이다(何以故 ? 若世界實有 則是一合相。 如來說一合相 則非一合相 是名一合相)" 하셨습니다.

[일합一合은 합하여 하나가 된다는 뜻이다]

실제로 말해서 일체의 갖가지 법은 모두 무량한 인연이 합쳐져 하나가 되어 나타난 이런 상입니다. 심지어 작게는 하나의 미진까지도 우리는 오늘 볼 수 있습니다. 미진은 단순하지 않고 수많은 기본입자가 조합된 것입니다. 왜 이런 상으로 조합될까요? 인연은 매우 복잡하여 단순한 것도 우연도 아닙니다. 세간 · 출세간에는 절대 우연한 일은 없습니다. 사事가 있으면 반드시 이理가 있고 과果가 있으면 반드시 인因이 있습니다.

[비록 세계를 미진으로 부술 수 있고 세계를 분석하여 미진으로 만들 수 있다 들어도 그것을 아직 부수지 않았을 때는 그 합하여 하나로 된 상은 분명히 있다.]

[그것을 부술 수 있음으로 인해 실제로 있음이 아님을 알 뿐만 아니라]

현대 과학자들은 과학기기를 사용하여 가장 작은 물질로 분해한다. 분해는 부술 수 있는 것으로 그것이 진실한 것이 아님을 안다.

[즉 그것을 아직 부수지 않았을 때에도 또한 실제로 있음이 아니다]

그래야 정말 총명하다 합니다! 이 세계를 부수어 미진微塵으로 만들지 않았을 때에도 현재 이 세계의 상相은 존재합니다. 비록 상이 존재할지라도 그것은 미진이 집취集聚한 상으로 일합상임을 당신은 한눈에 알아차립니다. 모든 현상은 일합상一合相이고, 갖가지 인연이 취합聚合하여 나타난 현상으로 크게는 세계, 작게는 미진도 모두 일합상입니다.

[즉 아님과 이름이라 말함은 그것은 가명에 불과하다. 왜 모두 가명이고 본래 실다움이 없다고 말하는가? 뜻으로는 반드시 실제로 있어 바야흐로 일합상임을 밝힌다.]

여러분은 이러한 깊은 뜻을 체득할 수 있겠습니까? 이 뜻은 매우 깊습니다. 만약 기본 물질이 실제로 있고 확실히 존재한다면 그것이 조합한 이러한 현상이야말로 일합상이라 부를 수 있습니다. 그러나 기본물질 즉, 요즘말로 기본입자는 없습니다. 그것은 파동현상으로 근본적으로는 존재하지 않습니다. 그래서 이는 물질의 존재가 없다는 부정입니다. 기본물질이 헛되고 실재하지 않은 이상 그것이 조합한 현상 역시 어떻게 실재하겠는가? 이러한 도리는 없습니다. 이 뜻은 매우 깊고, 이는 정말 크게 한걸음 나아간 것입니다. 이 뜻을 깊이 깨달을 수 있어야 일체 만법의 「당체는 곧 공하여 얻을 수 없다(當體即空 了不可得)」는 이치를 정말 동의하고 정말 명료하게 이해할 수 있습니다. 바꾸어 말하면 정말 내려놓을 수 있습니다. 여전히 내려놓을 수 없음은 일합상에 떨어져서 부처님께서 설하신 일합상도 가명뿐이고 이름만 있고 실다움이 없음을 알지 못합니다.

[지금 일합상은 이미 일정함이 없으니, 즉 세계의 당체는 즉 공임이 똑똑히 드러나고 참으로 명백하다.]

「창彰」은 대단히 똑똑하게 바깥으로 드러나 조금도 숨김이 없어 매우 또렷하고 매우 명백한 것입니다. 사실의 진상은 정말 당체는 공하여 찾을 수 없는 것입니다. 이 부분에서 우리는 체득할 수 있습니다. 제불보살께서 어떻게 자재하지 않겠습니까? 진정으로 대해탈, 원만구경한 해탈을 얻을 수 있고, 「법신·반야·해탈」 삼덕이 원만하게 현전합니다. 그들이 수용하는 것은 바로 「상락아정常樂我淨」입니다. 우리 범부는 이 네 글자가 모두 없고, 네 가지로 전도되어 있다고 합니다. 「상常」은 영원히 항상하고 불생불멸함입니다. 「락樂」은 일체 우비고뇌憂悲苦惱를 여의고 영원히 벗어나 고락우희苦樂憂喜가 영원히 없기에 참 즐거움이라 합니다. 「아我」는 주재한다는 뜻으로 자신이 진정으로 주재할 수 있습니다. 「정淨」은 몸과 마음이 청정하여 먼지 한 알에도 물들지 않음입니다. 이것이 그의 수용입니다.

_《금강경강의절요 강기》, 정공법사

「관자재보살觀自在菩薩 행심반야바라밀다시行深般若波羅蜜多時 조견 오온개공照見五蘊皆空 도일체고액度一切苦厄」

첫 번째 단락의 경문은 바로 본경에서 가장 중요한 수행의 종지입니다. 오온五蘊 중 색온色蘊은 일체 물질현상을 포괄하고, 정신방면은 수상행식에 있습니다. 오온은 모두 인연으로 생겨난 법입니다. **「인연으로 생겨나는 법은 모두 자체가 없고 진실상입니다. 진실상은 공상空相입니다.」**

공空의 의미는 네 가지가 있습니다. 첫째 공무空無의 뜻으로 인연으로 생겨난 것은 자성이 없고 자체로 실답지 않아 필경에는 모두 공입니다. 이 뜻은 알기 쉽습니다. 둘째, 허공의 뜻으로 거친 상이 없고 미묘한 색이 있으며, 이름만 있고 실다움이 없습니다. 일체법은 모두 이와 같습니다. 셋째는 심공心空의 뜻이고, 넷째 법공法空의 뜻입니다. 심공은 실오라기 한 올의 염착도 없습니다. 경론에서 말씀하시길, **"언설상言說相을 여의고, 명자상名字相을 여의며, 심연상心緣相을 여의어야 제법諸法의 진상眞相을 관찰할 수 있다"** 하셨습니다. 일체법에 상相은 있고 체體는 공함으로 인해 일체법은 찾을 수 없어 공을 제법의 실상으로 삼습니다. 그래서《금강경》에서 설하신「여몽환포영如夢幻泡影」은 지극히 합당한 묘사입니다.

[보충]

[이런 까닭에 일체법은 본래부터 언설상을 여의었고, 명자상을 여의었으며, 심연상을 여의어서 필경에 평등하여 변이가 없고 파괴할 수 없다. 오직 일심일 뿐, 그래서 진여라 한다.(是故一切法從本已來 離言說相 離名字相 離心緣相 畢竟平等 無有變異 不可破壞。 唯是一心 故名眞如)]

「고일체법종본이래故一切法從本已來」는 바로 일체 상相을 여읨을 말하고, 「이언설상離言說相」은 능설能說·소설상所說의 상이 없음을 말한다. 「이명자상離名字相」은 명名·구句·문신文身을 써서 표전表詮할 수 없음, 즉 능전能詮·소전所詮의 상이 없음을 말한다. 「이심연상離心緣相」은 심心·심소법心所法으로 연려緣慮하지 못함, 즉 능지能知·소지所知의 상이 없음을 말한다. 이는 증오證悟할 때 이와 같이 체험할 수 있을 뿐만 아니라 일체법은 본래부터 이렇게 상을 여읜 것이다. 심연心緣은 즉 인식작용이다.

언설과 명자상은 고대 경론에서 항상 합쳐서 말하였다. 왜냐하면 불법의 문자인 명구문신名句文身은 본래 언설에 의지해 안립되는 것이기 때문이다. 그래서 《중론》에서 "언어를 다해 마치고 심행 또한 멸하여 (일체법이) 불생불멸한 법성은 열반과 같다(語言盡竟 心行亦滅 不生不滅 法如涅槃)"한 것과 같다. 언어는 즉 명구문신을 섭득한다. 《능가경楞伽經》 등에서도 이와 같이 말한다. 후대의 문자가 언어를 여의고 달리 세움으로 말미암아 일반인이 불법의 본의를 몰라서 혹 당시의 속의俗義를 따르기도 하였다. 그리하여 언설상을 여읨을 제외하고, 또 하나 명자상을 여읨을 덧붙였다.

일체법의 구경처는 모두 평등하고 차별성이 없다. 그래서 「필경평등畢竟平等 무유변이無有變異」라 말한다. 일체법이 만약 차별변화가 있다면 불평등하다. 이것과 저것이 있으며, 늘어남과 줄어듦도 있으며, 같음과 다름이 있으며, 일어남과 사라짐이 있으며, 물듦과 청정함이 있으면 언설·문자·심연心緣 등의 상이 있을 수 있다. 지금 이미 차별이 없고, 이것과 저것, 증가와 감소, 같음과 다름

등의 상을 뛰어넘으면 언설·문자·심연의 경계가 아니다. 언설과 심연 등은 차별과 변이의 상을 여읠 수 없다.

상표를 붙이지 않은 통조림이 대단히 많은 것처럼 똑같아서 조금도 차별이 없다. 만약 사람이 내가 원하는 통조림을 가져오더라도 그것은 결코 판별할 수 없는 것이다. 왜냐하면 나는 이미 그 통조림을 지정할 수도 없고, 통조림에 상표를 붙이지 않았기에 모두 똑같아서 결국 그 통조림을 가져가야 좋을지 모른다! 일체법은 본래 언설·문자·심연의 상을 여의었다. 그래서 평등하여 변이가 없다.

「불가파괴不可破壞」. 이는 바로 진실한 것이다. 진실한 것은 파괴할 수 없으며, 허위와 가상의 물건이라야 파괴할 수 있다. 대지도론大智度論에서 말씀하시길, "세 가지 실단悉檀의 법은 파괴할 수 있지만, 제일의 실단은 파괴할 수 없다." 하셨다. 제일의실단은 바로 진실성眞實性이다. 이렇게 일체법은 무엇보다 망념에 의지해 있다. 망념을 여의면 일체법도 있는 바가 없다. 그러면 오직 평등하여 차별이 없는 일법계심一法界心뿐이다.

그래서 「유시일심唯是一心 고명진여故名眞如」라 말씀하신다. 일심一心은 즉 일중생심一衆生心이다. 이는 망념으로부터 대승법체인 내재된 본래 청정심으로 깊이 들어간 것이다. 진여眞如는 즉 중생심의 모든 함의이다. 왜냐하면 중생심은 필경에 평등하여 변이가 없기 때문이다. 그래서 여如라 이름한다. 중생심은 파괴할 수 없다. 그래서 진眞이라 이름한다. 중생심에서 그 망념을 여의고(離念) 본래 청정한(本淨) 평등하고 진실한 일심을 가리켜 준다. 일심에

는 평등의平等義와 진실의眞實義가 있다. 그래서 이 일심을 진여라
이름한다.

_《대승기신론강기大乘起信論講記》, 인순법사印順法師

모든 사실의 진상을 또렷이 보면 일체 고난이 사라집니다. 일체
고난이 모두 미혹과 전도망상, 집착으로 말미암아 유래하므로
망상과 집착은 우리에게 무량무변한 고난을 가져다줍니다. 사실의
진상을 명백히 알아 망상을 제거하고, 집착을 영원히 끊으면 모든
괴로움과 재난을 멀리 여의게 됩니다. 이를 일러 「도일체고액度一切
苦厄」이라 합니다.

몸과 마음을 체관諦觀하면 다만 오온을 볼 뿐입니다. 체諦는 자세
히 라는 뜻이고, 관觀은 지혜를 가지고 관찰함입니다. 몸은 색온이
고 마음은 수상행식입니다. 그래서 오온에서는 인아상人我相을 구
할래야 구할 수 없습니다. 무량겁 이래의 허망한 아집을 곧 깨뜨릴
수 없습니다. 일체 번뇌는 모두 아집으로 말미암아 일어나니, 아집
이 공하면 번뇌는 곧 끊어집니다. 번뇌를 끊으면 육도윤회를 구하여
도 구할 수 없습니다. 소승사과小乘四果의 아라한은 견사번뇌를
끊으면 즉 윤회를 벗어나고 분단생사分段生死도 사라집니다.

다시 오온을 관찰하면 온蘊은 연緣으로부터 생겨나고 또한 자체가
없습니다. 연으로 생겨나고 자성이 없어서 오온을 구하여도 구할

수 없고 법집法執도 다합니다. 법집은 소지장所知障에서 생겨나 보리와 열반을 장애합니다. 소지장을 다하면 보리·열반은 저절로 현전하고, 변역생사變易生死도 사라집니다.

600권《대반야경》의 정미한 뜻은 바로 이 몇 마디 말입니다. 이로써 진상을 밝힐 수 있습니다. 왜 일반인이 이러한 뜻을 깨닫기 어려운가 하면, 무량겁이래의 망상·집착이 너무나 견고하기 때문에 반드시 세존께서 22년의 시간을 써서 이 사실의 진상을 말하여야 우리가 받아들일 수 있기 때문입니다. 위에서 말한 것은 반야수학의 종지입니다. 아래에서는 우리가 관찰하기에 편리한 오온五蘊·십이처十二處·십팔계十八界의 진상을 상세히 설명할 것입니다.

사리자여, 색온은 진공과 다르지 않고 진공은 색온과 다르지 않으며, 색온 그대로 진공이고 진공 그대로 색온이니, 수온·상온·행온·식온도 또한 그러하느니라.

舍利子 色不異空 空不異色 色卽是空 空卽是色 受想行識 亦復如是。

이 단락의 경문에서는 오온이 모두 공한 이치를 설명하고 있습니다. 공에 대해 말할 것이 없다고 여기지 말아야 합니다. 만약 공이 아무것도 없다면 알기 어렵지 않을 것이고, 세존께서 22년 시간을 써서 해석할 필요가 없었을 것입니다. 어려운 것은 색상을 여의지 않고 공의 뜻을 또렷이 알고, 색상이 사라짐이 공이라 말하는 것이 아니라, 공空과 유는 동시이고 공과 유는 하나의 사건이라 말하는 것입니다. 세상 사람의 관념은 공과 유는 대립된 것으로, 유는 공이 아니고 공은 유가 아니라고 생각합니다. 만약 유가 바로 공이고 공이 바로 유라고 말하면 사람들은 또렷이 알기가 매우 어렵습니다.

반야법문에서 공을 말하는 것은 색 그대로(卽色)의 공을 진공眞空이라 하고, 공 그대로(卽空)의 색을 묘유妙有라 부릅니다. 묘유는 유가 아니고, 진공은 공하지 않습니다. 왜냐하면 색은 사대四大가 조합된 현상이고, 공은 반야진공의 이체이기 때문이다. 법공은 중도제일의공中道第一義空35)이고, 결코 편공偏空이 아닙니다.

본경에서 「오온이 모두 공하다」는 경문이 주제이고, 아래쪽 「색불이공色不異空」 이하 4구는 그 주해입니다. 일체제법은 세간출세간법으로 모두 일합상一合相이 되고, 모두 환유(환상으로 존재함)이며 모두 자성이 없습니다. 중론에서 말씀하시길, **"여러 인연으로 생긴 법은 공이라고 나는 말하네. 또한 가명이라 하고, 또한 중도의 대의라고 하네**(因緣所生法 我說即是空 亦爲是假名 亦是中道義)**."** 이 4구는 합쳐서 보면 곧 심경의 사구 말씀입니다. 부처님께서는 색色·공空·명名·중도中道는 모두 한 사건이라 말씀하십니다. 그러나 우리

<hr>

35) "불성이란 제일의공이다. 제일의공을 중도라 이름하고, 중도를 부처라 이름하며, 부처를 열반이라 이름한다.(佛性者 第一義空。 第一義空 名爲中道。 中道名佛 佛名涅槃)"_《마하지관보행전홍결摩訶止觀輔行傳弘決》

는 그것을 깨닫지 못하고 이 네 가지를 네 가지 일로 보고서 부처님께
서 이는 한 사건이라 말씀하신 것을 모릅니다. 색법은 이와 같고,
수상행식도 또한 이와 같습니다. 자세하게 말해 색을 수상행식으로
바꾸면 됩니다. 수受는 공과 다르지 않고, 공空은 수와 다르지
않습니다. 수受 그대로 공이고 공空 그대로 수입니다. 나머지는
이에 의지해 유추하면 됩니다.

[일체만법의 당체는 곧 공이다(一切萬法 當體即空)]

그래서 법성法性은 물질도 아니고 정신도 아닙니다. 법성은 찾을
수 없고 법성은 일체 처에 두루 합니다. 일체현상은 모두 법성으로
부터 생겨난 것입니다. 당신이 원을 볼 때 작은 원이나 큰 원이나
더 큰 원이나 모두 원의 중심(圓心)을 여의지 않습니다. 이 중심이
없으면 원은 성립될 수 없습니다. 확실히 이 중심이 있습니다.
이 중심에서 원주가 생겨나고 원형이 나타날 수 있습니다. 그래서
부득이하게 공空이란 글자로 그것을 대표합니다.

《반야경》에서는 "색즉시공色即是空"이라 말합니다. 색은 무엇일까
요? 색은 원의 원주입니다. 공은 무엇일까요? 공은 원의 중심입니
다. 그것은 일체로 나눌 수 없습니다. 원의 중심을 떠나 윤상輪相이
어디에 있겠습니까? 윤상은 없습니다. 그래서 불교에서는 윤상을
가지고 법을 대표합니다. **일체법을 일컬어 법륜法輪이라 부릅니다.**
법륜은 이런 뜻을 대표합니다. 원을 보면 즉시 이 우주는 공도
아니고 유도 아니며 또한 공이고 또한 유임을 알 수 있습니다.
사실의 진상을 알면 지혜가 열립니다. 일체법의 당체가 곧 공이고

찾을 수 없음을 압니다.

그래서 일체 법을 수용할 수 있고 감상할 수 있지만, 점유할 수 없습니다. 왜 일까요? 그 당체는 곧 공으로 당신은 점유할 수 없습니다. 일체 만법의 당체는 곧 공일뿐만 아니라 우리의 몸 또한 당체가 곧 공입니다. 그래서 우리가 우리 몸을 점유하고 제어하고 싶어도 할 수 없습니다. 만약 이 몸을 제어할 수 있고 점유할 수 있어 내 몸을 매년 18세로 유지할 수 있다면 얼마나 좋겠습니까? 1천 살까지 살아도 여전히 18세 같은 모습이어야 그것을 점유하고 제어할 능력이 있지만, 그렇게 할 수 없습니다.

그래서 부처님께서는 우리에게 수용할 수 있고 감상할 수 있지만 결코 제어하겠다는 생각, 점유하겠다는 생각을 가져서는 안 된다고 가르쳐주셨습니다. 그러면 당신은 업을 짓게 되고, 업을 지으면 틀림없이 나중에 괴로운 과보가 있을 것입니다. 사람과 사람, 사람과 불보살, 사람과 일체 중생은 모두 연분이 있습니다. 이러한 연분을 관리하고 이러한 연분을 모두 법연法緣으로 변화시켜야 하며, 정연(情緣; 정분)으로 바꾸지 말고 나아가 악연으로 바꾸지 말도록 분명히 하십시오. 이러면 됩니다. 정연으로 바뀌면 빚을 갚아야 하고, 악연으로 바뀌면 서로 원한을 갚아야 합니다. 그것은 대단히 고통스럽습니다. 법연으로 변화시키면 좋습니다. 모두들 깨닫고 한곳에서 수행하면서 과위를 증득하고, 같은 마음으로 협력하면서 미혹·전도된 중생을 제도하십시오. 이러면 됩니다. 이는 불보살과 같은 길을 걷는 것입니다.

_《정토대경해연희淨土大經解演義》, 정공법사

[여러 인연으로 생긴 법을 나는 공이라고 말하네. 또한 가명이라 하고, 또한 중도의 대의라고 하네.(衆因緣生法 我說卽是空 亦爲是假名 亦是中道義)]

중관파中觀派인 자종自宗[나]의 자격으로 스스로 인연하여 일어나 생긴 일체법은 모두 그 자성본체가 공하다고 해석한다. 스스로 연기되어 생긴 법은 마차와 같이 단지 그 자신이 시설한 곳에 의지해 안립安立한 가명假名에 불과할 뿐이다. 이른바 연기성공緣起性空36)으로 말하자면 상단常斷·유무有無 등 양변 놀이를 멀리 여읜 중관도中觀道의 진실한 대의이다.

만약 (제법의) 자성이 존재하면 인연하여 일어남은 불합리하다. 이에 반해 만약 제법이 스스로 인연하여 일어나면 마땅히 자성이 존재해서는 안 된다. 그 가운데 조건 하나라도 구비되지 않으면 제법은 생겨날 수 없다. 왜냐하면 일체법은 모두 인연에 의지해 현현하는 것이기 때문이다. 그래서 이러한 현분現分은 다른 법(他法)으로써 위장하여 이룬 것으로, 이러한 허위 가명의 법은 결코 자성이 존재하지 않는다.

인연에 의지해 연기하는 현분現分은 허위이거나 이는 세속명언名言 중 안립한 법이라 말할 수 있다. 그것은 현분과 자성이 성립되지 않는 법이 서로 취합함으로 말미암아 이루어진 것이다. 그래서 유무를 멀리 여읜 중도는 물 위의 달 등과 마찬가지이다. 위에서

---

36) 연기緣起란 세간의 일체 사물이 뭇 인연의 화합으로 말미암아 생기는 것이요, 성공性空이란 뭇 인연이 합하여 모든 법을 이루는 것이지만 그 성은 본래 비어서 진실한 자체가 없는 것이라고 하였다. 즉 연기나 제법은 모든 인연이 화합하여 이루어진 것들이기 때문에, 그 성이 본래 비어서 진정한 자체自體를 얻을 수가 없다는 의미이다.

서술한 이런 일체가 바로 중관도의 대의이다. 이른바 중도中道·공성空性·연기緣起, 이 삼자는 본래 동일한 함의로 단지 명칭이 다름에 불과할 뿐이다.

_《중론석中論釋》, 세랍 장포麥彭 린포체

첫 번째 구 「색불이공色不異空」에서 공空은 진여·자성·본체이고, 색은 일체현상입니다. 현상은 진여본체에 의지해 나타나는 것입니다. 체體는 이미 얻을 수 없고, 상相도 당연히 얻을 수 없으며, 가假에서 공空으로 들어가 실상을 비추어 나타냅니다. 두 번째 구는 상반되니 「공불이색空不異色」입니다. 진허공·변법계 일체현상은 모두 진여본체가 변하여 나타난 것으로 이는 공空에서 가假가 나오고 인연을 비추어 나타냅니다.

「색즉시공色即是空 공즉시색空即是色」, 두 문구는 성공性空과 상가相假가 상즉相即37)함으로 그것은 하나이되 둘이 아님을 설명합니다. 한 법도 이와 같고, 법법마다 이와 같아서 한 법도 예외가 없습니다. 부처님께서 《화엄경》에서 말씀하시길, "비유컨대 미진 하나에 대천세계의 경권을 갖추고 있다(譬如一微塵中。具有大千經卷。)."38)

---

37) 만유萬有는 그 실상實相에 있어서 하나로 융합하여 일체이다.
38) "지혜로운 사람이 삼천대천세계 중에 서사한 경전을 보고 미진을 쪼개 깨뜨려 이 대경을 꺼내면 이익이 무궁무진하다. 미진 하나란 중생의 망상심이고 대천경권은 중생이 본래 갖추고 있는 성덕으로 숨겨져 나타나지 않는다. 중생이 날로 씀에 알지 못함을 말한다. 눈 밝은 지혜로운 사람이 미진을 깨뜨려 경전을

하셨고, 또한 말씀하시길, "제불께서는 모공 하나로 들어가 대법륜을 굴리실 수 있다(諸佛能入一毛孔中轉大法輪)."하셨습니다. 색과 공이 상즉相即하지 않고 성과 상이 상즉하지 않으면 어떻게 이러한 기묘한 현상이 있을 수 있겠는가? 이 사실을 안 후 부처님께서 경전에서 말씀하신 이 같은 불가사의한 경계를 모두 접수할 수 있습니다.

[다른 법 가운데는 다른 상이 없고, 다른 법이 없는 가운데도 (다른 상이) 또한 없으며, 다른 상이 없는 까닭에 이것과 저것 다른 법도 없다(異中無異相 不異中亦無 無有異相故 則無此彼異)]

「이異」는 다른 법을 가리킨다. 왜 다른 법 가운데는 다른 상이 없는가? 왜냐하면 법은 인연으로 생겨나기 때문이다. 인연으로 생겨나면 자성이 없고 자성이 없으면 공하다. 이를 성공性空이라 말한다. 다른 법 가운데는 자성이 없다. 자성이 없거늘 어떻게 다른 상이 있겠는가?

「이상異相」은 상가相假를 말한다. 왜냐하면 다른 상도 인연으로 생겨난 것이기 때문이다. 눈과 형상(色)을 인연으로 안식眼識이 생겨나고 이 셋이 화합된 것이 감각접촉(觸)이다. 귀와 소리를 인연으로 이식耳識이 생겨나고 이 셋이 화합된 것이 감각접촉이다. 코와 향기, 혀와 맛, 몸과 감촉, 마음과 법도 모두 이와 같다. 이러한 (감각접촉의) 상은 임시로 나타난 것(假現)이다.

「이중무이상異中無異相」에서는 성공性空이 곧 상가相假이고 상가相

꺼낸다. 곧 제불께서 증득하고 궁구하여 이법을 중생에게 열어 보이시어 큰 이익이 된다."_감산대사 법어

假가 곧 성공性空임을 설명한다. 법은 자성이 공하기(性空) 때문에 그 상도 임시이고(相假), 그 상은 임시이기(相假) 때문에 진실함이 없어 바로 자성이 공하다(性空).

「불이중역무不異中亦無」, 그 뜻을 말하면 다른 법이 없는 가운데 다른 상도 없다. 원인이 무엇인가? 다른 법에는 인연으로 생겨나 자성이 없다. 다른 법이 없음에도 인연으로 생겨나 자성이 없다. 이 문구도 이중의 말이니, 성공이 곧 상가相假이고 상가가 곧 성공인 까닭이다. 법은 자성이 공하므로 상가를 형성하고, 법의 상도 임시로 나타난 것이므로 성공을 형성한다.

이 게송의 중점은 성공상가性空相假・상가성공相假性空을 설명함에 있다. 이는 《반야심경》과 같다. 「색즉공色即空」은 「상가 그대로 성공」인 이치이고, 「공즉색空即色」은 「성공 그대로 상가」와 같은 이치이다. 이치에 의거해 자세히 연구하면 이는 「색즉공・공즉색」과 같은 이치로 이 게송은 다른 방식으로 바꾸어 말한 것에 불과하다.

_《중론강기中論講記》, 석혜민釋惠敏

《반야심경》에서 말씀하신 오온개공五蘊皆空의 총강령은 염불하여 정토에 태어나길 구함과 중요한 관계가 있습니다. 종전에 제(정공법사)가 타이중(台中) 연사蓮寺에서 학불할 때 이병남 스승님께서 저에게 말씀하셨습니다. "염불인은 많은데, 왕생하는 사람은 적다. 연사에는 20여만 명이 있었지만, 진정으로 염불하여 왕생한 사람은 서너 명에 불과하다." 그의 말씀은 대단히 보수적입니다. 제가 알기로는 타이중에서 염불하여 왕생하는 사람은 굉장합니다. 만약 만 명 당 서너 명만 있다고 말한다면 사실에 가깝습니다. 그러나 이러한 비율은 여전히 매우 적습니다.

왜 염불인은 많은데 왕생하는 사람은 적을까요? 그 관건은 바로 간파하고 내려놓을 수 있는지에 달려있습니다. 《반야심경》은 우리가 간파하고 내려놓는 것을 도울 수 있기 때문에 이 경전을 중시하지 않을 수 없습니다. 우리의 몸과 마음은 모두 진짜가 아닙니다. 몸은 늙고 병들고 죽음이 있으며 찰나마다 변화하여 모두 가유(假有; 임시적인 존재)에 속합니다. 심리적 측면에서 수상행식受想行識의 염념마다 찰나에 생멸하고 있음을 우리는 체득할 수 있습니다. 염념마다 잃지 않고 잘 지키는 것을 「삼매三昧」라고 하고, 또한 「작정作定」이라고도 합니다. 선정의 공덕(定功)은 하나의 생각이 이어지는 상에 불과할 뿐, 정定의 경계를 얻음이 있으면 반드시 잃음이 있게 마련입니다.

세간의 사선팔정四禪八定의 비상비비상천非想非非想天은 선정의 공덕을 잃지 않고 8만 대겁까지 오래도록 지속할 수 있지만, 8만대겁이 지난 후 잃어버리게 될 것입니다. 자성본정自性本定은 생겨남도 사라짐도 없고 선정으로 들어감도 선정에서 나옴도 없습니다. 이는 능엄경에서 말한 「수능엄대정首楞嚴大定」입니다. 「성정性定」과 「수정修定」은 완전히 다릅니다. 성정은 닦는 것이 아니라 어느 날 조견하여 오온이 모두 공할 때 성정은 곧 현전합니다. **아집我執이 공하면 번뇌장이 사라지고, 법집法執이 공하면 소지장所知障이 사라지며, 자성본공이 저절로 현전합니다.** 이 말을 하기는 쉽지만 실천하기는 쉽지 않습니다. 범부는 무시겁 이래로 아집의 습기가 대단히 무겁기 때문입니다.

고덕께서는 말씀하시길, **"이체는 단박에 깨칠 수 있지만 사상은 모름지기 점차로 닦아야 한다(理可頓悟 事須漸修)."** 하셨습니다. 근성이 예리하고 선근이 두터운 사람은 이론상으로 받아들일 수 있지만, 만약 경계를 바꾸려 한다면 여전히 상당한 시간의 수행이 필요합니다. 이체와 사상은 하나이되 둘이 아니므로 일상생활에서 사람을 상대하고 일을 처리하며 물건을 접할 때 마음속으로 시시각각 관조공부를 일으켜야 합니다. 즉 오온이 모두 공함을 조견하고, 일체 사람·일·물건에 대해 모두 제법공상임을 조견하여 자신이 무시겁 이래 잘못된 견해와 사상을 점차로 반야지혜의 광명 가운데 깔끔하게 일어서 가려내어야 합니다. 이것이 진실한 수행입니다.

화엄경 말후 법회에서 선재동자 53참은 일을 거치면서 마음을 연단하는(歷事練心) 진실한 수행의 좋은 모범을 보여주십니다. 많이 사유하고 많이 체득하면 간파하고 내려놓아 번뇌와 습기를 끊을 수 있습니다. 그런 후에야 비로소 아미타부처님의 48대 원행에 대한 진실한 체득이 생길 수 있고, 틀림없이 정토에 태어나길 구하여 이번 생에 저절로 성취(왕생성불)할 수 있습니다. 그래서 반야는 우리에게 지극히 큰 도움, 지극히 큰 이익이 있습니다.

[자성은 본래 갖추고 있나니, 어찌 자성이 본래 동요함이 없고 자성이 본래 적정하여 능히 만법을 냄을 알았으리오(本自具足 何期自性 本無動搖 自性本定 能生萬法)]

「본자구족本自具足」. 여기서 자自는 자성自性입니다. 자성에서 저절로 일체법을 구족하여 하나도 모자람이 없지만, 그것에는 아무것도 없습니다. 아무것도 없고 동시에 아무것도 모자람이 없습니다. 그것이 인연을 만나 일체법을 나타나게 할 수 있으니, 변법계 허공계는 그것이 나타난 것입니다. 이는 바로 불경에서 늘 말하는 숨음(隱)·나타남(現)입니다. 즉 인연이 없을 때는 숨어서 마치 아무것도 없는 것처럼 공하지만, 공은 말할 수 없는 것으로 여겨서는 안 됩니다. 공은 무엇이든 다 있지만, 드러나지 않았을 뿐입니다.

우리가 평상시 보는 텔레비전을 가지고 비유하면 우리는 자성을 텔레비전의 모니터에 비유할 수 있습니다. 모니터를 보면 아무것도 없고 깔끔하지만, 채널을 누르면 그 현상이 나오는데, 거기에는 무엇이든 있습니다. 모니터 상에서 그것은 없지만 아무것도 없다고 말할 수 없음을 공이라고 하니, 공은 말할 수 없는 것으로 여기지 말아야 합니다. 그것은 인연을 만날 때 상이 나타날 수 있고, 무슨 상이든 모두 나타나며, 그것은 하나도 모자람이 없습니다.

그래서 십법계 의정장엄依正莊嚴도 나타날 수 있고, 제불여래의 미묘한 국토도 나타날 수 있습니다. 그것은 전부 다 나타날 수 있고, 전체 그대로 자성이 나타난 것입니다. 자성은 자기입니다. 이런 사실의 진상을 반드시 똑똑히 알아야 하고 분명히 알아야 합니다. 이는 철학에서 말하는 본체론입니다. 철학에서는 지금까지 줄곧 똑똑히 말하지 못하지만, 대승경전에서는 똑똑히 말하고 분명히 말합니다.

「하기자성何期自性 본무동요本無動搖」. 이 문구의 말씀은 매우 중요합니다. 당신의 진심, 당신의 본성은 청정하여 움직이지 않습니다. 움직이지 않음이 바로 적정(定)이고, 움직이지 않음이 바로 일심(一)입니다. 일심一心이 당신의 본성이고 당신의 진심입니다. 동요하면 망심입니다. 본성은 움직이지 않습니다. 그래서 이 한마디를 경전에서도 「자성본정自性本定」이라 부릅니다. 자성은 본래 적정한 것으로 그래야 비로소 감응도교感應道交의 작용을 일으킬 수 있습니다.

「능생만법能生萬法」. 자성自性은 생하는 주체(能生)이고, 만법萬法은 생하는 대상(所生)입니다. 생겨날 수 있는 것은 움직이지 않고, 생겨나는 대상은 전부 움직이는 가운데 있습니다. 움직이는 것은 바로 가짜이고, 움직이지 않는 것이 진짜입니다. 이러한 이치는 확실합니다. 부처님께서는 대승경전에서 말하는 것은 매우 또렷하고, 매우 분명합니다.

_《정토대경과주淨土大經科註》, 정공법사

오온五蘊의 근원은 중첩하여 생겨나는 것으로 일념一念이 불각不

覺하여 진여자성이 무명업식無明業識으로 전변轉變합니다. 이 말은 자세히 들어야지 사유하거나 상상해서는 안 됩니다. 생각하면 틀렸습니다. 예를 들어 말하면 오늘은 날씨가 흐려서 태양이 구름층에 가려졌습니다. 세심하게 생각해보면 태양이 지구보다 몇 배나 더 큰데, 어떻게 구름층에 가려질 수 있겠습니까? 진여자성은 영원히 무명업식으로 변할 리 없습니다. 무명업식은 바로 일념에 깨닫지 못한 것으로, 이를 일러 무명의 근본이라 합니다. 진여자성이 작용을 일으키는데, 작용에 있어서 이것을 착용합니다. 눈은 안경을 끼더라도 여전히 바깥 경계를 볼 수 있습니다. 안경을 통해 바깥 경계 상을 보는 것을 무명업식을 지음이라 하고, 또한 제8식이라 합니다. 안경은 진정 눈을 방해합니까? 전혀 아닙니다.

여기서 관계를 또렷이 알아야 합니다. 식識이 있으니, 바로 아뢰야식입니다. 그래서 행行이 있습니다. 행이 있어 비로소 상想이 있고, 상이 있어 수受가 있으며, 수가 있어 비로소 색色이 있습니다. 이는 오온 상에서 말한 것입니다. 팔식 상에서 말하면 "일념이 불각하여 세 가지 미세한 상이 생기고, 경계가 인연이 되어 여섯 가지 거친 상이 자란다(一念不覺生三細 境界爲緣長六粗)."39) 설법이 비

---

39) 삼세육조三細六粗는 《대승기신론》에서 상세히 설하고 있다. "불각에 의지하는 까닭에 세 가지 상이 생기고, 저 불각과 상응하여 여의지 않는다(依不覺故生三種相 與彼不覺相應不離)." 말씀하셨다. 이 세 가지 상은 첫째 무명업상無明業相, 둘째 능견상能見相, 셋째 경계상境界相이다. 또한 "어떤 경계와 인연하는 까닭에 다시 여섯 가지 상이 생긴다(以有境界緣故 復生六種相)." 말씀하셨다. 이 여섯 가지

록 같지 않을지라도 뜻은 같아서 사실의 진상을 똑같이 말합니다. 세상 사람들은 잘 알지 못해, 신명(神明; 영혼)이 거기에 안배되어 있다고 여깁니다. 그는 대자연의 변천에는 일정한 순서가 있음을 알지 못합니다. 마치 사람이 옷을 입을 때에는 속옷을 먼저 입고, 다시 겉옷을 입는 것과 같습니다. 옷을 벗을 때에는 먼저 겉옷을 벗고 점차 속옷에 이릅니다. 순서가 뒤죽박죽 어수선해서는 안 됩니다.

미혹할 때 먼저 무명이 있어 거친 상으로 발전하고, 자성으로 회귀할 때 먼저 바깥에서 시작하여 색온色蘊을 제거합니다. 그 다음 순서로 다시 수상행식受想行識을 제거합니다. 이렇게 사실의 진상을 똑똑히 알면 일상의 공부가 매우 큰 도움이 되니, 일체 색법色法에 대해 집착하지 않게 되고, 자신의 색신色身은 물론 세계의 일체 인물에 대해서도 모두 색법色法에 속하니, 모두 다 내려놓을 수 있습니다. 한 걸음 나아가 수(受; 느낌)도 내려놓고 더 이상 괴로움과 즐거움, 근심과 기쁨을 추구하지도 누리지도 않을 수 있고, 인연에 수순할 수 있고 반연에 얽매이지 않으며, 중생에 수순하고 공덕에 따라 기뻐하여 마음바탕이 평등하고 청정합니다. 순경에도 즐거운 느낌(樂受)을 일으키지 않고, 역경에도 괴로운 느낌(苦受)을 일으키지 않아, 느낌(受)을 곧 내려놓게 됩니다. 나머지

상은 첫째 지상智相, 둘째 상속상相續相, 셋째 집취상執取相, 넷째 계명자상計名字相, 다섯째 기업상起業相, 여섯째 업계고상業繫苦相이다.

상想·행行·식識도 이것에 의지해 유추해볼 수 있습니다.

사리자여, 이 오온 제법의 진공실상은 생겨나지도 사라지지도 않고, 더럽혀지지도 깨끗해지지도 않으며, 늘어나지도 줄어들지도 않느니라. 그래서 진공에는 색온도 없고 수온·상온·행온·식온도 없으며, 안근·이근·비근·설근·신근·의근도 없으며, 색진·성진·향진·미진·촉진·법진도 없으며, 안계도 없고 내지 의식계도 없느니라.

舍利子 是諸法空相 不生不滅 不垢不淨 不增不減。 是故空中無色 無受想行識。 無眼耳鼻舌身意。 無色聲香味觸法。 無眼界 乃至無意識界。

부처님께서는 본경에서 일체법을 오온五蘊·육입六入·십이처十二處·십팔계十八界로 귀납하셨습니다. 이 단락의 경문 첫 번째 구는 제법공상諸法空相입니다. 제법諸法은 곧 이 네 가지 범주를 포괄합니다.

일체법은 모두 공동의 의의 하나가 있으니 곧 불생불멸不生不滅입니다. 생멸은 사실이 아니라 현상입니다. 본래는 없건만 홀연히 있음을 생生이라 하는데, 현상이 사라짐을 멸滅이라 합니다. 깊이 들어가 관찰하면 인연이 모이면 생하고 인연이 흩어지면 멸하는 현상에 불과할 뿐입니다. 본경에서는 오온·육입·십이처·십팔계로 이 불생불멸이란 설법은 체득하기 매우 어려움을 가리킵니다.

좀 더 설명하자면 예를 들 수밖에 없습니다.

어린이가 집짓기 놀이를 하며 그것을 쌓아 올려 집 한 채를 지으면 그 모습이 완연하지만, 다시 해체하면 집이 사라집니다. 총명한 사람은 이러한 현상을 보고서 현상의 유는 진실한 유가 아니고, 그 멸 또한 진실한 멸이 아님을 깨닫습니다. 그것은 본래 없습니다. 인연이 모이면 진실한 유가 아니어서 본래는 생하지 않고 인연이 흩어진 후에는 당연히 그것도 멸은 없습니다. 과학자들은 일체 만물을 관찰한 후 우리에게 물질도 멸하지 않고 에너지도 멸하지 않는다 말합니다. 이는 불경에서 일체법은 생하지도 멸하지도 않는다는 말씀과 대단히 접근합니다.

범부는 일체법에 생멸이 있다고 보고 일시적으로 만들어진 상(假相)에 집착하고 일체법의 형성과정에 대해 완전히 소홀하여 생사윤회에 떨어집니다. 범부는 유有에 집착하여 무량겁 이래 마음속에 단단하여 깨뜨릴 수 없는 착각이 있어 사실의 진상에 대해 받아들이기 매우 어렵습니다. 부처님께서는 어쩔 수 없어 속제俗諦에 수순하여 **사람에게는 생노병사가 있고, 식물에는 생주이멸生住異滅이 있으며, 광물에는 성주괴공成住壞空이 있다**고 말씀하셨습니다. 본경에서는 진제에 따라 말씀하신 것입니다. 여래는 다섯 눈이 원명圓明하여 우주와 인생의 진상을 관찰하시고 우리를 위해 여실하게 말씀하셨습니다. 전체 반야의 강요綱要는 말은 간략하지만, 뜻은 풍부하여 여러 대승경전 가운데 화엄·법화와 같아서 원만합니다. 만약 경전 속 진실한 뜻을 철저히 이해한다면 곧 무생법인無生法忍[40]을 깨닫기 어렵지 않습니다.

「불구부정不垢不淨」, 속세에 물들어 집착함(染著)을 더러움(垢)이라 하고, 때 묻고 물듦(染汚) 여읨을 깨끗함(淨)이라 한다. 이를 사성제인 고집멸도로 말하면, 「고집苦集」은 세간의 인과이고, 「멸도滅道」는 출세간의 인과인데, 범부는 생사에 유랑하니, 이를 더러움이라 합니다. 성자는 견사번뇌를 다 끊고 삼계를 뛰어넘으니, 이를 깨끗함이라 합니다. 이는 부처님께서 자성이 공함에 집착하여 환 같은 상을 싫어하는 사람에게 하신 말씀입니다. 실상이체를 말하면 본래 자성은 공적하니, 물들여 그것을 더럽게 할 수도, 다스려

---

40) 인忍 자에는 인내뿐만 아니라 인가忍可, 안심安心, 수순受順의 뜻이 포함되어 있다. 안安이란 안온히 머묾(安住)으로 그 마음이 흔들리지 않는 경계, 일심정수一心正受를 말한다. 인忍은 또한 세 가지로 나뉜다. 첫째는 생인生忍이다. 인사간의 갖가지 헐뜯고 욕하며 괴롭히고 핍박하며 가해하는 것을 견디고 성내고 원한을 갖는 마음을 내지 않으며 어긋나는 일을 만나도 상에 집착하지 않고 응당 죄를 멸하는 관을 짓는다. 둘째는 법인法忍이다. (1) 심법이 아닌 추위와 더위, 비바람, 배고픔과 목마름, 늙고 병들어 죽는 등을 견딜 수 있어 스트레스를 받고 불평하지 않는다. (2) 심법의 성냄과 근심, 걱정 등 여러 번뇌에 대해 견딜 수 있어 싫어하고 포기하지 않는다. 또 한 가지 해석으로, 우리가 불법에 따라 수행하여 안심·수순하여 조금도 들쑥날쑥하지 않음을 법인이라 한다. 셋째는 무생법인無生法忍이다. 제법이 본래 생하지 않는 관을 닦아 망념이 일어나지 않고 그 마음이 이 법을 받아들여 움직이지 않음을 무생법인이라 한다. 대지도론大智度論에 이르길, "생멸이 없는 제법실상 가운데 믿고 받아들여 통달하여 걸림이 없고 물러나지 않음을 무생인無生忍이라 한다."

그것을 깨끗하게 할 수도 없습니다. 비록 악연惡緣에 가리고 덮일지라도 자성은 본래 더럽지 않고, 또한 선연善緣으로 훈습될지라도 자성은 깨끗한 적이 없습니다.

「부증불감不增不減」. 이는 보살을 깨우쳐 인도함입니다. 보통 대승법은 착각으로 잘못된 관념을 낳기가 쉽습니다. 즉 도력이 날로 늘어나고 번뇌가 날로 줄어들어 견사번뇌를 끊고 소승사과의 아라한을 증득하고, 선정과 지혜가 날로 늘어나 원교초주, 권교보살을 증득하는 현상에 대해 매우 집착합니다. 부처님께서는 여기서 그들에게 이런 현상도 또한 진실이 아니라고 일러 주십니다. 그래서 지혜도 없고 또한 얻음도 없다 말씀하십니다. 지혜는 수행·공부로 《능엄경》에서는 "보리도를 원만히 깨달으면 무소득의 열반경계로 돌아간다(圓滿菩提 歸無所得)." 말씀하여 늘어나지도 줄어들지도 않는다고 설명합니다. 우리는 보리가 늘어나고 번뇌가 줄어든다는 말을 항상 합니다. 이 말은 잘 이해가 되는데, 여기서는 어찌 늘지도 줄지도 않는다 말합니까? 우리가 증감을 말하는 것은 상相에서 말한 것이고 부처님께서 늘지도 줄지도 않는다는 말은 성性에서 말한 것입니다. 성性은 공상空相입니다. 번뇌성煩惱性도 공상이고, 보리성도 공상입니다. 성에서 말하면 늘어남도 줄어듦도 더러움도 깨끗함도 생겨남도 사라짐도 없지만, 상에서 말하면 일체 제법에는 생겨남도 사라짐도 있고, 더러움도 깨끗함도 있으며, 늘어남도 줄어듦도 있습니다.

마르나 존자께서 "(마음이 경계 따라 굴러 구르는 곳마다 실로 능히 그윽하고,) 경계 따라 흘러 성품을 깨달아 안다(隨流認得性) (기쁨도 없고 근심도 없다)." 하신, 이 한마디 말씀은 대단히 중요합니다. 성性은 생겨나지도 사라지지도 않고, 더럽지도 깨끗하지도 않으며, 늘지도 줄지도 않습니다. 진성眞性자리에 진상眞相이 있으니, 확실히 부처님께서 하신 말씀과 같습니다. 진성자리에는 범부와 성인, 수덕과 증득, 인행과 과지 등 이러한 사항이 없이 반야의 본체를 드러내 보입니다.

선가禪家에서는 "모든 견해를 벗어 버리니, 홀로 진상이 드러난다(諸見脫落 獨露眞常)." 말이 있는데, 바로 이러한 경계를 잘 말해 줍니다. 그밖에 비유로 체득할 수 있으니, 진공실상은 마치 마니보주처럼 본체로 삼고, 십이처 십팔계는 보주에 나타나는 광명과 색깔로 보면 진공실상으로 인해 수많은 다른 광채가 나타날 수 있으니, 귀중합니다. 보주의 본체는 변하지 않습니다. 색으로 인해 나타나 생겨나지도 않고, 색으로 인해 나타나지 않아 사라지지도 않습니다. 그 본체는 여여하여 움직이지 않습니다. 색상은 생겨남도 사라짐도 있지만 본체는 생겨남도 사라짐도 없습니다. 일체법은 생겨나지 않고 일체법은 사라지지도 않습니다. 만약 이와 같이 이해할 수 있다면 제불께서는 항상 현전하십니다. 그 뜻은 완전히 같습니다.

《반야심경》에서 시작하는 말씀은 조견오온개공照見五蘊皆空으로 색이 없을 뿐만 아니라 또한 수상행식도 없고, 또한 십이처인 안이비설신의와 색성향미촉법도 없으며, 또한 십팔계인 안계 내지 의식계도 없습니다. 이들은 모두 법상法相이고, 공은 법성法性을 말합니다. 법성 위에는 이러한 허망한 상이 없습니다. 육조대사께서 깨달았을 때 말씀하시길, "어찌 자성이 본래 청정함을 알았으리오!"하셨고, 또한 "본래 한 물건도 없다(本來無一物)."하셨습니다. 이는 자성본체는 청정무위임을 설명하는데, 제불과 대보살이 증득한 것은 바로 이 일입니다. 범부가 미혹함 또한 이 일을 미혹한 것입니다. 온蘊·처處·계界와 같은 현상은 미혹할 때 비로소 존재합니다. 왜 미혹하면 이러한 현상이 있습니까? 이는 엄숙한 문제입니다. 능엄회상에서 부루나존자는 세존을 향해 이 문제를 제출하였는데, 세존의 매우 교묘한 답변이 있습니다. 여러분이 그 상세한 내용을 알고자 한다면 《능엄경》 제4권 경문을 찾아보시길 바랍니다. 명료하면 곧 개오開悟이고, 그렇지 않으면 여전히 무명의 껍질 속에 갇혀 있습니다. 반드시 스스로 깨달아야 합니다. 다른 사람에게 설파를 당해 자신의 깨달음의 문(悟門)을 닫아버리면 이후 개오하기 매우 어렵습니다. 그래서 진정한 선지식은 문제를 설파할 리가 없고, 당신이 활연대오豁然大悟하도록 유도할 것입니다. 이는 교학 공부의 선교善巧방편입니다.

《금강경》에서 말씀하시길, "무릇 모든 상은 다 허망하니라(凡所有相 皆是虛妄)."하셨습니다. 이는 곧 이 경전의 말씀과 같습니다.

"이런 까닭에 공 가운데는 색도 없고, 오온도 없으며, 십이처도 십팔계도 없다." 상相은 유有이고, 성性은 무無입니다. 성性 가운데는 이미 무無인 이상 상相이 있지 않습니다. 이것이 관건關鍵의 소재입니다. 첫 번째 구로써 설명을 하면 공중무색空中無色은 즉 요즘 말하는 물질입니다. 물질은 감각 상에서는 유有로 이는 가유假有·환유幻有·묘유妙有입니다. 묘유는 유가 아니고, 진공眞空은 공하지 않습니다. 진실로 있으면 방해가 있습니다. 세심히 관찰하면 진상眞相을 얻기 어렵지 않습니다. 진실로 무언가 존재한다면 이理와 사事, 사事와 사사는 모두 방해가 있습니다. 영화를 보면 은막은 공하여 아무것도 없습니다. 비록 화면에 나타날지라도 물듦이 없습니다. 성性은 은막으로 생겨남과 사라짐, 더러움과 깨끗함, 늘어남과 줄어듦이 없지만, 화면에는 생겨남과 사라짐이 있습니다. 이를 분명히 이해한 후 마음바탕이 청정한데, 이를 개오開悟함이라 합니다. 마음속에 더 이상 망상·집착·취사·득실이 있지 않아 일체 허망한 망상·집착을 여의고, 자성의 본체를 회복합니다. 자성은 본래 갖추어져 있습니다.

[성性은 본래 상相이 아님을 밝힘]

금강경에 설하시길 "무릇 모든 상은 다 허망하니라(凡所有相 皆是虛妄)." 이 두 마디 경문은 《금강경》에서 대단히 중요한 문구로 이를 관하면 대법락의 수용受用을 얻을 수 있습니다.

[이는 신상身相을 설명한다. 그 뜻은 (매우 광범위하여) 일체 현상

일체 사람, 일체 물건, 일체 일, 내지 허공을 포함한다.]

[이미 허망한 것임을 안 이상 뛰어다니며 구해서는 안 되고, 머물러 집착해서도 안 된다.]

진정으로 일체상이 허망한 것임을 안 이상 일체 상을 더 이상 추구하지 말아야 합니다. 이번 생에 물질적으로 누리는 모든 것은 추구해서 오는 것이 아니라 각자의 운명에 정해져 있는 것입니다. 자신의 운명에 없으면 아무리 구해도 얻을 수 없습니다! 그래서 진정으로 명백히 이해한 사람은 물질 상에서 구하지 않습니다. 구하지 않아도 복보에 있는 향수는 저절로 옵니다. 그러면 어떻게 구합니까? 부처님의 가르침에 따라 일체 상을 여의고, 일체 선을 닦으며, 복보가 날로 증가하여도 복덕을 헤아리지 않아야 진정으로 구하는 것입니다! 이렇게 구함이 바로 「응당 머무는 바 없이 보시를 행함(應無所住 而行布施)」입니다.

복보가 있을지라도 집착하지 말아야 합니다. 집착하지 않고 복보를 사람들이 누리도록 줍니다. 복보를 가지고 있으면서 남겨두고 천천히 누리면 상에 머묾으로 잘못입니다. 복보가 현전할 때 사람들이 누리면 당신의 복보는 다하지 않고 반드시 날로 많아집니다. 날로 많아져도 모두 다 사람들에게 나누어주어 영원히 머물지 않습니다. 이런 복보가 바로 《금강경》에서 말하는 것으로 그것은 무량무변하여 불가사의합니다.

[회광반조回光返照하여 재빨리 자성으로 돌아가야만 윤회에 떨어지지 않게 된다.]

이는 가장 큰 이익을 말합니다. 이는 내생에 윤회에 떨어지는 것이 아니라 현재 윤회에 떨어지지 않는다는 뜻입니다. 생사를 끝마치니 현재 끝마치고, 윤회를 벗어나니 현재 벗어납니다. 바로 현전함, 대승법의 미묘함은 여기에 있습니다. 그래서 진정으로 깨달은 사람은 지금 이 순간 몸과 마음으로 부처를 실증하여(直下承當) 바로 현전합니다.

_《금강경강의절요金剛經講義節要 강의》, 정공법사

그래서 《능엄경》에서 말씀하시길, "보리도를 원만히 깨달으면 무소득의 열반경계로 돌아간다(圓滿菩提 歸無所得)."하셨습니다. 이 것은 곧 부처님의 지견知見입니다. 염불인이 이 도리를 분명히 이해하고, 이 지견으로 들어가면 곧 경전에서 말씀하신 이일심불란理一心不亂이고, 실보장엄토實報莊嚴土에 태어나며, 상상품으로 왕생합니다. 염불인에게 사실의 진상事實眞相이 매우 중요함을 알 수 있습니다. 만약 사실의 진상이 명료하면 바로 명심견성明心見性입니다. 마음은 상相으로 나툽니다. 즉 제법은 마음이 변한 것이고, 아뢰야식이 변한 것입니다. 성性은 곧 여기서 말하는 공空으로 자성의 본체입니다. 성性이 본체이고 마음은 작용입니다. 자신의 본성을 봄(見性)은 곧 자신의 본심을 인식함(明心)입니다. 명심견성 한 후 더 이상 망상·집착이 있지 않고, 범부와 성인의 견해도 모두 사라집니다. 성性을 말하거나 상相을 말하거나 모두 얻을 수 없으니, 하물며 이 세상에 존재하는 모든 것(諸法)이겠습니까? 본래 한 물건도 없나니, 바로 이른바 「언어의 길이 끊어지고 마음가는 곳이 사라지는(言語道斷 心行處滅) 경지로 입을 열면 곧 잘못이고, 생각을 움직이면 곧 어긋납니다. 마음을 일으키지도, 생각을 움직이지도 않으면 일체 현상이 현전하고 또렷하니, 이 사람은 그대로 불보살입니다.

어떤 사람이 묻습니다. "이미 명심견성한 이상 또 서방극락세계에 태어나길 구할 필요가 있는가?" 응당 알아야 합니다. 부처님의 과지果地에서 증득한 경계는 근성이 예리한 사람은 체득할 수 있지만, 증득하기 쉽지 않습니다. 비록 체득할 수 있을지라도 번뇌·습기를 완전히 끊을 수 없어 일체 경계의 반연과 환상 속에서 여전히 마음을 일으키고, 생각을 움직여 윤회에 떨어질 수 있습니다. 범부뿐만 아니라 대보살조차도 타락할까 두려워합니다. 이에 화엄회상의 대보살들께서도 모두 서방극락에 태어나길 발원하십니다. 이와 같이 본다면 어찌 정토법문을 경시할 수 있겠습니까?

[보현보살 극락정토 왕생원]

"원하옵건대 제가 곧 목숨을 마치려고 할 때
(십대원왕의 힘으로) 일체 장애를 다 없애고
면전에서 저 아미타부처님을 친견하옵고
(일찰나에) 곧 안락찰토에 왕생하게 하옵소서."

무명이 없어서 또한 무명이 다함도 없으며, 늙고 죽음이

없어서 또한 늙고 죽음이 다함도 없으며, 고제와 집제가 없어서 멸제와 도제도 없느니라.

無無明 亦無無明盡 乃至無老死 亦無老死盡。　無苦集滅道。

이 단락에서는 세존의 선교방편인 교학을 설명합니다. 앞 4구는 십이인연十二因緣을 말하고 마지막 일구는 사제四諦를 말합니다. 십이인연과 사제는 불교에서 가장 근본적인 교의로 생사윤회의 사실 진상을 설명합니다. 십이인연은 총 12항목이 있는데 십이지十二支라고 합니다. 즉 "무명으로 인연하여 행이 일어나고, 행으로 인연하여 식이 일어나고, 식으로 인연하여 명색(五蘊)이 일어나고, 명색으로 인연하여 육입(六根·六塵)이 일어나고, 육입으로 인연하여 촉이 일어나고, 촉으로 인연하여 수(苦受·樂受·不苦不樂受)이 일어나고, 수로 인연하여 애(貪愛)가 일어나고, 애로 인연하여 취(執取)이 일어나고, 취로 인연하여 유(後世三有)가 일어나고, 유로 인연하여 생이 일어나고, 생으로 인연하여 노사(老病死·憂悲·苦惱)가 일어납니다."

이 열 두 조항은 쉬지 않고 순환하여 삼세의 윤회현상을 형성합니다. 앞 두 조항은 과거세에 속합니다. 무명은 인이고, 무명으로 인해 일어나는 일체 작업이 행입니다. 과거의 인연이 있어야 금생의 과보가 있습니다. 식識에서 수受까지 이 5조항은 금생의 과보입니다. 십이인연 중에서 말하는 무명은 대승경에서 말하는 근본무명이

아니라 지말무명枝末無明입니다. 근본무명이 깨지면 성불하고, 지
말무명이 깨지면 단지 견사번뇌를 끊어서 소승 벽지불과를 증득할
수 있을 뿐입니다. 무명은 미혹으로서, 잘못된 생각과 견해가 있어
야 잘못된 행위가 있습니다. **행은 즉 업을 지음**으로, 업을 지으면
반드시 과보를 받습니다. 과보를 받으면 반드시 모태에 들어가
다시 태어납니다. 모태에 들어감(投胎)은 바로 십이인연의 세 번째
식識입니다. 식은 영혼이라 불립니다. 그가 세상에 다시 태어나는
진정한 인연은 무명과 행입니다. 부모님은 증상연에 속합니다.
모태에 들어가 다시 태어나려면 인연이 있는 부모를 찾아야 합니다.

자녀와 부모의 인연은 네 가지 부류를 벗어나지 않으니, 즉
「은혜를 갚는 인연(報恩)」「원한을 갚는 인연(報怨)」「빚을 독촉하는
인연(討債)」「빚을 갚는 인연(還債)」입니다. 이러한 은혜·원한·채
무가 있어야 한 집안에 태어납니다. 모태에 들어간 후 12주 안에
아무것도 말할 수 없는데 단지 명색名色이라 합니다. 명名은 정신이
있다는 말이고, 색色은 물질이라는 말로 부모의 혈육을 몸으로
삼습니다. 이때 아직 사람으로 자라지 않은 형상을 세상 사람은
태반이라 합니다. 어머니의 뱃속에서 점차 커져서 눈·귀·코
등이 점차 형성되는데, 이를 육입六入이라 하니 곧 태아입니다.
촉觸은 모체에서 출생하여 바깥 세계에 접촉하는 것을 말합니다.
처음 태어나 2, 3세 이전의 영아시기에는 단지 촉만 있고 수受는
없습니다. 괴로움·즐거움·근심·기쁨의 감수가 있는 때가 바로

수受입니다. 괴롭고 즐거운 감각이 있으면 반드시 좋아하고 싫어하는 감정이 생깁니다. 그래서 수受를 인연하여 애愛가 일어납니다. 애가 있으면 반드시 취하고 버리는 분별의식이 생깁니다. 그래서 애愛로 인연하여 취取가 일어납니다. 망녕되이 취착하는 까닭에 업유業有가 생깁니다. 이 애愛·취取·유有 세 조항은 금생의 인입니다. 금생의 업인이 있으면 반드시 내생의 과보가 생깁니다. 그래서 유有로 인연하여 생生이 일어나고, 생生으로 인연하여 노사老死가 일어납니다.

이는 십이인연이 운행하는 과정입니다. 옛날 농촌 아이들은 왕왕 17세 때까지 천진난만함을 잘 지킬 수 있어 단지 촉만 있고 수는 없어 일체가 모두 아름답다고 느꼈습니다. 오늘날은 어린 아이도 말과 안색을 살필 줄 알아서 이미 천진난만함을 잃어버리니, 얼마나 불쌍합니까. 부처님께서는 모태에 들어가 다시 태어나 만나는 상황에는 두 가지가 있다고 말씀하셨습니다. 하나는 하나의 업으로 하나의 생을 초래하는 인업引業입니다. 이는 모태에 들어가 어느 한 세상에 태어나는 것이니, 과거 생에 오계五戒를 닦으면 사람 세상에 태어나고 십선十善을 닦으면 천당에 태어납니다. 또 하나는 사람이 생활하면서 누리고 만나는 것이니, 이는 서로 다른 수많은 업으로 하나의 생을 원만하게 장엄하는 만업滿業에 속합니다.

가장 중요한 것은 지금 세상에서 수행하는 일로 애愛·취取·유有

에 특히 방범防範을 가하는 것입니다. 만약 먼저 애愛를 끊으면 적은 노력으로 많은 효과를 거둘 수 있습니다. 역으로 함을 「환멸론還滅論」이라 합니다. 왜 '노사'가 있는가 하면 '생'이 있기 때문이고, 왜 '생'이 있는가 하면 '행업'이 있기 때문입니다. 하나하나씩 위로 밀어서 열두 개 중 하나가 끊어지면 윤회는 사라집니다. 우리가 지금 생에 수행에 착수할 수 있는 것은 애愛·취取·유有 세 가지만 남습니다. 그 중 하나만 끊어도 육도윤회는 해결됩니다. 생사의 업인業因은 즉 애愛입니다. 애가 무겁지 않으면 사바세계에 태어나지 않습니다. 오욕육진의 탐애와 명성이득(名聞利養)의 탐애를 누구든지 진정으로 간파하고 내려놓을 수 있다면 육도를 뛰어넘어 윤회를 영원히 벗어날 수 있습니다. 애愛에서 끊을 수 없다면 취取에서 끊어도 됩니다. 일체법에 대해 취하지도 않고 버리지도 않습니다. 버리지 않음은 순순히 받아들임이고, 취하지 않음은 업을 짓지 않음입니다. 인연에 따라 구업을 마치고 더 이상 새로운 화를 짓지 않아야 합니다.

유有로부터 끊음에 관해서는 단지 여러 대보살께서 다시 사람으로 와서 중생과 화광동진(和光同塵; 지혜의 빛을 감추어 나타내지 않고 속세의 티끌과 함께 어울린다)하는 경우뿐입니다. 남송시대 고승인 제공濟公 활불活佛은 사소한 것에 구애받지 않았고, 사찰의 청규와 계율도 지키지 않았으며, 마치 애·취·유가 모두 있는 듯이 때론 미친 듯이 행동하였지만, 실제로 그의 마음바탕은 청정하여 먼지

하나에도 물들지 않았으니, 이는 상상승上上乘의 진실한 공부입니다. 범부는 단지 애와 취에서 공부를 시작할 수 있을 뿐입니다. 애·취·유는 무량겁 이래 쌓인 습기입니다.

오늘 불법을 처음 듣고 사실의 진상을 깨달아 이해하였어도 경계가 현전하여 병통과 습기가 또 찾아옵니다. 순경계와 역경계를 만나 또 좋아하고 미워하는 마음을 내며, 탐진치와 교만한 마음이 일어나고 자신의 이익만 챙기려는 생각이 일어납니다. 중요한 것은 각오(覺悟 ; 깨달음)이니, 한 마디 「아미타불」 부처님 명호를 가지고 일체의 생각을 대체하면 맞습니다.

[제공활불濟公活佛의 시심마是什麼(이 뭐고?)]

한 평생 모두 명命에 안배되어 있거늘, 무엇을 구하려는가!
오늘 어차피 내일 일을 알 수 없거늘, 무엇을 근심하는가!
부모에게 효도하고 석존에 절하거늘, 무엇을 공경하는가!
형제 자매 모두 같은 기운을 받았거늘, 무엇을 다투겠는가!
자손에게 아들 손자 복이 있거늘, 무엇을 근심하는가!
누구인들 어찌 운 좋은 날 없으련만, 무엇에 조급하는가!
인간세상 웃는 모습 만나기 어렵거늘, 무엇이 괴롭겠는가!
기운 옷에 추위·더위 막아 곧 쉬거늘, 무엇을 뽐내겠는가!
세 치 혀만 넘기면 무엇인들 이루거늘, 무엇을 욕심내는가!
죽은 후 한 푼도 가지고가지 못하거늘, 무엇을 아끼려는가!
앞사람 논밭을 나중 사람이 거두거늘, 무엇을 차지하련가!

편하고 좋은 것 찾다 편안함 잃거늘, 무엇을 탐내려는가!
머리 들어 석자 위에 신명이 있거늘, 무엇을 속이려는가!
부귀영화는 눈앞에 핀 꽃이거늘, 누구에게 잘난체하는가!
남의 집 부귀는 전생에 정해졌거늘, 누구에게 질투하는가!
전생에 닦지 않아 금생이 괴롭거늘, 누구를 원망하는가!
도박하는 사람 결말이 좋지 않거늘, 무엇을 또 바라는가!
검소한 집안살림 구걸보다 낫거늘, 무엇하러 사치하는가!
맺은 원한 갚아 언제 쉴까 모르거늘, 무엇하러 맺겠는가!
세상사 한판 승부 바둑과 똑같거늘, 무엇하러 셈하겠는가!
총명한 자 도리어 총명해 잘못하거늘, 무엇하러 솜씨 부리나!
허황된 말 평생 복 다 꺾어 없애거늘, 무엇하러 잠꼬대인가!
옳고 그름 마침내 분명코 가려지거늘, 무엇하러 변론하는가!
누군들 항상 일없이 지낼 수 없거늘, 무엇을 꾸짖겠는가!
삶의 혈은 사람 마음에 있지 산에 없거늘, 무엇을 꾀하려는가!
남을 속임이 화요 베풂이 복이거늘, 무엇을 점치겠는가!
어느 날 무상 찾아와 만사가 쉬거늘, 무엇이 바쁘겠는가!

사제四諦는 「고집멸도苦集滅道」입니다. 이 네 글자는 또한 이중의 인과를 말합니다. 고苦는 현재의 과보이고, 집集은 과거의 업인이고, 멸滅은 수행인이 미래에 증득할 과보이며, 도道는 현재 수학하는 인연입니다. 간단히 말해 제諦는 확실히 그 일이 있음을 말합니다. 부처님께서는 삼계가 모두 고라고 말씀하셨습니다. 고고苦苦·괴고壞苦·행고行苦의 삼고三苦와 팔고八苦41)는 여기서 자세히 표시할 필요는 없지만, 처음 배우는 사람은 왕왕 그렇게 여기지 않습니다. 세상에는 즐거운 일이 너무나 많은데 왜 고苦라고 말하는가? 세상의 즐거움은 변하여 괴로움이 되고, 괴로운 일은 즐거움으로 변하지 않아 즐거움은 진짜가 아님을 볼 수 있습니다. 중요한 것은 왜 사람이 되어서 육도六道에 전전하는가 알아야 합니다.

부처님께서 관찰한 것은 확실히 인생은 업을 갚기 위해 왔다는 점입니다. 선업을 지으면 복보를 얻고 악업을 지으면 괴로운 과보를 받습니다. 이것이 사실의 진상입니다. 타인은 행복을 누리는데 자신은 죄과를 받고 있다면 하나님과 불보살이 불공평하다 여길 것입니다. 이러한 생각을 간직하면 문제를 해결할 수 없을 뿐만 아니라 오히려 더욱 악업을 지을 것입니다. 반드시 인과율에 대해 깊이 믿고 의심하지 말아야 자신의 생각과 행위를 개선하여 악을 끊고 선을 닦으며, 공덕을 쌓아 자신의 운명을 바꿀 수 있겠지만, 이는 철저히 해결하는 도가 아닙니다. 이렇게 하면 금생과 내세에 큰 복보를 얻을 수 있겠지만, 세세생생 죄업을 짓지 않으리라 보증할 수 없습니다. 복보를 다 누리면 악한 과보가 또 현전하여 반드시 삼악도에 떨어질 것입니다. 근본적으로 해결하려면 반드시 윤회를 뛰어넘어야 합니다.

41) 생로병사의 사고四苦에 애별리고(愛別離苦: 사랑하는 사람과 헤어지는 고통), 원증회고(怨憎會苦: 미운 사람과 만나는 고통), 구부득고(求不得苦: 구하려 해도 구하지 못하는 고통), 오음성고(五陰盛苦: 물질, 느낌, 생각, 작용, 식별의 오음에서 비롯된 수많은 괴로움)를 더한 것.

도를 닦으면 과를 증득합니다. 과는 멸滅입니다. 번뇌가 사라지고 망상이 사라지고, 집착이 사라지며, 육도윤회가 사라집니다. 사성제 가운데 가장 중요한 것은 수도修道로 생사윤회를 여의는 도를 닦습니다. 부처님께서는 경론 속에서 수많은 수행법문을 설하셨는데, 문문 마다 모두 성불할 수 있습니다. 우리는 사람마다 근성이 달라서 미혹과 깨달음, 습기와 물듦 또한 다르기에 선택한 법문도 자기의 근성에 적합하지 않아 마지못해 수학하면서 정력을 낭비함으로써 효과를 얻을 수 없습니다.

우리가 현재 반야경론에 대한 상당한 이해가 있을지라도 절대 자만하지 말고 이체理體를 비록 돈오頓悟하였을지라도 사상事相을 점수漸修하여야 합니다. 자신의 병통과 습기를 끊을 수 있습니까, 일상생활 속 재욕·색욕·명예욕·식욕·수면욕에서 여자를 보면서 음주와 가무를 즐겨도 마음이 움직이지 않을 수 있습니까? 환상이 현전하여 실오라기 한 올이라도 사랑하고 미워하는 마음이 있으면 삼계를 벗어날 수 없습니다.

어떠한 법문이든 반드시 번뇌를 끊어야 윤회를 벗어날 수 있지만 오직 염불법문만이 업을 지닌 채 왕생할 수 있어, 단지 번뇌를 조복시키기만 하면 즉시 삼계를 벗어날 수 있고, 번뇌를 조복하는 것은 번뇌를 끊기보다 쉽습니다. 문수·보현 보살마하살께서는 화엄회상에서 41위 법신대사에게도 이 법문을 채용하도록 가르쳤습니다. 이로써 이 법문을 선택함은 진실로 지혜가 있음으로 상상승

上上乘 최고 인물의 선택임을 알 수 있습니다. 정토법문을 닦음은 자신이 성취할 수 있을 뿐만 아니라 여전히 인연 있는 동참도우同參道友에게 권하여야 일생 중에 원만히 불도를 완성할 수 있습니다.

[번뇌의 멸단滅斷과 복단伏斷]

"단斷에는 두 가지 종류가 있는데 여기서 「미단未斷」은 멸단滅斷을 말합니다. 멸단은 확실히 쉽지 않습니다. 만약 멸단하면 현전에서 아라한과를 증득합니다. 우리가 왕생하는 조건은 그렇게 높을 필요가 없고 단지 번뇌를 조복시키는 복단伏斷이면 충분합니다. 복단은 번뇌를 조복시켜 안으로 머물게 하는 것(伏住)입니다. 번뇌를 끊지 않고 그것을 조복시켜 머물게 하여 번뇌가 작용을 일으키지 않게 하면 결정코 왕생할 수 있습니다. 만약 진실로 견사번뇌를 끊는다면 범성동거토에 왕생하는 것이 아니라 방편유여토에 왕생합니다. 그래서 우리들 공부는 번뇌를 조복시키려고 하는 것입니다. 어떤 방법으로 조복시킵니까? 한마디 부처님 명호를 집지하는 것입니다."

_『불설아미타경요해』, 정공법사(비움과소통)

부처님께서는 색법色法에는 미혹함이 가볍고, 심법色法에는 미혹함이 무거운 중생에게 오온五蘊을 말씀하셨습니다. 오온에는 색법이 하나이고, 심법이 넷이나 들어있기 때문입니다. 십이처十二處는 이와 정반대입니다. 안이비설신도 색법에 속하고, 색성향미촉법도 색법에 속하여 색법이 열한 가지나 됩니다. 의근意根 단 하나만이 심법에 속합니다. 이는 색에 대해 미혹함이 무겁고, 마음에 대해 미혹함이 가벼운 사람에게 말씀하신 것입니다. 색과 마음에 대해 미혹함이 모두 무거운, 또 한 종류의 사람이 있는데, 부처님께서는 그에게 십팔계十八界를 말씀하셨습니다. 육식六識은 모두 심법이고, 육근六根 중 의근意根만 심법이고 그 나머지 오근은 색법이며, 육진六塵은 모두 색법입니다. 십팔계 중에서 색법이 11개이고, 심법이 7개입니다. 그래서 부처님의 설법은 근기에 상응하여 말씀하시어 활기차고, 실로 일정한 법이 없어(無定法) 말씀하실 수 있습니다.

[일정한 법은 없어 여래께서 말씀하실 수 있다]

《금강경》에 이르시길, "제가 부처님께서 설하신 뜻을 이해하기로는 일정함이 있는 법이 없어 그 이름이 아뇩다라삼먁삼보리이고, 또한 일정함이 있는 법이 없어 여래께서 설하실 수 있습니다(如我解佛所說義 無有定法名阿耨多羅三藐三菩提 亦無有定法如來可說)." 하셨다.

[무상보리는 자성이 본래 갖추고 있는 실상반야로 자성 속에는 또한 이러한 이름이 없다. 중생의 장애로 인하여 드러나지 않을 뿐이다. 장애에 일정함이 없으니, 곧 장애를 제거하는 법에 어찌 일정함이 있겠는가! 장애를 제거하는 법에 일정함이 없으니, 곧 부처님의 설법도 당연히 일정함이 있는 법이 없어 설하실 수 있었다.]

실상은 바로 진상真相으로 결코 가짜가 아닙니다. 부처님께서는 이 경전에서 우리에게 "무릇 모든 상은 모두 허망하니라." 일러주셨습니다. 실상반야는 진실한 것으로 그것은 허망한 것이 아닙니다.

자성 속에는 이러한 것이 틀림없이 있지만, 이름(名字)은 없습니다. 이름은 사람이 그것에 부여한 것으로 명자상名字相은 진짜가 아니고 가짜입니다. 이름 이면에 말하는 것은 실상으로 이것이 진짜입니다. 수많은 명자상 안에 함유된 그 뜻도 가짜입니다. 예를 들면 「나(我)」라고 할 때, 일반적으로 가리키는 것은 몸이 나입니다. 나란 이름은 가짜이고 나의 이 몸도 가짜로 ,모두 진짜가 아닙니다. 이 부분에서 모두 그것을 또렷이 판별하여야 합니다! 실상반야의 '이름'은 가짜이고 실상반야의 '본체가 진짜입니다. 그것은 가짜가 아니기에 이름이 없습니다.

실상반야는 이미 자성 속에 본래 갖추어져 있는 이상 어느 것에 없겠습니까? 일체 중생 각자에게 모두 있습니다. 비록 있을지라도 나타나 있지 않습니다. 곧 비록 있을지라도 작용을 일으키지 않습니다. 우리는 오늘 하루 종일 번뇌를 일으키고 지혜를 내지 않아 반야지혜가 현전할 수 없습니다. 무슨 원인인가 하면 당신에게 장애가 있기 때문입니다.

장애는 실제로 너무나 많아 무량무변합니다. 우리는 두 가지 장애나 세 가지 장애로 귀납된다 말합니다. 그것을 합쳐서 말하면 설법의 방편상, 귀납의 방법을 사용한 것으로 실제로는 무량무변합니다. 그래서 장애에는 일정함이 없습니다. 또한 이로 인해 장애를 제거하는 법도 일정함이 없습니다. 불법에는 왜 팔만사천 법문이 있고, 무량한 법문이 있습니까? 이러한 말씀은 모두 진실입

니다. 확실히 팔만사천 가지 법문이 있습니다.《불학대사전》,
《교승법수敎乘法數》를 조사하면 그 안에 모두 있는데, 이는 멋대로
말한 것이 아닙니다. 실제로 번뇌가 팔만사천 개가 있고, 장애가
무량무변합니다. 부처님의 법은 다른 것이 없고, 번뇌에 대치하여
우리가 장애를 깨뜨리도록 돕습니다. 장애가 무량무변하여 법문도
무량무변하니, 여기서 온 것입니다. 이로써 우리의 번뇌가 없고
장애가 없으면 불법도 없음을 알 수 있습니다. 그래서 불법도
인연으로부터 생겨납니다. 중생에게 장애가 있어 비로소 불법이
있습니다. 중생에게 장애가 없다면 불법도 없습니다.

이러므로 앞 경문에서 "불법도 버려야 하거늘 하물며 비법이겠는
가(法尚應捨 何況非法)." 하셨으니, 도리가 여기에 있습니다. 소승인
도 강을 건너면 버립니다. 마치 병을 치료하면 버리는 것과 같습니
다.《금강경》에서 말씀하신 뜻은 깊습니다. 올바로 사용했을 때
버리는데, 이는 집착을 버리는 것이지 결코 법을 버리는 것이
아닙니다. 법은 그것을 사용하고서 그것에 집착하지 않습니다.
이것이 소승에 비해 뛰어난 점입니다. 소승은 그것을 사용하였을
때 그것에 집착합니다. 자신의 병이 나은 후에는 그것을 버리고
집착하지 말아야 합니다. 이 점이 대승과 같지 않습니다. 대승은
사용하고서 집착하지 않는데 소승은 사용하고서 여전히 집착합니
다. 그래서 법집法執이 있습니다. 이것이 금강반야와 일반 경에서
말한 의취義趣가 다른 소재입니다.

그래서 여래께서는 일정한 법이 없어 설하실 수 있습니다.

_《금강경강의절요金剛經講義節要 강의》, 정공법사

또렷한 앎도 없고, 또한 얻음도 없느니라.

無智亦無得。

　지혜는 관하는 주체인 지혜이고 얻음은 증득하는 대상인 이체입니다. 지혜가 없음(無智)은 관하는 주체인 지혜는 얻을 수 없음이고, 얻음이 없음(無得)은 증득하는 대상인 이체 또한 얻을 수 없음입니다. 관하는 주체(能觀)는 공이고, 관하는 대상(所觀)인 경계 또한 공입니다. 이 뜻은 매우 깊어서 무릇 《능엄경》을 숙독한 사람은 다소 그 뜻을 체득할 수 있을 것입니다. 능엄회상에서 부루나존자는 세존을 향해 문제 하나를 제출합니다. 즉 "무명은 도대체 어디에서 유래하는가?" 세존께서 그에게 "지견에서 지각을 세우니, 곧 무명의 근본이 되느니라(知見立知 卽無明本)."[42] 한마디로 설파하십니다. 지혜가 있음이 곧 무명의 근본입니다. 증득할 수 있는 지혜가

---

42) 이 두 마디 경문의 출처는 《능엄경》 권5이다. 「지견입지知見立知」의 문구에는 두 개 「지知」 자의 뜻이 다르다. 첫 번째 「지」 자와 「견」 자는 연속해서 함께 두면 지견知見이란 하나의 명사로 육근의 근성을 가리켜 말한다. 본각本覺이라 부르기도 하는데, 즉 성체性體에 본래 갖추고 있는 밝게 비추는 성性이다. 아래 지知자는 지각知覺으로 외부로 향하고 물질을 좇아가서 감각하고 사유하는 분별심이다. 육근의 근성이 물질을 비추어 아직 분별을 일으키지 않을 때 고요히 비추어 망지망견妄知妄見을 세우되, 청정한 진심眞心으로 본각이 늘 머물고 분별을 따르지 않고 동정을 따르지 않는다. 일단 앎을 세우면 곧 찰나간에 분별을 일으켜 의식이 작용을 발생하고 아我와 아소我所를 나타나게 하며 일체 과환過患이 이를 따라 나오니, 이것의 무명의 근본이다.

있고 증득하는 대상인 이체가 있어 능소가 아직 사라지지 않아 무명이 즉 단절할 수 없습니다. 그래서 지혜가 없어야 참 지혜이고, 얻음이 없어야 참 얻음입니다. 얻는 것은 구경원만한 자성이고, 증득하는 주체인 지혜도 없습니다. 일체법의 자상自相은 모두 공하여 취하는 주체(能取 ; 견분)와 취하는 대상(所取 ; 상분), 증득하는 주체와 증득하는 대상은 모두 얻을 수 없습니다.

부처님의 설법은 우리의 병통을 대치함입니다. 중생은 일체법이 모두 있다 집착하여 일체법의 상도 모두 진실하다고 여깁니다. 이러한 잘못된 관점으로부터 잘못된 의견과 방법이 생겨나고, 즉 분별·집착하여 취사·득실이 있으니, 이는 모두 공상空相에 속합니다. 부처님께서는 공空이 확실히 사실의 진상이지 결코 가설이 아니라고 말씀하십니다. 우리가 사실을 깨달아 이해한 후 제법공상을 알고, 일체법의 환상에 분별·집착함을 모두 내려놓을 수 있어서 있음(有)에 집착하는 병통을 곧 없앨 수 있습니다. 그러나 공에도 집착해서는 안 됩니다. 공도 간직하지 않아야 구경처에 이르렀다고 말할 수 있습니다. 지혜와 얻음도 인연으로 생겨나는 법이니, 또한 자성이 없고, 또한 얻을 수 없습니다.

아래 경문에서는 반야수학의 대용大用을 드러내 보입니다.

얻을 것이 없는 까닭에 보리살타는 반야바라밀다에 의지해

마음에 연연함이 없고, 연연함이 없어 공포가 없으며, 전도몽상을 멀리 여의니, 구경열반이라.

以無所得故。 菩提薩埵 依般若波羅蜜多故 心無罣礙。 無罣礙故 無有
恐怖 遠離顚倒夢想。 究竟涅槃。

「이무소득고以無所得故」. 이 문구는 앞에서 말한 것의 총결總結로
일체법의 상은 얻을 수 없습니다. 즉 오온·십이처·십팔계와
일체 수학하는 방법인 사성제와 십이인연, 지혜와 얻음은 모두
얻을 수 없습니다. 따라서 신심身心 세계의 수많은 인연을 내려놓고
망정妄情을 다하면 진상이 드러나게 됩니다. 「가애罣礙」는 즉 연연
함(牽掛)입니다. 아집我執이 있어 번뇌장煩惱障을 일으켜 번뇌장이
자성을 장애하여 마음이 청정하지 않고, 자재해탈하지 못한 채
업을 짓는 수레바퀴를 굴립니다. 또한 법집法執이 있어 소지장所知障
을 일으켜 소지장이 지혜를 장애하여 자성을 깨닫지 못하고 성상性
相을 요달하지 못해 설사 견사번뇌를 끊고 삼계를 벗어날지라도
법집이 있음으로 인해 굴복하여 소승에 속할 수 있을 뿐, 성불할
수 없습니다. 그래서 대열반을 장애함을 애礙라고 합니다. 일체중
생은 사대·육진·오온·십이처·십팔계를 잘못 알아 아견·아
소에 집착하고 이에 비로소 육도윤회가 있습니다.

보살은 구경원만한 지혜, 즉 반야바라밀다에 의지해 사실을
또렷이 보아 마음에 장애가 없고, 더 이상 망상·집착이 있지

않습니다. 연연함이 없어 공포가 없고, 전도몽상을 멀리 여읩니다. 공부는 또한 한층 진보합니다. 세상 사람에게 가장 큰 공포는 생사이므로 공포를 멀리 여읨은 바로 생사를 마치고 삼계를 벗어남입니다.

생사윤회의 유래는 일체 경론 중에서 가장 상세하게 말하고 있습니다. 확실히 미혹迷惑과 전도顚倒됨으로 인해 선악의 인을 지어 삼계의 과보를 감득感得합니다. 범부는 이 사실의 진상을 몰라 공포심이 시시각각 마음속에 잊혀지지 않습니다. 《화엄경》에서는 공포에는 18가지가 있다고 말하는데 하나하나 자세히 표시할 필요는 없습니다. 《반야경》의 말씀은 매우 명백하여 아집과 법집, 두 가지 집착을 여의면 공포가 없다고 합니다. 「원리전도遠離顚倒」에서 전도는 무명이자 착란錯亂입니다. 경에서는 네 가지 전도와 상락아정常樂我淨을 말합니다. 범부는 세상이 무상한 줄 모르고, 또한 세간의 즐거움이 괴로움의 인因인 줄 모릅니다. 즐거운 느낌에 욕심을 부리면 저절로 삼독의 번뇌가 생겨납니다. 즐거움은 괴로움만 못합니다. 부처님께서는 우리에게 괴로움을 스승으로 삼으라고 가르치셨습니다. 고민이 있을 때 놀라서 대상으로 향하기(警覺) 쉽고, 항상 세상을 벗어나고 싶어 합니다. 애욕에 미혹하면 미혹할수록 깊어져서 스스로 헤어나기 어렵습니다. 범부는 몸을 집착하여 나라고 여기고, 그것이 사대四大가 임시로 합쳐져서 된 것이고, 사대 또한 공하여 얻을 수 없음을 모릅니다. 범부는 몸과 마음이 모두 물든 상태로 자신은 결코 깨닫지 못합니다. 현대인의 마음은 종전에 비해 물들어 몇 배나 엄중한 줄 모릅니다. 마음에는 나와 남, 옳고 그름, 탐진치와 교만이 가득 차있습니다. 이를 전도顚倒라고 합니다.

꿈속 경계는 망상이 변하여 나타난 것으로, 그 근원은 오온입니다. 색온色蘊은 (우리의 몸으로 가장 무너뜨리기 힘든) 견고망상이요, 수온受蘊은 허명虛明망상이요, 상온想蘊은 융통망상이요, 행온行蘊은 유은幽隱망상이요, 식온識蘊은 전도망상(미세정상微細精想을 지음)입니다.《능엄경》제 10권에서 매우 또렷이 말하고 있습니다. 무릇 망상이 있는 사람은 모두 꿈속에 있습니다. 꿈의 현상에는 또한 갖가지 다른 것이 있습니다. 낮에는 사유하는 대상이 있고 밤에는 꿈이 있습니다. 다른 한 가지는 무시이래 쌓인 습기이고 또한 귀신이 꿈에 나타나는 경우도 있습니다.

[오온과 다섯 망상]

오온이 다 같이 망상이라 한 것은 중생으로 하여금 오온의 진정한 본인本因을 알고, 오온을 편집偏執하는 망정妄情을 버리라는 뜻이다.

색온은 비록 오근, 육진을 겸하였으나, 이제 쉬운 것을 들어 생각과 상응함을 나타내기 위하여, 육신에 대하여 말한 것이다. 부모의 망상을 인하여 낳다 함은 부모가 염애染愛의 상상想을 움직이므로 적赤. 백白 두 음陰이 생긴 것이요, [네 마음이 상想이 아니면 상상想 중에 와서 명命을 전하지 못하였으리라] 함은 부, 모, 자기의 삼상三想이 이루어진 후에 태중의 명근命根이 맺히는 것이다. 신맛을 생각하면 침이 생기고, 높은 데 오를 생각을 하면 발바닥이 새그러움은 모두 헛된 생각이 체를 잃고 감통感通한다는 것이다. 벼랑과 신맛이 실제로 있는 것이 아닌데, 네 몸이 망妄의 종류가 아니면 어떻게 네 몸에서 침과 새그러움이 생기겠느냐, 견고망상堅固妄想이라 함은 이 상상想의 체가 취착取着하는 힘이 맺혀서 풀 수 없단 말이다.

높은데 오를 생각은 앞의 비유요, 네 몸으로 새그러움을 받게 함은 망상이 수온으로 되는 것이니, 상상想이 전하여 수受가 되는 것이요. 생각이 색신色身을 시키는 것은 모든 수온이 다 망동妄動임을 밝힌 것이다. 순조롭고 이로움은 즐거운 느낌이요 거스르고 해로움은 괴로움 느낌이다. 거스르고 순조로움이 다 망妄인데 해로움과 이로움이 현재에 생기는 것은 수온이 체가 없으면서도 허虛하게 소명所明이 있으므로 허명망상虛明妄想이라 한다.

생각은 허虛한 정情이요, 색신色身은 실한 형질인데, 허와 실이 같지 않거늘 서로 부리는 것은 상상想으로써 융통함이다. 마음으로 허상을 내는데 형질은 실물을 취하니, 마음과 형질이 작용이 다른데 서로 응함은 상상想으로 통함이다. 깬 생각과 자는 꿈이 다 독두의 식獨頭意識으로 체가 되었는데, 상온에 즉하여 망정을 요동하니 다 적정寂靜한 진심眞心이 아니라, 깨고 자는 것이 흔들고 움직여 마음이 경계를 따르게 하고, 경계가 마음을 따르게 함이 융통망상融通妄想이다.

변화하는 이치가 상주하지 않고 잠깐잠깐 밀밀히 옮아감은 행온을 말한 것이다. 변화하는 이치는 변화하는 성품이란 말이니, 행온을 말함이요, 흘러가므로 부주不住라 하고 밀밀히 옮아감은 은미하게 움직인다는 뜻이다. 손톱과 발톱이 자라는 등은 옮아가는 실체요, 밤낮으로 서로 대체함은 잠깐도 정지하지 않음이요, 깨닫지 못함은 밀밀히 옮아감을 보인 것이다. 이것은 행온이니, 네가 아니면 어떻게 너의 물질을 변하시키겠느냐, 만일 너라면 왜 알지 못하느냐. 유은幽隱망상은 실로 흘러가지마는 알지 못한다는 뜻이다.

급류는 물결의 오르내림이 없고, 흐르는 파도가 뒤바뀜이 보이지 않는 것이니, 물결의 흔들림이 보이지 않고 오르고 내리는 물결이 없는 탓이다. 그러나 풀잎을 띄우면 빨리 흘러갈 것이니, 그것으로 인하여 흐름이 빠른 것이요, 흐름이 없지 아니함을 알 것이다. 옛날에 보던 기이한 물건을 기억함이 풀잎과 같다. 앞의 상온이 거친 것만 다하였고 미세한 상想은 없지 않으므로 이 망습妄習을 받는 것이다. 식온이 확실한 정진精眞이 아니고, 지금까지도 망습이 있는 것이다. 이 망습을 어느 때에 멸하겠느냐? 육근을 서로 바꾸어가며 쓰고 육근이 융합하여 열린 후에야 이 망습이 없어진다. 현재 견문각지見聞覺知하는 아난의 현전하는 육근 중 성性은 일념이 생겨나지 않는 체이다. [관습串習하는 기미]는 한번 본 물상物象을 잊지 않고 염념마다 느끼고 훈습함이요, 담료湛了한 속은 정명精明이 담연하여 흔들리지 않는 중이요. 망상허무罔象虛無는 본래 무명의 환예幻翳로서 실인 듯 하면서 허하고, 있는 듯 하면서 없는 것이요, 전도는 진眞을 미혹하고 사似를 집착함이요, 미세微細는 아뢰야식이요, 정상精想은 식정명원識精明元이니, 앞에 상온

중의 사납게 흐르는 거친 상상想과는 다름을 말함이다.

_《능엄경 강화》, 경허 큰스님

　　전도몽상을 멀리 여의어야 구경열반에 도달할 수 있습니다. 구경은 원만한 불과의 증득대상(所證)이고, 보살은 비록 원만하지 않을지라도 분증(分證 ; 부분적인 증득)할 수 있습니다. 열반은 범어로, 가장 많이 '멸滅'이라 번역됩니다. 사성제 중 고집멸도의 멸입니다. 멸滅은 번뇌를 멸함입니다. 소승의 열반은 견사見思번뇌를 멸함으로 구경이 아니어서「편진열반偏眞涅槃」이라 합니다. 대승보살이 증득하는 대상은 견사見思번뇌를 끊을 뿐만 아니라 진사塵沙번뇌도 끊고 무명까지도 몇 분을 깨뜨려「구경열반究竟涅槃」이라 합니다. 초주初住보살에서 등각等覺보살에 이르기까지 41계급이 있고, 품마다 하나씩 분증하여 여래과지如來果地의 '대열반'은 한 번에 얻을 수 있는 것이 아닙니다. 이 명사는 또한 '원적圓寂'으로 번역됩니다. 원圓은 원만이고, 적寂은 청정적멸로 견사번뇌·진사번뇌·무명 모두 끊습니다. 원圓은 원만한 성덕性德을 열고 드러냄입니다. 부처님께서 원교의 초주보살은 단지 일품 무명을 깨뜨릴 뿐이지만, 그 작용은 즉 여래과지에서 작용하는 것과 닮았다고 말씀하셨습니다. 《능엄경》에서는 관세음보살께서는 "돌이켜 들어 자성을 듣고, 그 성으로 위없는 보리도를 이룬다(反聞聞自性 性成無上道)."는 수학방법을 사용하여 원교의 초주를 증입證入하고, 중생의 부류에 따라 화신을 나투어(隨類化身) 제불의 찰해刹海에서 중생을 두루 제도할 수 있습니다. 이로써 구경열반에는 원적의 뜻이 있음을 알 수 있습니다. 공덕이 원만함을 대열반이라 합니다. 보살은 반야바라밀다의 방법에 의지하므로 초주에서 등각위에 이르기까지 보살위는 이미 원만합니다.

돌이켜 들어 자성을 듣고, 그 성으로 위없는 보리도를 이룬다

관세음보살께서는 우리에게 "돌이켜 들어 자성을 듣고, 그 성으로 위없는 보리도를 이룬다(反聞聞自性 性成無上道)." 가르치셨습니다. 자성自性은 바로 아미타불입니다. 이 방법은 미묘함이 지극합니다. 돌아보아 눈으로 바깥을 향해 보지 않고, 안을 향해 봅니다. 돌이켜 보아 현상을 보는 것이 아니라 자성을 봅니다. 돌이켜 들어 바깥 소리에 방해를 받지 않고 자성을 듣습니다. 이는 관세음보살께서 수행하여 과를 증득하신 방법으로 《능엄경》에서 우리에게 그가 어떻게 닦아 이루신지 일러주십니다.

우리는 어떤 법으로 돌이켜야 합니까? 우리는 눈으로 바깥의 색을 보고 우리의 제6식은 바깥의 색을 반연하여 '분별'을 일으키고, 제7식은 바깥 색을 반연하여 '집착'을 일으킵니다. 분별·집착은 제6식·제7식의 일이고, 안이비설신의 오온은 단지 요별了別하여 정보를 전해줄 뿐, 그것에는 분별·집착하는 작용이 없습니다. 우리는 제7식의 집착과 제6식의 분별을 어떻게 해야 잘 활용할까요? 6식과 7식을 잘 활용함은 곧 상相을 볼 때 성性을 알면 바뀐다는 것입니다. 상相은 환상幻相이고, 성性은 진성真性입니다. **미륵보살**

께서 말씀하신 것처럼, 손가락 한번 통기는 짧은 순간(一彈指)에 32억 백천 생각이 있고, 이러한 수많은 변화가 있습니다. 1초간 우리가 5차례 손가락을 통기는 순간을 계산하면 1천6백조이니, 그것이 어떻게 진실이겠습니까! 그래서 색상도 가짜이고, 음성도 가짜이며, 미촉법도 전부 가짜입니다. 내가 상相을 볼 때 성性을 알면 바뀝니다. 성性을 보면 상相은 보이지 않습니다. 귀로 듣고 성을 들으면 음성의 상이 들리지 않습니다.

이것이 바로 선종에서 말하는 명심견성明心見性입니다. 명심明心은 무엇입니까? 마음에 지혜가 있어 멍청하지 않습니다. 상에 집착하면 멍청합니다. 상에 집착한 후 분별을 일으키고 집착을 일으킵니다. 분별·집착은 자신의 탐진치와 교만, 칠정오욕을 초래하여 업을 짓습니다. 일단 바뀌어 업을 짓지 않으면 마음은 어떻습니까? 마음은 청정하고 평화로우며, 바깥 것들에 또렷하여 그 속에서 마음을 일으킴도, 생각을 움직임도 없습니다. 그래서 번뇌가 생기지도, 지혜가 생기지도 않습니다.

_《정토대경과주淨土大經科註》, 정공법사

원만한 성덕性德은 중생심을 따라 중생의 소지량에 응한다.

우리는 물어야 합니다. "세존의 설법은 음성이 있는가?" 음성이 없습니다. 그래서 일체 음성으로 변하여 나타날 수 있습니다. 불보살의 현상現相은 상을 나타냄이 있습니까? 상을 나타내지 않고 완전히 중생의 감感에 불보살이 응하여 중생의 부류에 따라 화신을 나툽니다. 부처님께서는 화신에 계시는 것이 아니라, 중생 심속에 중생이 무엇을 생각하면 그가 무엇으로 나타나는 것입니

다. 「중생심에 따라 소지량에 응화해 나타난다(隨衆生心 應所知量)」는
《능엄경》 상에서 말씀하신 것은 정말 잘 말씀하셨습니다. 그것은
무엇입니까? 그것은 성덕性德입니다. 원만한 성덕은 마음(인연)을
따라 양(과보)과 응합니다.

그래서 일체 중생이 불보살을 보는 상은 다릅니다. 우리가 제불보
살의 상을 볼 때는 사람 몸이고, 모습의 단정장엄과 우리의
마음은 관계가 있어 우리 마음이 청정 선량하면 매우 장엄한
상을 보게 됩니다. 우리의 생각을 따라 보이는 것은 다릅니다.
법을 듣는 것 또한 이와 같습니다. 만약 축생이 불보살을 보면
불보살이 나타나는 상은 축생의 상이고, 아귀도가 불보살을
보면 보이는 것은 아귀의 상입니다. 동류의 몸이어야 접근할
수 있습니다. 동류가 아니면 제보할 수 없으니 반드시 동류의
몸으로 나타납니다.

이에 우리는 압니다. 우리가 동물을 말하면 제불보살의 응화應化가
그 가운데 있습니까? 기꺼이 있습니다. 축생도도 있고, 아귀도도
있고, 지옥도도 있습니다. 어떻게 있는지 압니까? 왜냐하면 이런
삼악도에 떨어진 중생은 이전에 인도人道에서 불법을 들은 적이
있고 불타의 가르침에 친근한 적이 있었습니다. 단지 미혹하여
깨닫지 못하고 자기도 모르게 죄업을 지어 삼악도에 떨어지지만
아뢰야식에는 부처의 종자가 있습니다. 삼악도에 떨어진 후 그
종자의 역량은 매우 강하여 천도를 구하려고 하는데, 이 일념에
부처님을 친견하고 법을 듣습니다.

번뇌와 습기가 매우 무거워 비록 잘못 죽음을 시인하지 않을

지라도 방법은 없습니다. 그는 부처님을 친견하지 못하고 법을 듣지 못하여 반드시 지옥에서 여러 해 죄과를 받아야 합니다. 언젠가 괴로움을 다 겪고 더 이상 느끼고 싶지 않아서 두려워하면 불보살께서 오십니다. 뉘우치고 잘못을 시인하는 마음이 없으면 불보살을 친견할 수 없습니다. 그래서 참회의 공덕은 불가사의합니다. 어떠한 무거운 죄를 지었더라도 상관없이 잘못을 시인한 후 더 이상 죄를 짓지 않으면 바로 진정한 참회로 부처님과 연분이 계속 이어집니다!

_《정토대경과주淨土大經科註》, 정공법사

삼세의 제불은 반야바라밀다에 의지해 아뇩다라삼먁삼보리를 얻느니라.

三世諸佛 依般若波羅蜜多故 得阿耨多羅三藐三菩提。

이 단락에서 보살은 반야바라밀에 의지해 등각等覺을 증득할 수 있고, 일체제불도 반야지혜에 의지해 무상보리無上菩提를 증득할 수 있다는 매우 중요한 사실을 말씀하십니다. 그래서 부처님께서 반야법문을 22년간 설하신 것은 당연합니다.

불법에서 수학하는 것은 계율 선정 지혜입니다. 반야는 지혜입니다. "계율로 인해 선정이 생기고 선정으로 인해 지혜가 열린다."고 늘 말합니다. 반야는 선정으로부터 얻어야 합니다. 반야는 경전

속에 있지 않고, 부처님의 언어 속에 있지 않으며, 또한 사유나 상상 속에 있지 않습니다. 마명馬鳴보살께서는 《기신론》에서 우리에게 메시지 하나를 던져주셨습니다. 간경看經과 청법聽法은 "언설상言說相을 여의고 명자상名字相을 여의며 심연상心緣相을 여의어야 한다."는 것입니다. 심연心緣은 사상 및 연구입니다. 생각해서는 안 됩니다. 생각하면 의식 속에 떨어집니다. 심의식心意識을 쓰지 않음은 바로 자성이 작용을 일으키는 것입니다. 자성이 작용하여야 반야가 현전합니다. 이 이치는 매우 깊습니다. 보살은 제법의 공상을 압니다. 그래서 망상·집착을 멀리 여읠 수 있어 청정심으로 제법의 실상을 조견하여 저절로 구경열반에 계입契入합니다. 나아가 제법의 진상을 진정으로 평등하게 각지覺知하여 철저하게 구경까지 명료합니다. 이렇게 명료할 수 있음이 바로 위없는 반야지혜입니다. 어쩔 수 없이 이 명사 하나로 말하나, 실제로는 성상性相 가운데 언설은 없습니다. 이러한 명자상으로 인도하여 진실에 계입하는 것에 불과합니다.

그래서 그것을 지혜라 부르고, 과果 상에서는 각覺이라 부릅니다. 과가 지극한 곳에 도달하면 「무상」을 덧붙입니다. 「아뇩다라샴막삼보리」는 「무상정등정각無上正等正覺」으로 번역되지만, 이는 존중하여 번역하지 않습니다. 「정正」은 조금도 치우침과 그릇됨이 없음이요, 「등等」은 일체 제불이 증득한 것과 평등함으로 양변을 쌍조雙照하여 팔식八識을 바꾸어 대원경지大圓鏡智·평등성지平等性智·묘관찰지妙觀察智·성소작지成所作智의 네 가지 지혜를 이루고 법공法空을 증득해 진여眞如를 깨닫습니다.

진眞은 법성法性이고, 여如는 법상法相입니다. 고덕께서는 사람들이 이해하기 쉽도록 견해를 일으키면 금을 비유에 늘 사용합니다. 금으로 장신구를 만들면 장신구마다 모두 금입니다. 금은 진심에 비유되고 장신구는 법상에 비유됩니다. 성性이 곧 상相이고, 상이 곧 성으로 성과 상은 일여입니다. 그래서 진여라고 부릅니다. 이는 제불여래의 진정으로 청정한 깨달음(覺悟)입니다. 이와 같이 일체제법의 실상(진상眞相)을 완전히 깨달으면 이를 보리菩提라 부릅니다. 이에 대한 고덕의 간단한 해석이 있습니다. 즉 진여眞如·실제實際·법상法性의 이치를 완전히 요해(증오證悟)하고 계입함으로써 법계의 사실 진상을 증득하였다 말할 수 있습니다. 부처님께서는 그것을 위해 명칭 하나를 건립하여 보리라 불렀으니, 이것이 명상의 유래입니다.

또 파괴할 수 없고, 분별할 수 없다 말함을 보리라 합니다. 또한 법진여성法眞如性, 무전도성無顚倒性 또한 보리라 합니다. 갖가지 해석으로부터 아뇩다라삼먁삼보리의 정미한 뜻을 체득합니다. 부처님께서는 반야로써 불과를 증득하신 것입니다. 이로써 반야의 정수를 알 수 있습니다. 해오解悟 조차도 쉽지 않은데 증오證悟는 더욱 어렵습니다. 바로 그 어려움으로 인해 아미타부처님께서 대자대비심으로 서방에 극락세계를 건립하여 증상연增上緣을 지어 우리에게 그곳으로 가서 원만한 반야바라밀다를 수학하도록 하셨습니다. 원만한 지혜가 없다면 어떻게 해야 불퇴전不退轉할 수 있겠습니까? 선정의 공덕조차 물러남이 있는데, 오직 진실한 지혜가 있어야 불퇴전에 도달할 수 있습니다. 그래서 고덕께서는 서방극락의 가장 수승한 인연은 서방극락에 여러 상선인上善人들이 한자리에 모여 있고, 그들의 보살핌과 돌봄이 있어서 반드시 대보리를 원만히 증득할 수 있음에 있다 하셨습니다.

그래서 깨달아 알지니, 반야바라밀다는 크게 신통한 주문, 크게 비추는 주문, 위없는 주문, 견줄 수 없는 평등한 주문으로 일체 괴로움을 없앨 수 있어 진실하여 헛되지 않느니라.

故知般若波羅蜜多　是大神咒　是大明咒　是無上咒　是無等等咒。能除一切苦　眞實不虛。

이 단락의 「고지반야바라밀다」에서 「시무등등주」까지는 반야법문이 지극히 높고 위없음을 찬탄하는 것이고, 말후 두 구는 수학하여 얻은 공덕의 이익을 찬탄하는 것입니다. 불보살은 모두 반야법문에 의지해 보리와 열반을 증득하니, 반야의 공용은 실로 불가사의하여 말할 수 없습니다. 최후에는 주문으로써 그것을 찬탄합니다. 주咒는 원願이란 뜻으로 네 가지 다라니의 하나입니다. 다라니는 총지總持의 뜻이 있습니다. 즉 일체법을 총괄(總)하고 일체 의를 지켜서(持) 선법을 잃지 않고 악법을 생기지 않도록 합니다. 또한 명明이란 뜻이 있습니다. 즉 광명지혜로 일체 장애를 제거할 수 있고 오개五蓋43)를 없애버릴 수 있습니다.

또한 밀어密語라는 뜻이 있습니다. 즉 밀은 비밀이 아닙니다. 불법에서는 비밀이 없습니다. 그것은 신비, 심밀深密입니다. 부처님께서 경전을 말씀하실 때 수많은 대중이 있습니다. 범부의 육안으로는 보이지 않는데, 이를테면 천인, 천룡팔부 및 귀신입니다. 주문 속에는 그들의 언어가 있습니다. 부처님께서 경전을 설하신 후 통상 그들의 언어로써 한번 약설하셨습니다. 그들은 진실한 감응이 있다고 느낍니다. 또한 진실의가 있어 제법의 실상을 드러내 보이고, 진실하여 헛되지 않습니다. 현설顯說은 진언眞言이라 말할 수 없습니다. 현설을 일반인이 들은 후 의식심意識心을 항상 써서 분별 상상하여 오히려 진실한 의취를 장애합니다. 밀설密說은 부작용이 생길 리가 없습니다. 왜냐하면 알아들을 수 없어 사유 상상할 수 없고, 오히려 청정심을 얻기 쉽고 일체 희론을 뛰어넘어 제법실상을 보게 됩니다. 이로 인해 진언이라 부릅니다.

---

43) 오개五蓋에서 덮개로 덮는다는 뜻으로 심성을 덮을 수 있어 선법이 생기지 않는다. 다섯 가지가 있다. (1) 탐욕의 덮개(貪欲蓋)로 오욕에 집착하는 경계이다. (2) 진에의 덮개(瞋恚蓋)는 감정에 위배되는 경계, 분노를 품은 마음이다. (3) 수면의 덮개(睡眠蓋)는 마음이 혼침하고 몸이 무거워 그 작용을 얻을 수 없다. (4) 들뜸과 뉘우침의 덮개(掉悔蓋)로 이미 지은 일로 마음에 번뇌가 생김이다. (5) 법을 의심하는 덮개(疑法蓋). 법에 머뭇거려 결단이 없음이다.

다라니는 네 가지 뜻이 들어 있습니다. 첫째 법法으로, 들은 법을 지녀서 무량한 시간이 지나도록 잃어버리지 않습니다. 둘째 뜻(義)으로 제법에 대해 그르다 바르다, 옳다 그르다, 선하다 악하다 분별할 수 있음에 모두 무량한 의취를 압니다. 셋째 주呪, 총지주원總持呪願 신주神呪로 대단히 영험하고 무량의無量義를 총지總持합니다. 귀신을 부려 바람이 불고 비가 내리게 할 수 있습니다. 현재는 조금 실전되었지만 귀신과 교통함에 있어 첫째 정성을 다해야 하고 둘째 주문하는 소리가 정확해야 합니다. 넷째 안인安忍으로, 견고한 수행을 성취하여 들은 법을 정진하고 안온히 인내하여 경계와 인연에 움직이지 않으니, 찬탄해도 기쁘지 않고 욕해도 밉지 않습니다.

「대신大神」은 불가사의를 구족한 대신비의 다라니로 일체 장애를 제거할 수 있습니다. 장애는 견사見思·진사塵沙·무명의 세 가지 범주가 있습니다. 신주神呪에는 이 세 가지 장애를 깨뜨려 없애는 역량이 있습니다. 「대명大明」은 주문의 다른 이름입니다. 명明은 광명청정입니다. 부처님께서 능엄회상에서 정수리 위로 광명을 놓자 광명 속에는 화신불이 5회 능엄신주를 송출하여 대광명이 중생의 무시 겁 이래 쌓인 치암痴闇을 깨뜨리니, 무명을 비추어 깨뜨리고, 흑암을 깨뜨려 없앨 수 있습니다.

「무상無上」은 가장 수승함이고, 「무등등無等等」은 일체 제법은 모두 그것과 견줄 수 있고, 반야지혜를 절정까지 찬탄하는 것입니다. 보살은 그것에 의지해 구경원만을 성취하고, 삼세제불은 그것에 의지해 무상정등정각을 성취합니다. 이 4구의 찬탄은 대단히 합당합니다. 정토종의 수학으로 말하면 바로 「발보리심發菩提心 일향전념一向專念 아미타불阿彌陀佛」입니다. 자세히 관찰하면 이 한마디 「아미타불」 부처님 명호는 곧 주문이고 완전히 범어의 음역으로 대신주가 확실합니다. 그것에는 불가사의한 견줄 수 없는 신통력이 있습니다. 과거 관정灌頂대사께서는 "범부는 언제나 업장을 없애고 싶지만, 업장이 깊고 무거운 사람은 일체 경법經法과 참법懺法으로 죄업을 없앨 수 없을 때 「아미타불」 부처님 명호를 염하여 없애버릴 수 있다. 그래서 이 한마디 「아미타불」 부처님 명호가 바로 대신주大神咒임을 알 수 있다."라고 말씀하셨습니다.

능엄경에서는 "대세지법왕자는 그 뜻이 같은 52보살과 함께 하시며" 부처님을 향해 옛날에 득도得道한 인연을 자술하십니다. 여기서 52는 보살의 계위를 가리킵니다. 즉 십신十信·십주十住·십행十行·십회향十回向·십지十地 위에 등각等覺과 묘각妙覺을 덧붙여 총 52위입니다. 바꾸어 말하면 대세지보살은 초발심에서부터 줄곧 불도를 원만히 이루기까지 바로 「발보리심 일향전념 아미타불」 한 가지 방법을 사용하는데, 이는 간단 용이하고, 곧장 질러가며, 온당합니다. 이 한마디 부처님 명호로 견사번뇌를 끊고, 진사번뇌와 무명을 깨뜨리니, 이것이 대신주가 아니고 무엇이겠습니까? 대세지보살, 이 한 부류의 인물은 한마디 부처님 명호로 41품

무명을 다 끊어 불도를 원만히 이루니, 우리는 조금도 의심하지 말아야 합니다. 수당隋唐 시대 여러 대덕들께서는 세존께서 49년간 설하신 일체 경법을 비교하여 《대방광불화엄경》을 일체 경 중의 왕으로 공인하였습니다. 다시 《무량수경》을 화엄과 견주면 《무량수경》이야 말로 진정한 제일경이라고 여깁니다. **화엄은 최후에 이르러, 보현대사 십대원왕이 극락으로 인도하여 돌아가야 비로소 구경원만에 도달합니다.** 화엄회상의 법신대사들은 최후에 이르러 서방극락세계에 왕생하지 않으면 그들의 수행은 원만하지 않습니다. 무량수경은 처음부터 끝까지 서방극락세계 의정장엄을 선양하는데, 그것은 화엄의 귀착점(歸宿)이자 일체 법신대사의 결말로 화엄과 비교해도 손색이 없습니다.

《무량수경》은 아홉 종의 역본이 있는데, 하련거夏蓮居 거사께서 그 가운데 가장 좋은 다섯 가지 원역본을 현재의 『무량수경 회집본』44)으로 편성하였습니다. 경문은 48장으로 나뉩니다. 48장 중에서 제6장을 제일로 삼는데 아미타부처님께서 발하신 48원을 상세하게 서술하며 서방정토의 의정장엄을 소개하고 있습니다. 48원 중에서 어느 원이 가장 중요합니까? 옛 대덕들께서는 제18원을 핵심으로 삼았습니다. 제18원에서 말씀하시는 것은 십념필생(十念必生; 내지 십념이면 서방극락세계에 반드시 왕생한다)입니다. 거듭

---

44) 한글 번역본은 《불설대승무량수장엄청정평등각경》(비움과소통)을 참조하고, 그 해석본은 《불설대승무량수장엄청정평등각경 친문기》(비움과소통)와 《무량수경 간주이해》(비움과소통)를 참조하길 바란다.

비교하고 또렷하게 인식하여 「나무아미타불」 육자홍명六字洪名은 무상법문이고, 모든 불법의 정화로 시방삼세 일체 제불여래께서 말씀하신 무상신주無上神咒로 그 공효功效는 일체 괴로움을 제거할 수 있습니다.

고苦의 종류는 매우 많은데, 간략이 말하면 삼고三苦 · 팔고八苦가 있습니다. 삼고는 고고苦苦 · 괴고壞苦 · 행고行苦입니다. 팔고는 고고의 상세한 설명입니다. 팔고에는 생노병사가 있는데, 그 누구라도 벗어날 수 없습니다. 몸이 있는 곳에는 구하여도 얻지 못하는 괴로움이 있습니다. 중생에게는 다함이 없는 욕망이 있어 구하여도 얻지 못하면 괴롭습니다. 또한 사랑하는 사람과 이별해야 하는 괴로움이 있습니다. 사람 · 일 · 물건 가운데 언제나 마음에 꼭 드는 것은 하필이면 헤어지고 이별해야 합니다. 원망하고 미워하는 사람을 만나야 하는 괴로움도 있습니다. 즐겁지 않은 사람 · 일 · 물건은 여의고 싶어도 하필이면 여의지 못합니다. 오온이 불길 같이 무성하게 일어나는 괴로움은 바로 하루종일 생각이 뒤엉키고 어수선하며, 망상 분별 집착하며 맹렬한 불길 같이 타서 마음이 청정하지 못합니다. 오온이 불길처럼 무성하게 일어남으로 인해 업을 지어서 앞의 7가지 괴로움을 감수합니다. 이곳에도 여전히 괴고壞苦가 있어 일체 색법과 물질이 무너지고 변하니 무상합니다. 또한 행고行苦가 있으니, 마음속에 염념마다 나고 사라짐이 그치지 않습니다. 일체법은 색심色心 두 가지 법으로 귀납됩니다. 괴고는 색법에 대해 말한 것이고, 행고는 심법에 대해 말한 것입니다.

　부처님께서는 계정혜 삼학三學을 말씀하셨습니다. 계학은 우리
에게 자제하면서 일체를 인내하라고 가르치십니다. 이는 수학의
기초입니다. 공부가 한층 더 깊어지면 선정을 얻습니다. 선정으로
번뇌를 절복할 수 있으면 마음속이 청정 평등하지만, 여전히 구경이
아닙니다. 총 목표는 반야지혜입니다. 지혜가 열리면 괴로움이
사라집니다. 부처님께서는 번뇌가 바뀌어 보리가 되고, 생사가
바뀌어 열반이 된다고 말씀하십니다. 선정은 바꿀 수 없고, 지혜가
바꿀 수 있습니다. 반야지혜가 현전하면 무시겁 이래 모든 번뇌와
습기를 바꾸어 대보리를 이룹니다. 불보살께서는 이 선교방편善巧
方便으로써 중생을 제도하고 교화하십니다. 다함없는 지혜와 복덕
은 원래 번뇌가 변화하여 오는 것입니다. 그래서 번뇌와 보리는
하나이지 둘이 아닙니다. 생사와 열반도 하나이지 둘이 아닙니다.

　모든 괴로움을 없애어 이렇게 원만구경하도록 없애니, 진실하여
헛되지 않습니다. 반야법문을 한마디 「아미타불」 만덕홍명萬德洪名
으로 귀결하면 곧 명호의 공덕이 불가사의함이 드러나 보입니다.
명호를 능히 수지하는 사람은 염불삼매만 닦는 것이 아닙니다.
염불삼매는 여러 경전에서 「삼매의 왕」이라 부릅니다. 실제 이
한마디 「아미타불」 부처님 명호는 구경원만한 대반야입니다. 《무
량수경》 속에서 증거를 찾을 수 있으니, 세존께서는 아미타부처님
을 찬탄하시길, **「광명 중에 지극히 존귀하며, 부처님 중의 왕」**이라

부르십니다. 이는 또한 시방삼세 제불여래의 찬탄입니다. 이와 같아서 「아미타불」 부처님 명호가 「무상주 무등등주 능제일체고 진실불허」임을 긍정할 수 있습니다.

그래서 반야바라밀다주를 설하나니, 즉 주문을 설하여 말하길, 아제아제 바라아제 바라승아제 모지사바하.

故說般若波羅蜜多咒 即說咒日：揭諦揭諦 波羅揭諦 波羅僧揭諦 菩提薩婆訶。

이 단락의 경문에서는 현설顯說을 결론 맺고, 밀설密說을 엽니다. 본경은 총 280개 자가 있고 최후 31자는 밀설이고, 앞은 현설입니다. 밀설은 곧 불문 중에서 늘 말하는 주문입니다. 주문은 번역하지 않음을 원칙으로 합니다. 주문에서 다섯 가지 번역하지 않는 경우가 있습니다. 이는 당나라 현장대사가 역장에서 세운 표준(規矩)입니다.

(1) 주문은 부처님의 밀어로, 단지 부처님에게만 명료할 뿐 등각 이하 보살은 모두 그 뜻을 모릅니다. (2) 주문은 자구마다 모두 무량한 뜻이 있습니다. 대승경을 연구할 때 현설의 경문 또한 무량한 뜻을 포함하고 법미가 무궁한 줄 알아 영원히 독송해도 싫지 않나니, 하물며 여래신주이겠습니까. (3) 주문 중에는 수많은

귀신의 명호가 있는데, 부처님께서 귀신을 불러서 그것이 수행자를
보우하도록 합니다. 그래서 주문 중에는 결코 세상의 언어를 완전하
게 포괄하지 않습니다. (4) 주문은 또한 제불의 밀어가 되어 군대의
구령과 같습니다. 주문을 염송하면 모든 것이 순조로운데 반드시
제불의 호념과 용천의 보우를 얻습니다. (5) 주문을 염송하면 제불
여래의 불가사의한 위신력의 가지加持를 입습니다.

이와 같이 수많은 의의가 그 가운데 있습니다. 그래서 현장대사께
서는 그 음을 간직하고 그 뜻을 번역하지 않음을 준칙으로 삼았습니
다. 밀어는 심오하고 말하기 어려운 뜻이 됩니다. 불법 중에서
말할 만한 비밀은 절대 없으나 무릇 비밀에는 남에게 말할 수
없는 곳이 있습니다. 만일 마음바탕이 청정하고 광명정대하면
그것에는 말할만한 비밀이 있습니다. 불법은 깊은 비밀로 의리가
깊어 근기가 얕은 사람이 이해할 수 있는 것이 아닙니다. 그래서
「심밀深密」이라고 합니다. 왜냐하면 그 의리가 매우 깊고 상근기의
예리한 지혜가 아니면 그에게 말하지 못합니다. 그러나 언젠가는
조금 소식이 드러날 것입니다.

경론 중에는 수지修持를 언급하여 사람들에게 독송을 교법의
하나로 삼으라고 권합니다. 독송할 때 왕왕 한편으로는 독송하고
한편으로는 경중의 의취를 사유합니다. 이와 같으면 마음이 청정을
얻지 못합니다. 사유·생각·연구·탐구는 모두 제6의식에 떨어
져 틀림없이 개오開悟의 방도를 장애하여 삼매를 성취하기 매우

어렵습니다. 자고이래로 해오解悟한 사람은 매우 많지만, 증오證悟한 사람은 적습니다. 증오는 선정과 지혜로 말미암아 계입합니다. 그래서 착실한 사람은 독송으로 말미암아 삼매를 얻어 원만한 이해가 크게 열립니다. 그래서 독경은 계정혜 삼학의 일차 완성으로, 중인 이하 습기가 매우 무거운 사람은 본경을 펼치면 글자만 보고 대강 뜻을 짐작합니다. 이런 부류의 근성을 지닌 사람에게 독경은 주문을 염송함만 못합니다. 주문을 염송하여도 그 뜻을 밝히지 못합니다. 그래서 분별·망상을 일으키지 않고 쉽게 삼매를 얻습니다. 이는 밀법 수학의 수승한 점입니다.

현장대사는 밀주를 번역하지 않았습니다. 우리들도 무리하게 해석을 할 필요는 없습니다. 옛 대덕들께서도 해석을 한 사람이 있습니다. 전청前淸 시기 관정법사께서 《능엄주 주해》에서 능엄주에 대해 상세히 해설하셨으니 밀주가 현설로 바뀐 것입니다. 여법한지 아닌지는 감히 말하지는 못하지만 여러 대덕들께서 여전히 해석하지 않는 것이 좋다고 여겼습니다. 수많은 경전에서 현설한 후 밀설이 있습니다. 밀설은 여전히 현설을 해석하는 가운데 요의要義이지만, 언사가 간단명료한 까닭에 또한 총지總持라 번역합니다. 이로 인해 현설을 또렷이 이해하기만 하면 충분합니다. 밀密은 현의 밀이고, 현顯은 밀의 현입니다. 주문의 가장 중요한 음은 정확하여야 합니다. 그래서 밀종에서는 상사上師가 입으로 전함을 매우 중시하였습니다.

맺음말

여기까지 《반야심경》을 소개하니, 이미 원만합니다. 부처님께서는 일체중생이 빨리 불도를 원만히 이루기를 희망하셨지, 결코 우리가 법을 들은 후 삼대아승지겁을 닦기를 희망하지 않으셨습니다. 이는 결코 부처님의 본원이 아닙니다. 세상에서 부모가 되는 자는 자녀가 초·중·고등학교와 대학교·연구소·박사과정을 거쳐서 학업을 완성하길 희망합니다. 또한 자녀가 천재 아동으로 학력 과정을 거칠 필요도 없이 13살에 박사학위를 취득하길 희망하는 부모님도 있습니다. 불보살님께서는 중생에게 또한 이와 같이 상상승인上上乘人으로 52계단을 거치지 않고 일생 중에 곧 성불할 수 있기를 희망하십니다.

이러한 사람에게는 염불의 근성이 있습니다. 《무량수경》에서는 우리에게 일러주십니다. 한마디 「아미타불」 부처님 명호는 무상신주無上神咒입니다. 이는 석가모니부처님의 49년 설법을 포괄할 뿐만 아니라 시방삼세 일체제불여래께서 설하신 일체법 또한 모두 그 안에 포괄하고 있습니다. 그래서 그것은 제일 신주神咒이자 제일 대총지법문大總持法門입니다. 진허공盡虛空·변법계遍法界의 어떠한 근성의 중생일지라도 상관없이 「아미타불」 부처님 명호를 만나면 득도하지 못하는 사람은 한 명도 없습니다. 설사 오악 또는 십악을 지은 죄인일지라도 득도할 수 있습니다.

어떤 사람은 부처님이 이렇게 큰 능력을 가지고 있는데, 왜 고난을 겪는 세상 사람들을 일제히 제도·해탈시키지 않느냐고 말합니다. 이런 고난을 겪는 사람들은 부처님의 가르침을 받아들이려 하지 않고, 가르침대로 봉행하지 않으며, 부처님과 인연이 없는데, 부처님과는 연고가 없는 사람을 제도할 수는 없습니다. 염불법문은 선근·복덕·인연이 모두 무르익은 사람에게 닦도록 설해 주셨습니다.《무량수경》에서 아사세 왕자 등은 부처님께서 서방정토를 소개하는 법문을 듣고 장래 성불하여 아미타부처님과 같기를 발원하였습니다. 이 생각은 마음속에 있었기에 아직 말하지 않았습니다. 부처님께서 타심통이 있어 그들의 심의를 아시고 과거생에 아사세 왕자는 4백억 부처님을 공양한 적이 있어 이 법문을 듣고서 환희심을 내었을 뿐 정토에 태어나길 구하는 발심은 하지 않았다고 말씀하셨습니다. 오늘 우리들은 이 법문을 듣고서 곧 신심을 내어 일심으로 지명염불하여 정토에 태어나길 구하니, 아사세 왕자의 선근·복덕·인연보다 많습니다. 서방극락세계가 확실히 수승함을 알고 한 마음 한 뜻으로 왕생하길 발원하면 이 복덕은 너무나 큽니다. 왕생하면 단박에 41위 법신대사를 뛰어넘어 아미타부처님과 지상의 성취를 얻습니다. 「아미타불」부처님 명호가 원만한 비밀 신주가 아니고서는 어떻게 업보가 깊고 무거운 범부가 단기간

동안 무량한 업장을 다 절복하여 불국토에 왕생할 수 있겠습니까!

불교의 대덕 가운데 「교敎는 반야를 종지로 삼고, 행行은 아미타불 염불에 두고(敎宗般若 行在彌陀)」 수행하신 분이 적지 않습니다. 중국의 강미농 거사는 한평생 41년의 시간을 들여 금강경을 연구해 금강경 강의를 완성하셨습니다. 근대의 왕생전에 그의 소전小傳이 있습니다. 또 한 분 주지암周止菴 거사가 계신데, 그도《반야심경전주般若心經詮注》를 쓰시고 여러 판을 인쇄하였습니다. 이 두 권의 책은 법상法相 명상(名相 ; 이름과 개념)에 대한 주해로 대단히 상세하고 완전합니다. 과거 이병남李炳南 스승님께서는 대전불학大專佛學강좌에서 금강경 강의를 교재로 채택하셨습니다.

마음을 전일하게 염불하면 참으로 반야의 진실한 지혜를 얻을 수 있습니다. 현설顯說은 우리에게 지혜가 열리게 하고, 번뇌업장이 사라지도록 돕습니다. 밀설密說은 우리에게 분별·망상을 내려놓고, 청정심을 회복하여 죄와 업장을 사라지게 하니, 이는 큰 복덕입니다. 수학하는 동안 망상과 집착이 가장 두렵습니다.《능엄경》에서 말씀하시길, "지견에서 지각(知覺 ; 분별심)을 세우니, 곧 무명의 근본이 되느니라(知見立知 即無明本)." 하셨습니다. 또한 "미쳐 날뛰는 망심이 쉬지 못하다가 쉬니 곧 보리이니라(狂心不歇 歇即菩提)." 하셨습니다. 한마디 「아미타불」 부처님 명호를 철저히 염하고 몸과 마음의 세계를 내려놓으면 대반야가 곧 현전합니다.

거사 심경 심득보고心得報告

[하련거 거사 · 황념조 거사]

"「나무아미타불」, 이 한마디 부처님 명호 그대로 참 반야이다. 이것이 가장 깊은 비밀의 핵심이다."_하련거 거사

"여래의 지혜와 덕상을 갖추고 있는 그 마음이 우리의 본심, 우리의 진심입니다. 이 점이 우리가 학불學佛하는 가장 중요한 신념이자 기초입니다."_황념조 거사

從聞入流 返聞自性

들음으로써 성품의 흐름에 들어가서
돌이켜 자성을 들어야 하네

법문은 무량하나 요점은 마음을 밝히는데 있네.
공이 높고 들어가기 쉬운 것은 염불만한 것이 없구나.
염불의 진실한 가르침의 체體는 청정하게 소리를 듣는데 있으니.
염불삼매를 이루려고 하면 먼저 이근耳根을 닦아야 하네.
하루 모든 시간 가운데 부처님의 명호가 역력하고
소리는 구멍을 넘지 않아도 귀로 듣는 것이 항상 가득차면
인연따라 자재하고 듣는 성품 안으로 훈습되네.
생각이 전일하고 상념이 적정寂靜하면
쌓인 정情은 원융하고 밝아지니
부처는 본각本覺이며, 염하는 것은 시각始覺이라.
염념念으로써 들음을 열고, 들음으로써 염을 닦으면
듣는 것이 바로 염하는 것이며, 염하는 것이 듣는 곳에서 이루어져
염이 있으면 반드시 듣게 되며, 들음이 없으면 염함이 아니네.
염함이 있어도 염이 쉬어지고, 들음이 없어도 들음이 다하네.
들음으로써 (성품의) 흐름에 들어가서
돌이켜 자성을 들어야 하네.
오직 소리 소리에 자기를 일깨우면
바로 생각 생각이 항상 깨달으며,
단지 전도망상을 따르지 않으면
즉 이것은 무명을 뒤엎어 깨뜨리는 것이네.
처음에는 번뇌를 등지고 깨달음으로 향하나
계속 나아가면 시각始覺이 본각本覺과 합해지며
오래되면 시각始覺과 본각本覺도 서로 없어져서
자연히 능(能: 주체)과 소(所: 객체)를 모두 잊게 되네.
　　　　- 하련거夏蓮居 대사大師의「청불헌기聽佛軒記」

是心是佛
是心作佛

심경필기 心經筆記

하련거 거사 지음

황념조 거사 강설[45]

[1] 하련거 거사의 법문에 의지해 《심경》을 이야기하다

부처님께서 아함을 12년 설하시고, 이어서 방등을 8년 설하셨으며, 그런 후에 반야를 22년 설하셨다.

佛說阿含十二年　繼說方等八年　然後說般若卄二年。

「부처님께서 아함을 12년 설하시고, 이어서 방등을 8년 설하셨으며」, 그런 이후에 「반야를 22년 설하셨다.」 우리는 여기서 반야를 설한 시간이 매우 길다는 사실을 알 수 있습니다. 아함은 소승을 위해 설한 것으로 가장 기본적인 법문을 설하였습니다. 방등으로 전화하려고 함은 소승을 꾸짖고 대승을 찬탄한 것으로, 이것이

---

45) 황념조 거사가 1989년 5월 1일 그의 스승인 하련거 거사의 살던 집에서 염불재念佛齋를 기뻐하며 강연한 것을 번역하였다. _《강해연공개시필기講解蓮公開示筆記》, 황념조 거사

방등의 정신입니다. 최후에 설한 대승은 반야로 원돈圓頓의 가르침입니다. 그래서 반야는 대단히 중요하여 설한 시간도 가장 깁니다.

《심경》 3백자는 《대반야경》 전부를 포괄한다. 청 이전에 고증할수 있는 《심경》의 역본은 7종이 있다. 늘 독송하는 것은 현장대사의역본이다.

《心經》三百字 包括《大般若經》全部。《心經》譯本在清以前可考者有七種。常讀是玄奘大師所譯。

《심경》은 단지 3백여 자를 설하였을 뿐이지만 《대반야경》의전체 내용을 포괄한다. 《대반야경》은 6백 권이고, 《화엄》은 단지80권으로 《80화엄》이 가장 많지만 《60화엄》도 있고, 《40화엄》도있습니다. 《화엄》은 80권에 불과했지만 나중에 《보현행원품》을추가하여 81권이 되었습니다. 《반야경》은 6백 권으로 22년간설한 것입니다. 그렇게 《심경》 3백 자는 《반야경》 전부를 포괄합니다. 그래서 이 말은 매우 중요합니다. 우리는 《심경》을 연구하지,《반야경》 전부, 22년 간의 부처님 설법 전부를 연구하지 않습니다.

청조 이전에 고증할 수 있는 《심경》의 역본은 7종이 있습니다.여기서 현장대사의 역본은 가장 간단합니다. 모든 역본을 보면보통 경전처럼 「여시아문如是我聞」으로 시작하는 것이 여전히 많이있습니다. 이와 같이 나는 들었노라. 부처님께서는 이렇고, 법회에 누구 누가 이렇고, 그런 후에 관세음보살, 그런 후에 사리불이 질문하여 관세음을 인용하여 사리자에게 말합니다. 그 단락이 바로 가운데입니다. 마지막도 여전히 있으니, 모두 "모두 크게 환희하였고 신수봉행하고서 예배하고 물러갔다(皆大歡喜 信受奉行 作禮而去)."입니다. 그래서 이 경의 서두와 경의 말미는 여전히 있습니다. 현장대사께서는 단지 한가운데 단락만 번역하셨습니다(구마라즙대사도 이와 같습니다). 현재 일반 사람들이 염송하는 불경은 모두 구마라즙 역본을 염송하길 좋아하지만, 이 《심경》은 현장대사가 번역한 역본을 염송합니다.

현장대사가 경전을 구하러 옥문관에서 나섰을 때 3백여 명이 있었으나 돌아올 때는 한두 명에 지나지 않았다. 현장대사가 옥문을 나선 후 곤란은 겹겹이어서 전진할 수 없었다. 어떤 노인이 이 경을 전수하여 곤란을 극복하고 인도에 도달하였다.

玄奘大師取經時從玉門關出 有三百餘人。歸時僅一二人。玄奘出玉門後 困難重重 無法前進。有老人口授此經 乃克服困難 到達印度。

이는 바로 현장대사의 역본 및 역본을 구한 인연을 설명합니다. 출국할 때는 몇 백 명이었으나, 돌아올 때는 길 위에서 모두 죽었으니 그 곤란은 극심했습니다. 그렇게 옥문관에서 나선 이후 한 지방에서 노인 한 분을 만나 경을 얻었습니다. 나중에 책에 기재되어 현장대사도 이 지방으로 가서 다시 절과 노인을 찾아갔으나 찾을 수 없었습니다. 그래서 이 경의 유래는 수승합니다.

현장 대사의 역본은 가장 완벽하여 문자는 적지만, 많은 뜻을 섭수하고 있다.

玄奘大師所譯最完善 文字少而攝義多。

이것이 사람들이 모두 이 역본을 염송하는 원인이다.

오늘 강술하는 이 경은 우리 눈앞의 법회로 실로 매우 희유하다.

今日講述是經 當前之法會 實甚希有啊。

이러한 법회는 실로 희유함을 찬탄하십니다.

「반야바라밀다심경」, 경전 제목 이 몇 글자로 일대장교를 포괄할 수 있다. 이를 밝게 체득할 수 있다면 곧 대교를 명득한다.

般若波羅密多心經 經題這幾個字 可包括一大藏教。若能明得 即明得大教。

이 몇 마디는 매우 중요합니다. 「반야바라밀다심경般若波羅密多心經」, 이 경전제목은 몇 글자 되지 않지만, 일대장교를 포괄합니다. 《반야경》 6백 권을 포괄할 뿐만 아니라 석가모니부처님의 일대시교一代時敎 전체가 포괄되어 다 들어갑니다.

이 경전 제목을 밝게 체득할 수 있다면 당신은 전체 대교를 체득할 수 있습니다. 그래서 이러한 말은 확실히 깨달은(透脫) 사람이 아니고서는 말할 수 없고, 종지를 통달한 사람이 아니고서는 말할 수 없습니다. 문자로부터 떠나 당신은 최고봉에 오른 불학가佛學家에 필적합니다. 그래서 이는 지극히 수승한 말입니다.

양무제梁武帝는 당시 지공誌公화상을 청하였습니다. 그는 신통력이 있어 대신통, 신변神變으로 불가사의했습니다. 양무제는 그의 신통변화 때문에 그를 요사한 놈이라 말하고 감옥에 가두었습니다. 하지만 그는 감옥에서 그대로 나왔고 여전히 도처에서 공덕을 행하였습니다. 양무제는 그를 가두어도 소용이 없음을 알고 나중에 그를 매우 존경하였습니다.

나중에 지공화상에게 《심경》을 강설해줄 것을 청하자 지공화상은 "나는 강설할 수 없소. 나라 안에 강설할 수 있는 사람은 한 사람 뿐이오."라고 말했습니다. "누구입니까?" "부대사傅大士가 강설할 수 있소." 부대사는 거사입니다. 부대사를 청하자 부대사가 법좌에 올랐습니다. 법좌에 올라 자 하나를 들고 휘젓고는 법좌에서 내려왔습니다. 지공화상이 말하길 "대사께서 경전 강설을 마쳤소." 대사가 경전강설을 완료하였답니다!

그래서 양무제는 달마대사를 조우할 때나 부대사를 조우할 때나 모두 감당할 수 없었습니다. 양무제는 스스로 경전을 강설하고 하늘에서 꽃비가 내렸다고 말했지만, 그는 이들 대덕에게는 여전히 감당할 수 없었습니다. 이러한 이치를 알아야 합니다. 하련거 스승님도 요즘 선생님들이 강의하듯 그렇게 한 마디, 한 글자로 강의한 것이 아닙니다.

반야는 본체이고 바라밀은 작용이다. 바라밀이 아니면 반야가 어떻게 작용하겠는가?

般若是體　波羅密是用。若非波羅密　則般若何用。

《반야바라밀다심경》에서 반야는 본체입니다. 본체는 반드시 작용을 일으켜야 하고 작용이 있어야 합니다. 바라밀은 바로 작용입니다. 「바라밀」을 번역하면 「도피안彼岸到」입니다. 그것은 「저 언덕으로 건너감」입니다. 만약 당신이 이 반야를 「바라밀」할 수 없다면 이 문제를 해결할 수 없습니다. 다시 말해 이 언덕에서 번뇌를 지나 저 언덕에 도달할 수 없습니다. 그러면 이 반야에 어떤 작용이 있습니까? 이것이 바로 위에서 한 말의 뜻입니다. 아래는 하련거 스승님께서 말씀하신 해석입니다.

반야는 셋이 있으니, 첫째 문자반야, 둘째 관조반야, 셋째 실상반야이다. 바라밀에는 여섯이 있으니, 보시 · 지계 · 정진 · 인욕 · 선정 및 반야이다.

般若有三：一、文字般若。二、觀照般若。三、實相般若。波羅密有六 曰 布施、持戒、精進、忍辱、禪定及般若。

반야에는 세 가지가 있으니, 첫째는 문자반야文字般若이고, 둘째는 관조반야觀照般若이며, 셋째는 실상반야實相般若입니다. 그래서 3반야가 있으니, 이는 대단히 중요합니다. 바라밀에는 여섯이 있으니, 만행을 이 여섯으로 귀납하였지만, 실제로는 무량한 행이자 수승한 수행입니다. 이 여섯 바라밀은 바로 보시布施 · 지계持戒 · 정진精進 · 인욕忍辱 · 선정禪定 · 반야般若입니다.

반야는 수승하고도 미묘한 지혜로 해석하고 사람마다 본래 갖추고 있다. 그것은 바깥으로부터 오는 것이 아니고, 자성 · 진여 · 보리 · 원각 · 방편이라 하여도 모두 좋다. 반야의 배에 올라타야 비로소 생사의 바다를 건너갈 수 있다.

般若譯爲勝妙智慧 人人本有 不從外來 名爲自性、眞如、菩提、圓覺、方便均可。乘般若船才能度生死海。

이 단락에서는 3반야와 6바라밀을 말합니다. 「반야」두 글자에는 문자반야 · 관조반야 · 실상반야가 있습니다. 「바라밀」은 여섯 가지가 있어 저 언덕에 이릅니다. 당신은 다른 사람에게 물건을 베풀어야 하고, 계율을 준수해야 하며, 나아가 정진·인욕·선정에 덧붙여 반야를 행해야 합니다. 이것이 육도六度입니다.

반야는 무슨 뜻입니까? 그 뜻은 매우 많아서 번역하지 않습니다. 그래서 반야는 번역어가 없고 음만 있습니다. 「약若」자의 음은 약으로 읽어서는 안 되고, 옛날 절을 이르던 말인 난야(蘭若; 한적한 수행처)의 「야」로 읽어야 합니다. 반야를 해석하려면 「수승하고도 미묘한 지혜」로 해석할 수 있습니다. 단순히 지혜로 해석하면 우리 자신이 체득한 지혜와 뒤섞어 동일시 할 수 있는데, 그것은 큰 잘못입니다. 또한 세상의 지혜인 「세지변총世智辯聰」과 동일시하면 어디가 틀렸는지 알 수 없습니다. 세상의 지혜로 학불學佛을 말하면 좋은 일이 아니고 매우 나쁜 일입니다. 세상의 지혜를 가진 사람이나 정신병자나 학불하는 어려움은 같아서 팔난八難이라 합니다. 보십시오. 청각장애인, 농아, 시각장애인, 정신장애인에 덧붙여 게다가 세상의 지혜로운 사람도 모두 팔난에 속합니다. 청각장애인에게 불법을 말하면 들을 수 없고, 농아는 말을 할 수 없으며, 시각장애인은 볼 수 없고 정신장애인은 정신이 혼란한데, 세상의 지혜로운 사람도 곤란하기는 마찬가지입니다. 그래서 반야는 전혀 이러한 일이 아닙니다. 수승·미묘한 반야라 억지로 번역할 따름입니다. 매우 수승하고도 미묘한 지혜가 반야입니다.

그러면 반야는 무엇인가 하면, 이는 사람마다 본래 갖추고 있습니다. 사람들은 내가 박학다식하면 반야가 있다고 여기는데, 이는 완전히 잘못입니다. 그것은 본래 갖추고 있는 것으로 바깥에서 얻고, 바깥에서 들어오는 것이 아닙니다. 그래서 선종에서는 "문으로 들어온 것은 집 안의 보배가 아니다(從門入者 不是家珍)." 하셨습니다. 무엇이 문인가 하면 눈이나 귀, 이런 것이 문입니다. 어디에서 들어오는 것은 집안의 보배가 아닙니다. 당신이 본래 갖추고 있습니다! 이는 어떠한 종교라도 어떠한 학술계라도 이러한 내용이 없습니다.

반야는 「자성」, 「진여」, 「보리」, 「원각」, 「방편」이라고 모두 이름할 수 있습니다. 반야의 배에 앉아 있어야 생사의 바다를 건너갈 수 있습니다. 생사는 큰 바다와 같아서 당신에게 수승한 반야가 있어야 이 바다를 건너 저 언덕에 도달할 수 있습니다. 바라밀의 뜻은 바로 방금 말한 도피안입니다.

> 바라밀은 저 언덕에 이름이다. 이 언덕은 생사이고, 저 언덕은 열반이며, 강물의 중앙은 번뇌이다.
>
> 波羅密是到彼岸。此岸是生死 彼岸是涅槃 中流是煩惱。

비유하면 이 언덕은 무엇일까요? 이 언덕은 바로 생사윤회입니다. 한 호흡이 오지 않으면 내세는 무엇으로 변할지 당신은 모릅니다. 윤회는 영원히 쉬지 않을 것입니다. 그 육도 중에서 사람들은 맛나는 삶이 아니라 신맛, 단맛, 쓴맛, 매운맛 온갖 풍상을 다

느낍니다. 인간 세상은 여전히 선도善道입니다. 당신이 짐승으로 변하면 가장 흔히 보는 것이 돼지입니다. 돼지는 그 자신이 살해당할 뿐만 아니라 자손들도 모두 목이 베이고 그 고기는 다 먹어 치워질 운명이 정해져 있어 사람 보다 쓰디씁니다. 축생 아래에는 아귀가 있습니다. 굶지 않는 아귀는 없고 먹은 음식은 불로 변합니다. 왜 아귀에게 시주를 해야(放焰口) 합니까? 아귀는 입에서 불이 뿜어져 나와서 염구焰口라고도 부릅니다. 그래서 시아귀(施餓鬼) 작법을 닦습니다. 그것은 아귀의 입에서 나오는 불을 꺼서 음식을 먹도록 하는 밀법입니다. 그래서 사람이 죽으면 망자의 혼을 위로하여 독경과 공양을 베풀어 이러한 공용功用을 봅니다. 아귀 아래는 지옥이 있습니다. 이는 생사의 괴로움이 수레바퀴처럼 쉬지 않고 구릅니다. 이상이 이 언덕인 차안此岸입니다.

저 언덕, 피안彼岸은 바로 열반涅槃입니다. 열반은 적멸寂滅·원적圓寂이라고도 합니다. 「원적」, 일체 덕이 갖추어져 있지 않은 것이 없습니다. 그래서 「원圓」, 원만하다 합니다. 「적寂」, 일체 장애가 없어 고요합니다. 그것이 저 언덕으로 청정합니다. 이 생멸이 멸하면 적멸이 즐거움이 됩니다. 그래서 열반은 피안입니다. 강물의 중앙은 번뇌입니다.

반야의 반대 측면은 무명·우치이다. 반야는 이미 본래 있는 것인데,

왜 눈앞에는 무명인가?

般若的反面是無明,愚癡。般若既是本有 爲什麽當前是無明?

이는 매우 좋은 질문입니다. 그것이 이렇게 말이 되면 대립되는 면이 있습니다. 반야와 상반되는 것은 무명이요, 우치입니다. 무명은 생사의 근본입니다. 그렇게 반야는 이미 본래 있는 것인데, 왜 현재 당신은 무명입니까?

이 원인인 깨달음에 등지고 육진에 합하면 무명이고, 식을 바꾸어 지혜를 이루면 반야이다.

這是由于 : 背覺合塵即無明 轉識成智即般若。

하련거 스승님의 원래 법문은 매우 정련된 언어입니다. 당신은 깨달음을 등지고 이 '진塵'을 향해 갑니다. 「진塵」은 무엇일까요? 흙먼지라는 뜻이 아니라 불교 명사로서, 색·성·향·미·촉·법이 모두 진입니다. 그래서 육진이라 합니다. 일체 보이는 안색, 들리는 음성, 맛보는 맛, 몸 위에 닿는 감촉, 코로 맡는 냄새, 생각하여 분별하는 갖가지 옳고 그름, 이 모두를 '진'이라 합니다. 당신은 "깨달음을 등지고 육진과 합칩니다(背覺合塵)." 당신은 반야를 본래 갖추고 있지만, 그것을 거스르고 아름다운 색·아름다운 소리·아름다운 맛을 좇고 그것을 향해 추구하고 애착합니다.

이것을 **배각합진**背覺合塵이라 합니다. 육진과 합하고 깨달음과 등지니, 이것이 바로 무명입니다. 그렇다면 왜 당신은 본래 반야가 있음에도, 현재는 무명입니까? 그것은 지금 당신이 곳곳에서 깨달음을 등지고 육진에 합하기 때문입니다.

어떻게 본래자리를 회복할 수 있겠습니까? **식을 바꾸면 지혜를 이룹니다**(轉識成智). 안·이·비·설·신·의는 모두 전6식이고, 제7식은 말나식이며, 제8식은 아뢰야식입니다. 이 여덟 가지 식을 바꾸어 네 가지 지혜를 이룸이 바로 반야입니다. 그래서 당신에게 반야가 있으려면, 이 여덟 가지 식을 전변轉變할 수 있어야 합니다. 이 전변이 바로 반야입니다.

오늘 도량에 참가할 수 있음은 모두 다생의 인연이다. 선근·복덕·인연 중 하나라도 모자라면 모두 이 도량에 참가할 수 없다. 이는 진실로 「백천만 겁에 만나기 어려운」 것이다.

能參加今日道場皆多生因緣。善根、福德、因緣缺一皆不能參加此道場。此眞百千萬劫難遭遇者也。

오늘 도량에 참가할 수 있음은 모두 여러 생의 인연입니다! 보리·복덕·인연 중 하나라도 모자라면, 선근·복덕·인연 중 하나라도 모자라면 참가할 수 없습니다. 이 도량은 정말 백천만 겁에도 만나기 어려운 것입니다. 그래서 이 문구의 말씀은 오늘날 우리 모임에도 적용됩니다. 이 도량에 참가할 수 있으려면 모두 다생의 인연이 있어야 합니다. 어떤 사람이 와서 도와주어 조금 일을 한다면 이는 불교도가 아닙니다. 그렇게 이 한마디, 반 문구를 귀에 들을 수 있게 되는 것은 결코 간단한 일이 아니라, 이러한 선근·복덕·인연 중 하나라도 모자라면 참가하지 못합니다. 이러한 일은 장애가 있어 하기 어렵고, 다른 일은 모두 하기 쉬운 줄 알아야 합니다. 그래서 도량 하나를 창립하고 불법을 홍양하는 등 이러한 일을 하는 것은 가장 어렵고도 가장 어렵습니다. 당신이 하나라도 모자라면 당신은 전혀 참가하지 못합니다. 그것이 언제 장애를 일으킬지 모릅니다. 자기 자신이나 아니면 다른 무엇이 장애를 일으킬지 모릅니다. 그래서 이는 정말 백 겁, 천 겁, 만 겁에도 만나기 어려운 것입니다.

「겁劫」은 시간의 단위로 무량한 시간을 대표합니다. 일 겁의 시간은 얼마나 많이 긴지, 그 「수」는 말하기 어렵고, 명확하게 말할 수 없습니다. 수십 억은 말할 수 있겠지만, 겁은 아무리 말해도 말을 마칠 수 없습니다. 단지 비유를 할 수 있을 뿐입니다. 즉 천상의 사람이 아주 얇고 가벼운 천으로 사십 리에서 보이는 긴 돌 하나를 5백년간 지나가면서 천을 가지고 돌 위를 가볍게 문질러서 오랜 세월 이 돌을 광이 나도록 문지르는 것을 1겁이라 합니다.

그래서 불가에서는 "삼악도에서 업보를 한 번 겪는데 5천겁이 걸린다(三途一報五千劫)." 말합니다. 여러분이 이 말을 듣고서 소홀히 지나쳐 삼악도에 들어간 후 이 업보를 받고서 이 업보를 벗어나는데 얼마나 걸리는가 하면 5천겁을 경과해야 하는 줄 모릅니다! 겁이 얼마나 긴 시간인지 가벼운 마음으로 흘려버려서는 안 됩니다. 그래서 백천만 겁에도 만나기 어렵다 말합니다. 여러분은 만나기 어려운 것을 만날 수 있었으니, 반드시 이 기회를 잡아 금생에 문제를 해결해야 합니다! 그래서 오늘 만날 수 있음은 당신이 과거 다생 다겁에 닦은 덕분입니다. 겨우 반나절 닦아 당신이 여전히 금생에 이렇게 할 뿐 다시 넘어지면 어느 날까지 넘어져야 옮겨갈 수 있겠습니까. 그래서 이번 생에 문제를 해결하겠다고 결심을 내려야 합니다.

[2] 어찌 반야는 관자재를 말하는가?

관자재보살은 곧 관세음보살이다. 관은 자관·비관·지혜관이고, 세음은 범음·묘음·해조음이다. (하련거 대사가 찬술한) 관음찬을 체득할 수 있으면 매우 좋다.

> 觀自在卽觀世音。 慈觀、悲觀、智慧觀 ; 梵音、妙音、海潮音。 觀音讚（蓮公所撰）如能體會很好。

관자재보살은 바로 관세음보살입니다. 한 분 보살이지만, 명호는 둘입니다. 불보살께서는 모두 무량한 명호가 있습니다. 관자재는 《능엄경》에서 이근원통耳根圓通의 법문에 부합합니다. 그는 관자재보살로 듣는 자기의 성품을 돌이켜 듣습니다(反聞聞自性).

《법화경》에서 소리를 찾아 괴로움에서 구제함은 바로 관세음입니다. 소리가 있는 곳은 어디서나 「관세음보살」을 일심으로 염하면 관세음보살께서 이르러 당신을 구하십니다. 그래서 「관」은 바로 중생에게 즐거움을 주는 자관慈觀·중생의 괴로움을 없애는 비관悲觀·넓고 큰 지혜로 살피는 지혜관智慧觀이고, 「세음」은 소리에 집착함이 없는 범음梵音·설법하는데 장애가 없는 묘음妙音·때를 놓치지 않고 응하는 해조음海潮音으로, 모두 경전의 말씀입니다.46)

---

46) "진성심으로 관하고, 청정심으로 관하며 광대한 지혜로 관하고, 연민심으로 관하고, 자애심으로 관하나니 항상 발원하고 항상 우러러 볼지어다." "묘음이요

하련거 스승님께서 《관세음보살찬》을 매우 잘 말씀하셨으니,
여러분이 체득할 수 있길 희망합니다. 《정어淨語》에 《관세음보살
찬》이 실려 있습니다. 그래서 관세음에 대해 한걸음 더 나아가
명료하게 이해해야 합니다.

[관세음보살찬觀世音菩薩贊]

관세음보살, 성인 중 존귀한 분이시여!
대비원력이 크고 깊으셔서
널리 군생을 제도하여
괴로움의 수레바퀴에서 벗어나게 하시네.

觀世音 聖中尊 大悲願力宏深 廣度群生出苦輪

이근원통 증득하고, 조복하여 듣는 성품으로 훈습하니
명호 부르면 몸을 나투지 않는 찰토가 없네.
소리 따라 미묘하게 응하는 보문이여!

證圓通 伏聞熏 稱名無刹不現身 循聲妙應普門

끊임없이 염하여 죄업 사라지고 탐진치 멸하나니
온전히 믿음에 기대어 진여본성 염할지라.
못이 푸르고 바람 자니, 달이 비로소 임하네.

관세음이요 범음이요 해조음이어서 저 세간의 소리보다 뛰어나나니 이런 까닭에
모름지기 항상 염하되 염념마다 의심하지 말지니라." 《관세음보살보문품심요》
(비움과소통)

常念消罪滅貪嗔　全憑信念眞　潭淸風定月始臨

신령한 감응이 자신의 마음에 있도다.
靈感在自心

가장 중요한 것은 반야이다. 그러면 어떻게 시작할까? 실상은 체이고,
문자는 상이며, 관조는 용이다. 문자로부터 관조하여 실상에 이른다.

最要注意者是般若。如何下手？實相是體 文字是相 觀照是用。由文字而觀照而
實相。

반야가 이렇게 중요한 이상 우리는 어떻게 시작할지 물어야만
합니다. 실상반야는 본체이고, 관조반야는 작용이며, 문자반야는
드러나는 상相입니다. 문자가 상이기에 사람들은 이 문자를 볼
수 있습니다. 그래서 문자반야로부터 시작합니다. 문자반야를 여
의면 안 됩니다. 문자 속에 담긴 뜻으로 관조합니다.

또한 관조觀照는 근기가 예리한 이도 있고, 근기가 둔한 이도
있습니다. 일반적인 근기를 말하면 당신에게 「색즉시공色卽是空」,
최소한 이 한 마디 말을 말해주겠습니다. 이 한마디 말로 늘 관조하
고, 또 관조할 수 있습니다.

당신이 세상에서 좋아하는 것들은 모두 색온(물질)이지 않습니까!
어디에서 가구를 전시 판매하고 있다는 정보를 들으면 가구를

빨리 바꾸고 싶다는 생각이 듭니다. 그때 그것이 모두 「오온개공五蘊皆空」임을 알 수 있다면, 일상생활에서 천천히 실상實相에 증입證入할 수 있습니다. 바로 이렇습니다.

> 육바라밀을 닦아 모두 저 언덕에 이를 수 있지만, 모두 다 반야를 여의어서는 안 된다.
>
> 六度皆能到彼岸 但均不能離般若。

그래서 보살은 육바라밀을 닦습니다. 이 육바라밀은 하나하나 바라밀마다 모두 저 언덕에 이를 수 있지만, 하나하나 바라밀마다 반야를 여의면 저 언덕에 이를 수 없습니다. 그래서 앞의 다섯 바라밀은 눈 먼 사람 같습니다.

현재 몇몇 사람들은 선정을 닦고 있습니다. 많은 사람들은 매우 좋은 작용을 얻습니다. 이틀 전에 한 사람이 왔는데, 그는 선정을 닦고 계신 분입니다. 그가 또 찾아와서, 나를 본 후로 그의 선정이 또 깊어졌다고 말했습니다.

그는 바로 엄씨의 병을 치료해 준 사람입니다. 엄씨는 지난 이틀 동안 병이 나서 발광을 하였습니다. 마구 춤을 추고 소동을 벌였으며, 손발로 마구 찼고, 밥을 제대로 못 먹었고, 헛소리를 하며 손발이 다 맞아서 상처가 났습니다. 그렇게 사흘 동안 소동을 벌였습니다. 그를 청해 함께 갔습니다. 그가 가서 주문을 몇 번 염하면 좋아졌습니다. 이틀이 지나면 또 좋지 않았습니다. 혼수상태에서 먹지도 않았고, 마시지도 않았으며, 말도 못했습니다. 그가 문에 들어서자, 그는 일어나 앉았습니다. "송 선생님, 가만히 계세요." 그는 그를 통제하였습니다. 이것이 다 선정으로 인해 생긴 일로, 선정을 닦다 보면 이런 일이 생길 수 있습니다. 그는 선정을 닦았지만 반야가 없는 눈먼 장님이어서 아침·저녁으로 입마入魔에 빠졌던 것입니다.

예로부터 좌선을 하며 선정을 닦는 사람 중에는 운기가 제대로 안 되는 주화走火 증세로 신경병을 앓는 사람이 매우 많습니다. 이는 모두 선정을 닦지만 반야가 없어서 좋지 못한 경우입니다.

예컨대 보시를 함에 아이에게 칼을 주거나 해로운 음식물을 주어서는 안 된다. 보시를 함에 삼륜체공三輪體空에 따르면 저 언덕에 이를 수 있다. 나머지 바라밀도 이에 준한다.

> 例如布施 施小孩以刀 以有毒菌食物則不可。布施如三輪體空 則可到彼岸。餘度例此。

이는 매우 좋은 예입니다. 당신이 통상 물건을 남에게 주면 매우 좋지만, 당신이 자신의 잘 드는 칼을 아이에게 주어서 그 아이가 자기 손가락을 자르거나 아니면 다른 아이를 찌르고 다른 사람의 눈을 찌른다면 어떻게 줄 수 있겠습니까? 해로운 음식을 아이에게 주면 괜찮겠습니까? 어른은 저항력이 조금 강하지만 해로운 음식을 먹으면 괜찮지 않습니다.

그래서 보시를 함에 있어 반야가 없으면 안 됩니다. 그렇다면 어떻게 보시해야 합니까? 보시를 함에 만약 삼륜체공三輪體空이면 저 언덕에 이를 수 있습니다. 보시에 지혜가 없으면 안 됩니다. 어떻게 해야 지혜가 있는 보시라고 합니까? **보시를 함에 주는 자와 받는 자, 보시물에 집착하지 않아야(三輪體空) 합니다.** 예를 들면 내가 십만 원을 가지고 곤란한 환자를 구제하고자 하는 경우입니다. 먼저 안으로 돈을 줄 수 있는 나(보시를 주는 자)를 보지 않고, 밖으로 생각 속에 나에게 돈을 받는 환자(보시를 받는 자)가 없으며, 중간에는 내가 보시할 십만 원(보시물)이 없지만, 나의 돈을 그에게 줍니다. 이것이 삼륜체공三輪體空입니다.

이렇게 보시를 행해야 저 언덕에 이를 수 있습니다. 만약 내가 좋은 일을 한다는 생각이 있어서, 내가 그에게 십만 원을 주면 이를 상에 머무는 보시(住相布施)라고 합니다. 상에 머무는 보시는 단지 인천의 복보를 얻을 수 있을 뿐입니다. 그 복은 허공을 향해 쏘아올린 화살처럼 아무리 쌓아도 결국 다합니다. 화살을 가지고 천상을 향해 쏘면 조금 있다가 툭 다시 떨어지듯이 위로 날아간 것은 다시 아래로 내려옵니다. 다른 육바라밀도 모두 이와 같습니다.

어떻게 일문에 깊이 들어가야 피안彼岸에 이를 수 있는가? 반야가 아니면 불가하다. 어떻게 해야 반야인가? 관자재觀自在이다. 불법은 작은 문자로 많은 이해를 얻을 수 있다. 무엇을 관하는가? 자自를 관한다. 무엇이 자自인가? 신체가 자自인가? 그것은 임시로 화합한 것(假)이다.

怎麼能一門深入到彼岸？非般若不可。云何般若？曰 觀自在。佛法可以少文而得多解。觀什麼？曰觀自。什麼是自？身體是自否？那是假的。

중요한 것은 자신이 있는지 없는지 관하는 것이다. 언제든지 정념正念을 잃지 않고 불법을 여의지 않으면 있음(在)이다. 그대 자신이 어디에 있는지 관하는 것이 처음 시작하는 방법이다. 언제나 있으면 근 하나가 근원으로 돌아갈 때 육근이 모두 해탈한다.

要緊的是觀自己在不在？一切時中不失正念不離佛法則在。觀汝自己在不在是初下手方法。常常在則一根還原 六根解脫。

이는 큰 단락입니다. 어떻게 해야 반야입니까? 경문의 한 마디 「관자재보살觀自在菩薩」에서 바로 관자재입니다. 불법은 매우 적은 문자로 매우 많은 해석을 할 수 있어서 무량한 함의가 있습니다. 「관자재觀自在」라 할 때 무엇을 관합니까? 「자自」를 관합니다. 무엇이 「자」입니까? 신체가 「자自」입니까? '나입니까? 당연히 아닙니다.

나는 이제껏 이런 적이 없습니다. 이전의 나는 어디서 왔는지 모릅니다. 여러분도 이와 같습니다. 그때 나는 아이를 안고 왔습니다. … 현재 그녀의 아이는 다 컸습니다. 그녀도 그때의 그녀가 아닙니다. 그렇지 않습니까? 모든 것은 변화하고 있습니다. 찰나찰나에 생멸하고 있습니다. 여기 잠깐 기다리는 동안 또 얼마나 많은 우리 세포가 죽었고, 얼마나 많은 세포가 자라나서 크나큰 변화가 일어났습니까. 몸은 이것(나)이 아니고, 아침·저녁으로 화장터에 가서 태워져 한 더미의 재가 됩니다. 그것이 어떻게 자기입니까. 이것은 임시로 화합한 것입니다.

이 부분에서는 답안이 없습니다. 구경에 무엇이 「자自」라고 말해주는 것은 없습니다. 그래서 어떤 사람은 늘 하련거 스승님의 강설은 반 마디를 남겨놓는다고 느낍니다. 이는 대단히 필요합니다. 그것은 종문에서 가장 꺼립니다. 그래서 "말이나 글로 전부를 전하는 것을 금한다(語忌十成)." 하였습니다. 당신이 말로 전부 전하는 것은 금기를 범하는 것입니다. 당신이 황제의 휘(諱; 이름)를 범하면 목이 베이게 됩니다. 그래서 명사를 해석하는 것처럼 곳곳마다 문자로 당신에게 무엇이라 알려 주지 않습니다. 여전히 당신 자신이 깨달아야 합니다.

다음은 매우 구체적으로 알려줍니다. 자신이 있는지 없는지? 관합니다. 「자自」는 현재 당신이 이해할 수 없지만, "당신이 있는지 없는지?" 당신은 여전히 관할 수 있습니다. 어떻게 있다 하고 없다 하는가? 이는 매우 구체적입니다. 이러면 시작하기 매우 좋습니다. 언제라도 당신은 정념正念인지 아닌지? 당신 마음속에 무엇을 생각하고 있는지?「정념을 잃지 않고 불법을 여의지 않으면」있음입니다.「자自」가 무엇인지 상관말고, 먼저 있는지 없는지 관리합니다. 어떻게 해야 있을까요? 정념을 잃지 않고 불법을 여의지 않으면 당신은 있습니다. 당신 자신이 있는지, 없는지 관하는 것이 처음 시작하는 방법입니다. 그래서 자신으로 소귀함(消歸自己)과 돌이켜 관하고 돌이켜 비춤(返觀返照)이 모두 이런 일입니다. 당신이 항상 있고 근 하나가 근원으로 돌아가면 육도가 모두 해탈합니다. 그래서 이 단락은 매우 중요합니다.

자신을 관할 줄 모르고, 자신이 있는지 없는지 모르면 불법의 문에 들어섰다 할 수 없다.

如不知觀自己 不知自己在不在 則不能算入門。

그래서 착실히 수행하면서 듣고 또 듣습니다. 당신이 이렇게 할 수 없고, 자신을 관할 수 없으며, 자신이 있는지 없는지 모르면 당신은 불법의 문에 들어서지 않은 셈입니다.

수행자는 모름지기 얼마나 곤란과 실패를 겪고 피를 흘려야 불법의 문에 들어갈 수 있는가? 육조께서는 단번에 (미혹을) 뛰어넘어 곧장 불법의 문(여래지)에 드셨다.

修行人須經過多少困難 失敗 流淚 才能入門。六祖是一超便入門。

당신은 얼마나 곤란을 겪고 얼마나 좌절을 겪으며 얼마나 피땀 눈물을 흘려야 진실로 불문으로 나아갈 수 있습니까? 예컨대 육조 께서는 단번에 뛰어넘어 곧장 여래지에 들어가셨다(一超直入).

행자의 첫 걸음은 「관자재」로써 시작하여 자신의 생각이 있는지 없는지, 어떤 병통과 습기가 있는지 관하는 것이다. 가장 중요한 것은 아집을 깨뜨리는 것이다. 근본 문제는 자신을 개조하여 자신을 성취하는 것이다. 아픈 곳을 감싸지 말고, 어디가 아픈 곳인지 찾아 어디에 침을 놓아야 한다."

行者第一步以觀自在入手 觀自己念頭在不在 有哪些毛病和習氣。最要緊是破我執 根本問題是改造自己 成就自己。不能護疼 哪裡疼 哪裏下針。

그래서 첫걸음은 바로 자신의 생각을 관하는 것입니다. 이른바 보살은 「자신의 생각을 잘 지킨다(善護己念)」입니다. 비구의 계는 행동이 있어야 비로소 계를 깨뜨림입니다. 만약 보살계를 받았다면 생각 속 움직임이 바로 계를 깨뜨림입니다. 그래서 현재 사람들은 제멋대로 계를 받아서 수계受戒가 중요한 일임을 사람에게 또렷하게 말해주지 않습니다. 그러면 그는 시시각각 모두 계를 깨뜨리는 중입니다. 생각이 움직이면 바로 계를 깨뜨립니다. 아름다운 미색을 보거나 나체여인을 보면서 마음속이 움직이면 색계를 깨뜨리고 음계를 깨뜨립니다. 그래서 자신의 생각에서 관하길 힘쓰고, 자신의 생각을 잘 지켜야 합니다.

자신이 어떤 병통과 습기가 있는지 알아야 하고, 자신에게 스스로 앎(自知)47)의 명明이 있어야 합니다. 그래서 가장 중요한 것은 바로 아집我執을 깨뜨려 제거하는 것입니다. 가장 큰 병통은 바로 「나라는 것(我)」이 있다는 것입니다. 이 「아我」 자는 확실히 제거하기 쉽지 않습니다.

「근본 문제는 자신을 개조하는 것이다.」 그래서 한 개인이 고치고 싶어도 성취할 수 없습니다. 자신을 개조함은 바로 자신을 성취함입니다. 제가 큰 누이동생에게 "당신은 한결같이 정확하다."고 말함은 당신은 한결같이 진보가 없다는 말입니다. 언제나 당신 자신이 정확하다고 여기면 당신에게 개조가 없습니다. 당신은 언제나 "나는 한결같이 모두 정확하다." 할 것입니다. 개조가 없으면 성취가 있을 리 없습니다.

「아픈 곳을 감싸서는 안 된다.」 아픈 곳은 바로 병통이 있는 곳입니다. 최근에 그녀는 미국에서 대만에서 모두 신이 나서 《능엄경》도 강의하였고, 《유마힐경》도 강의하였으며, 《육조단경》

---

47) 아는 일을 하는 주체인 내(두뇌 속 정신)가, 스스로 깨닫고(自覺) 있는 상태에서, "내가 지금 이 대상(意識)을 안다(知)고 자각하고 있음"을 뜻한다.

도 강의하였습니다. 중국에 가서 며칠간 있었는데 남방에서도 그에게 강의를 요청했습니다. 그녀는 이곳 법원사法源寺도 통과하였습니다. 교무처 당원이 달려와서 저에게 연락하였습니다. 그는 그녀가 와야 한다고 말했습니다.

나는 그녀에게 오라고 해서 두 차례 이야기를 했습니다. 처음에는 그녀에게 그럭저럭 이야기 했지만, 두 번째는 한마디도 언급하지 않았습니다. 다시 와서 문제를 언급하였을 때 내가 캐묻자 그녀는 가장 근본적인 부분에서 잘못 강의했습니다. 그녀는 심씨 등등과 모두 함께 있었고, 나와 심씨까지도 함께 비판했습니다. 그녀에게 바로 이런 점을 지적해 주었습니다. 그녀는 「입류망소入流亡所」에서 「입류入流」를 「소리의 흐름으로 들어간다」 해석하였습니다. 저는 "당신이 틀렸습니다. 그것은 「듣는 성품의 흐름으로 들어간다(入聞性之流)」입니다." 그녀는 나에게 막대기를 들었습니다.

나중에 와서 그녀는 "그 주석은 모두 이런 말입니다." 모두 나에게 하는 설법이었습니다. "나는 그것이 틀림없이 옳지 않다고 말했습니다. 내 말은 그 주해와 같습니다." 저는 "당신 혼자서 이렇게 말합니다." 그녀는 그것이 아픈 곳을 감쌀 수 없는 줄 모릅니다. 다른 주해를 모두 본적이 있지만, 그 주해를 가지고 그녀는 자신을 고치지 못하고, 자신의 병통을 지키려 할 뿐이었습니다. "당신은 버릴 수도 감쌀 수도 있고, 침을 맞을 수도 있습니다. 어디가 아픈 곳인지 어디에 침을 맞아야 하는지 찾을 수도 있습니다!

이런 과정에서 병통을 발견하지만, 당신은 그것을 지키려고만 하여 그것이 그곳에 그대로 존재하게 합니다."

이 단락의 말씀은 진실한 반야를 이야기합니다. 하련거 스승님께서는 "과거의 습관을 살피고 자신을 속이지 말라." 하셨는데, 이 점을 지적한 것입니다.

[보충]

[자신의 생각을 잘 지켜서 중도에 깊이 계합한다(善護己念 深契中道)]

우리의 의업(意業 ; 생각)을 잘 관리하려면 반드시 그것이 염념마다 모두 아미타불이도록 해야 합니다. 실념(失念; 알아차리지 못함)해도 상관없지만 실념은 잊어버림이므로 자신이 자신을 탓하지 말아야 합니다. 왜냐하면 이는 번뇌와 습기가 만드는 현상이기 때문입니다. 우리는 자신의 번뇌·습기가 매우 무거운 줄 알아야 합니다. 이러한 번뇌와 습기는 우리가 계속 육도에 윤회하여 삼계를 벗어나지 못하게 합니다. 알고 난 후에는 우리는 진지하게 이러한 일을 자신의 제일 큰일로 여기고 행합니다. 다른 것은 전부 작은 일로, 있어도 되고 없어도 되며, 해도 되고 안 해도 됩니다.

자신의 이익을 챙기는 일은 결코 해서는 안 됩니다. 왜냐하면 분명코 자신이 왕생하는데 장애가 되기 때문입니다. 당신이 여전히 이익을 챙기면 이 세상을 떠나기가 아쉽고 사바세계에 여전히 미련이 있습니다. 이러면 안 됩니다. 중생을 이롭게 하는 일을 할 때에도 마음에 두지 말고 행하되 행함이 없고, 행함이 없되 행하면 옳습니다. 왜 중생을 이롭게 하는 일을 해야 합니까? 중생의 은혜를 갚고자 함입니다. 지금 중생은 괴로움이 많으니, 그가 괴로움에서 벗어나 즐거움을 얻는 것을 도울 기회가 있으면, 이런 일은 하지 않을 수 없습니다. 하는 것은 하지 않는 것이나 다름없어 마음에 두지 않습니다. 마음에 두는 것은 선업으로서 내생에 감득하는 것은 삼선도三善道입니다. 이는 진정으로 학불하는 사람의 가장 기본적인 이념으로 단단히 지켜야 합니다.

그래서 황념조 거사께서는 의업을 잘 지키는 것이 가장 중요하다고 말씀하셨습니다. "보살은 자신의 생각을 잘 지킨다(菩薩善護己念)." 자신의 생각을 잘 지키는 것이 정행正行입니다. "중도에 깊이 계합함으로 말미암아 바른 선정에 들어 항상 고요하고, 참 근원을 요달하여 생과 멸을 멀리 여의면 저절로 일체 번뇌의 때를 멀리 여의고 의업은 청정하여 물듦이 없다(由於深契中道 正定常寂 了達眞源 遠離生滅. 自然遠離一切煩惱之垢 是以意業 淸淨無染)." 이 단락은 주해에서 가장 중요한 말씀입니다. 우리는 왜 이렇게 해야 하느냐? 생각을 잘 지키는 것이 깊은 계율의 중도이기 때문입니다. 중도中道는 양변에 머물지 않는 것으로, 청정하되 물들지 않음입니다. 이는 경전 제목상의 「청정평등각淸淨平等覺」과 상응합니다. 청정평등각은 진정한 대보리심입니다. 우리에게는 능력이 없어 단단히 지킬 수 없습니다. 그래서 부득이 「아미타불」 부처님 명호로 대체합니다. 이것이 정토종의 견줄 수 없이 수승한 방편입니다. 유독 이

법문에만 있고 기타 법문에는 없습니다.

제가 처음 학불學佛할 때 장가章嘉대사께서 저에게 한마디 주문을 가르쳐주셨습니다. 그것은 육자대명주六字大明咒로서 티베트불교에서 우리가 아미타불을 염하는 것과 같이 도처에서 모두「옴마니반메훔」을 외웁니다. 스승님께서 저에게 이 주문을 염하라 가르치자 저는 대사님께 이 한마디 주문이 무슨 뜻인지 가르침을 청했습니다. 대사께서는 제 이르시길, "「옴」, 이는 범어로 번역해보이면 몸을 대표하고, 「마니」는 연화, 「반메」는 지킴, 마지막 「훔」은 의업이다. 그대가 이를 중국말로 번역해 보면 알 것이다. 몸 연꽃 지킴 뜻(의업)." 하셨습니다. 입은 몸속에 있어 구업을 포괄합니다. 요컨대 우리말 어순으로 하면 "몸과 (입) 뜻을 마치 연꽃처럼 지킨다." 이렇게 말씀하실 것입니다. 연꽃은 더러운 진흙에서 나와도 물들지 않는다, 청정하다는 뜻입니다.

이 한마디 진언을 언제나 마음에 두면 당신 자신을 도와 청정심으로 회귀할 것입니다. 또한 다시 끌어올려서 평등심으로 회귀할 것입니다. 그래서 티베트 불교는 널리 미쳐서 어느 종파를 배우든 상관없이 모두 다 이 한마디 「옴마니반메훔」을 염하는 모습을 도처에서 볼 수 있습니다. 돌에도 새겨져 있고, 나무에도 새겨져 있어 곳곳마다 볼 수 있습니다. 이 뜻도 매우 좋지만, 「아미타불」을 염하는 만큼 좋지는 않습니다. 「아미타불」 그 뜻은 번역하면 「아」는 무無이고, 「미타」는 량量이며, 「불」은 각覺으로 합쳐서 무량각無量覺입니다. 아미타부처님 본원 위신력의 가지加持를 얻고, 제불이 찬탄하며, 용천 선신이 옹호하니, 육자대명주보다 수승하고 왕생시 결정코 품위를 상승시킵니다.

"왕생 품위의 높고 낮음은 분명코 염불 공부의 깊고 얕음에 달려 있다." 우익蕅益대사께서 잘 말씀하셨습니다. 우리는 현재 공부를 하지 않아 염념마다 잊어버리고 몇 분간의 생각에도 잊어버립니다. 만약 30분 생각해도 잊지 않고, 한 시간 생각해도 잊지 않으며, 두 시간 생각해도 잊지 않아서 청정한 생각(淨念)이 끊임없이 이어져서 실념失念하지 않을 수 있으면, 이것이 바로 공부입니다. 이렇게 공부하면 당신이 왕생할 때 품위를 상승시켜 줍니다. 공부가 없으면 하3품입니다. 그래서 하루 잃어버리지 않고 이틀 잃어버리지 않을 수 있도록 이러한 습관을 길러야 합니다.

왜 잃어버리지 않습니까? 솔직히 말하면 내려놓지 못하고, 여전히 마음에 걸리는 것이 있으며, 수많은 일들이 당신을 얽매고 있어서 자기도 모르게 생각이 과거로 돌아가는 것이 원인입니다. 그래서 근본은 여전히 내려놓음(放下)에 있습니다. 진정으로 내려놓고, 단지 「정토에 태어나길 구한다」는 한 가지 길을 걸어갈 뿐, 다른 길은 모두 필요 없습니다. 이 세상에서 보살을 배워, 일하되 일함이 없고 일함이 없되 일하면서 단지 「나무아미타불」이 한마디 부처님 명호를 마음에 두는 것이 진정으로 의업을 잘 지키는 것입니다.

_《2014 정토대경과주淨土大經科註》, 정공법사

번뇌를 벗어남이 모름지기 반야일지라도 모든 시간에 자기가 있는지 관하여야 한다. 보살이 마음을 연단함은 광석기사가 광석을 제련하는 것과 같다. 광석을 금으로 만든 후 더 이상 광석이 되지 않는다.

度煩惱必須般若。觀自己在一切時中有無把握。菩薩錬心如礦師錬礦 礦石成金
後 不復成爲礦。

설사 현재 이렇다 할지라도 우리는 모든 시간에 자기가 있는지
언제나 살펴야 합니다. 보살이 마음을 연단함은 마치 연금기사나
광산기사가 광석을 제련하는 것과 같습니다. 철광석을 제련하여
철을 만들고 금광석을 제련하여 금으로 만든 후에는 더 이상 광석이
되지 않습니다.

보살은 낱낱이 이름하면 '보리살타'로 각유정覺有情이란 뜻이다.

菩薩 具名菩提薩埵 覺有情義。

「보살은 낱낱이 이름하면 보리살타」로 이를 번역하면 바로 각유
정覺有情입니다.

자기를 관할 수 없고 자기를 깨달을 수 없으면 곧 다른 사람을 깨닫게
할 수 없고, 곧 보살이라 이름하지 못한다.

不能觀自己 不能自覺 則不能覺他 則不名菩薩。

이점은 제가 몇 년간 주장해온 것으로, 하련거 스승님의 법문과
일치합니다. 현재 수많은 사람들이 다른 사람한테 가서 말하고

싶고, 자랑하고 싶고, 이것저것 하고 싶어 합니다. 하련거 스승님의 이 말씀은 매우 또렷합니다. 당신은 자신을 관할 수 없고, 스스로 깨달을 수 없으며, 다른 사람을 깨닫게 할 수 없습니다! 그래서 미국에 사는 한 분도 무언가 매우 급했습니다. 저는 그에게 말했습니다. "중생을 제도하려면 급해서는 안 됩니다. 생각해보십시오. 당신이 다른 사람에게 길을 안내하려고 하는데, 손전등에 전지가 없으면 당신이 길을 비추어 주어도 서로 눈이 먼 채로 어둠속에서 더듬거리고 있지 않겠습니까? 당신의 그 손전등에 전지가 있어야 합니다. 당신에게 광명이 있어야만 길을 똑똑히 비출 수 있습니다. 그렇지 않으면 눈먼 사람이 여러 눈먼 사람들을 이끌고 가는 셈입니다." 현재 눈먼 사람이 여러 눈먼 사람들을 이끌고 가는 일이 비일비재합니다. 모두 다른 사람에게 즐거운 마음으로 말합니다. 설법하고 있다고 여기나, 실제로는 불법을 비방함(謗法)입니다. 당신이 스스로 깨닫지 못하였습니다. 당신은 다른 사람을 깨닫게 할 수 없습니다! 다른 사람을 깨닫도록 하기 위해서는 자신이 깨달아야 한다는 뜻입니다.

우리의 발심은 다른 사람을 이롭게 하여야 합니다. 가장 큰 이익은 다른 사람을 깨닫도록 하는 것입니다. 다른 사람을 깨닫도록 하려면 당신 자신이 먼저 깨달아야만 합니다. 이미 깨달음이 가장 큰 이익인 이상 당신 자신이 깨달으면 당신도 이익을 얻습니다. 그러나 당신은 무엇이 문제입니까? 다른 사람을 이롭게 하고 다른 사람을 깨닫게 하겠다고 출발한 것입니다. 그래서 이는 소승과 다름이 없습니다. 소승은 자신을 이롭게 하고 자신이 깨달으면 끝입니다. 이는 의사가 의술이 깊지 않은데, 다른 사람에게 처방전을 써준다면 돌팔이 의사가 사람을 죽이는 것이나 마찬가지입니다! 혹은 사람을 죽이지 않아도 먹고 나서 부작용이 생겨 이 병이 나아도 다른 병에 걸립니다.

깊은 반야(深般若)에서 심深 자에 주의하여야 한다. 중생은 얕게 사유한다. 깊지 않으면 불법의 문에 들어갈 수 없다. 세 가지 마음을 원만히 발하지 않으면 불교도가 아니다.

深般若的深字應注意。衆生淺思。不深則不能入門。不圓發三心則不是佛教徒。

그래서 불교도는 그리 온당치 않으며 엄격한 요구가 있어야 합니다. 세 가지 마음을 원만히 발해야 비로소 불교도입니다. 세 가지 마음을 원만히 발하지 않으면 불법의 문에 들어왔다고 할 수 없습니다. 조직상으로는 정당에 가입하였으나 사상으로는 입당하지 않은 것이나 마찬가지입니다. 조직상으로는 불교에 참가하였으나 사상으로는 불교도가 아닙니다.

세 가지 마음이란 첫째는 곧은 마음(直心)이다. 곧음(直) 속에는 또한 방편이 있고, 그 곧음을 얻지 못하면 또한 업을 짓는다. 반야가 없으면 또한 안 된다. 둘째는 깊은 마음(深心)이다. 표면상에 그쳐서는 안 된다. 깊은 마음도 반야를 여의어서는 않는다. 셋째는 대비심大悲心이다. (중생을 제도할 때) 반야가 없으면 문제를 해결할 수 없다.

三心者 : ㈠、直心。直中也有方便 不得其直也造業。無般若也不行。㈡、深心。不能停在表面 深心也離不開般若。㈢、大悲心。無般若不能解決問題。

세 가지 마음이란 무엇입니까? 첫째는 곧은 마음(直心)입니다. 곧게 일으켜서 곧게 씀에(直起直用) 정념正念의 진여법眞如法 하나입니다. 하련거 스승님께서는 곧음(直) 속에서도 방편이 있을 수 있다고 말씀하십니다. 당신은 곧게 일으켜서 곧게 씀에 무엇인가 하고 싶으면 무엇인가 하고, 굽힘이 없고 방향을 바꾸지 않습니다. 당신은 이 속에서 이따금 실수를 하는 등등의 수많은 장애가 있습니다. 둘째는 깊은 마음(深心)입니다. 표면상에 그쳐서는 안 되고, 깊이 들어가야 합니다. 이것은 모두 간단한 해석으로, 이 또한 반야를 여의어서는 안 됩니다. 반야가 없으면 파고들 수가 없습니다. 셋째 대비심으로, 일체 중생을 널리 제도할 때 반야가 없으면 문제를 해결할 수 없습니다.

이러한 세 가지 마음을 원만히 발함이 바로 보리심菩提心을 발함입니다. 보리심을 발함에 응당 매우 주의하여야 합니다. 그래서 《무량수경》에서는 왕생하는 사람은 모두 보리심을 발하여 일향으로 전념한다고 말씀하십니다. 그래서 어떤 이는 단지 내가 어떻게 잘 염불했는지 주의할 뿐, 나의 발심이 도대체 발하였는지, 충분히 발하였는지 점검해보지 않습니다.

[보충]

보리심은 바로 《기신론》의 세 가지 마음이다. 첫째는 곧은 마음(直心)이다. 우리는 곧은 마음이 도량(直心是道場)이라 늘 말한다. 사람들은 곧은 마음은 단지 매우 솔직하고, 빙 둘러서 말하지 않음일 뿐이라 여긴다. 이 해석은 매우 얕다. 《기신론》에서의 곧은 마음은 **정념진여법**正念眞如法이다. 양변에 떨어지지 않음을 정념이라 하고, 정념 가운데 지혜로 진여를 관함이 바로 정념진여의 곧은 마음이다.

여如는 곧 상여相如이고, 상여相如는 당연히 이것과 저것 두 개가 있어야 여라고 말할 수 있다. 그래서 그것은 하나가 아니다. 이미 여如한 이상 이것과 저것은 바로 같다. 같다 함은 둘이 아니다. 그래서 「여如」는 이미 하나가 아니고 또한 다름이 아니다. 언어가 미칠 수 없고, 사유도 미칠 수 없다. 그래서 정념진여, 이 곧은 마음은 쉽게 생겨나지 않는다. 곧은 마음은 대지혜의 마음이다.

둘째 깊은 마음(深心)은 일체 모든 선행을 즐겨 닦는 까닭이다. 온갖 선을 받들어 행함은 바로 세간·출세간에 대한 것이다. 자신이 깨닫고 다른 사람을 깨닫게 하며 일체 온갖 선을 모두 즐겨 받들어 행한다.

셋째는 바로 대비심大悲心이다. 대자대비하여 일체 중생의 괴로움을 뽑아버리고자 한다. 일체 중생의 괴로움에 대해 우리는 모두 원수나 친한 이나 나누지 않고 평등하게 대대하여 뽑아버린다. 그래서 《기신론》의 세 가지 마음은 보리심을 가장 귀중하게 여긴다. 처음 발심한 사람은 보리심을 발하여야 한다. 일체 이승종성二乘種性과 이하의 사람은 모두 당신을 향해 공경할 것이다. 바로 이와 같아 불법 중에서 이것이 가장 중요하다.

_《수능엄경 관세음보살이근원통장》 거요擧要, 황념조 거사

「세 가지 마음을 아직 내지 않았다면 믿음이 깊지 않다.」 그래서 불교도라고 부를 수 없다. 세 가지 마음은 모두 반야를 여의어서는 안 된다. 깊은 반야를 행할 수 있으면 오온이 모두 공함을 조견照見한다. 마땅히 알지니, 이는 「조照」 자를 써야지, 「상想」 자를 써서는 안 된다. 비춤은 지혜로 거울처럼 분별을 일으키지 않는다.

「三心未發信非深」故不能稱爲佛敎徒。三心都不能離開般若。能行深般若 則照見五蘊皆空。應知是用「照」 不能用「想」。照是智慧 不起分別如鏡。

이 세 가지 마음을 당신이 내지 않았다면 당신의 믿음은 깊은 믿음이 아닙니다. 당신은 믿음이 깊지 않아서 불교도라고 부를 수 없습니다.

당신이 깊은 반야를 행함이 아니라면 오온이 모두 공함을 조견할 수 없습니다. 「오온이 모두 공함을 조견照見한다」에서 「조照」 자를 씀이 매우 중요하다. 그것은 「비춤(照)」이지, 「생각(想)」이 아닙니다. 우리도 《심경》을 말할 수 있고, "두두물물이 도이다(頭頭是道)."

말할 수 있는데 우리는 왜 일체 고액을 건너가지 못합니까? 왜냐하면 우리는 이것이 「생각」이지, 「비춤」이 아니기 때문입니다.

「비춤」은 지혜이다. 비유를 하면 이것은 분별하지 않고 거울처럼 물건을 조견한다. 이것은 카메라의 필름과 같은 것이 아닙니다. 카메라의 필름은 한 번 찍히면 다시 찍을 수 없습니다. 그것은 필름에 흔적을 남깁니다. 거울은 누가 와도 비출 수 있습니다. 세 명이 나오면 세 사람이 나오고, 다섯 사람이 나오면 다섯 명이 나오며, 김 씨가 가고 이 씨가 오면 이 씨가 나오고, 이 씨가 가고 김 씨가 다시 오면, 김 씨가 또 나와서 분별을 일으키지 않고 흔적을 남기지 않습니다. 누가 와도 또렷하여 곰보는 바로 곰보이고, 뚱보는 바로 뚱보이며, 털보는 바로 털보입니다. 하나라도 많지 않고, 하나라도 적지 않습니다. 그래서 이 「비춤」은 거울의 작용을 통과합니다. 그래서 거울은 언제나 가장 좋은 비유입니다. 그래서 우리는 모든 일에 대해 거울과 같으면 좋습니다.

어떻게 비춤을 사용할 것인가?

如何用照?

이미 이와 같은 이상 우리는 어떻게 「비춤照」을 사용해야 할까요?

태말충은 일체에 반연할 수 있으나, 오직 불꽃으로만 제거할 수
있다. 망상은 들어가지 못하는 구멍이 없으나, 오직 반야에서는 반연
할 수 없다. 마음을 일으키면 곧 잘못이고, 생각을 움직이면 곧
어긋난다. 그래서 생각을 써서는 안 된다.

太末蟲能緣一切 唯除火焰。妄想無孔不入 獨般若不能緣。起心卽錯 動念卽乖
故不能用想。

그래서 이는 부처님의 위대함입니다. 「태말충太末蟲」에서 「말末」
은 아주 작고 보잘것없음(微末)이고, 「태말太末」은 지극히 작고 보잘
것 없음을 뜻합니다. 지극히 작고 보잘 것 없는 벌레는 무엇일까요?
이는 현재 세균 바이러스 등 미생물이라 합니다. 이 미생물은
어디에서나 있을 수 있습니다. 도처에 미생물이 있습니다. 갖가지
미생물이 있으나, 화로 위에서는 있을 수 없습니다. 우리가 사는
이곳 의사들은 모두 침을 놓을 줄 알고 있는데, 과거 가장 원시적이
소독 방법으로 누군가에게 침을 놓을 때 그 침을 불 위에서 태운
후 다른 사람에게 주사할 수 있었습니다. 이것이 소독입니다. 그
침에 미생물이 있을 때 이것을 불로 태우면 불에서는 생존할 수
없어 미생물이 사라지기 때문입니다. 그래서 태말충은 어디에나
있을 수 있으나, 화로에서는 존재할 수 없다고 하셨습니다.

우리 중생의 망상은 들어가지 못하는 구멍이 없어 없는 곳이
없지만, 반야에서는 존재할 수 없습니다. 이 점을 우리가 믿어야
합니다. 그래서 어떤 이는 경전을 조금 보고서, "나는 그건 그렇다."

여깁니다. 그건 바로 석가모니부처님과 언쟁하는 것입니다. 당신은 여전히 「생각想」을 쓰고 있지, 「비춤照」을 쓰고 있지 않습니다. 진실한 반야는 그 「생각」으로는 영원히 도달할 수 없습니다. 끝까지 포기하지 않는 마음이 필요합니다. 당신이 도달하였다 여기면 바로 당신이 틀렸다 말하는 것입니다. 도달한 것이 아니라 당신이 틀린 것입니다! 왜냐하면 「마음을 일으키면 곧 잘못이고 생각을 움직이면 곧 어긋나기」 때문입니다. 마음을 일으키고 생각을 움직이면 모두 잘못입니다. 그래서 생각을 써서는 안 됩니다!

이러한 말은 부처님의 말씀이나 다름없다.

這些話等于佛說。

바로 앞에서 한 이 말은 석가모니부처님께서 여기서 하신 말씀이나 다름없습니다. 이런 말은 매우 중요함을 기억해두시길 바랍니다. 이는 바로 앞에서 한 말에 대한 것으로 그것을 긍정합니다.

[3] 이 한마디 부처님 명호 그대로 참반야이다.

경에서 "생겨나지도 사라지지도 않고, 더럽혀지지도 깨끗해지지도 않으며, 늘지도 줄지도 않는다." 하심은 모두 반야를 가리킨다.

經中 : 不生不滅 不垢不淨 不增不減 均指般若。

반야는 사람이 본래 갖추고 있는 것으로 자성自性입니다. 본래 갖추고 있는 본성은 「불생불멸不生不滅」이니, 본래 생겨남도 없고 사라지지도 않습니다. 본래 그것은 실상이라고 할 만한 것이 없습니다. 그것은 모든 것에 더럽혀지지도 않습니다. 그래서 「불구부정不垢不淨」이라 합니다. 또한 「부증불감不增不減」이니, 속세의 사람일지라도 조금도 작지 않고, 지옥의 사람일지라도 이 반야와 불성은 조금도 작지 않습니다. 부처가 된다고 해서 조금도 증가하지 않습니다. 단지 당신에게 현재 드러나지 않았을 뿐, 드러나면 바로 당신이 본래 갖추고 있는 것입니다.

당신의 반야는 생겨나지도 사라지지도 않습니다. 당신에게 갑자기 반야가 생겨서 나오는 것이 아니고, 또한 지금까지 사라진 적이 없습니다. 또한 더럽혀진 것도 없어 내가 그것을 깨끗하게 씻어야 하는 일도 없습니다. 거울 본체는 그런 일이 없습니다. 당신이 말하는 것은 거울에 묻은 때이지 거울이 아닙니다. 그것은 거울에 때가 있어 당신이 비춤을 방해하는 것입니다. 그것을 깨끗이 닦으면 이러한 일은 있습니다. 그러나 거울은 원래 때가 없어. 더렵혀지지도 않고 깨끗해지지도 않습니다. 「부증불감」이니, 거울의 광명은 더해지지도 않고 약해지지도 않습니다. 이런 해석은 돈頓에 치우친 것입니다. 그래서 이 경에서는 다른 해석이 있고, 남매(南梅; 매광희 거사)의 해석조차도 모두 이것과 다릅니다. 그 당시 중국불교에서 남방 제일인은 매광희梅光羲 거사, 북방 제일인은 하련거夏蓮居 거사라고 하여, 「남매북하南梅北夏」라 불렀습니다. 나중에 남매는 북하를 스승으로 삼았습니다. 이러한 일을 저는 매우 똑똑히 기억합니다.

관건은 정토와 연관되어 있습니다. 관자재는 바로 무엇인가? 하면 바로 당신이 염불하는 이 한마디 아미타불 성호가 있는지, 살피는 것입니다.

언제나 부처님 명호가 있으면 곧 대자재를 얻는다. 저 부처님은 무슨 까닭에 관자재라 이름하는가? 나를 잊는 연고로 도처에서 걸림이 없다.

時時有佛號 便得大自在。彼佛何故名觀自在 以忘我故到處無礙。

그래서 염불하기만 하면 바로 관자재입니다. 중요한 것은 여기에 있으니, 모두들 주의해야 합니다.

「나무아미타불」, 이 한마디 부처님 명호 그대로 참 반야이다. 이것이 가장 깊은 비밀의 핵심이다.

這句佛號即是眞般若。這是最祕的核心 是剝芭蕉所見的心。

이 한마디 부처님 명호 그대로 진실한 반야입니다. 어떤 사람은 왕왕《금강경》과《아미타경》은 마치 별개의 경처럼 여깁니다. 이는 두 경전을 이해하지 못하는 사람에게 하는 말입니다. 이 한마디 부처님 명호는 바로 참 반야입니다. 이 한마디 말은 대단히 이해하기 어렵습니다. 그래서 하련거 스승님의 몇 마디 시를 보겠습니다. "한 마디 부처님 명호 소리는 한 마디 마음의 소리이다(一聲佛號一聲心)." 이 부처님 명호는 무엇인가 하면 바로 당신의 마음입니다. 당신은 부처님 명호는 언제 염합니까? "미혹할 때, 깨닫지 못하였을 때 염한다(迷時不念悟時念)." 그래서 부처님 명호를 염할 때는 바로 당신이 깨달았을 때 염합니다. 염함이 무엇입니까? 한마디 부처님 명호소리는 바로 한 마디 마음의 소리입니다. 이것이 아니라면 무엇이 참 반야이겠습니까!

제가 스무 살이었을 때, 저는 불교를 의심하는 것에서 불교를 믿는 것으로 바꾸었습니다. 왜냐하면 저는 원래 불교 집안이었지만, 많은 스님과 거사들이 서로 헐뜯고, 명예와 이익을 다투는 모습을 보고서 염불이 소용없다고 말했습니다. 한참 동안 이 불법이 아무런 소용이 없다고 여겼습니다. 그래서 저는 불법을 잘못 이해하여 영험이 없는 줄 알았습니다.

대학 3학년 때 시험을 마치고서, 책을 두 권 찾아서 보았는데, 《금강경》을 보고서 비로소 단박에 깨달았습니다. 이번에도 몇 번이나 감로관정甘露灌頂을 받았습니다. 이때 저는 중생이 「머무는 바 없이 마음을 냄(無住生心)」에 도달하고 싶으면 바로 염불해야함을 인식하였습니다. 이러한 인식이 나 자신에게 생겼습니다. 이런 인식이 당시 발생한 이후 지금까지도 저는 그것이 여전히 정확하다고 여깁니다.

그때 저는 아마 주문을 염송하는 것이 조금 더 좋을지도 모른다고 생각했습니다. 왜냐하면 「나무아미타불」, 한마디 부처님 명호 속에는 "불"이란 글자가 있지만, 이 주문 안에는 아무런 사상도 없기 때문입니다. 그래서 그것은 「머묾 없이 마음을 냄」입니다. 머묾 없이 마음을 냄이 반야가 아니면 무엇이겠습니까? 이것이 바로 참 반야입니다.

불법은 가장 깊은 비밀의 핵심입니다. 이는 "파초 잎을 벗겨서 보이는 마음이다." 스승님에게 말하는 것이 아니라 모두에게 "사람들은 죽순 껍질을 벗겨야 한다."고 말합니다. 수지修持함이 바로 죽순을 벗기는 것입니다. 속세 바깥에 비해 진흙이 많으므로 한층 벗기고 한층 벗기고, 다시 한층 벗겨서 벗겨나가면 죽순의 마음이 보이고 드러납니다. 그래서 우리가 학불함에 있어 죽순을 벗기는 정신이 있어야 하고 벗겨야만 합니다. 조금씩 벗겨 감은 물건을 버리는 것이지 얻는 것이 아닙니다. 어떤 사람이 《심경》에서 말하는 「무소득無所得」을 기어코 얻고자 하면 끝까지 우기는 것입니다. 벗기고 벗겨서 보이는 마음은 무엇일까요? "나무아미타불, 이 한마디 부처님 명호 그대로 참 반야이다. 이는 가장 깊은 비밀의 핵심이고, 파초 잎을 벗겨서 보이는 마음이다(這句佛號卽是眞般若 這是最祕的核心 是剝芭蕉所見的心)."

[보충]

[생生이라 함은 임운任運하여 냄이고, 무주無住라 함은 방해 없이 인연에 수순하여 머묾이니, 비록 머무나 실로 머무는 바가 없다. 임운하여 냄이라 함은 자연 그대로 현현함이니, 내어도 실로 낸 바가 없다]

생함도 저절로이고, 임운함도 저절로이지, 강요함도 의취意取도 아닙니다. 의사가 있어 취하면 잘못입니다. 그것을 망심妄心이라 합니다. 단지 착실히 부처님의 가르침에 따라 행하기만 하면 되는데, 안할 겁니까? 착실히 염불하여 공부가 성숙하도록 염하면 됩니다. 무엇이 공부의 성숙이냐 하면 마음이 청정함입니다. 이 한마디 말은 마음이 청정하도록 염불함이 공부의 성숙입니다. 청정심이 현전하면 「일심불란」이라 합니다. 이렇게 착실히 염함이 마음을 생함이고 마음을 냄입니다.

수연隨緣하며 생활하면 즐겁고, 반연攀緣하면 즐겁지 않습니다. 반연攀緣은 무엇입니까? 마음속에 망상이 있고, 걱정 근심이 있으며, 번뇌가 있음을 말합니다. 수연隨緣하면 걱정 근심이 없고, 번뇌가 없으며, 득실의 마음이 없어 모든 것이 다 자재합니다! 순경順境에도 좋고, 역경逆境에도 좋으며, 하나같이 좋지 않음이 없어 일체가 모두 인연에 수순합니다. 인연에 수순하여 머묾이 바로 머묾이 없음입니다. 반연하면 바로 정말 그에게 머묾이 있습니다.

법이法爾는 '자연 그대로'라는 뜻입니다. 자연보다 더 자연스러움을 법이法爾라 합니다. 저절로 현현하여 조금도 강요함이 없고, 조금도 조작이 없습니다.

[과연 이와 같을 수 있다면 법법마다 모두 머묾 없이 마음 냄이 나타나고, 물물마다 반야의 실상이 아님이 없다]

이는 앞에서 말씀드렸듯이 옷을 입고 밥을 먹는 것이 또렷하고 명백하듯이 육바라밀을 원만하게 구족함입니다. '법법마다'는 일체법입니다. 불법뿐만 아니라 세간법을 포괄하고 일상생활을 포괄하며 보잘것없는 방울방울까지도 모두 머묾 없이 마음을 냄(無住生心)이고, 모두 실상반야입니다. 대도大道는 어디에 있습니까? 눈 아래 전부입니다.

《금강경》을 읽고서 이런 진실한 사상을 제대로 보지 못했다면 이 경을 헛 보고 헛 읽었을 것입니다. 만약 똑똑히 보았다면 이러한 마음속 생각을 한번 돌리면 범부가 바뀌어 성인이 될 것입니다. 당신은 본래 육도의 범부이지만 현재 전변轉變하면 바로 불보살입니다. 일심으로 아미타불을 염하면 당신은 틀림없이 보살이지, 절대 범부가 아닙니다. 이렇게 한번 바꿀 때 정토에 태어남을 구하면 조금도 장애가 없을 것입니다. 이는 모두 진실한 말입니다. 그래서 실상반야가 현전한다고 말합니다.

_《금강경강의절요金剛經講義節要 강의》, 정공법사

이 한마디 부처님 명호는 모름지기 평범하게 온당하게 염해야 인정되고, 망상과 혼합되면 인정되지 않는다.

這句佛號須平平妥妥才算 如與妄想混合則不算。

「평평平平」은 평평상상(평범하게 눈에 뛰지 않는다)이고, 「타타妥妥」은 온당·적절하다는 뜻입니다. 그래서 평평상상平平常常, 평상심이 도라고 합니다. 하련거 스승님께서는《정어淨語》에서 "평상심 그대로 도이니, 그대가 이를 몰라 애석하다(平常即是道 惜君未曉此)." 하셨습니다.48) 그래서 사람들은 모두 기이한 현상을 좋아해서 기이한 공능功能을 보면 눈이 부신데, 이것이 모두 마魔의 경계임을 모릅니다.

「평평타타平平妥妥」, 이는 한마디 「아미타불」 부처님 명호를 바로

48) 평상은 바로 어떤 방법도 더하지 않는 것입니다. '마음을 멈추고 망상을 없애는 것이 아니라, 단지 생각하고 헤아릴 일이 없기 때문이라네.' 대단히 평범한데 이것이 진정한 관심(觀心)법문이요 바른 수행 길입니다. _《원각경 강의》, 남회근 국사

'착실히 염한다(老實念)'는 뜻입니다. "나는 여기서 또 무슨 한 덩어리를 이룬다(成片), 나는 여기서 또 일심불란一心不亂에 이르렀다, 나는 여기서 또 여하히 청정하다, 나는 여기서 또 어떻게 한다." 이렇게 생각할 필요가 없습니다. 한편으로는 염불하면서 한편으로는 여전히 무언가 보길, 무슨 감응을 얻길 희망한다면 이것은 아닙니다. 이는 바로 망상과 한 곳에 혼재되어 있습니다. 망상과 혼재되어 있으면 인정되지 못합니다.

분별은 업식이고 식은 물든 것이다. 비춤은 청정함이고 비추어야 오온이 모두 공함을 알 수 있다.

分別是業識 識是染。照是淨 照才能知五蘊皆空。

색수상행식色受想行識에서 식識, 업식業識 그것은 바로 분별입니다. 우리들이 이것을 알고 저것을 아는 까닭과 뇌가 생각할 수 있는 것은 모두 제6의식의 작용입니다. 제6의식은 분별식입니다. 그것은 모두 물든 것입니다. 그래서 아라한은 아라한이 생사를 벗어나 증득함은 바로 제6식을 깨뜨림입니다. 그는 여전히 제7식과 제8식이 있는지 모릅니다. 「비춤」은 바로 청정한 것입니다. 당신이 「비추어」 비로소 오온이 모두 공한 줄 알 수 있습니다.

오온 중에 색온은 색법이고, 수온 등은 심법이다.

五蘊中 色是色法 受等是心法。

색·수·상·행·식 오온에서 색온은 이른바 색법입니다. 이 법은 형색에 속하는 것입니다. 뒤의 수상행식은 생각, 마음에 속하는 것으로 심법이라 합니다.

「색즉시공」은 범부에 대한 설법이고, 「공즉시색」은 이승에 대한 설법이며, 「색불이공 색불이공」은 대승보살의 경계이다.

色即是空是對凡夫說。空即是色是對二乘說。空不異色 色不異空是大乘菩薩境界。

「색즉시공色即是空」은 범부에게 하신 말씀입니다. 「공즉시색空即是色」은 성문·연각의 이승에게 하신 말씀입니다. 「색불이공空不異色 공불이색色不異空」은 대승보살의 경계에 대한 것으로 권교의 보살에게 하신 말씀입니다.

그래서 이 몇 구는 가장 먼저 범부의 집착을 깨뜨립니다. 왜냐하면 범부는 일체가 실제로 존재한다고 여기기 때문입니다. 실제로는 자기 자신이 오랫동안 수행했다고 말할 필요가 없습니다. 당신 자신은 자신의 생활을 검사해야 합니다. 당신은 몇몇 부분에서는 공을 볼 수도 있고, 몇몇 부분에서는 그것이 실유이고 참된 것이며 실재하는 것이라 여길 것인데, 이는 바로 지나갈 수 없습니다. 그래서 당신에게 「색즉시공」 그것은 공하다고 말합니다! 당신은 말합니다. "이것이 꿈속에 나타나는 것이라니, 꿈속에서 모든 것이 다 있지 않은가?" 당신은 바로 꿈을 꿀 때 어떻게 그것이 공한 줄 알았는가? 당신도 재미있고 흥미롭지 않은가? 그러나 깨어나면 아뿔사! 이런 일은 없었습니다. 그래서 《증도가》에서는 "꿈속에서는 분명코 육취(육도윤회)가 있더니만 깨달은 후에는 텅 비어 대천세계가 없더라(夢裡明明有六趣 覺後空空無大千)." 노래합니다. 그것은 꿈속 일일 뿐입니다. 그래서 《금강경》에서는 "꿈같고 환 같으며, 물거품·그림자 같다(如夢幻泡影)." 하여, 처음에 꿈같다고 말합니다. 당신은 현재 모든 것이 꿈같다 생각해내겠지만, 당신은 여전히 무언가 따지고 있고, 무언가 추구하고 있으며, 여전히 악을 저지르려고 합니다. 그래서 당신에게 이 일체는 「색즉시공色即是空」이라 말합니다.

그리고 이러한 것은 현재 과학계에서 이미 인정한 사실입니다. 그래서 아인슈타인은 말했습니다. "**이 물질은 인류의 착각으로 말미암은 것이다.**" 불교에서는 망상이라 말하는데, 아인슈타인은 착각이라 말합니다. 「착각」과 「망상」은 서로 비슷한 것이 아닙니까! 「착각」과 「망상」은 차이가 많지 않은 것이 아닙니까! 그래서 아인슈타인은 "**단지 장(field)만 있다.**"고 승인할 뿐입니다. 이른바 "**물질은 장場이 특별히 강한 부분**"이고 다른 것은 없습니다.

그래서 우리는 왕왕 이렇게 말합니다. "이게 뭐야 … 분명히 여기 있었는데. 여기가 어떻게 텅 비었지?" 저는 당체는 바로 공空이라 말합니다, 과학적으로도 그것은 공이라 말합니다. 그것은 바로 파동과 작용이며 실질적인 것은 없습니다. 이것이 과학의 해석입니다. 당체가 공하다면 그것은 장래 무너져야 하기 때문에 공하다고 말하는 것이 아닙니다. 매우 많은 사람은 장래 이것은 무너져야 하는 것으로, 존재하지 않아서 공하다고 말하지만, 그것은 모두 얕게 말한 것입니다. 그것(물질)에 곧 존재하는 것이 바로 공입니다. 당신은 이를 어떻게 체득할까요? 당신은 현재 꿈이라고 말합니다. 꿈속에서 보이는 것은 어느 한 가지라도 실재하는 것입니까? 제가 22세 때 중국에 있을 때 몸소 이런 경계에 이르렀습니다. 아무것도 없었지만 단멸斷滅이 아니었고, 모두 공이었습니다! 일물一物도 없었습니다. 정말 「본래무일물本來無一物」이었지만 단멸斷滅이 아니었습니다. 이때의 안락함은 무엇으로도 형용할 수 없었습니다. 그래서 전도顚倒이고, 그래서 착각이며 망상입니다.

「공즉시색空即是色」은 성문·연각의 이승二乘에게 말씀하신 것입니다. 이승을 바로 깨뜨립니다. 이 일체 공을 그는 붙들어 집착합니다. 공은 그에게 집착하는 것이 되고, 색으로 변합니다.

「색공불이色空不二」의 이치에 대한 말은 권승權乘의 보살을 깨뜨립니다. 이는 대승보살의 경계로 공 그대로(即空) 그것은 바로 색이고, 유 그대로(即有) 그것은 공이어서 완전히 둘이 아니라는 말입니다. 이 몇 마디 말에는 이것이 왜 그런지 해석이 없습니다. 그가 이렇게 말한 이유는 비교적 조금 높은 경지입니다.

오온이 모두 공함을 깨달아 알 수 있으면 곧 일체 괴로움을 제거할 수 있다.

能照見五蘊皆空 即能除一切苦。

그것은 당연합니다. 당신이 오온이 모두 공함을 깨달아 아는데 여전히 어떤 괴로움과 재난이 있겠습니까? 이 안에서 점漸이 있고, 돈頓이 있습니다. 이는 근기가 예리한 사람의 경우로 한번 관조하면 오온이 모두 공함을 깨달아 압니다. 그래서 《원각경》에서는 "환인 줄 알면 곧 여의고, 환을 여의면 즉 깨달음이니라(知幻即離 離幻即覺)." 하셨습니다. 이것(망상)이 환인 줄 알면 나는 환을 여의고, 환을 여의면 바로 깨달음(覺悟)입니다. 이 말씀과 《능엄경》에서 "미쳐 날뛰는 망심이 쉬지 못하다가 쉬니 곧 보리이니라(狂心不歇 歇即菩提)." 하신 말씀은 모두 최상 돈頓의 말씀입니다. 그러나 어떤 사람은 이렇게 돈오頓悟할 수 없습니다. 그에게는 천천히 찾아와 오온이 모두 공하고 일체가 모두 공함을 압니다. 천천히는 어렴풋하게 와서 어렴풋하게 갑니다. 어렴풋하여 당신에게 영향을 주지 않을 수 있습니다. 그래도 조견하면 괴로움과 재난을 건너갑니다.

심경은 일체중생이 괴로움을 벗어나는 자비의 배이다.

心經是一切衆生出苦慈航。

괴로움에서 벗어나고 싶다면 배에 기대어야 합니다.

6백 권 《대반야경》은 《금강경》 한 부로 정련할 수 있고 《금강경》도 또한 《심경》으로 정련할 수 있으며 《심경》 전부는 「관자재보살」 한 마디로 귀입할 수 있다. 이 한 마디는 다시 「조照」 한 글자로 귀납할 수 있다.

六百卷《大般若經》可精鍊爲一部《金剛經》《金剛經》又可精鍊爲《心經》全部 《心經》可歸入一句 觀自在菩薩。這一句再歸納爲一個字照。

그래서 「조照」 한 글자는 바로 600권 《대반야경》입니다. 이 6백 권 《대반야경》은 《금강경》 한 부에도 그 속의 정미한 뜻(精義)을 갖추고 있습니다. 《금강경》은 5천 여 글자가 있는데 《심경》 한 부로 정련精鍊할 수 있습니다. 3백여 글자가 있지만 2백여 글자가 실제상입니다. 《심경》은 한 마디 말로 귀입할 수 있는데, 바로 「관자재보살」입니다. 「관자재」는 대 지혜이고, 「보살」은 바로 각 유정覺有情으로 대비大悲라고 합니다. 대지大智·대비大悲가 모두 안에 있어 「관자재보살」로 귀납하면 모두 있습니다. 「관자재」는 바로 자신이 깨달음(自覺)이고, 「보리살타」는 유정을 깨닫게 함(覺有情)으로, 자각각타自覺覺他가 모두 안에 있습니다. 「관자재보살」을 다시 귀납하면 바로 한 글자 「조照」입니다. 그래서 우리는 현재 「조照」를 활용할 줄은 모르지만 항상 이 글자를 생각합니다.

중생에게는 두 가지 길이 있는데, 괴로움으로 들어가거나 괴로움에서 벗어나거나 또한 자신을 성취하거나 자신을 무너뜨리는 것입니다. 두 갈래 길은 지극히 분명한데, 어느 길로 갈 것인가?

衆生有兩條路：入苦或出苦 也即是成就自己或毁滅自己。兩條道路分明甚 何去何從？

"어느 길로 갈 것인가?" 의문부호를 찍습니다. 그래서 일체 중생에게 말하는 것은 두 갈래 길입니다. 한 갈래 길은 괴로움 속으로 들어가는 입고入苦이고, 또 한 갈래 길은 괴로움 속에서 벗어나는 출고出苦입니다. 출고는 자신을 성취하는 것으로, 자신을 성취하지 않으면 괴로움에서 벗어날 수 없습니다. 이에 반해 입고는 자신을 무너뜨리는 것입니다. 그러면 당신은 금생에 기회를 놓치는 줄 알아야 합니다. "이번이 잘못이면 정말 잘못됩니다!" 이번에 다시 잘못되면 정말 큰 잘못입니다! 왜냐하면 이는 자신을 무너뜨리는 것이나 다름없기 때문입니다.

이렇게 좋은 선근·복덕·인연으로 이런 기회를 얻었는데, 이 기회를 잡지 못하고 여전히 벗어나지 못하고 큰 바다 속으로 빠져버린다면 바로 자기 자신을 무너뜨리는 것입니다. 이 두 갈래 길은 지극히 분명합니다. 자신을 성취할 것인가? 아니며 자신을 무너뜨릴 것인가? 어느 길로 갈 것인가 어느 한 길을 선택할 것인가? 의문부호를 찍습니다. 하련거 스승님께서는 겸허하시어 저절로 마음속 깊이 사무쳐서 말씀하시길,

늘 장차 날이 있다 생각하지만 날이 없나니, 없는 때를 기다려 있던 때를 생각하지 말라. 점검해보니, 나 자신은 수십 년 세월을 도대체 어디에 소비하였고, 무엇을 얻었는가? 매번 탄식에 부친다.

常將有日思無日 莫待無時想有時。檢點起來 自己幾十年光陰究竟花到哪裏去了 取得了什麼 ? 每付之一嘆。

이러한 진정한 수행인은 자기라는 것이 없는데, 자신은 거만하고 자만하다고 느끼며, 언제나 부족하다고 느끼셨습니다. 그래서 "늘 장차 날이 있다 생각하지만 날이 없다." 하셨습니다. 이는 《조금구釣金龜》의 대사로 중·노년 여성역인 노단老旦은 "늘 장차 날이 있다 생각하지만 날이 없나니, 없는 때를 기다려 있던 때를 생각하지 말라." 노래합니다. 하련거 스승님께서는 이 두 마디를 불교에 적용하셨습니다.

우리들은 「날이 있어」 숨이 붙어 있습니다. 당신은 숨이 멎을 때를 생각하여야 합니다. 특히 연세가 많은 분은 이때가 멀지 않았습니다. "없는 때를 기다려 있던 때를 생각하지 마십시오."

숨이 멎을 때까지 기다리지 마십시오. 그가 다시 호흡이 있기를 생각하지만, 이미 숨은 멎었습니다. 그러면 더 이상 숨이 붙어 있을 수 없습니다. 다시 살아 있다면 응당 아기이거나 이미 강아지일 것입니다. 축생이면 그래도 괜찮습니다. 축생보다 못하지 않을까 두렵습니다. 그러면 마음이 매우 괴롭습니다. 왜냐하면 당신은 무궁한 업보 가운데 다음 한편이 무엇인지 모르고, 금생과 이렇게 연속되지 못할까 두렵기 때문입니다.

무량겁 이래 당신이 지은 바 인因이 되는 것, 매우 많은 일들이 모두 잘 배열되어야 합니다. 다음 일생에 당신의 원가채주冤家債主가 세상에 오려 하고, 당신도 와서 빚을 갚아야 한다면 이것이 당신의 운명을 결정짓지, 완전히 당신 자신만의 일이 아닙니다. 그래서 금생의 일이 이렇게 간단하지 않습니다. 그것은 너무나 간단한데, 이는 다생의 문제입니다. 당신의 다음 한 편이 무엇인지 모릅니다. 내생뿐만 아니라 이번 생에 당신은 오늘 내일의 일도 모릅니다. 내일 이 한 편이 무엇인지? 펼쳐보지 못하지만 무엇이든 다 가능합니다. 늘 장차 날이 있다 생각하지만 날이 없습니다.

다시 있다면 장차 이 오늘은 우리에게 불상이 있고, 도량이 있으며, 불법이 있어 들을 수 있는 때입니다. 문화대혁명은 사람들에게 제공하지 않았습니다. …… 그래서 문화대혁명 후 나는 …… 내가 사랑하는 그녀, 나는 그녀에게 서방극락세계에 오르라고 다그쳤다 말할 수 있습니다. 그때만 해도 진정으로 믿을만한 것이

하나도 없다고 느꼈습니다. 그래서 당신이 「있을」 때 당신이 무엇을 잘했는지 깨닫지 못하였습니다.

나중에 저는 제가 그녀를 잘못 탓했고, 매우 많은 사람이 그녀보다 좋지 않음을 알았습니다. 그러나 그녀는 장점만을 다그치고, 또 다그쳤고 왕생을 다그쳤습니다. 늘 장차 날이 있다 생각하지만 날이 없습니다. 오늘처럼 이렇게 몸이 건강하고 한가하고 여유가 있을 때, 선근 복덕 인연을 갖추고 있어서 수지할 수 있을 때 우리는 가장 큰 노력을 다해야 합니다.

다음 내용 중 하나는 《심경》에 대해 제가 여기서 사족을 붙인 것입니다. 본래 하련거 스승님께서는 이것을 강의하시지 않았어도 이미 원만하지만, 사족을 붙여 조금 더 해석을 하였습니다.

또 다음은 스승님께서 저의 집에서 달리 한차례 회합을 가졌고, 염불에 대해서 이야기 하셨습니다. 이는 우리를 모아서 정토로 귀의시킨 것입니다. 그래서 그것을 다시 말하는 편이 낫습니다. 왜냐하면 단지 이는 조금 언급하였을 뿐이기 때문입니다. "이 한마디 부처님 명호는 바로 참 반야이다. 이는 가장 깊은 비밀의 핵심이고, 파초 잎을 벗겨서 보이는 마음이다." 앞에서 이 한마디 말로 저는 조금 해석하였지만, 그다지 충분하지 않았습니다. 다음에 좀 더 깊은 내용을 전하기 위해 다른 회합에서 하신 스승님의 법문을 택해 보충하였습니다.

 그래서 다음에 두 가지 내용이 있습니다. 하나는 《심경》을 매우 간단하게 정리한 글이고, 또 하나는 스승님의 다른 회합에서 하신 염불 법문입니다.

[4] 쉬운 풀이 심경(淺釋心經)

스승님의《심경》강의는 이미 마쳤지만, 제가 사족을 붙인 것입니다. 그래서 명상(名相 ; 이름과 개념)을 중심으로 매우 쉬운 풀이를 하겠습니다.

"관자재보살께서 깊은 반야바라밀다를 행하실 때 오온을 관조하여 모두 공함을 깨달아 알고, 일체 괴로움과 재난을 건너갔느니라. 사리자여, 색온은 진공과 다르지 않고, 진공은 색온과 다르지 않으며, 색온 그대로 진공이고, 진공 그대로 색온이니, 수온·상온·행온·식온도 또한 이와 같으니라."

觀自在菩薩。行深般若波羅密多時。照見五蘊皆空。度一切苦厄。舍利子。色不異空。空不異色。色即是空。空即是色。受想行識亦復如是。

「오온五蘊」은 또한 「오음五陰」으로도 번역됩니다. 바로 색·수·상·행·식입니다. 「색色」은 당연히 가장 자명한 일체 물질로 책상 걸상, 소파, 의자, 산하대지 등입니다. 그것은 이러한 색일 뿐만 아니라 귀로 듣는 소리, 광선, 무엇이든 심지어 자기장, 전기장도 모두 색입니다. 이것은 이른바 색법色法이라 하고 바깥 경계에 속하며 물질 방면의 법에 속합니다.

「수受」는 지각(領納), 이해(領會), 받아들임(納受)의 뜻이고 또한 감수感受의 뜻입니다. 당신은 얼굴빛을 보고 음성을 듣고서 감각하여 받아들이는데, 이것이 바로 수受입니다. 이는 바깥의 물건을 당신의 마음속에서 일종의 접촉을 얻는 것입니다. 그래서 일체 괴롭고, 즐거우며, 괴롭지도 즐겁지도 않은, 이 일체의 경계로 당신이 감수하는 것이 있을 수 있는데, 이것이 바로 수受입니다.

「상想」은 무엇인가 하면 생각입니다. 당신이 소리를 듣고 얼굴빛을 보면 생각활동이 생기는데, 이것이 상온입니다.

「행온行蘊」은 이로 말미암아 생각이 여태껏 멈춘 적이 없는 것입니다. 일념에 이어 일념이 이어지니, 흐르는 물처럼 앞 물결에 이어 뒤 물결이 이어지는 것과 비슷합니다. 그래서 망상이 이어짐을 행이라 하고, 쉬지 않고 흐름(遷流)이라 합니다. 마치 물처럼 앞 물결에 이어 뒤 물결이 이어지듯이 생각 중에서 그것도 바로 이와 같습니다.

「식識」은 요별了別입니다, 그것은 매우 세밀하여 그 「식」 속에는 「이식耳識」으로부터 줄곧 「의식意識」까지 이어집니다. 이식이 의식에 이르기까지 무슨 상황인지 예를 들 수 있습니다. 귀로 들리는 소리는 성聲으로, 그것의 바깥 대상인 진塵입니다. 가장 먼저 내가 받아들이는 것은 이근耳根이고, 이근 다음이 이식耳識이며, 그 다음이 의식意識입니다. 우리가 전화를 하면 전화기로 전해지는 것은 무엇인가 하면 여기서는 말하는 사람이 없고 그것은 진동하고 있는 얇은 조각입니다. 그래서 당신은 귀로 지각하여 받아들이는 것은 무엇인가 하면 갑자기 느슨했다 갑자기 팽팽해지는 소리의 파동입니다. 이 소리파가 당신의 귀 속으로 전달되고 당신의 고막도 이 소리의 강약에 따라 진동합니다. 당신의 진동은 소리와 같은데, 이것이 바로 이근의 작용입니다. 당신이 그 다음에 듣는 이것은 무엇이겠습니까? 그래서 이 귀는 단지 하나의 진동을 지각하여 받아들이는 것입니다. 이것이 소리라고 아는 것이 이식의 작용입니다.

의식은 무슨 작용인가 하면, 의식은 이런 소리를 분별합니다. 그래서 이 부분에서 그것은 대단히 세밀합니다. 바깥 대상인 성진聲塵이 와서 당신의 귀에 접촉하면 먼저 이근耳根이 받아들이고, 그런 다음 이식耳識을 불러일으키며 다시 곧장 의식으로 바뀌게 됩니다. 그리고 그 다음에 이것이 좋은지 추한지, 좋은지 좋지 않은지 분별합니다. 이것 전부가 의식의 작용입니다. 종소리라 분별하는 것이 바로 의식의 작용입니다.

그리고 이러한 요별하는 마음은 끊임없이 이어지니, 이것이 바로 행식行識입니다. 그래서 수·상·행·식이 오온의 함의입니다. 우리는 이 가운데 있습니다. 당신이 색을 보고 소리를 들으면 먼저 받아들입니다. 눈도 같습니다. 눈은 카메라의 렌즈와 같습니다. 그래서 일체 형상은 우리의 눈 안에 이르면 이 카메라 안에 모두 거꾸로 됩니다. 당신의 구식 카메라는 그 뒤에서 보면 거꾸로 됩니다. 진정으로 우리 눈에 나타나는 형상도 모두 거꾸로 된 것입니다. 그러나 당신의 안식과 의식의 관계로 말미암아 그것은 올바로 되는데, 이것이 마음의 작용입니다. 그래서 이「식識」은 심법이고, 이 물건의 상은 색법입니다.

색·수·상·행·식, 오온五蘊은 모두 공空입니다. 그 중에서 가장 깨뜨리기 어려운 것은 색온色蘊입니다.「색」이 왜 공空이라고 말합니까? 왜냐하면 현재, 모든 사물은 일백여 종의 원자가 배합된 것이나 마찬가지임을 알기 때문입니다. 그래서 몇 개의 산소, 몇 개의 질소, 몇 개의 탄소가 합쳐서 나무토막을 이루고, 종이를 이루며, 물을 이루고, 어떤 종류의 물질을 이루니, 모든 물질은 일백여 종의 원소가 변화한 것에 불과 합니다. 그리고 일백여 종의 원소는 곧 전자·중성자·양자에 불과합니다. 현재 전자·중성자·양자는 모두 깨뜨릴 수 없고, 모두 매우 많은 새로운 것이 나올 수 있습니다. 현재 발견된 중성미자는 전자 한 개의 수 억 분의 일 크기로 수만리 떨어진 강판을 꿰뚫을 수 있으며 모두 통행에 막힘이 없습니다. 왜냐하면 그것은 너무나 작기 때문입니다. 모든 것에는 매우 큰 틈이 있습니다. 고정된 것은 하나도 없습니다. 모든 물체의 미시세계는 우리 태양계처럼 모두 다소의 물질이 둘러싸며 돌고 있습니다. 중간에 매우 많은 허공이 있는데, 당신은 덩치가 커서 그것을 통과할 수 없습니다.

동창회에서 친구 한 명이 풍馮 선생님의 말씀이 생각나서 새장을 말했습니다. 그는 새장에는 "사람도 들어갈 수 없고, 새도 나올 수 없다. 그 새장에 새가 갇혀있으나, 개미는 마음대로 드나든다." 말했습니다. 그것이 바로 이런 문제입니다. 중간에 절대적인 것은 없습니다. 그래서 이 중성미자는 수만 리 떨어진 강판을 뚫을 수 있고, 게다가 중성미자는 우주에 가득 차 있습니다. 이는 미진微塵에 가깝습니다. 현재 과학에서도 우주를 부수면 미진이 되고, 미진을 취합하면 우주인데, 행성도 만들 수 있음을 증명하였습니다. 또한 이는 성주괴공成住壞空으로 무너질 것입니다. 바로 대폭발입니다. 장래에 핵폭발로 모든 것이 다 붕괴될 것입니다. 지구와 태양 무엇이든 완전히 붕괴됩니다. 그것은 우주가 파괴되는 시기로 우주는 괴멸될 것입니다.

무엇하러 이런 말을 합니까? 이들 입자는 모두 이른바 파동성과 입자성의 이중성을 지니고 그것 자체는 다른 것이 없으며 파동에 불과하다는 말입니다. 무선전파의 경우 당신은 잡을 수 있나요? 그것이 안 된다고 말하나요? 방송국에서 방송을 하여 당신이 거두기만 하면, 목소리도 나오고, 영상도 나오고, 어떻게 없을 수가 있습니까? 하지만 그것을 잡아서 보면 아무것도 없고 파동에 불과합니다. 모두 파동이고, 에너지입니다. 입자성은 입자 하나하나가 있는 것이 아니라 단지 에너지가 집중된 것입니다. 그래서 우주의 모든 것, 진정으로 존재하는 것은 일부는 파동, 일부는 작용에 불과할 뿐입니다. 그것의 진실한 고정된 물질을 잡으려 하면 없는 것이고, 사람의 착각으로 보이는 것뿐입니다. 당신에게 눈병이 있으면 허공에 아지랑이가 보이나 실제로 아지랑이는 없기에, 눈병이 없는 사람은 볼 수 없습니다.

또 비유가 있으니 꿈속의 상황입니다. 당신이 꿈을 꾸었는데 넘어져서 무슨 호랑이가 와서 당신을 잡아먹는 걸 보고, 놀라 죽을 지경이지만 사실 호랑이는 없습니다. 그래서 색은 바로 공으로, 당신이 현재 이것이 책상과 걸상, 소파와 의자라 말하지만, 책걸상과 소파·의자는 바로 공입니다. 그것은 몇 가지 원자에 불과하고, 원자는 이들 전자·중성자·양자에 불과합니다. 전자·중성자·양자 그것도 바로 이중성입니다. 당신이 그것이 존재한다 말하지만, 그것은 무언가에 불과하지 조금도 이 전파를 잡을 수도 없고, 에너지에 불과합니다. 이것은 우리 인류의 과학이 고안한 개념이고, 사실은 이런 것조차도 여전히 꿈을 꾸고 있는 것입니다. 하지만 당신은 그런 확실한 개념이 아닙니다. 그래서 「색즉시공」이라 할 때, 당체는 공하여 바로 꿈을 꾼 것입니다. 진정으로 깨어나면 이런 일은 없었습니다. 이는 나 자신이 경험하였지만, 정말 이런 일은 없었습니다. 왜냐하면 당신들은 모두 술을 마셔 취해있고 꿈을 꾸고 있으며, 꿈속에서 깨어나지 못하고 있습니다. 꿈에서 깨어나야 합니다. 저는 「색즉시공」, 이 점을 실증한 것이 한 차례에 그치지 않았습니다.

「색즉시공色即是空 공즉시색空即是色」. 이는 오늘날 이미 증명되었습니다. 현재 고에너지물리학자들이 모두 이 점을 인정하였습니다. 그들은 실험하는 중에 작은 미립자는 갑자기 없어질 수 있고, 없어졌다가 갑자기 또한 나타날 수 있어서, 그것은 공空으로부터 나올 수 있습니다. 그래서 "「공空」과 「유有」, 그것은 두 가지 일이 아니다." 이것이 과학자가 한 말입니다. 그래서 「색즉시공色即是空 공즉시색空即是色」이 성립됩니다.

「수受」 또한 이와 같고, 「상想」 또한 이와 같으며, 모두 이와 같습니다. 그래서 이것은 모두 이러한 것에 불과하고, 이러한 것은 공空입니다. 당신은 여전히 무언가 받아들이고 있고, 무언가 그것에 근거하여 당신의 생각활동을 불러일으키고 있지만, 그것은 없습니다. 그래서 이 일체는 모두 얻을 수 없습니다. 그래서 곧 「오온개공五蘊皆空」입니다. 바로 이런 뜻입니다. 그렇게 당신이 만약 진정으로 「오온개공」임을 안다면 괴로움이라 할 만한 무언가가 있겠습니까!

사리자여, 이 오온제법의 진공실상은 생겨나지도 사라지지도 않고, 더럽혀지지도 깨끗해지지도 않으며, 늘어나지도 줄어들지도 않느니라.

舍利子。是諸法空相。不生不滅。不垢不淨。不增不減。

그래서 이 제법은 공상空相입니다. 그리고 이「공」은「없다」는 그 공을 말하는 것이 아닙니다. 왕왕 어떤 사람은「공」을 체득하고 거북이의 털, 토끼의 뿔 같다고 말하는데, 이렇게 해석하면 그것은 잘못입니다. 없는 것이 아니라. 그것은「진공眞空」의 뜻입니다. 진공이란「진공」과「묘유妙有」두 가지 일이 아니라, 하나의 일입니다. 왜냐하면 진공 그것은 묘유이고, 묘유 그것은 바로 진공이기 때문입니다. 그래서「제법」은「공상」입니다.「제법공상」, 이러한 진공의 경계, 그것은 생겨나지도 사라지지도 않고, 더럽혀지지도 깨끗해지지도 않으며, 늘지도 줄지도 않습니다. 그것은 바로 우리 당사자의 자성입니다. 당사자의 자성이 곧 진공이자 곧 묘유입니다.

그래서 진공에는 색온도 없고 수온 · 상온 · 행온 · 식온도 없으며, 안근 · 이근 · 비근 · 설근 · 신근 · 의근도 없으며, 색진 · 성진 · 향진 · 미진 · 촉진 · 법진도 없느니라.

是故空中無色。無受想行識。無眼耳鼻舌身意。無色聲香味觸法。

이미 이와 같은 이상 진공에는 색이 없고, 수 · 상 · 행 · 식도 없습니다. 앞에서 이미 오온이 모두 공함을 말했습니다. 그래서 이는 중복으로 진공 어디에서 색 · 수 · 상 · 행 · 식을 찾겠습니까?

다음은 「무안이비설신의無眼耳鼻舌身意 무색성향미촉법無色聲香味觸
法」입니다. 안이비설신의는 육근六根이고, 색성향미촉법은 육진六
塵입니다. 근根과 진塵은 상대적인 것으로 눈은 색을 상대하고
귀는 소리를 상대하며, 코는 냄새를 맡고 향기를 맡으며, 혀는
맛을 보고, 몸은 접촉하고 감각이 있으며, 의식은 갖가지 법을
분별할 수 있습니다. 이 육근과 육진은 상대적으로 존재합니다.
이 두 개를 한 곳에 두면 「십이입十二入」이라 합니다. 이는 서로
영향을 주어(互入) 일종의 주체(能)가 있고 대상(所)이 있게 됩니다.
그래서 이 열두 가지를 12입이라 부릅니다. 그렇게 이미 「무無」이
면 12입은 「공空」하여 이 십이입을 깨뜨립니다.

안계도 없고 내지 의식계도 없다.

無眼界乃至無意識界。

이는 십팔계十八界를 깨뜨림입니다. 이는 지극히 정련된 언어로
두 개만 말합니다. 상세히 말하면 육근·육진에 육식을 더해 십팔계
를 이룹니다. 무안계 내지 무의식계의 18마디 말은 머리에 일구,
말미에 일구로 이어집니다. 그래서 머리 일구는 안계이고, 가장
말미의 일구는 의식계로 18마디의 말이지만, 그것을 간단하게
정련하여 말하였습니다. 그래서 현장대사는 문자는 적게, 뜻은

풍부하게 번역하였습니다. 이들은 모두 공하여 18계도 얻을 수 없고, 이를 쓸어버립니다.

이상은 모두 범부에 대해 말씀하신 것입니다. 이른바 오온五蘊·육근六根·육진六塵·육식六識·십이입十二入·십팔계十八界는 모두 범부의 경계입니다. 다음은 성인의 경계입니다. 위에서는 인아人我·아집我執을 깨뜨렸고, 아래에서는 법아法我·법집法執을 깨뜨립니다.

무명이 없어서 또한 무명이 다함도 없으며, 늙고 죽음이 없어서 또한 늙고 죽음이 다함도 없느니라.

無無明亦無無明盡。乃至無老死亦無老死盡。

「무명無明」에서 「노사老死」까지를 십이인연十二因緣이라 합니다. 십이인연은 성인의 법입니다. 「무명」 다음은 「행行」이고, 「행」 다음은 「식識」이고, 「식」 다음은 「명색名色」이고, 「명색」 다음은 「육입六入」이고, 「육입」 다음은 「촉觸」이고, 「촉」 다음은 「수受」이고, 「수」 다음은 「애愛」이고, 「애」 다음은 「취取」이고, 「취」 다음은 「유有」이고, 「유」에 연하여 「생生」인데, 생이란 노사우비고뇌老死憂悲苦惱로 이 12가지를 십이지인연十二支因緣이라 합니다. 소승은 이 십이인연을 닦아 천천히 간파하면서 몸에서 생기는 생사를 끊고 열반을 증득하여, 아집을 제거하고 분단생사를 벗어납니다. 십이지인연을 관하는 수행자가 바로 연각緣覺입니다. 연각은 아라한보다 조금 높은 과위입니다. 연각은 바로 십이인연을 관하여 오도悟道합니다. 초과初果를 증득하면 성인聖人이라 부릅니다. 아라한과 연각은 소승의 극과極果입니다.

이 십이인연에 대해 조금이나마 말해보겠습니다. 「무명無明」이 말하는 것은 **지말무명枝末無明**으로 근본무명에 이르지는 않습니다. 이는 어리석음으로 이치를 따르지 않고 집착하는 등등을 가리킵니다. 이러한 어리석음과 집착 때문에 당신의 행동이 있게 되고 행동하면 업을 짓습니다. 이는 과거의 인因, 전생의 인입니다. 왜냐하면 과거에 무명이 있어 행동이 있게 되고 업을 짓기 때문입니다. 업을 짓고 어떻게든 집착하면 당신은 태에 들어가 윤회하게 됩니다.

처음 두 글자는 전생입니다. 현재는 이번 일생을 말합니다. 이번 일생에 「식識」이 태에 들어갑니다. 그래서 "갈 때는 나중에 가고 올 때는 먼저 와서 주인공(아뢰야식)이 된다(去後來先做主人)." 먼저 아뢰야식이 태에 진입합니다. 이것은 매우 미묘하고 미묘합니다. 요즘 어떤 사람들은 어떻게 시험관 아기가 이런 일에 해당되는가 묻습니다. 이는 현재도 불법과 서로 통합니다. 태에 들어갈 때 빛이 보이는데, 이는 정자와 난자가 서로 만날 때 방광을 하는 것입니다. 이것은 현재 과학으로 증명되었습니다. 그래서 석가모니부처님께서는 진실된 말을 하는 사람이며, 실다운 말을 하는 사람입니다. 따라서 태로 들어가는 것은 바로 「식識」입니다. 즉 식신識神이 태로 들어갑니다.

그 다음은 「명색名色」입니다. 태로 들어간 후에 그것은 단지 이런 이름이 있고, 아주 원초적인 색상이 생기며, 함께 피와 살이 생기면서, 색·수·상·행·식이란 이름이 붙여집니다. 이는 태에 들어 간지 2, 3개월 때의 상황입니다. 「육입六入」은 명색이 생긴 후 천천히 육근六根이 생기는 것입니다. 태아는 먼저 코가 생깁니다. 그래서 비조鼻祖라 합니다. 코가 먼저 생긴 후 귀와 눈이 천천히 모두 나오고 육근六根이 생깁니다. 육근이 육진六塵을 받아들일 수 있어 육입六入이라 합니다. 출생하면 바깥 세계와 접촉합니다.

그 다음은 「촉觸」입니다. 촉이 있어서 태아가 출생하면 웁니다. 왜냐하면 바람이 불어와 매우 차갑기 때문입니다. 자궁 안은 따뜻하였는데 갑자가 차가워 매우 괴롭습니다. 이것이 바로 촉입니다. 촉 다음은 바로 「수受」입니다. 접촉이 생기면 받아들임(領受)이 생깁니다. 이는 현재 받는 과보입니다. 이 모든 것은 과거의 무명으로 말미암아 행을 조성하기 때문입니다. 당신이 태어 들어가는 이유이기도 합니다. 태에 들어간 후 반드시 촉과 수를 거쳐야 합니다. 태 안에서는 살이 형성됩니다. 그런 후 육근이 생겨나고 그 후 세상으로 나와서 접촉합니다. 이는 당신이 현재 얻는 과보입니다.

과果를 얻고 당신이 세상에 나온 후에도 여전히 인因을 짓습니다. 그래서 인과는 끊어지지 않습니다. 인을 지으면 「애愛」가 생깁니다. 접촉하면 받아들임이 생깁니다. 어떤 것은 좋고 어떤 것은 좋지 않습니다. 좋은 것은 탐내고, 좋지 않은 것은 거절하려고 하는데, 이것이 바로 애愛입니다. 애愛가 생기면 「취取」가 됩니다. 좋은 것은 하려고 합니다. 이것이 바로 취取입니다. 취한 후에는 「유有」가 됩니다. 당신이 이것을 취했으니 차지하게 됩니다.

이 말이 무엇인가 하면 당신이 현재 짓는 인, 금생에 짓는 인입니다. 당신에게 애愛가 있고 취取가 있어 당신은 소유하게 됩니다. 이것이 금생에 짓는 인입니다. 이렇게 지은 인으로 당신은 내세에 어떻게 되는가? 다시 「생生」을 얻습니다. 그래서 열한 번째는 「생生」입니다. 마지막 두 개는 내세입니다. 생을 얻은 후 다시 「노사老死 우비고뇌憂悲苦惱」를 겪어야 합니다. 그래서 윤회의 바퀴가 쉬지 않고 굴러갑니다. 이른바 십이지인연은 벽지불이 이를 관하여 깨닫습니다. 이는 성인이 닦는 법입니다. 이것도 전부 「없다」고 말합니다.

여기서 「무무명無無明」은 이러한 지말무명은 말할 것도 없고, 근본무명조차 없다는 것입니다. 《열반경》에서는 석가모니부처님께서 임종시 열반에 드실 때 갖가지 선정에 드셨고 갖가지 공간으로 들어가셨습니다. 이런 다차원적인 공간에 대하여 인정하여야 합니다. 그래서 세존께서는 갖가지 선정에 들어가시고 갖가지 공간에

드시어 무명을 찾았으나 찾을 수 없었습니다.

이렇게 간단하지 않습니다. 우리 3차원 공간, 이 세계에서 찾으면 없습니다. 4차원, 5차원, 무한한 차원에 이르기까지 어떤 공간이든 갖가지 선정에 들어가셔서 모두 찾았습니다. 이는 유식唯識불교에서 **차식借識**의 설법과 같습니다. 그가 머무는 천상계에서 우리가 사는 세계의 상황을 이해하려면 동일한 공간이 아니어서 그가 우리의 방식을 빌려야 합니다. 우리가 천상계의 공간을 잘 알려면 천상인의 식識을 빌려야 합니다. 이러한 법상法相을 차식借識이라고 합니다. 이러한 것은 불가사의한데, 이것과 모두 상통합니다. 그래서 이렇게 갖가지 선정에 들어간 후 우리에게 "무명은 얻을 수 없다(無明不可得)." 한마디 말씀을 일러주셨습니다. 그래서 영명연수 대사께서는 "우리 중생은 응당 피부를 벗겨서 종이로 삼고, 뼈를 가지고 붓으로 삼으며, 피를 가지고 먹물로 삼아 이 말씀을 써서 부처님 은혜에 보답하여도 다 갚을 수 없다" 하셨습니다.

그래서 무명은 없습니다. 모두 꿈을 꾸는 것입니다. 꿈속의 일이 어느 한 가지인들 존재했습니까? 우리는 꿈에서 깨어나야 합니다. 왜 "미쳐 날뛰는 망심이 쉬지 못하다가 쉬니 곧 보리인가?" 바로 이런 일입니다. 이런 일체 현상, 당신이 두뇌를 잃어버리는 이런 일은 없다고 말합니다! 우리는 알아야 합니다. 무엇을 생사윤회라 합니까? 이런 일은 없습니다. 모두 꿈을 꾸는 것으로 현재 바로 이것이고, 바로 이런 문제입니다. 그래서 무명이란 없습니다. 또한 그 무엇도 「무명을 다하게」 하는 것도 없습니다. 어떻게 「무명이 다하는」 날이 있겠습니까? 이미 무명이 없는 한 무명이 다함 또한 없고, 늙고 죽음이 없어 늙고 죽음이 다함도 없습니다. 그래서 이 이 한마디 말로 십이인연을 쓸어 없애고, 나머지 성인의 이러한 법집을 깨뜨려 없앱니다.

고제와 집제가 없기에 멸제와 도제도 없느니라.

無苦集滅道。

「고집멸도苦集滅道」도 이러하여 이 또한 성인이 닦는 것입니다. 아라한이 닦는 사제법四諦法으로 고를 알아 집을 끊고 멸을 흠모하여 도를 닦습니다. 그것은 실제로는 「집고도멸集苦道滅」이어야 합니다. 그래서 나중에 한 사람이 「집고도멸集苦道滅」로 외도에게 변론하였습니다. 외도는 말하길 "당신은 어떻게 부처님의 말씀을 듣지 않고 그것을 뒤집는가?" 하였습니다. 실제로 그의 말이 옳습니다. 왜냐하면 「집集」이 있고 비로소 「고苦」가 있으며, 「도道」가 있어 비로소 「멸滅」이 있기 때문입니다.

인생은 여덟 가지 괴로움이 옥죄어 옵니다. 당신은 이런 괴로움을 알고 어떻게 합니까? 「집集」은 괴로움의 인因입니다. 갖가지 번뇌는 괴로움을 만듭니다. 이러한 것을 끊어야 합니다. 그래서 "고를 알아서 집을 끊는다."고 합니다. 당신은 적멸을 흠모합니다. 번뇌를 모두 끊은 후에는 청정 안락하고자 도를 닦게 됩니다. 적멸을 흠모하면 도를 닦아야 합니다. 이런 「고집멸도苦集滅道」는 아라한이 닦는 법입니다. 이 또한 본래 없습니다.

그래서 《법화경》에서는 아라한이 화성化城에 이르니, 단지 일승법一乘法이 있을 뿐이라 말씀하십니다. 그래서 인생이 괴롭고 사람조차 모두 공합니다. 그는 어떤 인생을 살기에 괴롭고, 그 괴로움은 어디에서 온단 말입니까? 그렇지 않습니까? 그래서 「고집멸도가 없다(無苦集滅道)」하여 그것도 쓸어 없앱니다. 이런 이승의 법인 십이인연·사성제법을 모두 쓸어 없애어 법집을 깨뜨립니다. 법집을 깨뜨리는 것은 이 법이 근본적으로 쓸모없다는 말과 같지 않습니다. 일체가 무너지면 집착도 무너집니다.

또렷한 앎도 없고 또한 얻음도 없나니, 얻을 것이 없는 까닭이니라.

　　無智亦無得。以無所得故。

「무지역무득無智亦無得」. 그래서 현재 수많은 수행인은 이전에 통원通願법사께서 우리에게 …, 그날 손 거사 집에서 우리들은 법담을 나누었습니다. 제가 말했습니다. "분명히 부처님의 법은 무위無爲이지만, 수많은 사람들 손에 의해 유위有爲로 변했죠."
그녀가 무엇이라 대답하였는가 하면, "분명히 무루無漏의 법인데
사람들 손에 이르자 유루有漏로 변했죠."라고 하였습니다. 이래야
대화라고 합니다. 그래서 말을 덧붙일 수 있으면 이야기를 나눌
수 있습니다. 이래야 「교담(交談; 말을 주고받음)」이라고 합니다.
지혜를 구하면 얻는 바가 있어야 한다고 생각합니다. 이런 마음이
있으면 영원히 성공할 수 없습니다!

노자조차 이러한 이치를 알았습니다. 노자는 "성스러움을 끊고
지혜로움을 버려라(絶聖棄智)." 말하였습니다. 성인은 필요하지 않
고 지혜를 버려야 합니다. 장자는 "성인이 죽지 않으면 큰 도둑이
그치지 않는다(聖人不死 大盜不止)." 말하였습니다. 이는 분별하여
대립으로 향하는 것입니다. 오랫동안 성인이 있으면 오랫동안
도둑이 있습니다. 그래서 우리는 대승불교를 지지하고 보살펴야
합니다. 대승불교는 세계적으로 존재합니다. 중국은 대승불교를
진정으로 계승하고 있습니다. 수많은 동남아지역 사람들은 모두
소승입니다.

「지혜(智)」는 어떤 법입니까? 이는 보살이 성불하는 법으로 팔식
을 바꾸어 네 가지 지혜를 이룹니다. 이 법집도 깨뜨립니다. 그래서
《원각경圓覺經》에서 설했듯이 오도悟道·수도修道·증도證道의 과
정이 대부분 아집의 인아상人我相입니다. 《금강경》에서는 식識 상에
서 미혹한 네 가지 전도인 사상四相을 말합니다. 식識 상에서 미혹하

면 이를 「인人·아我·중생衆生·수자壽者」의 사상四相이라고 합니다. 《원각경》에서는 지혜 상에서 미혹한 사상四相을 말합니다. 당신이 지혜 상에서 어리석음으로 생긴 사상四相입니다. 그래서 당신의 수도修道·증도證道는 전부 사상四相입니다. 그래서 당신이 식을 바꾸어 지혜를 이룸에 이러한 생각을 일으킴은 모두 사상四相 안에 있습니다. 《금강경》에서 실제로 법집을 깨뜨리지만, 《원각경》에서처럼 이렇게 상세하게 언급한 것은 없습니다. 부처님께서는 수보리에게 말씀하시길, "이와 같고 이와 같나니, 수보리여, 실로 어떤 법이 없어 여래께서 아뇩다라삼먁삼보리를 얻느니라(如是 如是 須菩提 實無有法如來得阿耨多羅三貌三菩提)."하셨습니다. 실제로 법이 없어 부처님께서 아뇩다라삼먁삼보리를 얻었습니다. 부처님께서도 설법한 적이 없습니다. 여래가 설한 법이 있다고 말하면 부처님을 비방하는 것입니다. 그래서 "지혜도 없고 또한 얻음도 없다."하셨습니다.

사람들은 얻을 바가 있다는 마음을 품고 있습니다. 그래서 이러한 무위법無爲法은 당신에 이르러 여기서 유위법有爲法을 이루고, 무루법無漏法도 당신에 이르러 여기서 유루법有漏法으로 변합니다. 이는 불법이 영험이 없는 것이 아니라 당신 자신의 문제입니다. 그래서 "지혜도 없고 또한 얻음도 없다."하셨습니다. 그래서 이렇게 개오開悟한 사람은 당신이 "얻을 바가 있다는 마음을 완전히 제거하여야 비로소 걸어서 이르지 못한 곳까지 갈 수 있다(必須除盡了有所得心

方能行至行不到處)." 하였습니다. 이런 오도와 증도는 당신이 걸어서 이르지 못하는 곳이고, 수행하여 도달할 수 있는 곳이 아닙니다. 당신은 이러한 얻을 바가 있다는 마음을 깔끔히 쓸어버려서 조금도 존재하지 않아야 걸어서 이르지 못하는 곳에 이를 수 있고, 걸어서 이를 수 있는 곳이 아닙니다.

「이무소득고以無所得故」. 당신은 여기서 특별히 「무소득無所得」이어서 얻을 바가 있다는 마음을 품으면 바로 제가 통원법사에게 말한 두 마디 말에 떨어집니다. "멀쩡한 무위법은 당신에 이르러 여기서 유위법으로 변하고, 멀쩡한 무루법은 당신에 이르러 여기서 유루법으로 변합니다." 그것은 당신 자신을 탓할 수도 없고, 아무도 탓할 수 없습니다.

보리살타는 반야바라밀다에 의지해 마음에 연연함이 없고, 연연함이 없어 공포가 없으며, 전도몽상을 멀리 여의니, 구경 열반이라.

菩提薩埵。依般若波羅密多故。心無罣礙。無罣礙故。無有恐怖。遠離顛倒夢想。究竟涅槃。

「보리살타菩提薩埵」는 바로 보살입니다. 얻을 바가 없음(無所得)은 바로 반야바라밀다입니다. 그래서 마음에 연연함이 없습니다. 당신은 본래 갖추고 있어 늘어나지도 줄어들지도 않고 조금도 모자람이 없습니다. 당신에게 어떠한 연연함이 있겠습니까? 아무런 미련도 없습니다. 전도몽상이 있겠습니까? 어떠한 공포가 있겠습니까?

본래 모두 구족하고 있습니다. 일체의 무명도 본래 공합니다. 일체는 모두 환의 경계입니다. "환인 줄 알면 곧 여읠 수 있고, 환을 여의면 즉 깨달음이니라(知幻即離 離幻即覺)." 하셨습니다. 그래서 "전도몽상을 멀리 여읜다." 하셨고, 「전도몽상을 멀리 여의면」 「구경열반이라」 하셨습니다. 열반은 법신덕法身德·반야덕般若德·해탈덕解脫德의 삼덕三德이 드러남입니다.

삼세제불은 반야바라밀다에 의지해 아뇩다라삼먁삼보리를 얻느니라.

三世諸佛依般若波羅密多故。 得阿耨多羅三藐三菩提。

당신은 어느 일구를 틀어줘어야 하는가, 어떻게 틀어줄 수 있는가? 방금 말씀드렸듯이 얻을 것이 없음(無所得)을 틀어줘어야 합니다. 왜냐하면 바로 삼세제불이 반야바라밀다에 의지하므로 아뇩다라삼먁삼보리를 얻기 때문입니다. 그래서 상해上海 일차 대토론에서 두 분 방龐 거사의 토론이 깔끔할 수 없었습니다. 공원에서 공개토론을 가졌었는데, 벌써 십여 년이 지났습니다.

　나중에 상해사람이 와서 그들이 우리가 이 일을 알고 있음을 전해 듣고 매우 놀랐습니다. 그는 말했습니다. "당신네들도 알고 있군요!" "당신네 일을 우리가 어떻게 모르겠어요." ……. 한 조는 "닦음도 없고 증득함도 없다(無修無證)." 하였고, 한조는 "닦음이 있고 증득함이 있다(有修有證)." 생각했습니다. 두 조는 서로 버티며 양보하지 않았습니다. 서로 양보하지 않으며 공원에 가서 토론하였습니다. 토론한 후에도 안 되면 다시 2차 토론을 했습니다.

　나중에 스님 한 분이 "두 조는 모두 틀렸소! 이 토론은 좋지 않아요"라고 조정하는 말을 하였습니다. 그것은 무엇인가 하면 「닦음이 없는 닦음(無修之修)」으로써 「얻음이 없는 얻음(無得之得)」을 얻고, 「증득함이 없는 증득(無證之證)」을 증득합니다. 외곬으로 닦음이 없고 증득함이 없는 것이 아니고, 또한 외곬으로 닦음이 있고 증득함이 있는 것도 아닙니다. 요컨대 "닦되 닦음이 없고 닦음이 없되 닦으며, 증득하되 증득함이 없고 증득함이 없되 증득합니다(修而無修 無修而修 ; 證而無證 無證而證)." 그래서 반야바라밀다에 의지하여 여전히 아뇩다라삼먁삼보리를 얻습니다.

　앞에서 얻는 바가 없음이 있는 까닭에 이 무소득無所得을 틀어줍니다. 그래서 이러한 것은 또한 중생의 의식이 도달할 수 없는 곳입니다. 그래서 열심히 공부해야만 당신이 본래 갖추고 있는 스스로의 진여본성과 천천히 계합하여 체득할 수 있습니다.

그래서 알지니, 반야바라밀다는 크게 신통한 주문, 크게 비추는 주문, 위없는 주문, 견줄 수 없는 평등한 주문으로 일체 괴로움을 없앨 수 있어 진실하여 헛되지 않느니라.

故知般若波羅密多是大神咒。是大明咒。是無上咒。是無等等咒。能除一切苦眞實不虛。

그래서 "반야바라밀다는 대신주大神咒이고 대명주大明咒입니다." 이것이 무엇을 말하는지 알아야 합니다. 왜냐하면 주문은 불가사의하여 이러한 주문으로 반야를 찬탄합니다. 「대명大明」·「무상無上」·「무등등無等等」은 모두 찬탄하는 말입니다. 이 반야바라밀다는 일체 괴로움을 없앨 수 있으니, 진실하여 헛되지 않습니다.

그래서 반야가 지닌 이런 힘에 대해 저는 여기서 하나의 증명을 제시하겠습니다. 바로 우리 거사림의 사례입니다. 저는 광화사에서 열린 염불불칠(打念佛七; 염불집중수행) 법회에서 강의를 마쳤는데 한 여자 거사님이 몸이 너무 말라서 그야말로 꼴불견이었고, 온 얼굴이 새빨갛고 치아가 썩은 모습이었습니다.

"아이구, 큰일이네. 황 거사님께서 저를 구해주세요. 그야말로 죽을 지경이에요!" 그녀는 말했습니다. "거사님이 말씀하신 상황이 바로 저의 병통입니다." 왜냐하면 제가 강연에서 "그대들은 염불하는 마음속에 부처님을 친견하려고도 광명을 보려고도 하지 말라(念

佛心裏不要想著見佛見光)."49) 라는 인광대사님의 말씀을 인용하였습니다. 저는 "이러면 쉽게 마에 걸립니다." 하고 말했습니다. 그녀는 "바로 저를 두고 하시는 말씀이군요."라고 말했습니다.

그녀는 선뜻 먼저 남에게 말하지 않았고, 단지 두 사람에게만 말했습니다. 나중에 저에게 말했습니다. "저는 한 평생 관세음보살을 염했습니다. 저는 관세음보살을 친견하고 싶었는데, 마침내 정말 관세음보살을 친견했습니다. 지금 이후부터 큰일이군요." "가만히 있지 못했고, 잠잘 수도 없었으며, 눈을 뜨든지 눈을 감든지 무언가 조금 있었습니다… 방안에 사람들이 꽉 차있는 줄 몰랐습니다. 이러한 괴이한 모습 같은 것이 나왔습니다. 눈을 뜨든지 눈을 감든지 대낮에도 한밤에도 모두 이와 같았습니다. 그야말로 깨어 있을 수도 잠잘 수도 없습니다." 그녀는 저에게 어떻게 할지 물었습니다. 그녀는 누군가 그녀에게 대비주大悲呪를 염하여 항복시키라고 가르쳐주었다고 말했습니다. 저는 "주문을 염송하여 항복시키지 마십시오."라고 말했습니다. 저는 "또한 맞서야 합니다."하고 말했습니다.

저는 말했습니다. 예전에 암자가 하나 있었습니다. 한 스님이

---

49) 《금강경》에서는 매우 명백하게 말씀하시니, "무릇 있는 바 상은 모두 허망하니라(凡所有相 皆是虛妄)." 말씀하셨으니, 부처님을 친견하고 광명을 보는 것은 모두 아니다. 무릇 있는바 봄은 모두 참된 봄이 아니다. _《벽암록강좌碧嚴錄講座》, 원음노인元音老人

매우 좋은 장소를 보고 초막을 쳤습니다. 그는 덕성이 훌륭해서 수많은 사람들이 따라왔는데, 점점 더 많이 와서 커다란 장소가 되었고, 모두 그곳에서 머물렀습니다. 이곳은 본래 산상의 요괴들이 머무는 장소였는데, 이렇게 많은 사람들이 오자 그들은 불쾌했기에 온종일 갖가지로 사람들을 위협하며 장소를 옮기길 원했습니다. 사자가 왔다가 호랑이가 왔다가, 불보살님이 왔다가 미녀가 왔다가, 이렇게 갖가지 기이한 현상이 나타나자 모두들 놀라서 불안해하였습니다. 밥을 먹어도 불안하고, 잠을 자도 불안하여, 노스님께 말하였습니다. "스님, 장소를 옮기시죠. 여기서는 안 됩니다." 노스님께서는 아랑곳 하지 않았습니다. 삼년이 지나고 나니 이런 이상한 현상들이 모두 사라졌습니다. 어느 날 모두들 생각이 났습니다. "이것 좀 보세요, 정말, 지금은 이상한 현상들이 다 사라졌어요." 노스님께서 웃으시며 두 마디 말씀을 하셨습니다. "귀신은 천 가지 재주가 있어도 그것은 다함이 있지만," "노승은 듣지도 보지도 않아 이는 무궁무진하지."

저는 이 노거사에게 이런 말을 했습니다. 그녀는 이것이 매우 좋다고 말했지만, 저는 기억할 수 없습니다. 그때 제가 허리끈(條兒)을 매고 갔었는데, 오늘 그녀가 오지 않았습니다. 집에서 아이를 보고서, "그녀에게 주렴" 하니, 아이가 말했습니다, "좋아요, 제가 허리끈에다 글을 써서 사람을 보내 그녀에게 보내줄게요." 두 번째는 제가 광제사에서 경전을 강의하고 있었는데, 그녀가 또

와서 저에게 감사의 말을 했습니다. 얼굴에 붉은 빛을 띠었습니다. 그녀는 "그 허리끈이 제 손에 들어오고서 저는 이런 이상한 모습이 다 사라졌습니다."라고 말했습니다.

이것이 바로 반야가 지닌 힘입니다. 그래서 사람들은 여전히 반야를 잘 배웁니다. "반야바라밀다는 대명주이고, 대신주이며, 무상주이고, 무등등주로 일체 괴로움을 없앨 수 있어, 진실해서 헛되지 않느니라." 이것이 반야의 힘입니다.

그래서 반야바라밀다주를 설하나니, 곧 주문을 설하여 말하길, 아제아제 바라아제 바라승아제 모지사바하.

故說般若波羅密多呪。即說呪日。揭諦揭諦。波羅揭諦。波羅僧揭諦。菩提薩婆訶。

그래서 반야바라밀다주를 설하셨습니다. 다음은 주문을 설합니다. 누군가 이 주문을 번역하나, 이는 가장 통하지 않은 일입니다. 다른 주문도 번역하는 사람이 있습니다. 매우 많은 사람이 주문을 번역하는 법을 강구하나, 이는 실제 터무니없습니다. 현재는 무슨 일이나 다 벌어집니다.

《심경》의 좋은 점은 바로 여기에 있습니다. 현설顯說이 있고 밀설密說이 있으며, 현설로부터 밀설로 들어갑니다. 즉 앞에서 언설이 있고 뒤에 이르러서는 언설을 여의니, 바로 이러한 안배는 가장 교묘한 점입니다. 당신이 이것을 번역하면 전부 언설로 변합니다. 그래서 불보살의 원래 중생을 위해 안배한 좋은 의도는 파괴되고 맙니다.

또한 주문 한 자 한 자마다 모두 무량한 뜻이 있습니다. 당신은 그것의 뜻 하나를 번역할 뿐입니다. 사람들은 "가장 중요한 한 가지를 적느라 나머지를 모두 빠뜨리는(掛一漏萬)" 어리석음을 말합니다. 당신이 이 뜻 하나를 번역하느라 무량한 뜻을 빠뜨립니다. 그래서 주문은 그것의 뜻에 상관하지 말아야 합니다.

제가 스무 살이었을 때 「무주생심無住生心」을 보았습니다. 이 중생은 오직 이 염불일 뿐이니, 아마도 주문을 읽는 것이 좀 더 좋았을지도 모릅니다. 왜 그렇습니까? 그것은 당신의 세속적인 이런 생각을 여의기 때문입니다.

건륭乾隆황제가 서사한 주문의 음은 우리가 현재 염하는 소리와 매우 가깝고, 티베트어의 음과 매우 가깝습니다. 심경의 반야바라밀다주, 건륭황제의 어필은 원래의 그 음과 맞지 않습니다. 저는 건륭황제의 이 음을 염송하는데, 「타다-야타-아르」 세 글자가 더 많습니다.

이 건륭황제가 쓴 《심경》에서 주문은

타다-야타-아ㄹ

　　tad yathā 答[達鴉][塔阿]

가테가테

　　gate gate/嘎得嘎得

파-아ㄹ라가테

　　paragate/巴喇嘎得

파-아ㄹ라상가테

　　parasaṃgate/巴喇桑嘎得

보제 스와하

　　bodhi svāhā/玻堤娑訶。

　이는 제대齊大 사형이 서강西康에서 배워 온 음과 매우 가깝고, 크게 다르지 않습니다. 그러므로 원래 우리 주문 상에 인쇄된 그 주문은 발음이 매우 심하게 틀리다는 점을 여러분은 알아야 합니다. 그러나 발음도 중요하지 않으니 주저하지 말고 염하십시오. 모두 불가사의한 공덕입니다. 여래께서 모두 아시고 모두 보십니다. 당신이 발음하는대로 여래께서 당신이 염한 것이 이 주문인 줄 아시고 호법護法이 가능합니다. 낮은 호법은 아마도 그리 또렷이 들리지 않아서 그렇습니다.

　그래서 이는 하련거 스승님께서 강설하신 《심경》의 함의를 말한 것입니다. 즉 하련거 스승님께서 《심경》에 대해 화룡점정으로 눈동자를 찍어 그려 넣은 것은 과거의 일이지만, 다음에 제가 또 사족을 첨가하여 《심경》 전체의 함의를 말하고 또 말했습니다. 이 안의 내용도 매우 수승하고, 《심경》도 매우 수승합니다. 이를 한 덩어리로 결합해도 좋습니다.

[5] 염불이야기(依蓮公之開示 談念佛)

[한마디 부처님 명호는 곧 세간법을 포기하지 않고 불법을 증득한다]

이는 원래 심선등沈善登 거사님의 말씀입니다. 그는 특별히 정토
법문을 찬탄하셨습니다. 그가 말씀한 것은 네 마디인데, 하련거
스승님께서 여기서 두 마디를 인용하셨습니다. 그는 정토법문은
"불법을 여의지 않고 세간 일체법을 행할 수 있다(不離佛法 而行世法)."
말씀하셨습니다. 당신은 "세간 법을 모두 내버리지 않고도 불법을
증득할 수 있습니다(不廢世法 而證佛法)." 그래서 이는 재가인이 특별
히 잘 닦을 수 있는 법문으로 대단히 근기에 잘 맞습니다. 《무량수
경》에서는 문수·보현·미륵 몇몇 대보살을 나열한 후, 「제2품
보현보살의 덕을 좇아서 닦다(德遵普賢品)」에서 현호賢護 등 16정사
正士를 나열합니다.

이 정사正士는 어떠한 사람인가? 하면 바로 재가인, 재가의 보살입
니다. 뿐만 아니라 16명입니다. 이 16명은 재가보살의 상수上首입
니다. 현호 대보살은 매우 많은 경전에서 언급됩니다. 《현호경賢護
經》에서는 등각보살이지만, 인도에서 강생降生하여 크게 부유한
상인이 되었습니다. 다른 정사들은 모두 타방세계에서 와 부처님이
널리 교화하시도록 돕고자 거사의 몸으로 나타나신 분입니다.
그래서 이 법문은 특별히 거사들에게 적합합니다. 그것이 무엇이든
지 당신이 세간법을 폐기하지 않고서도 여전히 불법을 증득할

수 있습니다. 또한 당신은 불법을 여의지 않고도 세간법을 행할
수 있습니다.

　당신이 그림을 그리고 싶으면 그림을 그려도 되고, 당신이 글을
쓰고 싶으면 글을 써도 되며, 당신이 컴퓨터를 설계하고 싶으면
컴퓨터를 써도 되며 당신이 외국어를 강연하고 싶으면 외국어를
가르쳐도 됩니다. 어떤 일이 당신이 정토법문을 수지하는데 방해가
되겠습니까? 당신에 하고 싶은 세상의 일은 모두 할 수 있습니다.
당신은 이런 세간법을 폐기할 필요 없이 불법을 증득할 수 있습니
다. 그래서 이것이 바로 정토법문이 특별할 뿐만 아니라 현대에
적합한 이유입니다. 당신이 요즘 시대에 이 법문을 제창하는데,
사람들이 모두 생산도, 사회봉사도 할 수 없으며 모두 문을 닫아걸
고 수지한다면 이러한 불교가 당신이 존재하도록 허락하겠습니까?
그래서 그것은 근기에 맞습니다. 장래에 당신이 사는 시대가 발전하
여 무슨 사회가 되든지 상관하지 않습니다. 그래서 이 정토법문은
현재부터 최후까지 줄곧 일어날 것입니다. 여기에는 두 가지 설이
있습니다. 하나는 4천년까지 존재한다 하고, 또 하나는 9천년까지
존재한다고 합니다. 불법이 여전히 세상에 머물도록 하려면 이
정토법문이 바로 우리의 근기에 잘 맞습니다.

　그래서 하련거 스승님께서는 "한마디 부처님 명호는 곧 세간
법을 포기하지 않고 불법을 증득한다."고 말씀하셨습니다. 당신
은 「나무아미타불」, 이 한마디 부처님 명호로 증득할 수 있습니

다. 이 한마디 부처님 명호는 당신이 무슨 일을 하여도 염할 수 있습니다.

송나라 시절 황타철黃打鐵은 대장장이로 일자무식이었습니다. 누군가 그에게 염불을 가르쳐 준 이후로 쇠를 두들기며, 풀무질을 하며 「나무아미타불, 나무아미타불 …」 망치를 잡고 쇠를 두들기며 「나무아미타불 나무아미타불 …」 염불하였습니다. 3년 후 그는 선 채로 죽었습니다. 그는 왕생하기 직전에 말하였습니다. "댕그랑 댕그랑 오랫동안 연단하여 강철이 되었다. 나는 서방으로 향한다. 나는 태평함이 막 이르니 서방극락에 왕생한다."

황타철은 망치를 땅에 똑바로 세우고서 선 채로 왕생하였습니다. 그는 불법을 증명하였습니다. 그는 세간법을 폐기하지 않고 여전히 쇠를 두드렸습니다. 그는 "나는 쇠를 두드리지 않는다." 말하지 않았고 여전히 쇠를 두드렸으니, 그렇지 않습니까? 다음은 하련거 스승님의 말씀입니다.

"다만 잊지 않을 수 있으면 그대로 공부이다. 장소가 없으면 닦을 수 없다 여기면 그대로 불법과 세간법으로 두 동강 나고 만다. 정토법 문은 부처님께서 제자들이 질문하지 않음에도 스스로 말씀하신 것이 다. 왜냐하면 불법을 여의지 않고 세간법을 행하기 때문이다."

但能不忘 即是功夫。如認爲沒有地方 不能修 即是將佛法世法打成兩截。淨土

法門佛不問自說 就因爲可不離佛法而行世法。

「다만 잊지 않을 수 있으면 그대로 공부이다(但能不忘 即是功夫)」 방금 제대齊大 형수님이 여전히 망상이 있다 말씀하셨지만, 아무 관계없습니다. 「나무아미타불」이 한마디 부처님 명호를 근본적으로 잊지 않으면서 일하면 그것이 바로 공부를 하고 있는 것입니다. 어느 때 망상이 뚫고 나오면 곧바로 알아차리고 그것을 따라 달리지 않고 곧바로 부처님 명호를 계속 이어나가면 이러면 방해가 되지 않습니다.

그는 비판하며 "장소가 없어 닦을 수 없다고 여기면 바로 불법과 세간법으로 두 동강이 나고 만다." 말씀하셨습니다. 다시 말해 "장소가 있지 않으면 안 된다. 불당을 깨끗이 정리하여야 무엇이든 나는 닦을 수 있다. 반드시 또 다른 환경이 있어야 한다." 이러면 당신은 바로 두 동강이 납니다. 어느 장소이든 닦을 수 있고, 무슨 일을 하든지 모두 닦을 수 있습니다.

「정토법문은 부처님께서 제자들이 질문하지 않았음에도 스스로 말씀하신 것이다.」 그래서 《아미타경》에는 누군가 질문함이 없습니다. 부처님께서는 크게 자비로우셔서 제자들이 묻길 기다리지 않고 사람들에게 아미타부처님께서 설한 서방극락세계가 존재함을 일러주셨으니, 당신이 어떻게 해야 갈 수 있겠습니까? 왜 부처님께서 묻지 않았음에도 스스로 말씀하셨습니까? 왜냐하면 불법을 여의지 않고 세간법을 행할 수 있기 때문입니다. 다음은 하련거 스승님의 말씀입니다.

"한마디 부처님 명호는 현교라 불러도 괜찮고, 밀교라 불러도 괜찮다."

一句佛號稱爲顯亦可 密亦可。

당신이 이 한마디 부처님 명호를 염함은 이것이 현교다 말해도 괜찮고, 닦는 것이 밀교라고 해도 괜찮습니다. 누군가 말한 것이 아니라, 이 부처님 명호는 비밀 주문입니다.

정토법문은 밀종을 드러내 말한 것이다

淨土法門是密宗顯說。

정종을 드러내어 말하고 공개한 것이 바로 정토법문입니다. 다음으로 하련거 스승님이 말씀하시길,

"단지 부처님 명호를 중단하지 않고, 번뇌·고통·환희 속에서도 잊지 않으면 그대로 공부이다. 단지 염하기만 하면 곧 성불할 것이다.

서둘러 구하되, 한마디 이 한마디 「나무아미타불」을 구하여야 한다."

只要佛號不斷 在煩惱、苦痛、歡喜中不忘 即是功夫。只要肯念 成佛一半。要搶
救 救一句是一句。

이 말씀은 대단히 간절합니다. 당신이 기꺼이 염하기만 하면 곧 성불입니다. 현재 사람들은 서둘러 구합니다. 당신이 망상이 있든지 없든지 서둘러 몇 마디를 구하는 것도 아니고, 오래도록 망상을 짓는 것도 아니며, 서둘러 한마디, 이 한마디 「나무아미타불」 부처님 명호를 구해야 합니다. 한마디를 구하는 것에 그치지 않고, 하루에 일천, 일만 번 구하지 않습니까, 그렇지 않습니까? 이러면 맞습니다. 「서둘러 구함(搶救)」, 이 두 글자를 체득해야 합니다. 하련거 스승님의 다음 말씀은 매우 중요합니다.

한 덩어리를 이루거나 일심불란으로 이일심理一心이나 사일심事一心에 이르도록 염하면 모두 증득이다. 일반적으로 말해서 잊지 않으면 바로 증득이다. 괴롭거나 즐겁거나 바쁘거나 한가하거나 오래도록 이 한마디에 마음이 있으면 곧 증득이다. 곧 증명이자 곧 증거이다. 이것을 증득하지 않으면 정각을 증득할 수 없다.

念到成片 一心不亂 理一心 事一心 都是證。一般說來 不忘就是證。苦樂忙閑老
有這一句就是證。就是證明 就是憑據。不證這個 不能證正覺。

염불하여 한 덩어리를 이룰 수 있도록 염하면 매우 청정합니다.

다시 진보하면 곧 일심불란—心不亂으로 이일심理—心이나 사일심事—心입니다. 이는 도달하기 그리 쉽지 않습니다. 사일심事—心은 오래도록 이 한마디 「나무아미타불」에 시간을 쏟아서 무슨 일을 할 때에도 이 한마디를 전혀 중단하지 않습니다. 그리하여 사일심에 이르러야 견혹見惑·사혹思惑이 사라집니다. 그래서 그것은 매우 구체적인 일입니다. 불법은 가장 과학적인 것입니다. 마음이 산란한 사람은 매우 많습니다. 당신이 산란한지 보기만 하면 압니다. 당신이 사일심을 증득하였다고 말하지만 여전히 견혹·사혹이 있으면 그것인 사일심이 아닙니다. 그리고 **이일심理—心에 이르도록 염하면 무명無明을 깨뜨립니다. 그래서 염불은 무명을 깨뜨리는 가장 좋은 수행 방법입니다.** 이일심에 이르도록 염하여 무명이 깨지면 당연히 증득이지 않겠습니까. 당연히 증득입니다. 그러나 염불하여 한 덩어리를 이룸도 증득입니다.

「일반적으로 말해서 **잊지 않으면 곧 증득이다.**」 당신이 오래도록 이 일을 기억하고, 오래도록 그것을 매우 주요한 일로 여깁니다. 저는 늘 말씀드리지만, 당신이 불법을 유일한 것으로 여기고 구할 것을 바라지 않습니다. 저는 당신이 그것을 첫 번째 일로 여기라고 한다면, 이런 요구는 그리 부담스럽지 않을 것입니다. 저는 당신이 유일한 것을 구하고 다른 것을 모두 내려놓아야 한다고 생각합니다. 그것은 다만 전심專心으로 수지할 수 있을 뿐입니다. 이런 요구를 하지 않아도 시대적으로 맞지 않고 현대인의 근기에 맞지도 않을 뿐만 아니라 이렇게 해도 좋을 것 같지 않습니다. 그러나 그것을 첫 번째 일로 삼으면 잘 하고, 여전히 두 번째, 세 번째 일도 있습니다. 두 번째, 세 번째 일에도 정신을 쏟을 수 있습니다. 그러나 모순이 생길 때 첫 번째 일을 보증하지 않겠습니까? 그렇지 않습니까? 당신은 두 가지 일 중 두 번째 일을 겸할 수 없어 선택해야 할 때 첫 번째 일을 보증하고, 두 번째 일은 포기하면 당신은 이것으로 결정한 것입니다.

그래서 이 일은 우리가 해낼 수 있는 것으로 불법수행이란 이 일을 응당 유일한 것이 아니라 첫 번째 순위로 해내야 합니다. 유일한 것은 사람들에게 요구가 매우 높습니다. 그래서 여기에 오래도록 시간을 쏟으면 바로 증득한다고 말합니다. 이러면 증득합니다. 이것이 바로 증거입니다. 이것을 증득하지 않으면 정각을 증득할 수 없습니다. 당신이 「잊지 않는 것(不忘)」조차 해내지 못하고, 「한 덩어리를 이루도록 염하는 것(念成片)」도 해내지 못하는데, 여전히 성불하고 싶다면 그렇게 되지 못합니다.

「증득에 이르는 첫 번째 걸음(第一步證)」, 이는 하련거 스승님의 말씀입니다.

증득에 이르는 첫 번째 걸음, 바로 여기서부터 증득이 일어난다. 일심불란에 이르지 않아도 왕생할 수 있지만, 일향전념하지 않으면

왕생할 수 없다.

第一步證 就是要從這裏證起。不一心不亂 也能往生。不一向專念 不能往生。

그래서 우리는 그것을 좀 전일專一하도록 해야 합니다. 수지修持는 마치 이 일도 버리지 못하고 저 일도 버리지 못하여 무엇이든 조금씩 신경을 쓰는 것 같아서는 안 됩니다. 실제로 한 법은 바로 만법이기에, 당신은 '하나'에 진실로 익숙하여야 합니다. 그래서 지금의 수지修持는 바로 여섯 글자, 「생처숙生處熟 숙처생熟處生」이 중요합니다. 즉 낯선 것은 익숙하게 대하고, 익숙한 것은 낯설게 대하여야 합니다.

우리는 이 탐진치에 대해 너무 익숙합니다. 우리는 수지修持하여 그것을 천천히 조금 낯설게 바꿉니다. 왕왕 우리는 부처님 명호가 너무나 낯설어, 그것을 조금 익숙하도록 바꾸고 오래도록 생각해낼 수 있게 해야 합니다. 수지修持는 바로 이런 일입니다. 익숙한 것을 낯설게 바꾸고, 낯선 것을 익숙하게 바꾸어야 합니다. 낯선 것을 익숙하게 바꾸고 싶다면 당신은 오래도록 이 일을 전제(專提 ; 오로지 제창함)하여야 익숙하게 쉽게 바뀝니다. 조금 있다가 이것이고, 조금 있다가 저것으로 우왕좌왕한다면 그리 쉽게 익숙하게 되지 않습니다. 그래서 일향전념一向專念하지 않으면 왕생할 수 없습니다.

착실히 염불해야 하니, 괴로워도 염불하고 즐거워도 염불해야 한다. 한마디에 이어 한마디를 긴밀하게 염불할 필요는 없다. 마음속에 오래도록 이 한마디 「나무아미타불」이 있으면 그대로 일향전념一向專念이다.

要老念 苦也念、樂也念。不必一句頂一句。心中老有這一句即是一向專念。

응당 "착실히 염불해야 하니, 괴로워도 염불하고 즐거워도 염불해야 합니다." 여기에 한 가지 중요한 점이 있습니다. "한마디에 이어 한마디를 긴밀하게 염불할 필요는 없다." 과거 그 **추정법**追頂法50), 그것이 바로 한마디에 이어 한마디를 긴밀하게 염불하는 것(一句頂一句)입니다. 저는 과거 이 방법을 사용해보았는데, 필수적이지 않습니다. 이 염불법의 좋은 점은 바로 망상이 머물 틈을 주지 않는 것입니다. 한마디에 이어 한마디를 긴밀하게 염불하는 법은 조금 틈이 없도록 바싹 죔에 치우칩니다. 그래서 반드시 오래도록 이렇게 한 마디에 이어 한마디를 긴밀하게 염불하여야 하는 것은 아닙니다.

---

50) 글자와 글자 사이와 문구와 문구 사이를 연속적으로 지극히 긴밀하게 하여, 한 글자가 한 글자를 뒤쫓으며 한 문구가 한 문구를 이어서 중간에 조그마한 틈도 없이 함으로 추정념追頂念이라 말한다. 이렇게 앞을 뒤쫓아 서로 긴밀하게 하여 조그마한 틈도 두지 않기 때문에 잡념이 들어올 틈이 없는 것이다. 이 법으로 염불할 때는 정신이 긴장하고 마음과 입이 항진亢進하여 정념으로 하여금 잠깐 사이에 고요한 경지에 들어가게 하는 것이다. 이 염법은 효력이 지대하므로 정업행인이 흔히 이 방법을 채용한다. _《정법개술正法槪述》, 방륜方倫

「마음속에 오래도록 이 한마디 「나무아미타불」이 있음」. 이 점은 그리 잘 체득하기 어렵습니다. 또한 한마디에 이어 한마디를 긴밀하게 염불하지 않고서 어떻게 나의 마음속에 오래도록 이 한마디가 존재할 수 있겠습니까? 천천히 체득하십시오. 당신의 마음속에 오래도록 이 한마디 「나무아미타불」이 있기만 하면 그것이 바로 일향전념一向專念입니다. 그래서 때로는 당대의 수많은 대덕의 말씀은 무엇이든지 다 이을 수 있으면 "마음속에 이 한마디 「나무아미타불」이 생길 수" 있습니다.

일향전념은 인因이고 일심불란은 과果이다. 일향전념은 사람마다 할 수 있다.

　　一向專念是因　一心不亂是果。一向專念　人人能辦。

　당신은 누가 하지 못할 사람이 있겠냐마는, 그는 하지 않으려고 할 뿐이라고 말합니다. 나는 천부적인 결함이 있어서 나는 할 수 없다고 하는 사람은 없습니다. 그래서 오래도록 이런 것이 있으면 바로 무엇입니까? 바로,

불법이 시시각각 현전하면 세속적인 욕망과 번뇌를 곳곳마다 해탈시킨다.

佛法時時現前 塵勞處處解脫

「불법이 시시각각 현전한다」 함은 시시각각 마음속에 항상 불법이 있음을 말합니다. 불법이 시시각각 현전할 수 있으면 하련거 스승님께서는 "세속적인 욕망과 번뇌를 곳곳마다 해탈시킨다." 말씀하셨습니다. 당신에게 시시각각 모두 불법이 있기만 하면 곳곳마다 세속적인 욕망과 번뇌를 해탈시킬 수 있습니다.

다음은 이상을 증명하는 말씀입니다. 앞에서 저는 하련거 스승님께서 "염불은 가장 깊은 반야이다. 이는 최상 비밀의 핵심이고, 파초 잎을 벗겨서 보이는 마음이다." 하셨다고 말씀드렸습니다. 이 부분에서 하련거 스승님께서는 말씀하시길,

한마디 부처님 명호, 당하에 그대로 상적광常寂光이다.
一句佛號當下即是常寂光。

이 경계는 가장 수승한 것입니다. 왜 그럴까요?

정념正念이 상응하면 그대로 상常이요, 맑고 맑아 부동하면 그대로 적寂이요, 광명이 두루 비춤을 일러 광光이라 한다.
正念相續即是常 湛然不動即是寂 光明遍照之謂光。

하련거 스승님께서는 「정념이 상응함」이 바로 「상常」이라고 하십니다. 염불은 정념正念입니다. 일념에 일념이 이어짐이 바로 「상常」입니다. 「맑고 맑아 부동함」이 바로 「적寂」입니다. 이 한마디 부처님 명호는 또렷하여 맑고 맑음이 지극하니, 이 속에는 동요가 없습니다. 이것이 바로 「적寂」입니다. 매우 고요(寂淨)합니다. 광명이 늘 비추면 「광光」이라 합니다. 그래서 염불인은 일유순一由旬의 광명이 있습니다. 일유순은 최소 40화리(華里; 0.5km)라고 말합니다. 그래서 어떤 사람은 당신은 잘 닦아서 얼마나 높은가하면 일척의 광명이 있다고 말합니다. 실제로 이는 모두 비방입니다. 어떤 사람이 매우 기뻐서 당신은 염불하여 응당 40리의 광명이 있다고 말합니다. 그래서 어떤 사람은 이런 사람을 찾아 보여주길 좋아합니다. 「광명이 두루 비춤」은 이른바 "당하에 한마디 부처님 명호가 바로 상적광이다." 말한 것입니다. 그러나

마음을 일으키면 곧 잘못이고, 생각을 움직이면 곧 어긋난다.

起心即錯 動念即乖。

이는 두 번 말하는 것입니다. 앞에서 이 두 마디를 말하였습니다. 여기서 또한 두 마디가 있으니, "마음을 일으키면 곧 잘못이고, 생각을 움직이면 곧 어긋난다."

정진하려는 마음을 일으키면 이는 허망이지 정진이 아니다.

若起精進心 是妄非精進。

우리는 각자 정진하겠다는 마음을 일으킵니다, 이는 허망이지 정진이 아닙니다. 그래서 "마음을 일으키면 곧 잘못이고, 생각을 움직이면 곧 어긋난다." 하였습니다. 진정한 불법은 당신이 첫발을 디디고 들어갈 곳이 없습니다. 이러한 말은 모두 하련거 스승님 자신이 말씀하신 것이 아니라 몇몇 경전에서 모두 이와 같이 설했습니다. 이는 총결總結입니다. 당신이 기꺼이 받아들일는지, 믿을 것인지에 달려 있습니다.

늘 정토가 눈앞에 있다 사유하고
날로 씀에 두두물물 흠결이 없다

常思淨土在目前 日用頭頭無缺欠。

당신이 늘 정토가 눈앞에 있다 사유하면, 이는 「늘 죽을 사자를 눈썹에 매단다(常把死字掛在眉)」는 구절에 비해, 저는 좀 더 좋아 보입니다. 오래도록 눈앞이 바로 정토이다 생각하고, 당신이 매일 씀에 두두물물 흠결이 없을 것입니다. 여기가 바로 정토로, 보배연못·팔공덕수·향광장엄香光莊嚴·부처님이 모두 설법 가운데 있습니다.

반야심경을 압축하면「관자재보살」다섯 글자가 되며,
다시 농축하면 단지「照조」한 글자일 뿐입니다.
「照조」자를 점차 넓히면 6백 권 반야경입니다.
곧「미세한 티끌이 깨질 때 헤아릴 수 없는
큰 경전들이 쏟아져 나옵니다(破微塵出大千經卷).」
대천 경권 중 한 글자마다 무량한 경권을 머금으니,
중중무진重重無盡합니다. 그래서 반야의 공덕은
불가설不可說 불가설입니다. 원하옵건대 유정有情은
반야를 인도자로 삼고 정토를 귀의처로 삼아지이다.
-황념조 거사,『심경 약설』

심경약설 心經略說

황념조黃念祖 거사 등 51)

[1] 반야심경의 두 가지 형식

대승불교 국가에서 광범위하게 전해져서 집집마다 알고 있는 《반야심경》은 당나라 대덕이신 현장玄奘법사의 역본입니다. 그 격식은 다른 경전과 달리 앞쪽에 "이와 같이 나는 들었다(如是我聞)."로 시작되는 믿음을 증명하는 서분이 없고, 결미에도 "모두 환희하며 신수봉행하고, 절을 하고는 물러갔다(皆歡喜 信受奉行 作禮而去)."는 류의 유통분이 없습니다.

진秦나라 구마라즙 대사의 역본도 이와 같습니다. 그러나 다른 여러 종류의 고역본(총7종) 및 서장의 티베트어 심경은 다른 경전과 마찬가지로 첫머리와 결미 두 부분을 포괄하여 현장·구마라즙 양대 역본과 다릅니다. 그것들을 간략화하여 반야심경의 정종분正宗分(즉 늘 보는 반야심경)은 단지 200자 이상의 첫머리와 결미 두

---

51) 황념조 거사의 《심경약설略說》을 주 텍스트로 하고, 양육王驤陸 거사의 《심경관석貫釋》(관석이라 약칭)과 서항지徐恒志 거사의 《심경주해註解》(주해라 약칭)를 보충 텍스트로 번역하였다.

부분이 차지하는 말 두 개가 차지하는 비중이 너무 커서 중점이 두드러지도록 삭제하고 번역하지 않았습니다.

현재 현장대사께서 역본에 없는 부분을 간단히 소개하면 아래와 같습니다.

서분序分(증명분證明分)

"이와 같이 나는 들었다. 한때 세존(바가바)께서 왕사성 영취산에서 대 비구중 및 대 보살중과 함께 계셨다. 이때 세존께서 「깊은 광명」이라는 법문의 삼매에 들어가셨나니, 이때 또한 성관자재보살마하살이 반야바라밀다의 깊고 미묘한 행을 관조하였고, 오온을 비추어 모두 자성이 공함을 깨달아 알았다. 이때 수명을 구족한 사리자가 부처님의 위신력에 힘입어 성관자재보살마하살에게 말하길,

> 如是我聞。一時婆伽梵在王舍城靈鷲山與大比丘衆及大菩薩衆俱 爾時
> 婆伽梵入深明法門三昧 是時復有聖觀自在菩薩摩訶薩觀照般若波羅蜜
> 多深妙之行 照見五蘊皆自性空 爾時壽命具足舍利子承佛威力自聖觀自
> 在菩薩摩訶薩言.

부처님의 법회는 왕사성 영취산에서 봉행되었는데, 매우 많은 대 비구, 대 보살들이 모두 좌우에 있었으니, 부처님께서 깊은 광명이라는 삼매에 들어가셨습니다. 이때 관자재보살께서도 반야

바라밀다의 깊고 미묘한 행을 관조하고 있었으니, 색수상행식의 오온이 모두 공이자 환임을 깨달아 알았습니다. 이때 사리자(즉 사리불)는 부처님의 가지加持에 힘입어 이 위신력을 타서 공손히 관자재보살에게 묻습니다.

"선남자여, 반야바라밀다의 깊고 미묘한 행을 닦으려 하면 어떻게 수습해야 합니까?"

善男子 若有欲修般若波羅蜜多深妙行者 作何修習?

사리불이 우리 대중을 대신하여 묻는 말은 대단히 절실합니다. 우리가 만약 반야바라밀다의 깊고 미묘한 행을 닦고 싶은 사람이라면 응당 어떻게 수습해야 합니까? 성관자재보살마하살이 수명을 구족한 사라자에게 일러준 말은 관자재보살이 사리자에게 답한 말임이 확실합니다. 근대 중국과 일본의 저자는《대반야경大般若經 수학품學觀品》에 근거하여 세존께서 설하신 것은 본경과 거의 전부 같은 문구로《반야심경》이 석가모니부처님께서 설하신 것이지만,《반야심경》의 첫머리와 결미는 후인이 보탠 것이라고 주장합니다. 이 말은 동의할 수 없습니다. 부처님의 말씀은《반야심경》과 일치하고 부처님과 부처님의 도는 같음을 드러냅니다. 고역古譯 중에는 첫머리와 결미가 있는 것이 절대다수를 차지하고, 티베트어 경본 또한 첫머리와 결미가 있으니, 어찌 망작이라 볼 수 있겠습니까?

게다가 고덕이 경문을 지극히 존중하여 망녕되이 자기의 의도로써 경문을 조작하는 것은 실로 계율로 허락되지 않습니다. 게다가 유통분에서는 세존께서 관세음보살이 설한 것을 찬탄 인증하는 경문이 있어 결코 전부 위조로 간주해서는 안 됩니다.

유통분流通分(결미)

관세음보살께서 주문을 설한 후 사리자에게 말씀하십니다.

"보살마하살은 이와 같이 깊고 미묘한 반야바라밀다를 수행하여야 한다."

菩薩摩訶薩應如是修行深妙般若波羅蜜多

이에 「바가범婆伽梵」(세존)인 석가모니부처님께서 삼매에서 일어나 선정에서 나온 후 성관자재보살에게 말씀하십니다.

"훌륭하다! 훌륭하다!"

善哉! 善哉!

두 번 선善을 중복해서 말함은 세존께서 매우 찬탄하심을 표명합니다. 부처님께서는 또한 말씀하시길,

선남자여! 이와 같고 이와 같다.

善男子如是如是

관세음보살이 한 말에 대해 이러하고 이러하다 찬탄하십니다. 이는 세존께서 진심에서 우러나온 더할 나위없는 증명과 찬탄입니다. 당나라 때 선종의 조사는 어떤 사람의 개오開悟를 증명할 때 "이와 같고 이와 같다. 그대도 이와 같고, 나 또한 이와 같다." 말하였습니다. 이는 바로 마음으로써 마음을 인가함(以心印心)입니다.

그대가 말한 것처럼 깊고 미묘한 반야바라밀다는 응당 이와 같이 행해야 하나니, 일체 여래께서 또한 모두 수희하시니라.

如汝所說 深妙般若波羅蜜多應如是行 一切如來亦皆隨喜。

부처님께서는 증명하시니, 깊고 미묘한 반야바라밀다는 응당 이렇게 해야 한다 하십니다. 일체 여래께서는 모두 환희·찬탄하시니, 모두 당신과 마찬가지로 행하십니다. 석가모니부처님께서 말씀하신 후,

수명을 구족한 사리자, 성관자재보살마하살 및 여러 권속, 천인, 아수라, 건달바 등 일체 세간이 모두 크게 환희하였고,

부처님의 뜻을 선양하고 찬탄하였다.

壽命具足舍利子聖觀自在菩薩摩訶薩及諸眷屬、天人、阿修羅 乾闥婆等
一切世間皆大歡喜、宣讚佛旨。

최후에 사리자, 관세음보살과 그들의 권속(도우 및 제자), 천, 인과 법회 중의 천룡팔부 아수라 등 일체 세간의 수학도중修學道衆은 모두 전대미문의 형용할 수 없는 안락과 환희를 낳았습니다. 이러한 안락과 환희는 일체 세간의 모든 안락과 환희를 뛰어넘습니다. 그래서 "크게 환희하였다." 하셨습니다. 그리고 부처님을 향해 예배하고 물러갑니다. 대중은 부처님 은혜를 느끼고, 은혜를 느끼면 곧 은혜를 갚아야 합니다. 이에 곧 본인이 직접 들은 반야묘법을 선양하고 찬탄합니다. 부처님께 들은 말씀을 근기를 갖춘 사람을 향해 전파하여야 진정한 공경입니다.

[2] 현장대사께서 《반야심경》을 승인한 수승한 인연

우리들이 오늘날 이 경전을 염송할 수 있는 것은 현장대사께서 신승神僧 한 분으로부터 범어 판본을 전해 받은 인연 때문입니다. 그 경과는 이러합니다.

대사께서는 당 태종 이세민과 잘 아는 사이였습니다. 이세민은 대사를 매우 존경하였습니다. 대사께서는 잘 번역되지 않은 경전이 몇몇 있다고 느껴 다시 인도에 가서 원본을 찾아 맞춰보고 싶었습니다. 그러나 이세민은 대사께서 나라의 보배임을 알아채고 그가 이러한 큰 위험을 무릅 쓰길 원치 않았습니다. 그래서 선뜻 그가 출국하도록 놓아주질 않았습니다. 요즘말로 해서 그는 불법으로 국경을 넘어 몰래 출국하였습니다. 출발할 때는 약 3백 명이 수행하였지만, 그는 또한 국가의 비준을 얻지 못하였기 때문에 고난을 겹겹이 겪었고, 귀국할 때는 따라 나선 사람들은 깡그리 죽었습니다. 대단히 위험한 고난의 여정이었습니다.

대사께서 한 지방으로 가던 도중에 갑자기 누군가가 부르는 소리가 들려 한 절을 찾았습니다. 그곳에 어떤 사람이 온몸에 나병이 퍼져 신음하고 있는 모습을 보고, 그를 치료해 주었습니다. 본래는 경전을 구하러 길을 재촉해야 했습니다. 그러나 사람이 사경을 헤매고 있던 터라 그를 구하지 않으면 본심에 맞지 않아 경전을 구하는 일을 잠시 내려놓고 이 환자를 돌보았습니다. 게다가 그 병은 전염병이었지만, 대사께서는 개의치 않고 줄곧 그를 돌보았습니다. 이 환자는 병이 호전되자 감사의 표시로 그에게 범본 《반야심경》한 권을 선사하였습니다.

대사께서는 오시는 길에 이 경전을 염송하셨습니다. 염송으로 고난을 면하는 매우 구체적인 실황이 있었습니다. 한 번은 강변으로 가는 길에 매우 떠들썩한 장면을 보았습니다. 마침 외도의 바라문이 제사를 거행하는 때였습니다. 그 당시 바라문에는 95종 외도가 있었습니다. 매우 높은 부류도 낮은 부류도 있었고, 원시적인 부류도 있었으며, 심지어 야만적인 부류도 있었습니다. 대사께서 만난 외도는 야만적인 부류로 그들은 강의 신을 믿어 매년 살아 있는 사람을 강에 던졌습니다. 이는 중국에서 황하강의 신인 하백에게 신부감을 바치는 하백취부河伯娶婦의 관습처럼 모두 극단적인 미신이었습니다.

대사께서 그들과 맞닥뜨렸을 때 그들은 마침 제사를 거행하던 중이었습니다. 이미 한 사람을 지정하여 강물에 던지려고 하였습니다. 이 사람에게는 가족이 있었는데, 그는 가족과 사별하려고 자기도 울고 그 가족들도 울고 있었습니다. 그렇게 몹시 슬퍼하고 있을 때 갑자기 한 외국인(현장대사)이 오는 것을 보고, 이 외국인을 강에 보내 제사를 지내기로 결심하였습니다. 가족들은 매우 좋아하며 현장대사를 밧줄로 묶고는 강가로 가서 그를 강물에 던지려고 하였습니다.

이때 대중을 보니, 막무가내로 이해시킬 수도 할 말도 없었습니다. 대사께서는 단지 하나의 요구할 것이 있다 하고는 말했습니다. "우리 출가인은 모두 수행하고 경전을 염송하는 사람인데, 당신들이 나를 보내어 신에게 제사 지내려고 하니, 나도 방법이 없군요. 염불하고 경전을 염송하도록 허락해 주시는 것이 어떻겠소? 죽기 전에 염불하고 경전을 염송하고 싶소." 대중은 "좋소! 염송하시오!" 하고 허락하였습니다.

그는 《반야심경》을 들고 염송하였습니다. 세 번째 염송할 때 하늘이 어두워지고 바람이 세차게 불더니, 모래가 날리고 돌이 굴러다녔습니다. 그들은 무서워서 급히 말하였습니다. "이런 사람은 우리가 노여움을 사서는 안 되니, 빨리 그를 풀어 주고 그에게 절을 합시다."

이런 일을 겪고서 현장대사께서는 경전을 전해준 화상에게 감사한 마음이 들어 원래 길을 따라 그를 찾아갔습니다. 그러나 이 화상은 없었을 뿐만 아니라 그때 방문한 절도 찾을 수 없었습니다. 대사께서는 그때 만난 분이 세간의 범인이 아님을 느꼈습니다.

이것이 《반야심경》이 현장대사의 손에 들어온 경과입니다. 현장대사께서 번역하신 것은 이 경전이고, 우리가 염송하는 것도 바로 이 경전입니다. 현장대사께서 신승이 전해준 본경을 얻어 돌아오는 길에 재앙이 사라지고 재난을 면한 상황은 《반야심경》의 위신력이 무궁함을 증명합니다. 《반야심경》의 미묘한 위신력은 실로 불가사의합니다. 더욱 더 중요한 것은 경전 중에서 위없이 존귀하고 불가사의한 《반야심경》의 미묘한 뜻을 드러내 보여주는 것입니다. 더욱 더 중요한 것은 경전 중에서 위없이 존귀하고 불가사의한 《반야심경》의 미묘한 뜻을 잘 드러내 보여주는 것입니다.

아래에서는 경전 정문正文에 들어가, 정식 강연은 아니지만 《반야심경》에 대해 제가 마음으로 체득한 사항을 조금이나마 말씀드려 볼까 합니다.

[3] 경전제목

우리가 늘 염송하고 있는 《반야심경》의 경전제목은 《반야바라밀다심경般若波羅蜜多心經》입니다. 괄호 속 「마하摩訶」는 나머지 역에는 보이는데, 바로 대大·다多·수승殊勝 세 가지 측면이 있습니다. 의미가 매우 많으면 왕왕 번역하지 않습니다. 「대大」는 크고 작다는 '대'가 아니라 그 이치가 지극히 구경이고 철저하여 우리가 사는 세간의 상대적인 개념을 여윔을 말합니다. 이는 '절대의 대大'로 대비시키지 않습니다. 화로를 집과 비교하면 집이 크고, 집을 다층 건물과 비교하면 그것은 작다. 세상 어디에 무슨 크고 작은 것이 있는가. 작은 것이 바로 큰 것이고, 큰 것은 또한 작은 것으로 모두 상대적입니다. 그러나 여기서의 '대'는 비교적이지 않고 절대적입니다. 「다多」와 「승勝」도 모두 이렇습니다.

「반야般若」도 범어입니다. 우리는 마하반야를 '대지혜'로 번역할 수 있지만, 이것은 모두 억지로 하는 일입니다. 왜냐하면 우리말로 번역하는 것이 부족함을 나타내고, '지혜'로 번역하면 한문인 지혜란 명사와 혼동하기 쉽습니다. 우리가 항상 말하는 지혜는 총명이고 뒤섞여서 영리함으로 변합니다. 세상에서 이러한 총명·영리함은 지혜가 될 수 있습니까? 정반대입니다. 세지변총世智辯聰은 우리가 학불學佛함에 있어 8가지 장애 중 하나로 귀머거리, 장님, 신경병과 같이 학불에 장애가 됩니다! 이렇게 뒤섞이면 원문의 뜻을 잃어버리게 됩니다.

경문 속 지혜는 어떻게 실상을 깨달을 수 있고, 실상에 계입하여 증득할 수 있는가 하는 지혜입니다. 실상은 무엇인가? 나는 깨달을 수 있습니다. 내가 깨달을 수 있을 뿐만 아니라 증명할 수 있습니다. 또한 이렇게 말할 수 있습니다. 실상은 바로 부처님의 지견입니다. 그래서 《법화경》에서 말씀하시길, "제불세존께서는 오직 일대사인연으로써 세상에 출현하신다(諸佛世尊 唯以一大事因緣 故出現於世)." 하셨습니다. 단지 큰일을 위해 큰 인연을 위해 세상에 출현하십니다. 어떤 일입니까? 바로 부처님의 지견을 개시오입(開示悟入; 열어 보여서 깨달아 들어가게 함)하게 하고, 중생을 향해 부처님의 지견을 개현(開顯; 열고 드러냄)하고 부처님의 지견을 선시(宣示; 펼쳐 보임)하게 합니다. 중생이 이러한 개시開示를 들으면 부처님의 지견을 명료하게 개오開悟할 수 있고, 부처님의 지견에 계입契入하고 증입證入합니다.

중생은 본래 범부의 지견을 가지고 있습니다. 그러면 대사인연은 무엇인가? 우리에게 무엇이 부처님의 지견임을 알려주고, 우리의 지견으로부터 점차 벗어나게 합니다. 어떤 것은 빨리, 어떤 것은 느리게 벗어납니다. 빠름은 돈법頓法이고, 느림은 점법漸法입니다. 우리의 원래 지견을 버리고 부처님의 지견으로 바꿉니다. 반야는 무엇인가? 바로 이러한 지혜입니다. 당신은 부처님의 지견이 무엇인가 명료하게 알고 또렷이 이해하며 깨닫습니다. 그런 후에 부처님의 지견을 실천하고 실증합니다.

아주 거칠게 말하면 부처님의 사상(물론 부처님께서 생각하는 것이 아니라 비유로 한 말)이 당신의 사상이 됩니다. 억지로 하는 일이 아니라, 이 일은 마치 지도자를 따라서 지도자의 사상을 자신의 사상으로 바꾸면, 당신은 지도자의 영도를 자연스럽게 충실하게 받아들입니다. 현재 이 사례와 한걸음 더 깊이 비교하면 지知와 견見입니다. 부처님의 소지所知와 부처님의 소견所見, 부처님의 지견知見을 우리 자신의 지견으로 바꿉니다. 그리고 부처님의 지견은 우리가 본래 갖추고 있는 것이지만, 우리는 현재 미혹하여 중생의 지견이 됩니다. 반야는 이러한 일종의 지혜로 일반적인 총명이 아닙니다. 당신이 노벨상을 받을 수 있고, 당신은 다소 훌륭한 문학작품을 쓸 수 있는데, 이는 모두 반야가 아닙니다.

반야는 일체이고 세 가지 뜻이 있으니, (1) 실상반야實相般若, (2) 관조반야觀照般若, (3) 문자반야文字般若입니다. (1) 실상반야는 관조 및 문자의 본체입니다. 실상은 유상이 아니고 무상이 아니며, 비유상非有相이 아니고 비무상非無相이 아니며, 비유비무상非有非無相도 아니어서 일체 환망幻妄의 상을 영원히 여읩니다. 그러나 체성은 불공으로 두루 제법諸法을 위해 상을 지어 항하사 등등 보다 더 많은 성덕의 묘용을 구족합니다. 육도만행六度萬行은 모두 본성이 구족하는 대상을 일으킵니다. (2) 관조반야는 실상의 본체처럼 관조하는 작용을 일으키고, 관조할 때 여전히 적연부동합니다. (3) 문자반야는 본체와 관조를 여실하게 드러내 보입니다. 이상 삼자는 곧 하나입니다. 실상은 관조와 문자의 체이고, 관조는 실상을 비추고 문자를 비추며, 문자는 실상을 표현함에 관조와 같습니다. 학인은 문자반야로부터 시작하여 관조하는 작용을 일으키고 일단 계오契悟하면 실상에 들어갑니다. 실상은 체體이고, 문자는 상相이며, 관조는 용用입니다.

「바라밀다波羅蜜多」는 범어로 「도피안彼岸到」과 「도度」(육도六度의 도)로 번역될 수 있습니다. 생사의 언덕에서는 매우 괴롭습니다. 이번 생에 인간으로 변해 부처님을 믿지 않는 사람으로 태어나서 사람 몸을 유지하기는 쉽지 않습니다. 당신이 유학자로서 인仁·의義·예禮·지智·신信 다섯 가지 도리를 구족하고 있거나 불자로서 오계五戒를 지켜서 이런 수준에 도달하지 않으면 사람 몸은 유지하지 못합니다. 부처님을 믿는 사람도 매우 적고, 인·의·예·지·신을 갖추고 있는 사람도 드뭅니다. 다시 태어나 사람이 될 수 있는 이는 매우 드뭅니다. 그래서 매우 괴롭습니다.

끓는 물에 빠진 개는 솥에서 산 채로 삶겨 죽습니다. 닭, 돼지, 양 등의 동물은 모두 살해당할 수 있습니다. 또한 자자손손은 모두 사람에게 먹힐 운명입니다. 누가 자신의 자식이 사람에게 먹히기를 원하겠습니까? 그러나 돼지 등은 그런 운명입니다. 아귀가 되면 동물보다 더 괴로운데, 목구멍이 작고 배가 커서 음식을 먹을 수 없습니다. 중죄를 지은 아귀는 지옥에 들어가 지극히 괴로움을 겪는데, 하루에 천만 번 태어나고 죽습니다.

육도에서 사람보다 좀 더 나은 삶은 아수라입니다. 아수라는 매우 총명하고, 유능하며, 매우 신통합니다. 그러나 그의 마음은 순수하지 않고, 선하지 않으며, 시기심이 많습니다. 다른 한 부류는 정법에 의지해 호법을 하는 좋은 부류입니다. 그러나 여전히 한 부류는 석가모니부처님을 시기하여 늘상 파괴하고 싶었고, 사람들이 석가모니부처님께 귀의하여 자신의 군중이 줄어들까 두려워했습니다. 이 부류의 아수라는 시기심이 장애가 되어 불법을 파괴하여 사후에 지옥에 떨어집니다.

육도 가운데 최고는 천계입니다. 외도는 천국에 가고 싶어 하지만 천국에 가도 여전히 육도 안에 있습니다. 외도는 천국에 가는 것을 영생(解脫)한다고 여기지만, 불교에서 천국에 가는 것은 타락이라고 봅니다. 왜냐하면 당신은 본래 부처인데 현재 천계로 달아나니 육도를 벗어나지 못하고 어느 날 삼악도로 들어가야 하니, 정말 슬픕니다! 눈앞의 행복으로 문제가 다 해결됐다고 볼 수는 없고, 육도를 아직 벗어나지 못하여 여전히 돼지도 되고, 개도 되며, 지옥에도 들어가게 됩니다. 그래서 육도에서 타락한 채 같이 살아갑니다. 이것이 차안(此岸 ; 생사 육도윤회의 한 쪽을 가리킴)입니다.

제불께서는 큰 지혜로써 용맹하게 수행하여 정도正道를 깨닫고 육도의 괴로운 세상(苦趣)을 멀리 여의고 열반을 증득하니, 이것이

피안彼岸입니다. 일체는 결국 모두 적멸을 이룹니다. 적멸에 이르면 진실한 즐거움을 얻습니다. 그래서 불보살은 상락아정常樂我淨의 경계에 취합니다. 열반은 피안이고, 중간의 흐름은 번뇌의 흐름입니다. 우리는 왜 건너가지 못할까요? 번뇌가 다함이 없어 건너가지 못합니다. 이 번뇌를 뛰어넘으면 피안에 이릅니다. 피안에 도달하면 생사의 한 언덕에서 본래 스스로 생겨남도 없고 사라짐도 없으며, 상락아정의 경계에 이르러, 적멸을 즐거움으로 삼고, 원만하여 걸림이 없는 경계를 피안이라 부릅니다. 요컨대 「바라밀다波羅蜜多」를 직역하면 「피안도彼岸到」로 현재 어순으로 「도피안到彼岸」입니다. 그래서 마하반야바라밀다는 바로 큰 지혜로 피안에 이른다는 뜻입니다.

「심心」. 경전 제목에서 「심」 자의 함의는 두 가지가 있습니다. 하나는 '중심'으로 '심요心要'와 '핵심'의 뜻입니다. 부처님께서 반야법문을 22년 설하셨는데, 이는 49년간의 부처님 설법에서 거의 절반의 기간을 사용하실 정도로 반야법문의 중요성을 충분히 알 수 있습니다. 《대지도론》에서 말씀하시길, "반야가 인도하고 다섯 바라밀은 손님이 된다. 반야가 없으면 다섯 바라밀은 장님과 같다(般若為導 五度為伴 ; 若無般若 五度如盲)." 하셨습니다. 반야경은 매우 많아서 《대반야경》 6백 권 분량이지만 이 경전은 짧아서 단지 200여 자로 반야법문의 중심과 같습니다. 대승 불법은 전체 불교의 핵심이고, 반야법문은 대승불법의 핵심이며, 《심경》은 반야경전의 핵심입니다. 그래서 《심경》이라 부릅니다.

둘째 '심'은 당사자의 본심을 명확히 가리킵니다. 사람마다 모두 진심이 있습니다. 우리가 본래 갖추고 있는 진심은 망심에 가려져 있습니다. 현재 이 '나'는 **망아**妄我로 참나가 아닙니다. 우리는 현재 실답지 못하여 속고 있습니다. 우리의 진심은 석가모니부처님께서 성불하신 후 그 일찰나에 말씀하시길, **"기이하고 기이하다! 일체 중생은 모두 여래의 지혜와 덕상을 갖추고 있다**(奇哉! 奇哉! 一切衆生 皆具如來智慧德相).**"** 하셨습니다. 어떠한 중생이든 좌중의 당신 자신이든, 어느 한 분이든, 날파리나 작은 개미 같은 미물이든, 심지어 지옥의 귀신이든 누구나 모두 부처님과 같은 지혜, 부처님과 같은 덕상을 가지고 있습니다. 이것이 우리의 본심입니다. **여래의 지혜·덕상을 갖추고 있는 그 마음이 우리의 본심, 우리의 진심입니다. 이 점이 우리가 학불**學佛**하는 가장 중요한 신념이자 기초입니다.** 자신의 마음을 믿어야 합니다. 이것이 석가모니부처님께서 성불하실 때 하신 첫마디 말씀으로 이 한마디 말씀을 믿지 않는다면 비록 부처님께서 설하신 다른 말씀을 믿을지라도 당신은 근본을 믿지 않고 지엽적인 문제만 믿고 있을 뿐입니다. 이 마음을 믿어야 합니다. 부처님께서는 이어서 말씀하시길, **"오직 망상과 집착으로 인해 증득할 수 없다**(唯以妄想執著不能證得).**"** 하셨습니다. 우리에게 이런 마음이 있음에도, 왜 부처님의 그렇게 큰 공덕과 신통묘용이 없습니까? 망상이 있고 집착이 있음으로 인해 자신이 스스로를 속박합니다. 그래서 증득할 수 없습니다.

일체 경전은 한편으로는 이 진심을 드러내 밝혀서 당신의 본심을 회복시키고, 한편으로는 당신이 이러한 망견을 청소하고 일체 망상을 제거하도록 도와서 당신이 본래 갖춘 진심을 저절로 드러냅니다. 이는 도교와 다릅니다. 도교에서는 구전단성九轉丹成에서 연단煉丹하여 영아嬰兒를 닦으라고 가르칩니다. 하나하나 시해尸解하여 하나씩 도술을 닦고 하나씩 증득한다고 합니다. 불교에서는 본래 갖추고 있지만, 중생이 단지 잘못 이해하고 단지 꿈을 꾸듯 갖가지 전도되어 있을 뿐이라 말합니다. 당신은 꿈에서 깨어나기만 하면 일을 끝낼 수 있습니다. "꿈같고 환 같으며, 물거품 그림자 같다." 하셨습니다. 꿈속에서 호랑이에게 잡아먹히는데, 왜 호랑이를 잡도록 도와줄 사람을 찾을 필요가 없을까요? 당신을 쳐서 깨우기만 하면 괜찮습니다. 본래 호랑이는 없습니다! 바로 이런 일입니다. 그래서 우리에게는 모두 본심이 있고 수행방법도 이러함을 잘 알아야 합니다. 정말로 호랑이를 쫓아내는 것이 아닌데 호랑이를 쫓아내려고 무엇을 하겠습니까? 호랑이는 허망한 것으로 당신 꿈속에서만 호랑이가 있을 뿐이니, 꿈에서 깨어나면 원래 꿈이었음이 명백해집니다. 그래서 이것이 반야의 마음이고 우리의 진심임을 가리킵니다.

이 「심」자는 《금강경》에서 "응당 머무는 바 없이 그 마음을 내라(應無所住而生其心).", "응당 이와 같이 청정심을 내라(應如是生淸

淨心)."하실 때의 마음입니다. 《관경》에서 "이 마음 그대로 부처이고, 이 마음 그대로 부처이니라(是心作佛 是心是佛)."하실 때의 마음이기도 합니다. 이 두 경전에 있는 「심」자는 바로 반야심경 경전 제목에 있는 「심」자입니다. 우익대사께서는 《심경석요心經釋要》에서 "심경은 우리의 현전하는 일념 미세한 마음 그대로 세 반야임을 직접 가리킨다(此直指吾人現前一念介爾之心 卽是三般若也)."말씀하셨습니다. 우리의 현전하는 일념, 일찰나에 일어났다 꺼지는 마음이 바로 세 반야로 일체 반야경전과 일대장교一大藏敎는 당사자(當人) 각자의 자심自心을 드러내 밝힘이 아님이 없음을 충분히 알 수 있습니다. 그래서 《심경》은 바로 일대장교의 핵심이므로 그야말로 시원스럽게 《심경》이라 부릅니다. 대사께서는 또한 "**실상반야는 …… 이 현전하는 일념이 곧 실상임을 통달한다.**" "**관조반야는 …… 이 현전하는 일념이 곧 실상임을 비춘다.**" "**문자반야는 …… 이 현전하는 일념이 곧 실상임을 드러낸다.**" "**이런 까닭에 이 마음이 곧 세 반야이고 세 반야가 일심이다.** 이 이치는 늘 그러하여 바뀌지 않는다. 그래서 경이라 이름한다." 하셨습니다. 대사께서는 정묘한 절론絶倫을 열어 보이셨습니다. 《화엄경》에서 말씀하시길, "**마음과 부처와 중생, 이 셋은 차별이 없느니라(心佛衆生三無差別).**"하셨습니다. 그래서 당사자 본심과 부처는 차별이 없어서 만약 현전하는 마음이 바로 실상임을 또렷이 통달할 수 있고, 또한 당사자의 마음이 바로 부처의 마음임을 또렷이 통달할 수 있다면 마음과 부처 양자는 조금도 차별이 없고, 또렷이 통달할 수 있다면

반야심경 오가해 강기

바로 실상반야입니다. 만약 현전 일념을 관조할 수 있다면 비록 물 위에 물결이 일지라도 전체 물결은 그대로 물이 아님이 없습니다. 무릇 움직이는 생각이 있어 어찌 실상이 아니겠는가? 이것이 바로 관조반야입니다. 문자반야는 단지 본체와 비추는 작용을 글로써 드러내 보이고, 현전하는 일념이 곧 실상임을 드러내 밝힘입니다.

「경經」. 「경」은 공통의 이름이고, 「반야바라밀다」는 본경에 고유한 이름으로 별명이라 부릅니다. 경의 함의는 **관섭상법貫攝常法**입니다. 고금을 관통하고(貫), 일체를 널리 거두며(攝), 이 이치는 늘 그러하며(常), 영원히 법칙이 됩니다(法). 경전 제목은 매우 깊은 뜻을 포괄함을 알 수 있습니다. 그래서 이르시길, "지혜로운 자는 경전제목을 보아도 곧 뜻 전부를 알 수 있다(智者見經題 便知全部意)." 하셨습니다. 지혜가 있는 사람은 경전제목을 보면 이 경전 전부의 뜻을 알 수 있습니다.

[주해]

심경은 문자절요簡要 한 권으로 내용이 풍부한 불교의 경서이다. 이사理事가 원융하고, 지행知行이 합일하며, 이론과 실천성이 매우 강한 미묘한 글이다. 예로부터 매우 많은 주석들은 수완을 내어서 미묘한 뜻을 발휘하였다. 어떤 것은 유식이론으로 해석하고 어떤 것은 화엄종지로 간략히 소를 달고 어떤 이는 천태산관으로써 융회하며 또한 어떤 것은 반야의 미묘한 뜻으로 입론하였다. 그러나 전반적으로 모두 제법실상의 한 법인인 **일실상인一實相印**을 여의지 않는다.

이 경은 비록 260자에 불과하지만 모든 반야부의 핵심으로 6백권 대반야경의 요의要義를 섭취하였다. 글은 간략하지만 뜻은 깊어서 성불의 지남이자 중생을 이롭게 하는 법보이다. 지금 대덕의 주석을 융회融會하여 나 자신이 조금이나마 얻은 체득을 결합시켜 이 경을 간단명료하게 강해하고자 한다.

반야바라밀다심경 般若波羅密多心經

먼저 경전제목을 해석하겠다. 반야般若는 범어로 번역하면 지혜로, 무분별지無分別智라 부른다. 그래서 일반적으로 말하는 총명지혜가 아니라 진공실상眞空實相을 조견照見하는 청정한 지혜이다. 혹 미묘한 지혜로 해석되는데, 이는 세간과 출세간의 일체제법을 통달한 대지혜를 가리킨다. 「바라波羅」는 피안彼岸, 「밀密」은 도到로 「다多」는 상上으로 번역된다. 그 뜻은 지혜로 관조하여 망심을 쉬고 진심을 드러내어 피안으로 해탈한 위에 도달함이다. 또한 「다多」자를 정定이라 해석하면 그 뜻은 즉 생사번뇌를 해탈한 대정大定이다. 「안岸」은 임시로 붙인 이름으로 이른바 피차가 없음으로 미망전도迷妄顚倒를 임시로 차안이라 하고 영명각조靈明覺照를 임시로 피안이라 이름한다.

「심心」은 상주하는 진심을 가리킨다. 또한 **반야는 제불의 어머니이고, 이 경전은 또한 반야경의 심요心要이다. 그래서 마음(心)이라 부른다.** 「경經」은 항상恒常의 뜻이 있다. 제불의 언교言敎는 바뀔 수 없다. 그래서 상常이라 한다. 또한 「경徑」의 뜻이 있다. 이는 수행하여 성불하는 과정에 반드시 경과하는 길(路徑)이다. 또한 범어 「수다라修多羅」로 번역하면 「계경契經」이다. 위로 제불의 이체에 계합하고, 아래로 중생의 근기에 계합한다.

천태종에서는 경전을 해석하기에 앞서 먼저 석명釋名·변체辨體· 명종明宗·논용論用·판교判教의 오중현의五重玄義를 강설한다. 즉 반야바라밀다는 법法이다. 그래서 이 경은 법만으로 이름을 세웠다. (아미타경은 이름만으로 이름을 세우고, 묘법연화경은 법과 비유로 이름을 세웠다.) 이 경은 실상實相을 체로 삼고, 관조觀照를 종宗(수행강요)으로 삼으며, 도고(度苦; 생사고해를 건너감)를 용으로 삼고, 숙소(熟酥: 잘 발효한 소)를 교상敎相으로 삼는다. 이 경은 오시팔교五時八敎 중에 제4 반야시般若時에 속하는데 부처님께서는 22년이나 오랫동안 반야시를 설하셨다. 이 경은 통교通敎와 별교의 두 가지 권교를 지낸 채 바로 원교실리圓敎實理를 설하신다.

[4] 경문해석

1. 총강분總綱分

[주해] 이 분에서는 심경의 주요함의를 총체적으로 섭지攝持한다.
즉 깊고 깊은 관조법문을 닦아 일체제법이 모두 공함을 조견照見하여
생사고해를 벗어나고 무상보리를 증득한다.

**관자재보살께서 깊은 반야바라밀다를 행하실 때 오온을 관조
하여 모두 공함을 깨달아 알고, 일체 괴로움과 재난을 건너갔
느니라.**

觀自在菩薩　行深般若波羅蜜多時　照見五蘊皆空　度一切苦厄。

「관자재보살觀自在菩薩」은 바로 관세음보살입니다. 이는 대사大士
의 두 명호입니다. 《보문품》에서는 관세음보살로, 관세음보살이
중생의 소리를 찾아 괴로움에서 구함과 꼭 알맞습니다. 어제 원자력
발전소에서 근무하는 친구가 왔는데, 그의 모친은 신심이 매우
돈독하신 불자로 늘 관음을 염하신다고 합니다. 그는 비행기를
조종하다가 갑자기 장애가 발생하여 매우 위험할 때 누군가가
그에게 당신이 어떻게 조작해야 하는지를 알려주는 소리를 들었고,
그는 완전히 그대로 따라 행하여 결국 무사히 착륙하였다고 합니다.
관세음보살께서는 이처럼 대자대비심으로 일체 고난을 겪는 중생

을 감싸주십니다. 이 사람의 모친은 관세음보살을 염송하여 관세음
대사의 가피를 얻었습니다.

사람들이 단지 관세음보살 명호를 염송하기만 해도 그 공덕은
불가사의합니다. 설령 평상시 염불하지 않은 사람일지라도 급박한
재난을 만나 갑자기 부처님 다리에 매달려도 모두 쓸모가 있습니다.
당신이 기꺼이 염송하기만 하여도 뚜렷한 감응이 있을 것입니다.
이 연화정사의 한 동학께서는 유학생으로 미국에서 귀국한 지
얼마 되지 않아 결혼하였습니다.

한 번은 비행기를 탔는데, '오늘 비행기가 매우 불안정하다'고
느꼈습니다. 잠시 기다리니, 조종사가 조종실에서 나오는 것을
보았습니다. 그는 사람들에게 이렇게 선포하였습니다. "오늘 비행
기가 기체고장으로 저는 목적지까지 비행기를 도달시킬 능력이
없습니다. 그러니 여러분들 각자 결정하십시오! 낙하산으로 뛰어
내리고 싶은 분은 그렇게 하십시오. 원하는 것은 무엇이든지 편한
대로 하십시오. 어쨌든 저는 방법이 없습니다." 말을 마치자 그는
곧 그의 조종석으로 돌아갔습니다. 전체 객실 사람들은 먼저 듣고서
는 매우 뜻밖이라 아무런 생각이 돌아가지 않았습니다. 생각이
돌아가길 기다렸다가 울음을 터뜨렸습니다. 목숨이 경각에 달렸습
니다.

이 유학생의 말로는, 당시 첫 번째로 든 생각은 이 일이 위험하단

걸 아는 것이었지만, 속으로는 자신이 죽음을 두려워하지 않는다는 생각이 들었습니다. 첫 번째로 생각난 것은 신혼의 애인과 아이였습니다. 내가 죽으면 그들은 어떻게 하나, 막 결혼했는데 아이는 아직 어리고. 먼저 이런 생각이 들었고, 다시 더 무엇을 생각하지? 참 중국에는 보살이 있지 않나? 하는 생각이 별안간 들었습니다.

당시 그의 생각은 바로 이러했습니다. 이 말을 듣고 곧 죽을 줄 알게 되자 가장 먼저 마누라와 아이가 불쌍하다는 생각이 들었고, 다시 중국에는 보살이 있다고 생각하니 관음보살을 염하기 시작했습니다. 그는 비록 믿지는 않지만, 이런 생사의 갈림길에서 하는 염불은 늘 평상시 불당에서 하는 염불보다 간절하기 마련입니다. 일편단심 구해주길 바라는 마음으로 염불하고 염불하였습니다. 곧 그는 관세음보살께서 모습을 나타나심을 보았습니다. 그러자 그는 큰소리로 "다들 울지 마세요. 울어도 소용없습니다." 하고 외쳤습니다. 그는 자신이 본 일을 말했습니다. "저는 관세음보살을 보았습니다. 결정코 계십니다. 함께 염불합시다." 이때 모두 한 생각으로, 현재 다른 방법이 없다. 다른 길은 없다. 사람들은 함께 염불하였습니다! 지금도 다른 방법이 없고, 다른 길이 없으니, 여러분이 외어 보세요! 그래서 객실의 고객 전원이 모두 염불하였습니다. 염불하고 또 염불하였습니다. 다들 얼마나 시간이 흘렀는지 모를 정도로 염불하였습니다. 모두 일심으로 염불하였습니다.

매우 정성껏 전일하게 염불하였습니다. 그리고 자연스럽게, 점점 비행기가 평온해짐을 느꼈습니다. 매우 평온해졌습니다. 사람들은 눈을 감고 아무것도 모른 채, 단지 일심으로 염불하였을 뿐이었습니다. 갑자기 비행기를 마중 나온 사람이 객실 문을 열고서 그들을 마중하였습니다. 도착하였습니다! 모두들 기쁨을 감추지 못하였습니다. 비행기는 이미 착륙했습니다. 그러나 조종실 문이 열리지 않아 다른 사람이 조종실을 여니, 비행기를 조종하던 사람이 기절하였고 그가 입은 비행복이 모두 땀에 젖어 있는 모습을 보았습니다. 당연히 의사가 응급조치를 하였습니다.

그는 눈을 뜨자마자 첫마디에 말했습니다. "당신은 가서 객실에 있는 사람들이 무엇을 하고 있는지? 물어보십시오. 오늘 나는 절대로 비행기를 착륙시킬 방법이 없는데 그들이 무엇을 하였는지 모르겠습니다." 공항 사람들은 손님들에게 물었습니다. "여러분들은 뒤에서 무엇을 하셨습니까?" 그들은 말했습니다. "우리는 보살을 염하고 있었습니다."

관세음보살은 중생의 소리를 찾아 괴로움에서 구하십니다. 그래서 《대승무량수경》에서 말씀하시길, "만약 긴급한 위난·공포를 만났을 때라도, 단지 스스로 관세음보살에 귀명하기만 하면 해탈을 얻지 못할 자가 없으리라(若有急難恐怖但自皈命觀世音菩薩無不得解脫者)." 하셨습니다. 증명은 매우 많고 많습니다. 수많은 일이, 심지어 고대의 《관음영감록觀音靈感錄》을 뛰어넘습니다. 저도 매우 많이 알고 있지만 쓸 시간은 없습니다. 왜냐하면 해야 할 더 중요한 일이 있기 때문입니다. 이를 쓰고자 하면 매우 두툼한 책 한 권을 쓸 수 있습니다. 모두 매우 직접적인 자료로 이리저리 다니며 길에서 주워들은 말이 아닙니다.

반야심경에서 대사大士의 명호는 「관자재觀自在」입니다. 「관자재」는 관조반야가 자재하여 걸림이 없음을 표시합니다. 게다가 무엇을 관합니까? 하련거 스승님께서 말씀하셨습니다. "자신을 관한다(觀自). 몸은 자신인가? 그것은 임시로 화합한 것이다." 그래서 참나 즉 자성을 관해야 합니다. 자신의 주인공이 있는지(在), 주인노릇을 하고 있는지, 망심에 속지 않는지 관하여야 합니다.

하련거 스승님께서는 또 말씀하셨습니다. "자신을 관하는지 모르고, 자신이 있는지 모르면 입문했다 할 수 없다." 「보살菩薩」의 전체 명호는 보리살타입니다. 보리菩提는 깨달음(覺悟)이고, 살타薩埵는 유정有情이며, 합쳐서 각유정覺有情입니다. 보리살타를 간략하게 보살이라 칭합니다. 그래서 이름을 보면 압니다. 자신을 이롭게 할 뿐만 아니라 타인도 이롭게 해야 합니다. 우익대사께서는 "지혜를 실상에 계합시키면 자신을 만족스럽도록 이롭게 하고, 지혜를 문자로 펼치면 타인에 두루 미치도록 이롭게 한다. 그래서 보살이라고 한다." 이것이 반야바라밀을 능히 행할 수 있는 사람이다.

앞에서 말했듯이 법회에서 석가모니부처님께서 선정에 드시고 관세음보살도 깊고 깊은 반야바라밀다를 행하고 계십니다. 「심深」

은 바로 심천深淺의 심입니다. 「심深」자 하나를 붙여서 소승도 수승할 수 있는 통(通; 천태종의 통교는 대소승이 상통하는 도를 가리킴)반야와 분별하고, 대승이라야 명백히 손에 넣을 수 있는 반야입니다. 오직 대승행자라야 신수봉행할 수 있습니다. 그래서 깊은 반야바라밀이라 부릅니다. 깊은 반야를 수행할 때 「오온이 모두 공함을 조견합니다(照見五蘊皆空)」. 「조照」는 즉 관조반야의 조입니다. 「온蘊」은 쌓아둠(蘊藏), 가림(遮蓋)의 뜻입니다. 방금 말했듯이 사람마다 불성이 있는데, 왜 불성이 드러나지 않는가? 하면 바로 이 오온이 자리를 잡아 가리고 있기 때문입니다. 「오온五蘊」은 색色·수受·상想·행行·식識입니다.

색온色蘊은 물질 방면에서 일체 만물입니다. 눈에 보이는 것, 귀에 들리는 것, 코로 맡는 것, 혀로 맛보는 것, 몸으로 느끼는 것, 그리고 뜻으로 생각하는 것 모두가 색온입니다. 수온受蘊은 예컨대 우리가 현재 선풍기를 보고 물건 하나가 있다고 아는 것은 바로 색온인데, 이를 보고서 뇌에서 지각하여 마음속으로 받아들이는 작용이 일어나 즐거운 경계라 느끼고(樂受), 괴로운 경계라 느끼며(苦受), 그리고 괴롭지도 즐겁지도 않은 경계라 느낍니다(捨受).

상온想蘊은 갖가지 생각으로 마음속과 바깥 경계가 접촉할 때 불러일으키는 이해, 연상, 종합 및 분석과 같은 사유 활동입니다. 그리고 우리가 이런 생각이 염념마다 끊어지지 않고 염념마다 흐르는 것이 바로 행온行蘊입니다.

식온識蘊은 우리가 요별了別, 인식할 수 있음입니다. 예컨대 선풍기가 돌면서 소리가 나면 사람은 가장 먼저 소리를 듣고 즉시 소리인 줄 아는데, 이것이 **이식耳識**입니다. 동시에 의근으로 전달되어 이것이 선풍기가 돌면서 나는 소리임을 분별하고 또렷이 아는데, 이것이 바로 의식입니다. 의식은 경계 대상의 상을 전체적으로 취하는 요별了別입니다. 이렇게 요별한 생각은 끊임없이 이어져서 강물처럼 길게 흐르는데, 앞의 물결이 뒤의 물결로 이어져 멈추지 않고 굽이쳐 흐름을 **행온行蘊**이라 합니다. 그래서 행온의 뜻은 "쉬지 않고 옮아 흐름(遷流)"입니다. 수온受蘊에 이르도록 듣기 좋고 마음에 드는 소리를 들으면 환희심이 생기고, 귀에 거슬리고 마음에 들지 않는 소리를 들으면 번뇌가 생깁니다. 그래서 수온의 뜻은 받아들임(領受)입니다. 수상행식 4온은 마음에 속합니다. 왜냐하면 몸과 마음 두 방면에서 마음의 장애가 더 많기 때문입니다. 그래서 오온에서 네 가지가 설하는 것은 모두 마음이고 모두 정신 방면입니다. 단지 색온 하나만 물질 방면입니다. 오온은 모두 우리의 본성을 가리는데, 이는 묘명진심妙明眞心의 장애입니다.

「**조照**」. 마음이 없으면 비춘다고 하고, 마음이 있으면 생각한다고 합니다. 반야심경을 염송할 수도 강설할 수도 있고, 오온이 모두 공하다 말할 수 있지만, 우리는 일체 고액을 건너지 못합니다. 왜냐하면 우리는 비추지 못하고 생각하기 때문입니다. 그러나 관세음보살께서는 비추시고 오온이 모두 공함을 또렷이 알 수 있습니다. '조'의 뜻은 우리의 망념을 여위는 것입니다. 마치 거울이 물건을 분명히 또렷이 비추는 것처럼 머리카락 한 올도 잘못 비추지 않아 조금도 차이가 없습니다. 그러나 거울은 분별도 없고, 애증도 없고, 흔적도 남기지 않습니다. 사진 필름은 한 장 찍고, 다시 누르면 안 되고, 흔적을 남겨서 거듭 찍으면 못쓰게 됩니다. 그러나 거울은 이런 일이 없어 일천 번 일만 번 비추어도 조금도 잘못 될 리 없습니다. 그것이 바로 '마음 없음'입니다. 거울에 비친 「상」처럼 어떤 물건이 오지 않을 때는 그것은 당신을 맞이할 리 없고, 물건이 가버리면 조금도 흔적을 남기지 않습니다. 이것이 곧 취하고 버림이 없으며 사랑하고 싫어함이 없음입니다. 말하자면 백인이라고 해서 당신의 장점을 많이 비추고, 흑인이라고 해서 당신의 장점을 비추지 않는다 말하지 못하며 조금도 차별하지 않습니다. 그것은 마음이 없습니다. 마음이 없어서 또렷합니다. 이것을 비춘다고 합니다. 바로 관조반야입니다. 관세음보살께서는 "오온을 비추어 모두 공함을 철견徹見합니다." 우익대사께서는 말씀하시길, "오온은 공가중空假中에 즉하지 않음이 없어 사구(분별) 을 모두 여의고 백비를 거듭하여 자체성을 끊음을 억지로 공이라 할 뿐이다(五蘊無不即空假中 四句俱離 百非性絕 強名爲空耳)." 하셨습니다. 말하자면 **오온에서 어떠한 온도 공제空諦·가제假諦·중제中諦 아 님이 없습니다.** 오온이 모두 공하다 제기함은 공제空諦이지만, 오온의 가명이 있으니, 이는 가제假諦입니다. 두 방면을 합하면 즉공즉가即空即假로 곧 중제中諦입니다. 그것들로 인해 「유有」·「무

無」·「비유비무非有非無」·「역유역무亦有亦無」의 사구四句를 여읩니다. 이 사구를 여의면 저절로 백비에 떨어지지 않습니다. 지금 이를 공이라 한 것은 억지로 말한 것입니다. 실제는 응당 제일의공第一義空이라 말해야 합니다.

「도일체고액度一切苦厄」. 고苦는 괴로움이고, 액厄은 빈곤·질병·재난입니다. 고苦에는 갖가지 괴로움이 있습니다. 기본적인 것으로 인생에는 여덟 가지 괴로움이 있습니다. 생노병사는 모두 괴로움입니다. 모태에 있을 때 매우 괴롭고, 출생할 때 모두 괴롭습니다. 이는 태어남의 고(生苦)입니다. 나이가 들어서 노인과 얘기하면 괴로움을 하소연합니다. 미국인은 어린이는 천국에 있는 것 같고, 노인은 감옥에 들어가는 것 같다고 말합니다. 여기서는 병이 있고, 저기서는 비통하며, 여기서는 아픕니다. 먹을 것도 좋지 않고, 듣는 것도 힘이 들며, 걷기도 곤란해지며 심지어는 기억력이 쇠약해집니다. 젊은 시절 꽤 오랫동안 즐길 수 있었지만, 늙어서는 즐길 수 없습니다. 따라서 늙음은 고입니다.

죽음은 말할 필요도 없이 고입니다. 죽어야만 한다는 사실은 받아들이기 어렵다고 말합니다. 죽음은 가장 받아들이기 어렵습니다. 부처님께서는 마치 살아 있는 거북이의 껍질을 벗기는 것과 같고, 살아있는 소의 가죽을 벗기는 것과 같다고 말씀하셨습니다. 사람의 죽음으로 느끼는 고통은 피하기 어렵습니다. 또한 병으로 인한 고(病苦)가 있습니다. "병에 걸려 보아야, 비로소 건강의 고마움

을 안다"고 합니다. 한평생 건강의 고마움을 알지라도 병으로
고생한다고 볼 수 있습니다.

생로병사 사고四苦 이외에 여전히 「원망하고 미워하는 자와 만나
야 하는 고통(怨憎會苦)」이 있습니다. 이 사람은 바로 내게 불만이
있어 아무것도 좋지 않은데, 하필이면 같은 곳에서 부딪치거나,
당신의 상급자가 되거나, 당신의 친구가 되거나, 당신의 이웃이
되거나, 심지어 당신의 가족이 됩니다. 왜 어떤 사람은 이혼할까요?
다른 사람과는 모두 잘 지내는데, 이 두 사람은 싸우려고만 합니다.
이는 매우 괴로운 일로 그들은 서로 원망하고 미워하면서 만나기
때문입니다. 어떤 사람은 한평생 서로 원망하고 미워하면서 만날
때마다, 부딪치는 일마다 다 뜻대로 되지 않고, 가는 곳마다 인사문
제가 생기며, 가는 곳마다 고민하고 대단히 괴롭습니다. 이는 여덟
가지 괴로움 중에서 「원증회怨憎會」의 괴로움으로 서로 원망하고
미워하는데, 하필이면 서로 만납니다. 어떤 사람은 안 보는 것이
가장 좋은데, 하필이면 날마다 얼굴을 보고 기어코 단점을 찾으려고
합니다. 인생에서 아무리 해도 원망하고 미워하는 사람을 만나게
됨을 알면 우리는 마음이 평온해집니다.

「사랑하는 사람과 이별함(愛別離)」. 이 또한 괴로움입니다. 당신은
하필이면 가장 사랑하는 사람과 헤어져야 합니다. 죽어서 이별하는
경우는 당연히 마지막 한 차례이지만, 살아서 이별하는 경우는
다시 만날 수 있지만 하필이면 서로 사랑하는 사람과 헤어져야

합니다. 「구하려고 해도 얻을 수 없는 괴로움(求不得苦)」은 누구든지 당신이 구하려고 해도 구할 수 없는 일이 있게 마련입니다. 예를 들어 징기스 칸 그는 그렇게 큰 무력으로 어떤 적도 물리쳐서 이겼지만 구하고 싶은 일은 여전히 구할 수 없었습니다. 그는 불사不死를 구하고 깊어서 수많은 도사를 찾았는데, 결국 그에게 불사는 불가능하다고 결론을 내려주었습니다. 고생을 구제하지 못하면 결국 구할 수 없는 것이 있습니다. 구하려고 해도 얻을 수 없는 괴로움은 끝내 구할 수 없는 것이 있다는 것입니다. 근본적인 괴로움은 「오온이 불길 같이 일어나(五蘊熾盛)」색수상행식 이 다섯 가지가 당신의 진심을 가리는 것입니다. 그것은 매우 번성하여 당신의 묘명진심妙明眞心이 현현할 수 없게 합니다. 그래서 당신에게 번뇌가 생깁니다. 이것이 괴로움의 근본입니다. 그래서 팔고八苦라 합니다. 팔고는 우리를 일제히 지지고 볶습니다.

관자재보살께서는 깊고 깊은 큰 지혜를 수습하여 피안에 이르렀을 때 반야의 미묘한 지혜로써 오온五蘊을 관조하여 오온이 모두 실유實有가 아니고, (제법실상의) 당체는 공 그대로(卽空)이자 또한 공무空無가 아니라 제일의공第一義空임을 요달了達하셨습니다.

이에 「도일체고액度一切苦厄」이라 함은 자신의 몸과 마음이 분단생사 및 변역생사 두 가지 생사의 고인苦因·고과苦果를 벗어나게 하고, 법계 전체 중생이 함께 생사의 고인苦因·고과苦果를 벗어나게 함을 말합니다. (우익대사의 《심경석요心經釋要》 참조)

초발심한 근기는 이 말씀을 듣고서 쉽게 믿고 받아들일 수 없습니다. 자신이 생사의 인과를 벗어난다고 해서 어떻게 법계의 전체 중생이 함께 생사를 벗어나게 할 수 있다고 쉽게 믿을 수 있겠습니까? 응당 보살이 발심하면 곧 마음·부처·중생 셋이 차별이 없음을 알아야 합니다.

이근원통耳根圓通을 닦아 「적멸이 현전」할 때 곧 위로는 제불여래와 동일한 자비의 역량(慈力)과 아래로는 중생과 동일한 자비의 신앙(悲仰), 두 가지 수승함을 얻어, 마음·부처·중생 셋이 차별이 없는 본심, 자심과 중생이 차별이 없음을 증입證入합니다. 그래서 자신의 몸과 마음이 생사를 벗어나고, 중생도 함께 생사를 벗어납니다. 반야의 미묘한 작용(妙用)은 사유하기 어렵습니다. 이것이 바로 「바라밀다」입니다.

[관석]

이 4구는 전체 경전의 총지總持이고, 첫 구는 또한 4구의 총지로 수행하여 성불해서 대자재에 도달해야 끝난다. 자신이 자재하고 다시 다른 사람을 자재하게 할 정도로 제도하는 사람은 보살이다. 그리고 그 묘용은 관觀 자에 있다. 본래를 관함은 자신과 중생이 본래 자재함을 말한다. 자재하지 못한 이유는 미혹으로 인해 깨닫지 못함으로 헛되이 번뇌한다. 만약 본래를 닦아 회복하려면 반야 묘관을 일으키는 용을 도로 찾아 본래의 깨달음으로 들어가 지혜의 비추는 힘으로써 이를 참구한다. 이것이 수심修心의 총결總訣이다.

아래 3구는 묘관으로 작용을 일으키는 법을 말한다. 자성自性의 연꽃에서 깊고 깊은 반야법을 행하여 그것에 의해 피안으로 건너가 오른다. 그러나 언덕은 가명에 속하고 또한 피차가 없다. 짐짓 미혹하여 차안이고, 깨달아서 피안일 뿐이다. 그러나 미혹한가 깨달았는가의 구별은 단지 일심에 있을 뿐, 마음이 깨달으면 피안 위에 이르렀다 이름한다. 바라波羅는 피안彼岸이고, 밀蜜은 도到이며, 다多는 상上이고 차안도 아니고 강물의 중앙도 아니며 차안도 아니다. 반드시 피안 위라야 구경이라 이름한다, 그래서 행심行深이라 한다. 단지 마음으로 얻을 수 없고 경계에 의지해 세운다. 경계와 상대할 때 바깥에는 육진六塵이고 안에는 육근六根으로, 모두 색色이다. 상대함은 즉 수受이니 바람처럼 서로 이어져서 느낀다. 이미 느낀 이상 끝내 생각(念)에 움직이니, 이를 상想이라 한다. 상想이 찰나에 흐름을 행行이라 한다. 이에 의식 중에 그것을 바람이라, 차가움이라, 더움이라 안다. 일체 분별은 서로 인하여 일어난다.

이 다섯 가지 일의 온(五事蘊)이 결합하여 흩어지지 않음을 오온五蘊이라 하고, 마음과 경계가 서로 쌓임을 말한다. 미혹하여 하나가 되어 유랑하고 깊이 들어가 돌아갈 바를 모르고 오랫동안 습관을 이루어 해탈하기 어렵고 게다가 이를 당연시 한다. 이에 일에는 성공과 실패가 있고, 마음에는 순경계와 역경계가 있으며, 괴로움과 즐거움이 일어난다. 괴로운 자는 괴로움이 더욱 단단해지고, 즐거운 자 또한 괴로워진다. 즐거움은 구경이 아니니, 일체가 덧없고 끝내 고苦로 돌아간다.

무릇 몸이 질병으로 통증을 겪어 마음이 불안해짐을 고苦라 하고, 뜻이 전도되어 마음이 불안해짐을 액厄이라 한다. 반야가 열리지 않아 고액이 아직 제거되지 못함을 도度라 이름할 수 없다. 고와 액을 건너감이란 이 환 같은 마음(幻心)을 건너감이다. 고와 액은 모두 여러 마음에 속하고, 마음을 건너감은 오직 깊고 깊은 반야에 의지해 그것이 본래 공함을 조견할 뿐이다. 공空이란 무엇인가? 이는 마음과 경계일 뿐이다. 경계는 환유幻有에 속하고, 마음은 환립幻立에 속한다. 이 마음과 경계의 환이 합한 오온은 본래 공연空緣에 기대어 생겨나는 것에 속하지 실재가 있는 것이 아니다. 이를테면 괴로움을 괴로움이라, 즐거움을 즐거움이라 여기고, 실체라 여기며, 망념을 진심이라 여겨 전도된다. 그것을 환이라 여기면 마음은 매달리는 대상이 없어 괴로움과 즐거움이 끊어진다. 오온이 본래 공함을 조견하여 마음에 자재함을 얻으니, 마음은 곧 공적하고, 만사에 해탈한다. 그래서 일체一切라 이름한다.

그런 즉 3구란 마음의 위없는 묘법을 구함이다. 오직 두 글자만이 의미가 지극히 미세하다. 구경에 이르지 않으면 일체라 말할 수 없다. 공空이라 말함은 유와 무가 아님을 공이라 이른다. 오직 연緣이 모임으로써 유有일 뿐, 그 체는 본래 공하고 그 용은 무無가 아니다. 자성이 없는 까닭에 공이고, 임시로 화합한 까닭에 공이며, 하물며 조견의 대상 또한 오온에 속하지 오직 집착하지 않을 뿐이다.

범부는 고액이 스스로 일으킨 것임을 모르고, 오온이 무엇인지 결코 모르며, 고액은 마음에 있지 몸이 아닌 줄 결코 모른다.

또한 오온이 본래 공한 줄 모르고, 더욱이 조견照見이 묘법인 줄 모른다. 그래서 세세토록 이 언덕에 빠진다. 아라한은 오온이 공한 줄 아나 반야는 힘이 없고 공에 치우쳐 집착하여 공의 뜻을 이해하지 못한다. 그 공空에 집착하면 여전히 유有나 다름이 없다. 이를테면 비록 저 언덕에 있지 않을지라도 강 중앙에 있고, 저 언덕에 도달하지 않았다. 그래서 거룩한 흐름에 듦(入流)이라 이름한다. 그 지혜의 비춤이 아직 완전하지 않아 아직 반야가 열리지 않았다.

보살은 이미 오온이 본래 공함을 알지만 조견이 아직 공하지 않고 아직 공을 쌓음(功用)에 집착하여 때로는 비춤을 잃으니, 이를테면 저 언덕에 도달하였지만 아직 언덕에 오르지 못한 것과 같다. 반드시 팔지 이상의 보살과 부처님과 동등하여야 조견 또한 공할 뿐만 아니라, 공 또한 집착하지 않아 바야흐로 개공皆空이라 이름한다. 이와 같이 자재하여 걱정이 곧 다한다. 힘써 깊고 깊은 반야를 행함이 아니면 저 언덕 위, 구경열반에 오를 수 없다. 여기에 이르러야 일체라 이름할 수 있다. 관조하는 묘용도 여기에 이르러 이미 갖추어진다. 게다가 이른바 비춤(照)이란 반야를 일으켜 미묘하게 관조함이고, 견(見)이란 지금 본래를 직견直見함이다. 공도 아니고 유도 아니며, 실다움도 없고 허망함도 없으며, 줄곧 자각에 있고 부처님의 제도와 교화는 다하지 아니하며, 행함은 나에게 있고 조견함은 자심自心에게 있다. 이 4구는 심경의 전체 뜻을 견지하므로 총지總持라 한다.

[주해]

「관자재보살觀自在菩薩」

관자재보살은 즉 관세음보살이다. 보살께서 대비심으로 세상을 구제하시고 소리를 찾아 중생의 괴로움에서 구하심을 일컬어 관세음觀世音이라 말한다. 보살께서 지혜가 광대하여 걸림없이 관조하심을 말하여 관자재觀自在라고 한다. 자비의 적과 지혜의 덕에서 이 두 명호를 세웠다. 보살께서는 본지本地에서 이미 성불하시어 명호가 정법명여래正法明如來이신데, 중생을 이롭게 하고 구제하기 위해 보살의 몸으로 나타나신다.

관자재에서 「관觀」자는 매우 중요한데 수심修心에서 관건이 「관」자에 있다. 이 관은 결코 눈으로 보는 것이 아니고 빛을 돌려서 돌이켜 비춤(回光返照)으로 내가 공도 아니고 유도 아니며 성성적적하고 무념무상으로 분명하게 밝게 늘 아는(了了常知) 본래의 각성을 관함으로 이것이 수심의 총결이다. 그래서 《대승본생심지관경大乘本生心地觀經》에서 말씀하시길, "수유의 짧은 순간 생각을 거두고 마음을 관하는 것으로 훈습하여 무상대보리의 종자를 이루니라(須臾之間 攝念觀心 薰成無上大菩提種)." 하셨다. 또한 "마음을 관할 수 있는 자는 구경에 해탈을 얻거니와, 관할 수 없는 자는 영원히 번뇌에 얽매이느니라(能觀心者 究竟解脫 不能觀者 永處纏縛)." 하셨다.

관심법문을 처음 시작할 때 반드시 먼저 일체 망상·잡념과 심신(몸과 마음)의 세계를 내려놓고 직하에 빛을 돌려 자기 당하의 심념을 관하여 보니, 이때 정각正覺과 망념妄念이 단박에 생기고 단박에 멸하며, 멈추지 않고 치달려 만약 뒤좇아 유랑하지도 않고 뜻에 집착하여 제거하지도 못하면 망념이 본래 공하여 원래 제거할 수 없는 것이다.

오래 순숙하도록 관하면 망상·분별이 곧 차츰차츰 멈출 수 있고 공적空寂에 도달할 것이다. 이는 지혜로써 선정을 돕는 것(慧以資定)이다. 《능엄경》에 이르시길, "생멸이 이미 멸하니 적멸이 현전한다(生滅旣滅 寂滅現前)" 하였다. 언제 어디서나 적정寂定의 성체性體 상에서 관조의 미묘한 작용(妙用)을 일으킨다. 이는 선정으로써 지혜를 돕는 것(定以資慧)이다. 오래되면 곧 정혜일여定慧一如 적조불이寂照不二의 경지에 도달할 수 있다. 그래서 《화수경華手經》에 말씀하시길, "그대들은 이 마음이 염념마다 늘 생하고 멸함이 환 같아 무소유라 관하여 대과보를 얻을지라(汝等觀是心 念念常生滅 如幻無所有 而得大果報)" 하셨다.

「관자재觀自在」는 곧 늘 고요하고 늘 비추며(常寂常照), 분명하고 밝게 견성하여(了見性) 걸림없이 자재하다는 뜻이다. 「보살菩薩」은 구체적으로 부르면 「보리살타菩提薩埵」이다. 보리는 「각覺」으로 번역하고, 살타는 「유정有情」(일체중생)으로 번역하여 합쳐 부르면 「각유정」이다. 보살은 위로 불도를 구하고 아래로 중생을 교화하여 자각각타自覺覺他를 행원行願으로 삼고 공행功行이 원만하여 곧 복덕과 지혜를 구족한 불타를 이룬다.

「행심반야바라밀다시行深般若波羅密多時」

「행行」은 곧 수행이다. 「깊은 반야」는 얕음에 상대하여 말함이다.

범부는 무명에 막히고 덮여 반야가 열리지 않는다. 성문 연각 이승二乘의 사람은 단지 아공我空을 증명하여 오온이 임시로 화합하여 실로 '나'라고 할 말한 것은 없음을 알지만, 법공法空을 밝히지 못하고, 오온제법도 또한 인연으로 생겨나 자성이 공하여 실로 법이라고 할 만한 것은 없음을 밝히지 못하여 이치를 봄에 철저하지 못하다. 초발심 아래 과위의 보살은 관하는 힘이 미약하다. 이들은 모두 얕은 작은 지혜로 깊은 반야라 할 수 없다. 오직 관자재보살처럼 팔지 이상의 대보살만이 깊고 깊은 지혜로써 비추어 깨달아 선정과 지혜가 원만히 밝아 걸림없이 자재한 경계에 증입할 수 있다. 「시時」는 고요함과 비춤이 동시이고 체와 용이 둘이 아닌 때이다.

「조견오온개공照見五蘊皆空」

「조照」는 반야관조이고, 「견見」은 직접 스스로 깨달아 앎(證知)이다. 보살은 실상반야의 체에 의지해 깊고 깊은 관조반야의 용을 일으킬 때 오온의 몸과 마음 등 일체 제상諸相은 운동 · 변화하지 않음이 없고, 환으로 생하고 환으로 멸하며, 그 자성이 본래 공함을 깨달아 알았다.

　실상의 본체는 거울의 본체와 같고, 오온의 제법은 티끌과 때(塵垢)에 비유되며, 반야의 미묘한 지혜는 바로 거울의 광명과 같다. 관조공부는 곧 거울을 닦으면 거울의 본체가 본래 광명을 갖추어 비록 티끌과 때에 막혀 덮여있을지라도 광명을 잃지 않는다. 만약 힘써 문지르면 저절로 때가 다하고 밝음이 생긴다. 《능엄경》에서 이르시길, "청정이 절정에 이르러 (자성의) 광명이 일체를 통달하고, 고요하되 늘 비추고 비추되 늘 고요하여 허공을 머금는다(淨極光通達 寂照含虛空)."

「오온五蘊」은 즉 색色·수受·상想·행行·식識이다. 무릇 안이비설신 오근五根과 색성향미촉 오진五塵 및 우주간의 일체 현상은 모두 색법에 속한다. 왜냐하면 형색과 질애質礙가 있는 물건이기 때문이다. 「수受」는 곧 감수感受이고, 다섯 가지 변행심소遍行心所 중에 수심소受心所로 고수苦受·락수樂受·불고불락수不苦不樂受의 세 가지가 있다. 「상想」은 즉 상상想像이고 상심소想心所이다. 「행行」은 조작造作이고 사심소思心所이다. 「식識」은 요별了別이고 팔식심왕八識心王이다. 이 넷은 모두 심心이다. 이 색·심 이법은 모두 인연으로 생겨난 것이고 또한 갖가지 조건이 화합하여 생겨나서 결코 자성이 없기에 이른바 인연으로 생겨나 자성이 공하다. 그래서 「오온개공」이라 하였다. '오온'의 자성은 비록 공하지만 '본체'는 즉 진공眞空이다. 비유컨대 '물결'은 비록 환이지만, 본체는 바로 '물'이다. 물과 물결은 같지도 다르지도 않다.

여기서 「조견照見」은 나룻배이고, 「오온五蘊」은 큰 바다이며, 「개공皆空」은 저 언덕과 같다. 즉 이 반야의 나룻배에 의지해 생사고해를 건너가 열반의 저 언덕에 도달한다. 금강경에서 말씀하시길, "무릇 모든 상은 다 허망하니 만약 모든 상이 상아님을 보면 곧 여래를 보리라(凡所有相 皆是虛妄 若見諸相非相 即見如來)" 하셨다. 여기서 「견제상비상見諸相非相」이 즉 「조견오온개공照見五蘊皆空」이다. 만약 오온이 다 공함을 깨달아 알면 자성의 대광명보장大光明寶藏이 곧 전체 그대로 현전할 것이다.

「도일체고액度—切苦厄」

몸과 마음이 고통으로 불안함을 고액苦厄이라 한다. 반야가 열리지
않으면 고액은 제거되지 않아 건너갔다(度) 할 수 없다. 고액은
결국 마음에 속한다. 마음을 건너감은 단지 깊고 깊은 반야에
의지할 뿐이다. 오온이 본래 공함을 조견하면 마음은 곧 해탈자재
를 얻는다. 범부는 고액의 근원을 밝힐 수 없고, 오온의 실질을
알지 못하며 지혜로 비추는 묘용을 알지 못한다. 그래서 오랜
겁 동안 번뇌의 이 언덕에 빠져있다. 만약 일체 사물과 제법을
비추어 자성이 본래 공함을 본다면 아我·법法 두 가지 집착을
깨뜨려 없애고 견사見思·진사塵沙·무명의 갖가지 미세한 번뇌에
얽매이지 않아 분단分段·변역變易 두 가지 생사에서 해탈할 수
있고, 세간·출세간의 일체 고액을 벗어날 수 있다. 그래서 일체고
액을 건넜다 말씀하셨다.

2. 색공분色空分

[주해] 이 분에서는 오온의 제법과 진여공성이 둘이 없고 구별이 없음을 설명한다.

사리자여, 색온은 진공과 다르지 않고 진공은 색온과 다르지 않으며, 색온 그대로 진공이고 진공 그대로 색온이니, 수온·상온·행온·식온도 또한 이와 같으니라.

舍利子 色不異空 空不異色 色即是空 空即是色 受、想、行、識 亦復如是。

서두와 말미 삼분을 완전히 갖추고 있는 역본 중에서는 반야바라밀다의 깊고 미묘한 행을 수습하는 사람은 응당 어떻게 수습하는가? 라고 질문합니다. 관자재보살은 다시 사리자가 던진 문제에 다시 답합니다. 그래서 "사리자여" 하고 가장 먼저 그의 이름을 부릅니다. 관건은 「조견오온개공照見五蘊皆空」에 기초합니다. 그래서 가장 먼저 오온과 오온개공을 이야기하여야 합니다.

오온의 맨 앞은 색온입니다. 색수상행식을 오온이라 부릅니다. 오온 중에서 색온이 공함은 가장 깨닫기 어렵습니다. 색은 보이는 것, 만질 수 있는 것, 들을 수 있는 것, 이렇게 감수할 수 있는 것들로 진실한 존재입니다. 현재 「색즉시공色即是空」이라 들으면 이해할 수 없습니다. 분명히 어떤 선풍기가 돌고 있음을 볼 수 있고, 바람이 자신의 몸 위로 불어오고 있습니다. 분명히 있는데,

왜 공이라 말할까요? 중생은 이 부분에서 전도됩니다. 선풍기는 여기 있지만, 당체는 즉 공합니다. 그것은 여기에 있을지라도 그것은 바로 공합니다.

불법에서 뿐만 아니라 과학자 아인슈타인도 이렇게 말했습니다. "물질은 인류의 착각에 기초하는 것이다." 아인슈타인은 또 말했습니다. "우주 속의 존재는 단지 장場만 있을 뿐이다." 자석은 자장磁場이 있고, 전기는 전장電場이 있습니다. 현재 상해교통대학에서 인체에도 장이 있음을 실증하였습니다. 즉 사람의 신체는 하나의 장을 형성할 수 있는데, 마치 자석과 같이 공간에서 하나의 장을 이룹니다. 고철을 다시 가져와서 중화시키려면 수많은 폐기물을 거두어서 전자철로 끌어당기는데, 그 중 철을 끌어당깁니다. 이렇게 쇠를 골라내는데 왜 철을 골라낼 수 있습니까? 자장의 작용이 있기 때문입니다. 아인슈타인은 말한 적이 있습니다. "우주 간에는 단지 장과 물질 이 두 가지만 있다." 아래에서 그는 또 한 마디 보충했습니다. "실제로는 장場만 있고, 물질은 장내에서 장이 강한(에너지가 특별히 강한) 부분에 불과하다." 그래서 현재 인류의 두뇌 속에 물질이란 존재가 있다는 인식을 부정해 주었습니다.

다시 보면 모든 물체는 일백여 종의 원소가 수소, 산소 등 갖가지 화합물로 수없이 변화된 갖가지 물질에 불과합니다. 모든 원자는 음전기를 띤 전자, 양전기를 띤 양자, 그리고 중자가 형성된 것에 불과합니다. 모든 입자는 이중성을 지니고 있습니다. 하나는 파동

성입니다. 소리는 음파가 있고, 광선은 광파가 있으며, 무선전신에
는 무선전파가 있습니다. 무선전신이나 텔레비전은 우리가 왜
받을 수 있을까요? 전자파를 통해서입니다. 전파 송출기는 프로그
램을 담은 전자기파를 우리에게 전송하는데, 우리가 이 작은 방에서
세계 곳곳의 프로그램을 볼 수 있는 것은 모두 전자기파의 작용입니
다. 전파는 잡지도, 보지도, 듣지도, 물성도 전혀 없지만 매우
큰 작용이 있습니다. 그것은 천만 리 밖의 축구 결승전을 당신에게
보여줍니다. 또 하나는 입자성입니다. 입자성은 말하자면 에너지
가 집중되는 부분을 입자라 부릅니다. 그렇다면 물질이라고 할
수 있는 것은 아무것도 없습니다.

　현재 「색즉시공色即是空 공즉시색空即是色」은 불교도의 언어일
뿐만 아니라 과학자의 언어이기도 합니다. 과학실험에서 입자를
깨뜨려 전자보다 수만 배 작은 것, 새로운 무수한 종류의 입자를
실험하는 가운데 그것을 가두어 어느 때 어떤 「입자」는 갑자기
사라지고 공空으로 변합니다. 다른 어떤 「입자」는 공空 속에서
또한 생겨날 수 있습니다. 거시세계인 우주에서도 증명됩니다.
어떤 천체는 붕괴되고 있고, 어떤 천체는 새로 생성되고 있습니다.
공으로부터 유로 변화될 수 있고 유로부터 공으로 변화될 수도
있습니다. 그래서 현재 과학으로부터 「색즉시공 공즉시색」을 이해
하기가 과거보다 용이합니다. 과거에 우리는 오랫동안 그것은
명백히 볼 수 있고 만질 수 있는 것이라고 여겼으니, 어떻게 그것이

공하다고 말하겠습니까? 실제로 그 당체는 공입니다.

이것은 나무토막입니다. 나무토막은 원소에 불과하고 원소는 전자, 양자, 중자에 불과하며, 전자, 양자, 중자는 이중성에 불과합니다. 이중성은 파동과 에너지로 나무토막이라고 할 만한 것은 본래 없습니다. 나무토막은 없고, 나무토막은 공입니다. 이것은 금속입니다. 금속도 마찬가지로 전자, 양자, 중자에 불과합니다. 그것에는 파동과 에너지의 이중성이 있습니다. 금속의 개념 또한 없습니다. 그래서 현대의 제일류 대 과학자들은 불법을 연구하고 있습니다. 하나는 불법으로부터 과학연구의 방향에 대해 조금의 힌트를 찾아냅니다. 또 하나는 그들이 실험 중에 관찰하는 새로운 현상을 불가사의하다고 여기는 것입니다. 이미 과학의 영역을 돌파하여 과학법칙이 실험에서 발생하는 현상을 해석할 수 없는 경우, 그들은 불경에서 힌트를 찾아 해석을 구할 수 있습니다.

이는 아주 새로운 정세입니다. 그래서 저는 이것을 세계의 문화적 대도약의 전야라고 늘 말합니다. 동시에 컴퓨터의 발명은 인간 뇌의 노동을 해방시켰습니다. 과거에 증기기관의 발명은 사람의 노동력을 대체할 수 있어서 산업혁명을 일으켰는데, 현재 컴퓨터는 사람의 두뇌를 대체할 수 있어 정보혁명을 일으키고 있습니다. 컴퓨터는 당신의 자료조사를 대신할 수 있고, 나아가 사람의 정신노동을 대체할 수 있어서 사람들은 다른 일을 할 수 있습니다. 이는 위대한 시대입니다.

「색즉시공」으로 돌아가서 이 부분을 과학상에서 말하면 물건은 근본적으로 파동과 작용입니다. 에너지가 곧 작용으로 아무것도 없는 것이 아니라, 이러한 움직임이 있습니다. 다시 비유를 하면 이런 실험은 누구나 할 수 있습니다. 오늘 밤 집으로 돌아와서 전등을 다 끄고, 향 한 가닥에 불을 붙이고 향을 잡고 빙빙 돌리면, 빛나는 동그라미가 하나 나타나는 것을 볼 수 있습니다. 당신이 8자형으로 돌리면 8자가 하나 나타납니다. 프로그램으로부터 불꽃 지팡이를 밝히면 갖가지 꽃이 나타날 수 있었는데, 어디에 이런 것들이 있습니까? 그러나 당신은 이런 것들을 봅니다. 실제로는 향불의 한 점 한 점이 움직임에 있습니다.

그래서 부처님께서는 모든 물질은 선화륜旋火輪과 같다고 합니다. 즉 불을 쥐고 빙빙 돌리면 하나의 바퀴가 됩니다. 실제로 이런 바퀴는 없습니다. 단지 한 물건의 움직이는 상일뿐입니다. 지금 우리는 전부 움직이는 모습입니다. 책상이 정지하고 있다고 생각하지 마십시오. 책상의 작은 원자 하나하나 모조리 다 움직이고 있습니다. 원자 속의 전자가 마구 움직이고 있고, 매우 바쁘게 저기서 움직이고 있습니다. 탁자의 본체도 움직이고 있는데 우리 사람은 어떤가요? 당신과 나도 움직이고 있습니다.

"땅위에 앉아 있고 해는 걸어 하루에 8만 리를 간다(坐地日行八萬里)."는 시의 구절이 있습니다. 사람이 땅 위에 앉아 있고, 지구는 돌고 있는데 한 바퀴 8만 리를 돕니다. 당신도 움직이고, 책상도 움직이며, 하루에 8만 리를 돌면서 모두 움직이고 있습니다. 지구는 한 바퀴 8만여 리를 자전하면서 태양 주위를 돌고 있습니다. 태양은 그것을 둘러싼 중심도 돌고 있고, 이 중심도 그것을 둘러싼 중심이 돌고 있으며, 어느 중심에 가야 끝까지 찾을지 모릅니다. 실제로는 궁진할 수 없는 것으로 일체는 모두 움직이고 있습니다. 본래는 물건이 없고 단지 움직일 뿐, 움직이는 가운데 있다고 느낍니다. 향 한 가닥을 한번 움직이면 원이 나타나는데, 이 원은 본래 없습니다. 그것이 원이라고 여기는 것은 일종의 착각입니다. 이러면 「색즉시공」을 해석할 수 있습니다.

다시 말해서 이른바 일체 물건은 모두 인연으로 생하는 것입니다. 갖가지 조건이 모여서 이런 물건이 형성됩니다. 예컨대 바람이 불어서 물이 움직이면 수면 위에 물결이 일어납니다. 물결은 물이 있고 바람이 있어서 출현하기 때문입니다. 그것은 고정된 「자성自性」이 없습니다. 바람이 멈추면 물결이 쉬고, 물결은 또한 물로 회복됩니다. 이 비유로 「색즉시공 공즉시색」을 설명하면, 물은 제일의공, 중도와 본유의 묘명진심妙明眞心을 대표합니다. 물결은 색을 대표합니다. 물 가운데 물결이 일어남은 「공즉시색」을 설명합니다. 물결이 또한 물로 회귀함은 「색즉시공」을 설명합니다.

「색불이공 공불이색 색즉시공 공즉시색」.

이 4구가 왜 반복되는지 설명하면 제1구는 범부에게 말한 것입니다. 왜냐하면 범부는 이들 물질이 실유實有라고 집착하기 때문입니다. 그래서 당신에게 공이라고 말하여 집착을 타파합니다. 소승은 공을 증득하면 공에 집착합니다. 공에 집착하면 공 또한 색과 같습니다. 그래서「공불이색」이라 합니다. 제3, 4구 양자는 완전히 한 맛으로 보살에 대한 것입니다. 보살은 본래 이와 같습니다. 이 일체는 본래 둘이 아닙니다. 그래서《유마힐경》에서는 곧장 불이법문不二法門을 가리킵니다. 우리는 색과 공을 대립적인 두 가지 것으로 간주합니다. 색은 곧 공일 수 없고, 공은 색일 수 없습니다. 이는 형식논리입니다. 보살은 원융무애圓融無礙하여 색과 공이 둘이 아닙니다.

색(色 ; 물질)이 생성하는 것이 공한 이상 눈으로 받아들이는 것(受)도 모두 공합니다. 받아들임도 존재하지 않는다면 일으킨 생각(想)도 당연히 허망하고, 이에 생각이 쉬지 않고 흐르는 행온(行)도 허망하며, 그러한 요별(識)도 당연히 허망합니다.「색」자를 파하면 아래의 것도 모두 파해집니다. 그래서「수상행식受想行識 역부여시亦復如是」라 하였습니다. 이는 간소화한 필치로 그렇지 않으면 온蘊마다 4구가 있어야 합니다. 따라서 색은 즉 공이고 공은 즉 수이며, 수는 공과 다르지 않고 공은 수와 다르지 않습니다, 식에 이르기 까지 식은 즉 공이고 공은 즉 식이며, 식은 공과 다르지 않고 공은 식과 다르지 않습니다. 「역부여시亦復如是」는 수많은 문자를 개괄합니다.

「오온개공」을 말하지만, 단멸견斷滅見이 생겨서는 안 됩니다. 이러한 상을 없애야 바로 본상本相이 드러납니다. 예를 들어 만약 당신이 고궁박물관에 가서 참관한다면, 여기에는 수많은 기물들이 금으로 되어 있습니다. 제가 말씀드리지만, 이것들은 모두 같은 것이고, 모두 금으로 된 것입니다. 이 말은 성립됩니다. 제가 또 말씀 드리지만, 이것은 금으로 만든 탑, 불상, 단성(壇城 ; 입체만다라)으로 서로 다른데, 물론 이 말도 성립됩니다. 방금 같다고 말한 것도 나이고, 지금 다르다고 말한 것도 나이지만, 이 두 마디 말은 모두 맞습니다. 왜냐하면 금은 성性을 대표하는데, 성은 서로 같지만 사상事相은 천차만별이기 때문입니다. 성은 같은 것으로 이는 곧 불성입니다. 불성·묘명진심妙明眞心·실상, 이들 명사는 다르지만 말하는 것은 같은 일입니다.

이 불성은 또한 자성으로 비유할 수 있습니다. 전기가 흐르는 전선을 자기장 안에 놓으면 회전하기 마련인데, 이것이 전동기의 원리입니다. 눈앞에 있는 선풍기가 바로 전동기인데, 선풍기가 돌면 움직입니다. 그밖에 자기장 안에 회전하는 코일을 가설하기만 하면 그것은 전기를 발생시키는데, 이것이 바로 발전기의 원리입니다.

자기장의 작용은 매우 커서 작용을 발생시키는 것은 자성磁性이지만, 당신이 이 자성磁性을 찾으려고 해도 찾을 수 없습니다. 자석은 자성이 있지만 자성을 찾아도 얻을 수 없습니다. 자성磁性을 통해 인간의 자성(自性 ; 불성)을 이해할 수 있지만, 찾으려고 해도 찾을 수 없습니다. 사람마다 모두 여래의 지혜와 덕상을 가지고 있습니다. 이는 바로 우리의 자성, 우리의 본심으로 일체 사상은 본심 즉 본성에서 드러납니다. 결코 실체가 없습니다. 그래서 오온이 모두 공하고, 오직 일심一心일 뿐이라 말합니다.

[관석]

「반야」란 원만한 뜻으로 색과 공 두 가지 뜻이 반야에 통하지 아니하면 원만히 체득할 수 없다. 세상 사람은 색은 실유이고 공은 허무하다 집착하여 색이 어떻게 색이 되는지 모른다. 유가 아님이 유이고, 멸이 아님이 공이며, 과거가 아님이 공이다. 이에 어떤 때도 그 체가 본래 공하여, 색과 공이 둘 아니다. 또한 공이 어떻게 공이 되는지 모른다. 유가 아니면 공하지 않다 하고, 무이면 공하다 한다. 바로 유로써 얻을 수 없으니, 인연이 화합하여 본래 자성이 없다. 그래서 공이라 한다. 그래서 색을 이해하면 공을 밝히고, 공을 밝히면 색이 없으며, 필경 공은 색을 여의지 않고, 색은 공을 여의지 않는다.

지금 사리자에게 일러 「색불이공」이라 말함은 범부가 실유에 집착하는 병통(뿌리박힌 결점)을 타파함이요, 「공불이색」이라 함은 이승이 공에 집착함을 타파함이다. 「색즉시공 공즉시색」이란 보살이 색과 공은 둘이 아닌데, 여전히 두 가지 견해가 존재하는 것을 타파함이다. 「불이不異」라 한 뜻은 서로 비교하고 상대함에 있다. 「즉시即是」란 불이不二이다. 색이 이미 이와 같으니, 수상행식도 이와 같다.

이 오온은 또한 색에 속하고 바깥 경계의 상은 본래 환이고 내견內見의 상 또한 환으로 양자 모두 환유幻有이다. 그래서 얻을 수 없다. 게다가 바깥에 경계가 없으면 마음은 일어나지 않고, 안으로 봄이 없으면 마음이 세워지지 않아 능히 지혜로써 비추어 이 내외의 두 가지 색을 타파하면 마음이 공하다. 다만 지혜로 비춤(慧照) 또한 마음이니, 곧 깊고 깊은 반야로써 이 혜조를 쓸어버리면 공에 집착하지 않고 공을 쪼개어(斯空) 공하다. '공을 비추는 지혜(能空)'가 공함이란 유에 집착하고 공에 집착함에 모두 걸리는 바가 없다. 십팔공의十八空義를 또렷이 앎으로써 필경에 공이고 바깥으로 색에 미혹하지 않고 안으로 법에 미혹하지 않아 일체가 모두 청정하여 대자재를 얻으면 곧 무슨 고액이라 말할 수 있겠는가?

[주해]

여기서 말하는 「색불이공」 등 4구는 바로 대립·통일의 법칙으로 불교철학 상의 반영이다. 문헌과 보도에 따르면 현대과학의 영역에서 이미 실험으로 미시 입자는 (과립과 같은) 입자성을 갖추고 있을 뿐만 아니라 (무선전파와 같은) 파동성을 갖추고 있음이 밝혀졌다. 과학자들이 입자는 단지 장場이 비교적 강하고 높은 공간일 뿐이고, 그 가운데 물질은 하나도 없다고 말하였듯이,

이는 「색즉시공」이 아니겠는가? 거시세계에서도 이미 실험으로 「공이 만법을 생한다(空生萬法)」는 논점을 증명하였다. 천문 일련번호처럼 M87 전파성운 은하는 비물질의 무선전파구역에서 길이가 일만 광년에 이르는 광 횃불을 분출할 수 있는데, 그 가운데 존재하는 것은 매우 빠른 전자이다. 이러한 비물질 가운데 즉 허공 가운데에서 물질을 분출할 수 있으니, 이는 「공즉시색空卽是色」이 아니겠는가?

색과 공의 문제와 관련한 간결한 심경의 이론은 과학실험을 통해 끊임없이 실증되고 있다. 그러나 단지 물질세계 방면뿐만 아니라 연기하여 자성이 공하고(緣起性空) 변화가 무궁한 상황을 설명함에 이것을 빌어 비유로 삼고 있다. 실제로 《심경》이 말하는 함의는 곧 대보살이 깊은 반야바라밀다를 행할 때 철저히 증득되는 것으로 논리를 뛰어넘는 「성색이 바로 진공이고 성공이 바로 진색(性色眞空性空眞色)」 (능엄경)이며, 색과 공이 둘이 아님·성과 상이 원융한 원각圓覺의 경계이다.

당대의 제자인 사리불은 관세음보살을 향해 반야법문을 청문할 때 보살께서는 몸소 증득한 것으로 답변하셨다. 「색불이공」은 곧 만법은 인연으로 생겨나는 것이고 그 자성은 본래 공함을 말한다. 「공불이색」은 곧 그 자성이 비록 공할지라도 인연·화합을 장애하지 않고 만법을 생겨나게 한다고 말한다. 그래서 「불이不異」라고 말하셨다. 불이는 차별이 없다, 두 가지 상이 없다는 뜻이며, 곧 여읨이 없음으로 결코 색을 여의고 달리 공이 있는 것이 아니고, 공을 여의고 달리 색이 있는 것이 아님을 설명한다.

또한 한걸음 더 나아가 설명하면, 색과 공이 두 가지 법이 아니고 현상과 본질은 둘이 아니다. 비유컨대 물과 물결은 둘이 아니고, 함께 습한 성질이다. 또한 거울과 그림자의 관계처럼 보이는 대상(所現)인 그림자는 바로 보이는 주체(能現)인 거울이다. 공은 자성이 본래 갖추고 있는 진공眞空이고, 색은 자성이 본래 갖추고 있는 묘색妙色이다. 《능엄경》에서 이른바 색신·허공·산하·대지는 "모두 묘명진심 가운데 있는 물이다(咸是妙明眞心中物)."

진공인 자성과 물질은 둘이 아닐 뿐만 아니라 갖가지 심념과 또한 둘이 아니다. 그래서 "수상행식 또한 이와 같다." 말씀하신다. 즉 유형의 상과 무형의 상은 모두 자성과 둘이 아니고, 차별이 없다. 그림자가 비록 많을지라도 함께 실상이다. 요컨대 각성覺性은 보배구슬 같고 오온은 구슬 전체에 나타난 오색과 같다. 이는 색과 공이 둘이 아니고 연기하여 자성이 공하고, 자성이 공하여 연기함이 우주 간 사물의 진리와 실상임을 설명한다.

우리가 마음을 관하며 간경·염불할 때 성성적적 무념무상인 즉 진공眞空이고, 분명하게 밝게 늘 아는(了了常知) 즉 묘유妙有이다. 만약 이곳에서 깨달아 들어갈 수 있으면 곧 공과 유가 둘이 아니고, 성性과 상相이 둘이 아니며, 체와 용이 둘이 아니고, 고요함과 비춤이 둘이 아님을 확철대오할 수 있어 점차 이사무애理事無礙·사사무애事事無礙의 법계로 증입證入할 것이다.

3. 본체분本體分

[주해] 이 분에서는 본래의 체성이 실로 생겨남·사라짐, 더러움·깨끗함, 늘어남·줄어듦 등 상相이 없음, 무상無相의 상, 바로 당사자의 본래면목임을 설명한다.

사리자여, 이 오온제법의 진공실상은 생겨나지도 사라지지도 않고, 더럽혀지지도 깨끗해지지도 않으며, 늘어나지도 줄어들지도 않느니라.

舍利子 是諸法空相 不生不滅 不垢不淨 不增不減。

대사大士께서는 다시 사리불을 불러서 한 걸음 더 나아가 법문합니다. 그래서 오온의 제법, 당하의 본체는 바로 진공실상眞空實相(공상)입니다. 위에서 든 두 가지 사례로 설명하면, 첫째 바람이 자고 파도가 멈출 때 연못에 깨끗한 물이 가득합니다. 여기서 물결은 물질을 대표하고, 물은 공상空相을 비유합니다. 둘째 금잔을 녹일 때 잔은 공하고 금은 존재합니다. 여기서 잔은 제법을 대표하고, 금은 본체를 비유한다. 두 비유는 똑같습니다. 물과 금은 모두 우리의 불성, 우리의 묘명진심妙明眞心을 비유합니다. 이는 생하지도 않고 멸하지도 않습니다. 금으로 금잔을 만들면 금은 변화가 없지만 금잔이 나옵니다. 금잔을 다시 녹이면 금잔은 사라집니다. 예컨대 금잔은 생겨남도 있고 사라짐도 있다면 금잔의 본체는 무엇입니까? 금 이외에는 결코 다른 것이 없습니다. 금은 진공眞空을 대표합니다. 그래서 「잔」의 당체는 바로 공입니다. 잔을 만들 때 금도 생겨남이 없고, 잔이 사라질 때 금도 사라짐이 없습니다. 이른바 생겨남과 사라짐은 단지 중생이 생겨남도 없고 사라짐도 없는 가운데 망견이 갖가지로 생겨나고 멸할 뿐입니다. 오온은 물 위의 물결처럼 그 자체는 바로 물입니다. 물결이 일렁임을 보지만, 실제로는 물이 움직일 뿐입니다. 여기서 물은 공성空性을 대표합니다. 그래서 오온은 공상空相과 둘이 아니고 본래 스스로 「불생불멸不生不滅」임을 비유해서 밝혔습니다.

「불구부정不垢不淨」. 하늘에 먹구름이 가득하여 암흑일 때 태양은 결코 더럽혀지지 않습니다. 이미 더럽힘이 없는 이상 또한 아무것도 깨끗함을 회복해야할 것이 없고, 그것은 본래 이와 같습니다. 한걸음 더 나아가 말하면, 일체 만물은 본래부터 청정한데 중생이 분별심으로 이를 보아, 태양은 청정하고 먹구름은 더럽다고 여기지만 실제로는 먹구름과 태양은 평등하니, 어떻게 더럽고 탁함이 있겠습니까. 게다가 번뇌 등은 허위이고 진심은 청정하지만 실제로 번뇌는 망념에서 비롯하고 망념은 진심에서 근원합니다. 이를테면 물에서 물결이 일어나고 물결은 전체 그대로 물이고 결코 다른 것이 없습니다. 물은 진심을 비유하고 물결은 망념을 비유합니다. 본체를 말하면 망妄은 진眞과 둘이 아니거늘, 무슨 더러움과 깨끗함이 있겠습니까?

「부증불감不增不減」. 우리의 본성은 중생노릇을 할 때 부처님의
지혜를 드러내지 못합니다. 마치 흐린 날씨에는 태양이 보이지
않는 것과 같습니다. 조금도 보이지 않을지라도 태양이 없는 것이
아니고 태양은 여전히 존재합니다. 비가 멈출 때까지 기다리면
태양이 나올 것입니다. 한창 비가 내릴 때 태양 빛은 감소한 것이
아니고, 날이 개이면 태양 빛이 증가한 것도 없습니다. 진공실성眞空
實性은 증감조차도 없는데, 무슨 생사가 있고, 또 무슨 생멸이
있겠습니까? 이것은 감소하고 감소하여 제로가 될 때까지 감소하면
멸합니다. 전혀 감소하지 않았는데, 멸하였다 할 만한 것이 있겠습
니까?

이 일체 제법은 본래 불생불멸不生不滅·불구부정不垢不淨·부증
불감不增不減하여 최후에 앞 문구를 종합하여 진공인 본성을 가리키
는 가운데 본래 오온이 없습니다.

[관석]

위의 말씀에서 운운한 것은 닦음으로 말미암아 깨달아 아는 것이
다. 세상 사람은 마침내 닦음이 있고, 얻음이 있고, 깨달음이
있다고 여기지만, 본래 이와 같아 닦음이 아니고 나중에 이와
같음을 모른다. 법 그대로 이와 같아 제법은 본래 공상이니, 법은
마음으로 말미암아 일어난다. 마음은 환유幻有에 속하고, 법 또한
실다움이 없다. 그래서 법은 본래 있지 않지만 없다는 견해를
짓지 말고, 법은 본래 없지 않지만 있다는 견해를 짓지 말라.

마음은 본래 생하지 않거늘 다시 무엇 하러 멸한다고 말하겠는가.

본체는 생하고 멸하지 않으니, 이른바 더럽다 깨끗하다, 늘어난다 줄어든다, 온다 간다, 하나다 다르다, 모두 상대적인 환법幻法에 속할 뿐이다. 이는 오직 깊고 깊은 반야를 행할 때만이 바야흐로 본래 생하지 않는다는 뜻을 체달하고, 마음은 자재를 얻어 공하며, 괴로움은 풀지 않고서 없애어, 중생은 저절로 일체 고액을 건너 갈 수 있다. 이 법은 오로지 본래의 체를 말하고, 아래는 작용을 일으키는 법을 말할 것이다.

[주해]

보살은 또 사리자에게 이르셨다. "이 오온제법의 진공실상眞空實相, 즉 본각이체本覺理體는 본래 생겨남도 없고 사라짐도 없고, 본래 더럽지 않은 까닭에 깨끗하지도 않고, 범부에게서 줄어들지도 않고 성인에게서 늘어나지도 않는다."

이 여섯 자는 사람마다 본래 갖추고 있는 절대 심체(공적한 마음)를 드러내 보인다. 이 마음의 본체는 나와 남, 옳고 그름, 순역의 경계, 이해득실, 아름다움과 추함, 사람과 미움 등 제법에 대하여 일체 허망을 여읜다. 분별이 이미 쉬면 무분별의 미묘한 지혜가 환하게 현전하니, 공도 아니고 유도 아니며, 실다움도 없고 허망함도 없으며, 법 그대로 이와 같다. 그래서 본각本覺 혹은 본체라고 한다.

우리가 만일 언제나 이 본래 생하지도 멸하지도 않은 자성을 돌이켜 비추면 현전하는 염념마다 생하고 멸하는 것으로, 공화·환상空華幻象 아님이 없음을 알 수 있다. 그래서 취하지도 않고 버리지도 않으며 저절로 법성法性에 수순하여 공적空寂으로 돌아간다.

그리고 염불하는 사람은 「나무아미타불」한마디 부처님 명호를 집지執持하여 염이 마음에서 일어나 소리가 입으로 나오고 소리가 귀로 들어가 마음과 소리가 서로 의지하고 또렷하고 분명하게 염념마다 습기・혹惑・업業이 변하여 일심불란一心不亂에 도달하면 이것이 바로 관조반야로 말미암아 실상반야를 체달함이다. 그래서 반야와 정토 두 가지 문은 필경 나누어진 적이 없다.

4. 묘용분妙用分

[주해] 이 분에서는 본체로 말미암아 작용을 일으켜 일체 상을 공하게 한다.

그래서 진공에는 색온도 없고 수온·상온·행온·식온도 없으며, 안근·이근·비근·설근·신근·의근도 없으며, 색진·성진·향진·미진·촉진·법진도 없으며, 안계도 없고 내지 의식계도 없느니라. 무명이 없어서 또한 무명이 다함도 없으며, 늙고 죽음이 없어서 또한 늙고 죽음이 다함도 없으며, 고제·집제·멸제·도제도 없으며, 또렷한 앎도 없고 또한 얻음도 없나니, 얻을 바가 없는 까닭이니라.

是故空中無色 無受、想、行、識 無眼耳鼻舌身意 無色聲香味觸法 無眼界乃至無意識界 無無明 亦無無明盡 乃至無老死 亦無老死盡。無苦集滅道 無智亦無得。以無所得故。

이 12개를 이름하여 십이입十二入(혹은 십이처)이라고 하는 바로 앞쪽의 오온이 중생의 근기가 달라서 중점이 기울어 다른 갖가지 방식의 설법이 있습니다. 안이비설신은 색온이고, 의는 바로 수상행식 4온입니다. 이 여섯을 육근이라 부릅니다. 색성향미촉법에서 눈의 대상은 물질이고, 귀의 대상은 소리이며, 코의 대상은 향기이고, 혀의 대상은 맛이며 몸의 대상은 감촉입니다. 바람이 불어와 몸이 매우 상쾌함은 일종의 촉각입니다. 앞의 다섯은 몸에 속하고, 마음에 속하는 것은 뜻으로 여섯째 감각입니다. 이 육근은 우리의 몸 안을 대표합니다. 바깥 경계인 색성향미촉법은 육진이라 합니다.

「법法」 자는 일체의 사물로 유형과 무형, 이치와 개념, 추상적인 것과 구체적인 것, 일체를 모두 법이라 부릅니다. 여기에서는 우리가 보지 못하고, 듣지 못하며, 냄새가 없고, 맛이 없으며, 감촉이 없을 때 자기 속마음에서 인연하는 경계를 가리킵니다. 이러한 경계는 실제로는 오온이 뒤에 남는 그림자입니다. 예를 들면 작년에 산에 올라 일출을 구경한 적이 있는데, 이때 옛 모습을 회상하니, 마음속으로 생각나는 것은 옛날 해돋이 영상일 뿐입니다. 이것이 바로 법진法塵이자 곧 '뜻'의 대상입니다. 바깥경계에 속하는 것은 색성향미촉법입니다. 앞에서 오온이 모두 공하다 말하였습니다. 첫 번째는 색온이 공하다는 색공色空입니다. 그래서 안이비설신, 색성향미촉 모두 공합니다. 앞 오진五塵이 모두 공하면, 그들의 그림자인 법진도 당연히 공합니다. 다시 오온의 수상행식이 모두 공하면 당연히 뜻도 공합니다. 그래서 「무안이비설신의無眼耳鼻舌身意 무색성향미촉법無色聲香味觸法」이라 하셨습니다. 육근에 육진을 더해 이 두 개는 상대적으로 서로 관계를 일으키니, 이 12가지 것을 일러 십이입十二入이라 부릅니다. 십이입은 모두 공합니다.

이 문구의 말은 십팔계가 모두 진공眞空임을 대표합니다. 계界는 한계, 구별, 종류라는 뜻입니다. 예컨대 사람을 구별하여 정치계,

군인계, 상인계, 교육계 등으로 구별합니다. 십팔계의 계는 바로 이런 뜻입니다. 눈 등 육근은 6계를 이루고, 색 등 육진도 또한 6계를 이루며, 안식 등 의식은 육식으로 6계를 이루어 합쳐서 18계를 이룹니다. 그 가운데 취하는 주체(能取)는 육근이고, 취하는 대상(所取)은 육진으로 육근과 육진이 화합하여 육식을 일으킵니다. 설비를 예를 들면 손으로 기체를 만지고, 스위치를 작동하며, 눈으로 화면의 형상과 색깔을 보고, 귀로는 언어와 음악을 들을 수 있으며, 의근으로 생기는 의식은 종합작용을 일으킬 수 있어 이러한 컬러텔레비전을 인식합니다. 그래서 안근에 의지해 색진色塵을 요별하는 것은 안식眼識이고, 이근에 의지해 성진聲塵을 요별하는 것은 이식耳識이며 ……신근에 의지해 촉진觸塵을 요별하는 것은 신식身識이고, 의근에 의지해 법진法塵을 요별할 수 있는 것은 의식입니다. 일반적으로 안식에서 신식에 이르기까지 전5식이라 하고 의식은 제6식입니다. 눈이 색을 볼 때 안으로 렌즈가 있으며, 바깥에는 비추고자 하는 대상이 있습니다. 사람은 살아있는 생물로 여전히 식의 작용이 있습니다. 그것은 간단한 사진기가 아니라 안식입니다. 귀로 소리를 들음에 있어 귀는 근이고 소리는 진이며 요별하는 것은 식입니다. 그래서 육근·육진·육식을 십팔계라 부른다. (십팔계는 안계眼界·이계耳界·비계鼻界·설계舌界·신계身界·의계意界·색계色界·성계聲界·향계香界·미계味界·촉계觸界·법계法界·안식계眼識界·이식계耳識界·비식계鼻識界·설식계舌識界·신식계身識界·의식계意識界)

경문 중에서는 「안이비설신의가 없다(無眼耳鼻舌身意)」 즉 안에는 육근이 없고, 「색성향미촉법이 없다(無色聲響味觸法)」 즉 바깥에는 육진이 없으며, 「십이입十二入」이 모두 없음을 가리킵니다. 왜냐하면 육근 육진이 모두 없는데 육식 또한 어디에서 발생하겠습니까? 그래서 십팔계도 공합니다. 바로 「인아人我」의 오온·십이입·십팔계와 관련된 이러한 것들을 당신이 이해하게 하십니다. 이러한 것들은 모두 공합니다. 안으로 육근이 있고, 바깥으로 육진이 있을 뿐만 아니라 여기에 식의 작용을 덧붙여, 요컨대 일체 과거에 우리가 이것이 나이고 진실한 것이라 생각한 것이, 《심경》에서는 모두 없다(無)고 일러주십니다. 진실한 법성 중에는 이러한 일체가 허망하게 드러나는 것의 상입니다. 물 위의 물결처럼 물결이 일렁일 때 물결 전체 그대로 물이고, 진공과 둘이 아닙니다. 그래서 모두 없다 말씀하시어 당신이 인아人我를 깨뜨리게 합니다.

제6식은 일체를 분별하는 것입니다. 무엇이 선이고, 무엇이 악인가? 무엇이 좋고, 무엇이 나쁜가? 무엇이 옳고 무엇이 그른가? 무엇이 아름답고 무엇이 추한가? 제7식(말나식)은 나를 집착하고, 오래도록 개아(個我; 개인으로서 자아)에 집착하는 것입니다. 말하자면 우리는 개아를 이루고, 자신을 유지하고 싶습니다. 갖가지 생각이 떠올라 모두 개아가 있어 나도 모르는 사이에 모두 아我로부터 출발합니다. 이것이 바로 제7식의 작용입니다. 제8식은 장식藏識이라 하고, 아뢰야식阿賴耶識이라 합니다. 일체 기록은 모두 이 안에 저장됩니다.

눈·귀·코·혀·몸은 카메라의 렌즈에 해당합니다. 이를 통해 바깥의 것을 거두어 들여서 제6식·제7식으로부터 제8식, 즉 아뢰야식으로 전달합니다. 여기서 모두 저장된 것이 바로 종자입니다. 이것이 한 방면입니다. 다른 방면으로 그것은 진정 당신을 대표하는 것입니다. 그래서 나중에 떠나고 먼저 옵니다. 죽을 때 신체가 모두 무너져서 눈 귀 코 혀 몸이 모두 작용하지 않으면 제6식도 임종을 맞고 제7식도 임종을 맞지만, 제8식은 여전히 머무르다 마지막으로 몸에서 떨어져 나가니, 이 사람은 이때 정말로 죽습니다.

우리는 영혼을 말하지 않고 제8식을 말합니다. 불교에서는 모든 것은 존재하지 않는다는 단견斷見도 없고 모든 것은 존재한다는 상견常見도 없습니다. 그래서 기타 일체의 종교와 과학보다 중요합니다. 아뢰야식은 기록보관실입니다. 여러분은 현재 제가 말하는 많은 말을 듣고 두뇌에서는 수많은 새로운 기록이 증가합니다. 기록실에는 새로운 재료가 증가하여 지금과 같지 않습니다. 당신은 지금과 비슷하지만, 방금 그 개아個我는 아닙니다. 날마다 새로운 것이 증가합니다. 그래서 비슷한 가운데 이어집니다. 그것은 비슷하기 때문에 그래서 상주하는 것도 아니고, 오래도록 변하지 않는 것도 아닙니다. 그러나 그것은 또한 이어져서 단멸하는 것도 아닙니다. 단멸하지도 않고 상주하지도 않으며, 비슷한 가운데 이어지는

것이 아뢰야식, 즉 8식입니다. 지금 경문에서는 단지 전6식만
이야기하고 있을 뿐입니다.

위에서 오온·십이입·십팔계는 모두 없다는 말씀으로 인아집
人我執을 깨뜨림은 범부를 위한 법이라 합니다. "무명이 없어서
또한 무명이 다할 것도 없다(無無明亦無無明盡)."는 말씀으로 법아집法
我執을 깨뜨림은 성인을 위한 법이라 합니다. 무명에서 노사老死에
이르기까지는 십이인연十二因緣이라 합니다. 이는 연각의 주된 수행
법입니다. 그 내용은 "무명으로 인연하여 행이 일어나고, 행으로
인연하여 식이 일어나고, 식으로 인연하여 명색(五蘊)이 일어나고,
명색으로 인연하여 육입(六根·六塵)이 일어나고, 육입으로 인연하
여 촉이 일어나고, 촉으로 인연하여 수(苦受·樂受·不苦不樂受)가
일어나고, 수로 인연하여 애(貪愛)가 일어나고, 애로 인연하여 취(執
取)가 일어나고, 취로 인연하여 유(後世三有)가 일어나고, 유로 인연
하여 생이 일어나고, 생으로 인연하여 노사(老病死·憂悲·苦惱)가
일어나느니라." 이 열 두 가지 인연은 서로 의존하여 존재하니,
이 법이 있어야 비로소 저 법이 있습니다. 경에 이르시길, "이것이
있어 저것이 있고 이것이 생겨 저것이 생기느니라(此有故彼有 此生故彼
生)." 하십니다. 이는 인연으로 일어나는 법칙을 설명합니다. 「노사
老死」를 예로 들면, 왜 늙음과 죽음이 있습니까? 바로 태어남
있기 때문입니다. 근원까지 밀면 무명에서 비롯합니다. 곧 무명으
로 말미암아 태어나고 죽음이 그치지 않습니다. 이 십이인연을

깨뜨려 없애려면 단지 그 가운데 한 곳이 멸하기만 하면 일체가 모두 멸합니다. 이는 연각緣覺의 법집法執입니다. 또한 법아法我라고도 합니다. 이 법아를 깨뜨려야 합니다. 그래서 십이인연이 모두 공하다고 말씀하십니다. 《금강경》에서 잘 말씀하십니다. "내가 설한 법은 뗏목과 같은 줄 알아야 하나, 법도 버려야 하거늘 하물며 비법이랴(知我說法 如筏喻者 法尚應捨 何況非法)." 여러분은 알아야 합니다. 부처님께서 설하신 일체법은 바로 배를 가지고 비유했습니다. 왜냐하면 당신이 강을 건너려면 배가 없으면 안 됩니다. 그래서 부처님께서는 당신에게 이런 법을 일러주셨습니다. 그러나 뭍에 오르면 이 배로 무엇을 하겠습니까? 그래서 "강을 건너려면 뗏목이 필요하지만 언덕에 오르면 배는 필요하지 않다(渡河需用筏 登岸不需舟)." 우리가 이 강을 건너려고 할 때, 나룻배가 필요하고, 뗏목이 필요하지만, 우리가 이미 저 언덕에 올라섰을 때, 어떤 좋은 배나 뗏목도 필요 없습니다.

십이인연은 또한 십이지十二支라고도 합니다. 「무무명無無明 역무무명진亦無無明盡 내지무노사乃至無老死 역무노사진亦無老死盡」. 이는 우리에게 십이인연의 법집을 깨뜨려 없앰을 가르칩니다. 십이인연은 서로 연계되어 있고, 과거 현재 미래를 포괄하며, 우리가 어떻게 윤회를 벗어날 것인지 그 방법도 포함합니다. 윤회는 그치지 않으면 이 열 두 가지 일도 이어져서 그치지 않습니다. 그래서 수행을 하여 십이인연을 끊어야 합니다.

「무명無明」은 이해하기 쉽게 설명하면 멍청하거나 어리석어서 진리를 이해하는데 장애가 됨을 말합니다. 조금 깊게 말하면 진여일상眞如一相을 확실히 이해하지 못하고 망녕되게 분별 집착하는 마음을 내면 무명을 이룹니다. 무명은 생사의 근본이고 어리석음은 가장 큰 장애입니다. 무명이면 멍청해지고, 멍청해진 후에는 전도되며, 전도되면 업을 짓게 됩니다. 업을 지음이 행입니다. 그래서 둘째는 「행行」입니다. 이상은 과거 생에 우리가 지은 인因입니다. 과거 생에 줄곧 멍청하게 업을 지어 아뢰야식이 모태에 떨어지게 되어 일념에 부모가 만나는 상황을 보고 음란한 생각이 움직여 모태 속으로 달려 들어갑니다. 이것으로 금생에 생명이 시작되는 것인데, 바로 「식識」입니다. 모태 속에서 천천히 자라지만, 아직은 완전한 한 사람으로 형성할 수 없습니다. 이는 모태 속에서 몸과 마음이 천천히 발육하는 위치로 이미 수상행식 등이 생깁니다. 이는 심법으로 「명名」이라 합니다. 또한 눈 코 등이 생기는데, 이는 색법입니다. 그래서 전체 이름이 「명색名色」입니다.

다섯째는 「육입六入」으로 눈 귀 코 혀 몸 뜻, 이 육근은 모두 천천히 자라나서 태를 곧 벗어나는 위치로 「육입」이라 합니다. 여섯째는 「촉觸」으로 태를 벗어난 후 곧 육진과 접촉하는 2, 3살 때 바깥 세계의 사물을 단지 접촉하였을 뿐 사유하고 이해하지는 못한 상태입니다. 다시 조금 더 커서 6, 7세가 되면 약간 이해할 수 있고 말할 줄 알며 매우 많은 것을 알게 됩니다. 일곱째는

「수受」로 6, 7세에는 곧 사물에 대해 괴롭고 즐거운 느낌이 생깁니다. 셋째 식識에서 일곱째 수受까지의 단계는 곧 금생의 시작으로 과거 생에서 얻은 과는 전생에 결정된 것입니다. 그래서 어떤 아이는 총명한데 어떤 아이는 총명하지 않고, 어떤 아이는 말을 잘 듣는데, 어떤 아이는 말을 잘 듣지 않습니다. 이 모두는 과거에 지은 업으로 말미암아 식을 통과하며 깨친 것입니다.

여덟째는 「애愛」로 이미 받아들인 이상 곧 갖가지 아름다운 사물을 탐애할 수 있습니다. 14, 15세 때면 강성한 애욕의 마음이 생깁니다. 이에 금생에도 미혹합니다. 아홉째는 「취取」로 성년이 된 후 사랑하는 경계를 탐하여 구하길 쉬지 않고 집착하여 손에 넣길 추구합니다. 사랑할 뿐만 아니라 반드시 얻고자 함이 바로 취取입니다. 애愛와 취取는 현재 우리에게 생긴 미혹으로 왜 이러한 것을 좋아합니까? 본래는 공합니다. 이는 착각입니다. 당신이 유달리 좋아하지만 본래는 더럽지도 깨끗하지도 않습니다. 당신은 기어코 그것이 청정하고 아름답다 여겨, 망녕되게 분별하고 망녕되게 취착합니다. 애와 취는 현재의 미혹입니다. 그 다음 열 번째는 바로 「유有」입니다. 탐애가 있고 취착이 있어 생기는 번뇌로 말미암아 갖가지 업을 지어 반드시 당래의 과보를 자아냅니다. 여덟째, 아홉째 ,열 번째 세 가지는 현재 짓는 인因으로 내생의 과를 자아냅니다. 열한 번째는 「생生」으로, 이미 갖가지 인因을 지은 이상 내생에 반드시 육도사생六道四生에서 생을 받습니다. 열두 번째는

「노사老死」로, 태어난 후 당연히 늙고 죽어야 합니다. 이 열두 번째는 바로 내생의 과입니다.

이 십이인연을 닦을 때 당신은 어떤 곳으로부터 끊는데 혹 애취로부터 끊기도 하고 무명으로부터 비추어 깨뜨리기도 합니다. 그것이 이렇게 이어지지 않도록 하고, 이러한 것이 오래도록 이러한 규율에 따라 당신을 지배하지 않도록 하면 생사를 벗어나게 됩니다. 연각이 닦는 법은 바로 이와 같아 확실히 생사를 끝마칠 수 있고, 벽지불을 이룰 수 있습니다. 이는 소승의 극과입니다. 만약 대승보살이 십이인연을 깨칠 수 있다면 삼세순환·일체경계·인과명목도 모두 물 위의 물결로 꿈같고 환 같습니다. 그래서 이르길, 「무무명無無明」 내지 「무노사無老死」라 하셨습니다. 처음과 끝, 두 가지를 들면 그 가운데 열 가지 인연을 모두 개괄할 수 있습니다. 경에서는 또한 「역무무명진亦無無明盡」 내지 「역무노사진亦無老死盡」이라 말씀하시는데, 이는 법집을 깨뜨리는 법문으로 본래 무명조차 없습니다. 다시 다함이나 다하지 않음을 말함은 모두 희론戲論이 됩니다. 「내지乃至」 두 글자는 마찬가지로 그 가운데 열 가지 인연을 지니고 있습니다.

게다가 한걸음 더 나아가 「무무명無無明」의 깊은 뜻을 체득하면, 부처님께서 장차 열반에 드시려 할 때 갖가지 경계에 들어가고 갖가지 선정에 들어가며 갖가지 공간에 들어가서 이 무명을 찾을래야 찾을 수 없었다는 사실을 알 수 있습니다. 이에 무명은 얻을 수 없다고 말씀하십니다. 이는 《열반경》에서 세존, 대자대비하신 자부께서 우리에게 주신 가장 귀중한 법문입니다. 갖가지 선정, 갖가지 경계에 들어가 얻은 결론이 바로 무명無明의 실성實性을 찾을래야 찾을 수 없다는 것입니다.

「무무명無無明」은 그래서 돈법頓法의 관건입니다. 이 문제에 대해 매우 깊이 체득하면 근본적으로 무명이 없습니다. 당신은 본래 성불하였는데, 부처님과 거리가 얼마나 남았습니까? 그래서 돈頓 (찰나의 성취)이 있고, 점漸(삼대아승지겁의 성취)이 있습니다. 당신 자신의 근기를 보면 얼마나 남았는지 믿을 수 있습니다. 여러분은 '돈'인지 아닌지 생각해보십시오. 석가모니부처님께서는 우리가 여래의 지혜와 덕상을 갖추고 있지만, 무명으로 인한 망상과 집착으로 인해 중생이 되었다고 일러주셨습니다. 그러나 무명의 실성實性은 찾을 수 없습니다. 비유컨대 꿈을 꿀 때 호랑이가 너를 잡아먹는 다거나 미녀와 연애하는 꿈을 꾼다거나 이런 갖가지 놀라운 일과 갖가지 즐거운 일도 꿈에서 깨면 전부 사라집니다. 그래서 단지 깨어나기만 하면 꿈은 끝나므로 호랑이를 쫓아낼 필요도 없고 사람들에게 호랑이를 잡아달라고 할 필요도 없습니다. 실제로는 꿈을 꾸는 것으로 일체가 공합니다. 꿈속에 호랑이가 있지만 근본적으로는 존재하지 않습니다. 큰 꿈에서 깨어나면 원래 자신은 침대 위에 편안히 누워있습니다. 일체가 있는 그대로 이루어져 있고(一切現成) 본래 부처입니다. 그래서 영명연수대사께서는 말씀하시길,

"세존께서 열반 시에 무명에 관해 얻을 것이 없다고 개시하심에 대해 중생은 응당 뼈를 접어 붓으로 삼고, 가죽을 종이로 삼아, 혀로 묵을 삼아 서사書寫 보은報恩하여야 한다" 하셨습니다. 대승경에서는 말씀하시길, "보살이 사십이품 무명을 다 끊어야 비로소 구경 성불하리라" 하셨습니다.

왜 이곳에서 또 「무명이 없다」고 설하셨습니까? 이는 비유로 설명할 수 있습니다. 물(부처)과 얼음(중생)은 모두 H2O로 조금도 분별이 없습니다. 그러나 물은 걸림이 없어 어떤 형식의 그릇에 두어도 적응하고, 얼음은 걸림이 있어 곳곳마다 적응할 수 없습니다. 그 원인은 물이 얼어붙어 얼음이 되었을 뿐입니다. 문제는 단지 응결에 있어 걸림이 있을 뿐입니다. 그러나 당신에게 「응결凝結」이 무엇인가? 찾기를 청해도 찾을 수 없습니다. 「응결」은 무명을 비유합니다. 중생은 무명이 있으면 걸림이 있지만 무명은 얻을 수 없습니다.

「고집멸도苦集滅道」를 사제법四諦法이라 합니다. 그 함의는 고를 앎·집을 끊음·멸을 흠모함·도를 닦음입니다. 이 말은 또한 거꾸로 놓을 수도 있습니다. 집이 있어야 고가 있고, 도를 닦아야 멸이 있습니다. 인생이 고임은 진실하여 허망하지 않아 고제苦諦라 부릅니다. 일체 고과苦果를 초래할 수 있는 갖가지 악인惡因, 예컨대 무명 애견愛見 등 번뇌를 집제集諦라 합니다. 일체 고뇌가 영원히 사라짐을 멸제滅諦라 합니다. 일체 성도(聖道 ; 도는 길과 방법)를 닦아 고뇌를 제거할 수 있음을 도제道諦라 합니다. 제諦는 진실하여 전도되지 않는다는 뜻입니다. 인도人道의 팔고八苦는 이미 소개한 "일체 괴로움과 재난을 건너겠다."는 마음가짐에 달려있습니다. 여덟 가지 괴로움이 옥죄어 오고, 고뇌는 무량무변합니다. 그래서 가장 먼저 고를 알아야 하는데, 그럼 우리는 어떻게 해야 합니까? 고는 이렇듯 무서운데, 우리는 고의 원인을 없애야 합니다. 고의 원인은 번뇌, 업을 지음입니다. 이러한 원인으로 말미암아 괴로운 과보를 받게 마련입니다. 괴로움의 원인을 제거하기 위해서는 집集을 끊어야 합니다. 번뇌와 업을 지음 등 갖가지 악의 원인이 우리의 몸과 마음, 입에서 출현하지 않아 고뇌가 영원히 멸하길 바랍니다. 이것이 바로 멸제입니다. 이래야 괴로움을 멸할 수 있습니다. 삼무루학三無漏學·육바라밀·팔정도 등 성도聖道를 수습하는 것이 바로 도제입니다. 성문승의 수행자는 괴로움을 싫어하여 일체 괴로움의 원인을 끊고, 번뇌의 즐거움이 사라지길 흠모하여 도를 닦습니다. 이를 법으로 삼는 것이 곧 성문의 법집입니다. 대승보살은 근본무명을 또렷이 알아 번뇌가 없고, 괴로움이 없습니다. 모두 사상事相의 현현이고, 일체가 꿈속의 일이기에 꿈에서 깨어나면 이런 일은 없습니다. 당체가 완전히 공하여 단지 일심이고, 본래 고도 없고, 집도 없으며, 깨어나면 닦을 수 있는 도조차 없습니다. 그래서 「무고집멸도無苦集滅道」라 하였습니다. 이로써 아라한의 사제법을 깨뜨립니다.

「무지無智」보살이 수행하여 성불함은 팔식을 바꾸어 네 가지 지혜를 이룸을 말합니다. 전5식은 변하여 소작지所作智가 되고, 제6식은 묘관찰지를 이룹니다. 이는 거울이 물건을 비추듯이 관찰이 매우 또렷하지만, 영향을 받지 않고 분별이 없으며 흔적조차 없습니다. 제7 '나'를 집착하는 말나식未那識이 변하여 평등성지平等性智가 됩니다. 나를 집착하여 자신이 있고 타인이 있으면 평등하지 않습니다. 자타가 모두 같고 일체가 모두 동체이면 평등성지로 바뀝니다. 제8식은 변하여 대원경지大圓鏡智가 됩니다. 이것도 비유로 거울은 비추지 않은 것이 없습니다. 하나이고, 또한 크며, 또한 원만한 거울입니다. 우리의 거울은 평면으로 단지 일반만 비춥니다. 만약 거울이 큰 공(圓球)이면 비추지 않은 것이 없습니다. 이런 지혜는 비추지 않은 것이 없어 대원경지라 부르고, 성불의 지혜입니다. 그래서 부처님은 팔식을 바꾸어 네 가지 지혜가 됩니다.

왜 무지無智라 말합니까? 말하자면 식을 바꾸어 지혜를 이룸은 여전히 당신이 성불하기 전에는 없고, 수행하는 길 위의 일입니다. 진정으로 석가모니부처님께서 성불할 때가 되면 무엇입니까? "일체 중생은 본래 여래의 지혜와 덕상을 갖추고 있다." 바로 이 한마디 말씀입니다. 당신은 바꾸려고 하지 않아도 본래 일체 여래의 지혜를 갖추고 있습니다. 성소작지·평등성지·묘관찰지·대원경지는 본래 구족하고 있지, 당신이 변하려고 수지修持하여 얻는 것이 아닙니다. 그래서 「지혜가 없다」하셨습니다. 또한 《파공론破

空論》에서 말씀하시길, "그러므로 이 마음은 즉 삼반야이고 삼반야는 일심이다(是故此心即三般若 三般若祇是一心)" 하셨습니다. 반야란 수승한 대지혜로 단지 일심일 뿐, 지혜는 물결과 같습니다. 물 위에서 물결이 일어나고, 전체 물결 그대로 물이며, 단지 일심일 뿐입니다. 그래서 「지혜가 없다」 하셨습니다.

「무득無得」. 아뇩다라삼먁삼보리를 얻음은 바로 무상정등보리無上正等菩提를 성취함입니다. 이른바 새롭게 이룸은 단지 원래의 본유를 회복함일 뿐입니다. 새롭게 얻음이 있으면 늘어난 것이 있을 것입니다. (원래 100이고 또 1을 얻으면 응당 1백 1일 것이다) 경문에서는 앞에서 이미 「부증불감不增不減」이라 밝혔습니다. 만약 얻음이 있으면 늘어난 것이 있어 곧 경문의 뜻과 어긋납니다. 그래서 《금강경》에 이르시길, "실제로는 여래께서 아뇩다라삼먁삼보리를 얻을 어떤 법도 없기 때문이니라(實無有法 如來得阿耨多羅三藐三菩提)." 하셨습니다. 이것이 바로 「이무소득고以無所得故」의 함의입니다.

여기서 티베트 본의 한마디를 보충하여 참고로 삼습니다. "이래서 고집멸도가 없고, 또렷함 앎도 없고, 얻음도 없으며, 또한 얻지 못함도 없다(是以無苦集滅道 無智無得亦無不得)." 다만 당신이 공에 떨어져 일체가 모두 무이고 단멸로 흐를까봐 두려울 뿐입니다.

[보충]

《금강경》에 이르시길, "그 까닭이 무엇인가? 수보리여, 실로 어떤 법도 없어야 아뇩다라삼먁삼보리를 발하는 자이니라(所以者何?須菩提 實無有法發阿耨多羅三藐三菩提者)."

"이는 정각을 발하는 자에게는 실로 어떤 법도 없어야 함을 말한다. 무상정등각無上正等覺 그대로 구경청정究竟清淨이다. 청정각清淨覺 중에 티끌 하나에도 물들지 않음을 보리菩提라 이름하니, 실로 분별심이 없어야 한다. 그래서 반드시 실로 어떤 법도 없어야 무상정등정각이라 이름한다."

[그래서 반드시 실로 어떤 법도 없어야 한다(故必實無有法)]

실로 어떤 법도 없어야 마음은 청정합니다. 마음속에 아무것도 없을 때 당신은 정말 무상보리심을 내는 것입니다. 당신에게 어떤 생각이 있다면 무상보리심이 아닙니다. 청정심 가운데 어떠한 망념도 전혀 없습니다. 이를 무상정등정각無上正等正覺이라 하고, 이래야 진정으로 보리심을 발함입니다. "내가 보리심을 이미 발하였다"고 말한다면 말할 수 없이 미혹합니다. 그에게는 여전히 아상我相이 존재하고, 여전히 아견이 존재하는데, 어디에 보리심입니까? 도무지 소승 수다원 須陀洹만 못합니다. 소승은 수다원과를 증득하여도 남에게 "나는 수다 원과를 증득하였다." 말하는 사람이 없습니다. 진정코 없습니다!

이로써 이 자리에 앉아있는 동수 여러분들은 비로소 학불하는 것이 아니라 과거 세세생생 무량겁 이래로 선근이 깊고 두터움을 알 수 있습니다. 부처님께서는 이 경전에서 모두 과거 생 동안 이미 무량무변한 제불여래께 심은 선근이라 매우 또렷하게 말씀하셨습니다. 왜 오늘날 이러한 지경까지 떨어졌습니까? 병통이 어디에서 나옵니까? '나는 보리심을 발하였다. 나는 반야를 배웠다. 세세생생 한몫을 했다'면서 시종일관 나를 잊어버린 적이 없습니다. 그래서 무량겁에 수행하였어도 지금 이러한 지경까지 떨어졌습니다. 병근病根을 비록 찾을 수 있을지라도, 병근을 제거하고 싶어도 여전히 정말 쉽지 않습니다! 여기까지 생각한다면 업을 진 채로 왕생함(帶業往生)을 제외하고 걷기가 좋은 두 번째 갈래 길은 정말 없습니다. 업을 진 채로 왕생하길 구하지 않으려면 병의 뿌리를 끊어야 하고, 사상四相을 깨뜨려야 하며, 사견四見을 깨뜨려야 합니다. 사상四相을 깨뜨리면 육도六道를 벗어나고 사견四見을 깨뜨려야 십법계十法界를 벗어날 수 있습니다.

어느 종파, 어느 법문을 수학하든 상관없이 이것이 원리입니다. 우리는 업을 진 채로 왕생하길 구하는데 여기에서 공부를 하지 않아야겠습니까? 그래야 합니다! 왜냐하면 이러한 감정에 집착하는 것이 엷어질수록 왕생할 자신이 생기고 왕생하는 품위가 높아집니다. 서방극락세계에 가서 성불하는 시간이 앞당겨집니다. 그래서 이는 꼭 필요합니다.

_《금강경절요》, 정공법사

[관석]

반야의 본체는 작용으로 말미암아 드러나고, 반야의 미묘함은 공능에서 작용이 일어나며, 법의 미묘한 작용은 집착 없음에 있다. 집착 없길 바란다면 가장 먼저 공을 이해해야 한다. 공하면 집착도 없고 물듦도 없다. 그래서 공 가운데는 색 등등이 없다 하셨다. 이는 공을 이해할 수 있다면 응당 집취執取하는 바가 없다는 말이다.

이 무無 자는 바로 집취하지 않음을 이른다. 세상 사람은 늘 유무의 무라고 오해하지만 근본적으로 큰 착오이다. 오온으로 말미암아 지혜를 얻음조차도 모두 법에 속하거늘, 만약 제법공상諸法空相을 알면 곧 스스로 집취하지 않아 자재함을 얻음이겠는가.

지옥에 들어가는 자는 많은 부분 탐진치에 집취하며, 축생류는 많은 부분 어리석음에 집취하며, 아귀세계는 많은 부분 탐욕에 집취하며, 마구니세계는 많은 부분 성냄에 집취하며, 인간세계는 절반 부분 탐진치에 집취하며, 하늘세계는 적은 부분 탐에 집취한다. 이는 모두 생사의 근심으로 오온이 아직 공하고 않고, 육근이 아직 청정하지 않는 경우이다.

또한 세상 사람은 오온이 모두 공함을 오해하여 오온의 지멸止滅, 오온의 단절을 말하여 단멸斷滅에 떨어져서, **오온이 없음이란 단멸이 아니고, 오온을 폐기함이 아니며, 집취하지 않을 뿐인 줄 모른다.**

범부는 오온을 집취하고, 육진 육근 내지 육신을 집취하며, 이십팔계가 온집蘊集하여 흩어지지 않아 해탈하기 어렵다. 연각은 비록 삼독이 없을지라도 십이인연에 집취한다. 무명에서 노사에 이르기까지 전부 환법幻法에 속하는데, 여전히 지혜가 없어 구경이 아니다. 성문은 비록 또한 분단생사를 끝냈을지라도 사제법四諦法에 집취하여 동일하게 구경이 아니다. 보살은 곧 육도만행六度萬行에 집취하여 아직도 지혜 얻음의 법견法見을 여의지 못하는 장애가 있어 또한 구경이라 말할 수 있다.

그러므로 법의 미묘한 작용은 무無자 하나에 있으니, 집취하지 말라 할 뿐이다. 범부에서 보살에 이르기까지 오온에서 지혜 얻음에 이르기까지 모두 취착해서는 안 된다. 무슨 까닭인가? 제법상은 본래 공한 까닭에 무소득인 까닭이다.

이 부분에서는 작용을 일으키는 법은 지혜로 비추는 공부에 있고 집취하지 않을 뿐임을 오롯이 말하고 있다. 십이인연, 사제법 등에 대한 이해는 다른 주석을 참고할 수 있으며, 전부 혹惑 업業 고苦 세 글자의 유전 밖에는 없다. 경전 내의 진盡 자에 에 관해서는 또한 무無 자로 이해한다. 무무명無無明이란 무명에 집취하지 말라는 뜻이고 진盡이란 무무명이 없음을 말하며, 집취 또한 집취하지 말라는 뜻이다. 앞은 공심空心이고 뒤는 공공空空이며, 앞은 인아人我가 공하고 뒤는 법아法我가 공하여 곧 부처님의 과위에 오른다.

[주해]

경문에 수많은 명상名相이 있어서 먼저 해석하겠다. 「오온五蘊」의 온은 적취積聚의 뜻이다. 오음五陰이라고도 한다. 「음」은 진성眞性을 차폐遮蔽(차단해서 가림)한다는 뜻이다. 안眼·이耳·비鼻·설舌·신身·의意 육근六根과 색色·성聲·향香·미味·촉觸·법法 육진六塵을 십이처十二處라 한다. 「근根」은 능생能生의 뜻으로 능히 육식六識을 생한다. 「진塵」은 염오染汚의 뜻으로 진성을 물들게 할 수 있다. 「십이처」의 「처」는 방소方所로, 근은 안에 있고, 진은 바깥에 있다고 말함이다. 눈은 색을 마주하고 귀는 소리를 마주하며 각자 일정한 방소가 있다. 십이입十二入이라고도 한다. 「입入」은 근과 진이 서로 섭입涉入한다는 말이다. 「무안계無眼界 내지 무의식계乃至無意識界」는 즉 십팔계十八界이다. 「계」는 각각 한계를 이룬다는 말이다. 육근은 내계內界이고, 육진은 외계外界이며, 육식은 중계中界이고, 육근·육진·육식은 화합하여 십팔계를 이룬다. 이 온蘊·처處·계界 셋은 통상은 삼과三科라 부른다. 주로 범부의 아집을 깨뜨리기 위해 색色과 심心에 미혹하고 집착하는 편중偏重에 근거하여 개합開合의 다름이 있다.

경문 중에 「무무명無無明 역무무명亦無無明盡 내지무노사乃至無老死 역무노사진亦無老死盡」은 간략한 말로 그 내용은 곧 십이인연十二因緣이다. 이전의 것은 인因이고, 뒤의 것은 연緣이다. 즉 무명을 연해서 행行이 있고, 행을 연해서 식識이 있고, 식을 연해서 명색名色이 있고, 명색을 연해서 육입六入이 있고, 육입을 연해서 촉觸이 있고, 촉을 연해서 수受가 있고, 수를 연해서 애愛가 있고, 애를 연해서 취取가 있고, 취를 연해서 유有가 있고, 유를 연해서 생生이 있고, 생을 연해서 노사老死가 있다. 그래서 십이인연이라 한다. 「무명」은 과거세의 비롯함이 없는 번뇌이고, 「행行」은 번뇌에 의해 지은 행업行業이다. 이 둘은 과거의 인因이다. 「식識」은 태를 받은 업식業識이고, 「명색名色」은 태 속에서 아직 형태가 이루쳐지지 않음으로 식심識心을 명名이라 하고 태아를 색色이라 한다. 「육입六入」은 육근이 생겨 장차 태아에서 나오는 것이다. 「촉觸」은 2, 3세 때로 괴로움과 즐거움을 알지 못하지만, 바깥 경계와 접촉할 수 있다. 「수受」는 6, 7세 때로 괴로움과 즐거움을 느낀다. 이 다섯은 현재의 과이다. 「애愛」는 14, 15세 때로, 강성한 애욕이 일어난다. 「취取」는 도처에서 취착을 구한다. 「유有」는 갖가지 새로운 업이 생기는 것이다. 이 셋은 현재의 인因이다.

「생生」은 업에 따라 삶을 받음이고, 「노사老死」는 삶이 있으면 죽음이 있음이다. 이 둘은 미래의 과이다. 그래서 이 십이인연은 삼세인과三世因果의 이치를 포함하고 결코 혹惑·업業·고苦의 세 가지 도를 여의지 않는다. 범부는 생사의 흐름에 수순하는 즉 무명으로 연하여 행이 있고 행으로 연하여 식이 있으며, 노사에 이르기까지 순차적으로 서로 연함이니, 유전문流轉門이다. 연각은 십이인연으로부터 도를 깨달아 생사의 근본이 무명에 있는 줄 안다. 그래서 가장 먼저 그것을 멸거(滅去)한다. 「멸滅」은 다한다는 뜻이다. 무명을 멸하면 행이 멸하고 행이 멸하면 식이 멸하며, 내지 노사 또한 멸하니, 곧 환멸문還滅門이다. 연각은 십이인연의 유전·환멸 두 문을 관찰하여 생사를 끝마치고 벗어나 벽지불과를 증득한다(벽지는 번역하면 연각 혹은 독각이다).

「사제四諦」는 고苦·집集·멸滅·도道의 네 가지 진리이다. 생사의 괴로운 과는 혹·업이 모임으로 말미암아 생김을 말한다. 그래서 「고苦·집集」이라 말한다. 적멸의 즐거운 과는 도를 닦고 혹은 끊음으로 말미암아 얻는 것이다. 그래서 「멸滅·도道」라고 말한다. 「고·집」은 세간의 인과이고, 「멸·도」는 출세간의 인과이다. 「고」를 알면 곧 응당 「집」을 끊어야 하고, 「멸」을 그리워하면 응당 「도」를 닦아야 한다. 소승의 제자는 부처님의 육성 가르침을 듣고 「사제四諦」의 이치를 깨달아 견사혹見思惑(간단히 말해 신견身見·변견邊見·사견邪見·견취견見取見·계금취견戒禁取見과 의심을 견혹見惑이라 하고, 탐貪·진瞋·치痴·교만을 사혹思惑이라 한다)을 끊고서 삼계의 분단생사分段生死를 벗어나면 곧 아라한(뜻은 살적殺賊·응공應供·불생不生)이다.

지금 보살께서는 반야관조로 일체가 공함을 보았다. 진공실상眞空實相 중에 범부가 집착하는 온蘊·촉觸·계界가 모두 얻을 수 없다. 즉 연각이 관하는 십이인연법, 성문이 관하는 사제법 또한 얻을 수 없으며, 내지 보살의 육도만행, 그 증득할 수 있는 지혜와 얻는 바 이체 또한 모두 무無라 설하며 집착하지 않고 공空으로 돌아간다. 만약 지혜가 있고 얻음이 있다 집착하면 여전히 법집과 법견을 여의지 못하고, 지장이 있어서 구경이 아니다.

그래서 금강경에서 말씀하시길, "과거심도 얻을 수 없고 현재심도 얻을 수 없으며 미래심도 얻을 수 없다(過去心不可得 現在心不可得 未來心不可得)"하셨다. 또한 말씀하시길, "응당 머무는 바 없이 그 마음을 낼지라(應無所住 而生其心)"하셨으니, 즉 응당 일체 법에 머물지 말고 청정한 마음을 내어야 한다. 요컨대 범부에서 보살에 이르기까지 오온 및 지혜와 얻음은 모두 집착해서는 안 된다. 제법이 본래 공함으로 인해 무소득인 까닭이다. 이는 바로 이 경전이 대승법문으로서, 범부의 '나'에 집착하는 병통을 깨뜨릴 뿐만 아니라 이승의 '법'에 집착하는 병통도 깨뜨리며, 내지 지혜도 없고 또한 얻음도 없음을 설명한다. 수행하여 이러한 한 경계, 고요함과 비춤이 현전하고 본래 끊을 수 있는 생사도 없고, 또한 증득할 수 있는 열반도 없으며, 아법我法 두 가지 공과 일체 집착이 없음, 대자재를 증입하는 경계에 이른다. (「무지역무득無智亦無得」 이란 일구에 대한 어떤 해석은 여전히 성문승의 법을 공으로 여기고, 글의 흐름에 따라 보살승의 법을 공으로 여겨, 더욱 원융하고 완비함을 깨닫는다.)

경문에서 말씀하신 「무무명無無明 역무무명진亦無無明盡 내지무노
사乃至無老死 역무노사진亦無老死盡」, 이 가운데 「무무명」 및 「무노
사」는 유전문을 비워감으로 인해 생사가 공함이니, 또한 아공我空
이다. 「역무무명진亦無無明盡」 및 「역무노사진亦無老死盡」은 환멸문
을 비워감으로 인해 열반이 공함이니 즉 법공法空이다. 또한 경문에
서 수많은 「무無」 자를 말씀하셨다. 이 「무」 자는 자성이 공하고
무소득인 뜻이다. 만약 유무의 「무無」로 해석하면 곧 단멸견을
이룬다.

5. 과덕분果德分

[주해] 이분에서는 과를 증득한다. 이상 본체를 밝히고 작용을 일으켜 일체 상을 공하게 하여 해탈의 과덕을 증득한다.

보리살타는 반야바라밀다에 의지해 마음에 연연함이 없고, 연연함이 없어 공포가 없으며, 전도몽상을 멀리 여의니, 구경의 열반이라.

菩提薩埵。依般若波羅蜜多故 心無罣礙 無罣礙故 無有恐怖 遠離顚倒夢想 究竟涅槃。三世諸佛 依般若波羅蜜多故 得阿耨多羅三藐三菩提。

「보리살타菩提薩埵」. 이 일구는 서로 맞물려서 대승불교 국가에서는 두 가지 용례가 있습니다. 첫째, 보리살타는 앞 경문과 단단히 연결시켜 끝마침으로 삼아 「무지역무득無智亦無得 이무소득고以無所得故 보리살타菩提薩埵」를 이룹니다. 둘째, 뒤에 놓아 시작함으로 삼는데, 티베트 역문이 바로 이러합니다. 티베트와 인도는 서로 가까워 피차간의 대덕이 왕복하기 용이하고 양국의 왕래가 매우 빈번했습니다. 그래서 무척 많은 경전이 티베트에 전해졌지만 중국에는 전해지지 않았고, 매우 많은 경전이 티베트에서 번역되었지만 중국에서 번역되지 못한 것이 적지 않습니다. 그래서 현재 사람들은 티베트 불교를 매우 중시합니다. 티베트에는 중국과 기타 국가에 없고 인도에서도 없는 경전이 있습니다. 몇몇 경전은 티베트어로 번역되었지만 다른 국가에서 번역되지 않았습니다.

티베트에는 특징이 있는데, 그들이 번역한 것은 또한 정확성을 추구하였습니다. 예를 들면 《아미타경》의 구마라즙 역본에서는 동서남북 상하 육방의 부처님께서 찬탄하십니다. 진정한 원본인 범문본은 시방의 부처님께서 찬탄하시니, 동남 동북 서남 서북 4각에서 모두 수많은 부처님께서 찬탄하십니다. 현장대사의 역본은 바로 시방불찬十方佛讚으로 티베트 역본과 같습니다. 「보리살타菩提薩埵」까지 계속 연결해야 한다고 일본 굉법宏法대사가 이러한 주장을 펼치셨습니다.

「보리살타」는 보살로서, 얻을 것이 없는 까닭에 반야바라밀다에 의지하여 마음에 걸림이 없습니다. 만약 얻을 것이 있다는 마음을 오래 지닌다면 반야의 길을 걸어갈 수 없습니다. 얻을 것이 있다면 구할 것이 있고, 구할 것이 있다면 할 것이 있습니다. 그러면 모두 유위법有爲法이 되고 맙니다. "일체 유위법은 꿈같고, 환 같으며, 물거품 그림자 같다(一切有爲法 如夢幻泡影)." 유위법이면 반야가 아닙니다. 그래서 반드시 얻을 것이 있다는 마음을 다 제거하여야 미치지 못하는 곳까지 행할 수 있습니다. 이런 반야는 사람들이 미칠 수 없는 부분으로 당신이 행하려면 얻을 것이 있다는 마음을 모조리 제거해야만 할 수 있습니다. 이런 부분은 우리가 잘 알고 있습니다. 보리살타는 얻을 것이 없는 까닭입니다. 얻을 것이 없는 까닭에 당신은 구함이 없고 함이 없습니다. 구함이 없고 함이 없어야 비로소 반야바라말다에 의지하여 언제나 눈앞에 있는 수많은 사물의 당체가 바로 공임을 관조할 수 있습니다. 꿈속에서 호랑이가 진실로 있어 자신을 물어뜯으려고 하는 모습을 보나, 실제로는 완전히 허망하고 무서워할 필요가 없는 것처럼 일체에 대해서도 응당 이렇게 대대해야 합니다. 언제나 어느 곳에서나 오래도록 이렇게 관조하여 몸에 배이도록 익혀서 순숙純熟한 경지에 이르렀을 때 경계에 대해 무심하고 망념이 일어나지 않을 수 있습니다. 이는 저절로 일어나지 않는 것으로 억지로 망념이 없게 하는 것이 아닙니다. 만약 망념을 여읜다면 무슨 연연함이 있겠습니까? 그래서 경전에 이르시길, "마음에 연연함이 없다(心無罣礙)" 하셨고, 저절로 "공포가 없다(無有恐怖)" 하셨습니다.

공포가 없으면 저절로 "전도몽상을 멀리 여읩니다(遠離顚倒夢想)." 전도顚倒는 일체 이지적이지 못한 사상과 행동입니다. 범부에게도 네 가지 전도된 견해(四倒)가 있고, 성문과 연각의 이승에게도 네 가지 전도된 견해가 있습니다. 범부의 네 가지 전도는 청정하지 못한 것을 청정한 것이라 여기고, 무상한 것을 항상하다고 여기며, 나라고 할 만한 것이 없음을 나라고 여기며, 괴로움을 즐겁다 여깁니다.

[범부의 네 가지 전도된 견해]

첫째, 청정하지 못한데 청정하다고 여깁니다. 분명히 아주 더러운 것인데, 사람들은 그것이 매우 깨끗하다고 보지만 실제로는 모두 아주 더러운 것입니다. 사람은 피부 한 겹만 좋아 보이지 피부 한 겹만 벗겨버리면 무서워서 아무도 만지길 원치 않고, 온통 피범벅에 곳곳에 벌레가 득실거리며, 단지 걸어 다니는 똥통에 불과하거늘 어디가 깨끗합니까? 어디가 아름답습니까? 범부는 이것을 아름답고 깨끗하다고 느낍니다.

둘째, 모두가 괴로움인데 즐겁다고 여깁니다. 이 세계는 일체가 괴로움으로 향락이 없습니다. 기껏해야 약간의 향락만 있을 뿐입니다. 마치 칼날에 묻은 약간의 꿀처럼 매우 날카로운 칼날에 묻은 꿀을 조금 핥아, 혀가 단 맛을 막 맛보았을 때 혀가 찢어집니다. 이것은 여덟 가지 괴로움이 옭죄어 오지만, 사람들은 이를 깨닫지 못하고, 지치지 않고 즐기며, 그 안에서 종일토록 바쁘고, 옷과 음식, 돈과 연애를 위해 그 싸움에서 목숨을 내걸어 매우 고통을 받습니다.

셋째, '나'라고 할 것이 없는데, 나라고 여깁니다. 일체가 본래 나라고 할 만한 것이 없는데, 어디서 나라는 것을 찾겠습니까? 거울 속을 잘 보면 그 당시 나는 저 사람이 죽었는지 모릅니다. 누구나 같지만, 옛 친구를 한번 만나면 모두 흰머리에 주름살 많은 얼굴로 변해버렸으니, 그 변한 모습을 '나'라고 할 수 있겠습니까? '나'라는 것은 내가 주재한다는 뜻인데, 내가 어떻게 주재할 수 있겠습니까? 모두 업연이 견인함입니다.

넷째, 일체가 무상無常한데 항상 존재한다고 여깁니다. 일체의 일은 모두 무상합니다. 무상한데, 기어코 항상 머문다고 여깁니다. 이는 범부의 전도된 생각입니다. 미래에 시시각각 모두 바뀌고 있습니다.

눈을 굴리는 사이에 모두 변화되니, 무상합니다. 무엇이나 다 바뀌는데, 인생 백세에 일백년을 무궁무진하다 여기며 그것에 목숨을 걸고 필사적으로 도모합니다.

이것이 범부의 네 가지 전도입니다. 아라한도 네 가지 전도가 있습니다. 보살이어야 상락아정常樂我淨에 이릅니다.

[아라한의 네 가지 전도된 견해]

첫째 아라한은 일체가 모두 무상하다고 여깁니다. 그러나 그도 또한 전도되었습니다. 보살은 항상합니다.

둘째, 아라한은 세간을 깨끗하지 않다 여깁니다. 그러나 상락아정常樂我淨하고 청정본연淸淨本然한 극락세계 일체 환경은 모두 청정합니다. 아라한은 청정함을 청정하지 않다고 여깁니다. 그래서 또한 전도되었습니다.

셋째, 아라한은 인아공人我空을 증득하였지만, 보살은 진아眞我이자 묘명진심妙明眞心이자 상락아정입니다! 아라한은 나(진아)라는 것이 있는데, 무아無我를 설하여 또한 전도되었습니다.

넷째, 아라한은 즐거움을 괴로움이라 여깁니다. 아라한은 괴로움을 알아 집集을 끊지만, 보살의 경계는 자비희사慈悲喜捨가 기쁨이고 상락아정常樂我淨이 즐거움으로 모두 대환희입니다. 대승의 경계에 이르면 대환희입니다. 성문 연각 이승의 경계는 그 즐거움을 얻을 수 없고 단지 괴로움에 집착할 뿐입니다. 이것이 이승의 전도입니다.

[사념처四念處와 상락아정常樂我淨]

첫째, 「몸은 청정하지 않다 관한다(觀身不淨)」함은 우리에게 관찰하도록 합니다. 자세히 관찰하면 우리의 몸은 깨끗하지 않습니다. 매일 어떻게 향수를 바르든 화분을 바르든, 여전히 깨끗하지 않습니다. 그 안에서 흘러나오는 것은 여전히 더러운 것입니다. 이는 우리의 과보가 좋지 않기 때문입니다. 과보가 좋지 않으면 당연히 원인도 좋지 않습니다.

둘째, 「느낌이 괴롭다 관한다(觀受是苦)」. 우리가 현재 누리는 모든 일체의 느낌을 전부 괴로움(苦)이라고 합니다. 가난한 사람은 생활이 매우 고달픕니다. 그에게는 여러 가지로 괴로운 것이 많습니다. 부귀한 사람의 괴로움은 가난한 사람 못지않습니다. 그 괴로움은 가난한 사람보다 때론 매우 사납고 더욱 괴롭습니다. 왜냐하면 얻으려고 노심초사하고 잃을까봐 걱정하기 때문입니다. 그 마음은 하루 종일 조마조마하고, 자신의 가치가 떨어질까 봐, 장사가 잘 되지 않을까 봐 걱정하고 애를 태우니, 매우 슬픕니다. 세상 사람은 정말 똑같이, 괴롭지 않은 사람이 하나도 없습니다. 그래서 우리는 이러한 사실을 매우 분명하게 보아야 합니다.

셋째, 「마음이 무상하다 관한다(觀心無常)」. 마음속 생각들은 무상하니, 한 생각이 생겨나고 한 생각이 사라짐을 원인으로 합니다.

넷째, 「법에는 나라는 것이 없다 관한다(觀法無我)」. 일체법은 모두 무상하여 주재하는 것이 없고, 상주하는 것이 없습니다. 이것이 우리가 사는 이 세계의 현실입니다.

서방극락세계는 이것과 정반대입니다. 연꽃에서 화생하여 이는 「청정淸淨」이고, 여러 즐거움만 누려서 이는 「즐거움(樂)」이 있고, 일심에 이르러 산란하지 않아 이는 「상常」이고, 자재하게 주재하여 이는 「아我」입니다. 이러한 「상락아정常樂我淨」은 서방극락세계에는 있지만, 사바세계에는 없습니다.

_《아미타경요해연의阿彌陀經要解演義》, 정공법사

《심경》은 문자반야로 그 가운데 심오한 묘의妙義를 체득하고, 관조觀照를 일으켜 오온이 모두 공하고 일체 얻을 수 없음을 깨달아 알고, 반복해서 훈습하여 점차 무위無爲로 들어가 범부의 네 가지 전도와 아라한의 네 가지 전도와 갖가지 전도된 견해를 멀리 여읠 뿐만 아니라 몽상을 멀리 여읩니다. 몽상은 즉 망상입니다. 관조가 순숙해져서 망상이 저절로 일어나지 않고, 일념도 생기지 않으면 이를 구경열반이라 합니다. 아라한이 증득한 것은 인공人空일 뿐, 법공法空을 증득하지 못한 채 단지 유여열반有餘涅槃일 뿐입니다. 대승은 인법人法이 모두 공하고 무여열반無餘涅槃을 증득합니다. 열반의 뜻은 적멸寂滅입니다. 원적圓寂이라 번역되기도 합니다. 열반에는 (1) 법신, (2) 반야, (3) 해탈의 세 가지 덕이 있습니다. 반야로 인해 비로소 무량한 번뇌 가운데 해탈을 얻을 수 있고, 해탈덕을 이룹니다. 법신덕에 이르러 모름지기 반야덕이라야 본신의 법신을 회복할 수 있습니다. 미혹한 때는 알지 못하고, 지혜의 광명이 비추어야 비로소 현현할 수 있습니다.

보살도 반야에 의지해 닦을 뿐만 아니라 과거 미래 현재의 삼세일체 제불도 모두 반야에 의지해 최고의 무상정각을 얻습니다. 시방제불은 최초에 보리심을 발하여 중간에 보살도를 행하며 줄곧 최후 성불에 이르기까지 반야를 선도로 삼지 않음이 없습니다. 그래서 반야를 제불의 어머니라 부릅니다. 「아뇩다라阿耨多羅」는 「무상無 上」이라 번역할 수 있고, 「삼먁삼보리三藐三菩提」는 「정등정각正等正 覺」으로 번역됩니다. 합쳐서 무상정등정각이라 부릅니다. 이것이 증득 대상(所證)인 최고 무상의 과입니다. 이전까지는 줄곧 「무득無 得」을 말하였는데, 여기서 갑자기 부처님께서 출현하여 무상정등정 각을 얻습니다. 이는 정도를 드러냄입니다. 얻을 것이 없음을 얻음 이라야 참 얻음(眞得)입니다. 얻으려고 하나 얻을 것이 없습니다. 부처님께서 이런 생각을 짓지 않아 자신이 아뇩다라삼먁삼보리를 얻었다고 여깁니다.

[관석]

범부와 부처님의 이체는 본래 둘이 아니다. 범부는 인심因心이고, 불보살은 과덕果德이다. 그렇지만 과덕 또한 인으로 말미암아 생기 므로 닦지 않고도 증득할 수 있는 자는 없다. 다만 닦을 것이 있고 얻을 것이 있으며 증득할 것이 있음에 집취執取하지 않을 뿐이다. 그러나 만약 잘못 우겨 닦을 것도 없고 얻을 것도 없으며 증득할 것도 없다고 여기는 사람이 범부는 닦지 않아도 좋아서 저절로 부처를 이루도록 내버려둔다면 천하에 어찌 이런 이치가 있겠는가? 만약 닦을 것이 있고 얻을 것이 있어 증득할 것이 있다고 여기면 아직 본래면목을 밝히지 않았기에 법은 공할 수 없고 끝내 구경을 얻을 수 없다.

오직 반야바라밀다에 의지함이 있는 까닭에 마음은 자재함을 얻고 이미 닦을 것도 있고 얻을 것도 있고 증득할 것도 있다 집착하지 않고, 또한 닦을 것도 없고 얻을 것도 없으며 증득할 것도 없다 집착하지 않은 이상 제법이 공하고 청정하여 마음에 장애가 없을 뿐, 마음에 걸리지 않는 것이 아니라 걸려도 장애가 없다. 걸림(罣礙)이 인因이 되고, 공포가 과果가 되며, 전도顚倒가 인이 되고 몽상夢想이 과가 되니, 일체를 소유하지 않아야 구경열반이라 이름할 수 있다. 구경열반에 이른 자가 곧 부처이다.

제법공상諸法空相, 무지역무득無智亦無得을 분명히 알아 끝내 단멸이 아님을 알아 이 불가득不可得을 얻는 것이 곧 무상보리이다. 보리는 유有가 아니고, 공空도 아니어서 단멸斷滅에 빠지지 않는 까닭에 불가득의 진여체성으로서, 항하사 묘용妙用이 여기에 있다. 자성은 본래 생멸하지 않아서 자성이 만법을 낳을 수 있다. 삼세제불三世諸佛이란 가고 옴이 없고 함께 이 과덕을 원만히 이루는 자로 반드시 반야에 의지해 닦고, 일체 공과 청정을 닦아야 비로소 바라밀다라 이름한다. 경문 내의 일체一切, 개皆, 무無, 무가애無罣礙, 구경究竟, 심深 이들 글자는 앞뒤로 서로 호응하여 덕의 지극함을 드러낸다.

이상의 다섯 분分은 전반부의 심경이 된다. 그래서 실다움이 없음(無實)을 드러냄이란 모두 (진여를 깨달았으나 수행하는 공을 쌓아야 하는) 공용지功用地에 있으니, 아직도 말할 수 있는 자는 말하여 유有로 말미암아 공空을 굴린다. 아래 두 분은 하반부가 된다. 그래서 허망함이 없음을 드러냄이란 이미 공용지를 여의었으니,

말할 수 있는 자가 말함이 아니라 다시 공으로 말미암아 유를 굴린다. 합쳐서 무실무허無實無虛의 뜻을 드러냄은 즉 여래께서 제법에 여의하다는 뜻일 뿐이다.

[주해]

걸림이 인이 되고 공포가 과가 되며, 전도가 인이 되고 몽상이 과가 된다. 보살은 반야에 의지해 각조覺照하여 제법이 공하고 청정하며, 마음이 걸림이 없고 전도를 멀리 여의어, 혹업惑業을 구경까지 다 청정히 하고, 공덕은 구경까지 원만함을 구경열반究竟涅槃이라 한다.

이는 보살이 열반단덕(涅槃斷德 ; 완전히 번뇌의 멸절滅絶)을 증득하고 일체 망상과 미혹을 다 끊는 것이다. 보살뿐만 아니라 부처님께서도 또한 반야에 의지해 아뇩다라삼먁삼보리 즉 무상정등정각無上正等正覺을 얻나니, 불과는 구계를 뛰어넘어 무상無上이라 하고, 치우치지 않아 정正이라 하며, 중생과 부처가 동일하게 갖추어 등等이라 하며, 두루 일체를 알아 정각正覺이라 한다. 이는 제불이 보리지덕菩提智德을 증득함이다. 그러나 반야는 시방제불이 공통되는 길임을 알 수 있다.

6. 증지분證知分

[주해] 이 분에서는 과를 증득함으로 말미암아 명백히 깨달아 앎(證知)을 설명한다.

그래서 깨달아 알지니, 반야바라밀다는 크게 신통한 주문, 크게 비추는 주문, 위없는 주문, 견줄 수 없는 평등한 주문으로 일체 괴로움을 없앨 수 있어 진실하여 헛되지 않느니라.

故知般若波羅蜜多 是大神咒 是大明咒 是無上咒 是無等等咒 能除一切苦 眞實不虛。

밀주密咒를 왜 밀이라 불렀을까? 왜냐하면 심오한 뜻은 중생의 사유로는 요달할 수 있는 것이 아니기 때문입니다. 반야도 바로 이러하여, "중생의 마음은 능히 곳곳마다 인연하되 오직 반야에 능히 인연하지 못한다(衆生心 處處能緣 獨不能緣於般若)."(반야는 부동不動으로, 산란한 마음은 부동의 경계에 인연할 수 없다)고 하였습니다. 이 양자는 모두 불가사의합니다. 그래서 주문으로 반야를 형용하며 찬탄합니다.

그래서 《심경》의 깊은 반야는 견줄 수 없는 미묘한 작용을 함께 갖추고 있기 때문에 바로 「대신주大神咒」이고, 지혜광명이 두루 비추는 상을 함께 갖추고 있어 「대명주大明咒」이며, 모두 실상을 체로 삼기 때문에 「무상주無上咒」이며, 반야와 주문은 함께 일심이고, 한 법도 함께 이 마음과 같을 수 없으며, 이 마음은 일체 제법과 동일시 할 수 있어 그들이 함께 실상實相의 정인正印으로 돌아가게 하여 「무등증주無等等咒」입니다. 그래서 주문과 반야는 모두 「일체 고액을 건너게 할」 수 있고 중생에게 진실의 이익을 베풀어 줄 수 있어 「진실하여 헛되지 않습니다.」

[관석]

이 분에서는 오로지 수행자가 경계를 증득해 아는 것만 말하는데, 본경의 일대 관건이 된다. 이 「지知」 자에는 실상의 미묘함을 몸소 보고, 반야의 기틀을 계발함이 있어 그 즐거움은 말로 형용할 수 없고, 오직 신령한 모임에서 이를 찬탄할 뿐이다. 어떤 물건을 찬탄하는가? 중생과 부처님이 평등하고 함께 갖추고 있는 것으로 일천 성인도 알지 못한다. 일체 제불 및 제불의 아뇩다라삼먁삼보리법이 모두 이 물건에서 나온다.

그래서 이름을 주咒라 하니, 포함하지 않는 것이 없어 「대大」라 하고, 통하지 않는 것이 없어 「신神」이라 하며, 비추지 않는 것이 없어 「명明」이라 하며, 견주어 헤아릴 수 없어 「무상無上」이라 하며, 계급에 떨어지지 않고 필경 평등하여 「무등등無等等」이라 한다. 그 허령(虛靈 ; 텅 빈 마음)은 헤아릴 수 없어 이러하고 그 능인(能仁 ; 걸림없는 마음)은 일체를 깨뜨려서 저러며, 그 본체는 깊은 물 같이 담연湛然하고 그 작용은 불길 같이 치연熾然하여 지혜로써 알 수 없어, 홀로 부처님과 일체 제불(惟佛與佛)이 궁구하여 깨달아 알 수 있을 뿐이다.

위에서 한 말은 공空 자가 매우 많아 사람이 공空에 떨어질까
두려워 지금「진실하여 허망하지 않다」말씀하여 그것을 유有로
바꾸니, 중간에 다시 중도를 말할 수 없고, 중도를 덮는 것도
또한 본래 얻을 수 없다.

[주해]

여기서「고지故知」의「지知」자는 깨달아 앎(證知)으로 실상의 미묘
함을 친견함이 있다! 일체 제불 및 아뇩다라삼먁삼보리법은 모두
자성에서 나오는 것이다. 그래서 반야를 일러 주문(呪)이라 한다.
즉 비밀주문으로 이 진공의 실상을 표현한다.

반야는 포함하지 않는 것이 없어「대大」라 하고, 신묘하여 헤아릴
수 없어「신神」이라 하며, 비추지 않는 것이 없어「명明」이라 하며,
비교할 수 없어「무상無上」이라 하며, 견줄 것이 없고 필경 평등하여
「무등등無等等」이라 한다.

「능제일체고能除一切苦 진실불허眞實不虛」, 이 두 문구는 지혜智慧의
각조覺照로써 일체의 혹惑·업業·고과苦果를 바꾸고 제거할 수
있어 진실하여 허망하지 않음을 말한다. 이는「도일체고액度一切苦
厄」일구와 앞·뒤로 호응한다.

7. 비밀분祕密分

[주해] 이 분은 비밀주문으로 불가사의한 심지心地를 드러냅니다.

그래서 반야바라밀다주를 설하나니, 즉 주문을 설하여 말하길, 아제아제 바라아제 바라승아제 모지사바하.

故說般若波羅蜜多咒 即說咒曰：揭諦揭諦 波羅揭諦 波羅僧揭諦 菩提薩婆訶。

이전의 경문은 현설顯說로 관자재보살께서 반야가 곧 주문임을 가리킵니다. 여기서 경문은 주문으로 밀설密說인데, 주문은 곧 반야임을 가리킵니다. 그래서 본경은 현과 밀이 원융하여 불가사의합니다. 즉 언설이 있고, 또한 언설을 여읨도 있습니다. 그러나 언설이 없는 가운데 바야흐로 반야의 묘법을 말하고, 언설이 있는 가운데 바야흐로 가없는 밀의密義를 머금습니다. 그래서 우익대사께서는 이 주문은 "바야흐로 번역하지 않아 묘하다(正以不翻爲妙)." 하셨습니다.

요컨대 주문이 가장 좋은 것은 해석하지 않는다는 것입니다. 왜냐하면 해석해서 단지 주문의 무량한 뜻에서 한 두 가지만 말하면 오히려 국한되기 때문입니다. 당신이 현재 본경을 체득하고자 말이 있음에서 말이 없음에 이르기까지, 현에서 밀에 이르기까지 일체 사상을 여의고 일체 함의를 여의면 더욱더 수승합니다. 그래서 해석할 필요가 없습니다. 왜냐하면 그것이 교묘巧妙함은 말이 있는 문자에서 말이 없음에 이르기까지, 사유할 수 있음에서 불가사의에 이르기까지, 현에서 밀에 이르기까지입니다. 만약 그것을 번역하면 모조리 이해할 수 있는 것으로 변하여 그것의 밀의는 사라질 것입니다.

선종에서는 왕왕 한마디 무의미한 화두를 단제單提하는 것은 말하자면 당신이 현재 사상이나 이치를 여의고, 당신의 본래면목·당신의 본성·당신의 본래 지닌 묘명진심을 체득하게 합니다. 그래서 마찬가지로 비밀주문은 이와 같습니다.

[관석]

이 분은 전체 경문의 총결總結로 심지心地의 비밀은 언표할 수 없고, 단지 주문으로 이를 드러낼 뿐임을 뜻한다.

「아제아제」 4구는 그 뜻을 번역하면 "건너가도다, 건너가도다! 저 언덕으로 건너가도다! 널리 저 언덕으로 건네주며, 보리를 속히 증득하도다!"이니, 부처님께서는 한 중생도 버리시지 않는다. 그래서 지금도 중생에게 회향하고 있으니, 중생을 제도함은 성불의 자량資糧일 뿐이다.

이 경 2백60자는 경문은 간략하나 뜻은 깊고, 말은 간단하나 뜻은 넓다. 「반야의 관조」를 말함으로써 이 경은 선종으로 귀납할 수 있고, 「파공破空」을 말함으로써 공종空宗으로 귀납할 수 있다. 「십이인연·사제법」을 말함으로써 법상종으로 귀납할 수 있고,

「비밀주문」을 말함으로써 밀종으로 귀납할 수 있다. 「대신大神·대명大明」의 묘덕장엄을 말함으로써 화엄종으로 귀납할 수 있고, 「불구부정不垢不淨」을 말함으로써 정토종으로 귀납할 수 있다. 「원리전도遠離顚倒」를 말함으로써 율종으로 귀납할 수 있으니, 한 종도 반야를 여읠 수 없음이다. 보리살타와 삼세의 제불은 여전히 「반야」에 의지해 「바라밀다」하니, 하물며 하열한 중생이겠는가?

세존께서 일대사인연一大事因緣을 위하시니, 바로 이 일이다. 그래서 어떠한 중대한 일이라도 이 일과 비교하기 어렵다. 나는 일찍이 말한 적이 있다. 인간사 천만 조목이라도 죽음 하나를 대적할 수 없고, 죽음 또한 천만 번 건너도 수행 하나를 대적할 수 없으며, 천만 세를 닦아도 한때의 밝은 깨달음을 대적할 수 없으니, 그 중대함은 어찌 세상의 정리와 비교해 논할 수 있겠는가?

《대일경大日經》에서 이른바 자심을 여실히 앎(如實知自心)이라 함은 오직 심경 일문으로 구경에 들어가게 할 수 있으니, 이는 여래지如來地의 돈오頓悟 법문으로 들어가게 한다. 발심하여 마음을 절복하고 마음을 밝혀 견도見道하는 무상보리에 이르는 다섯 문을 임시로 세우지만, 심경은 곧장 한 뜻이니, 높고 높아서 더 할 수 없다.

[주해]

위의 경문은 현설반야顯說般若이고, 지금 이 경문은 밀설반야密說般若이니, 주문으로써 전체 경문을 총결한다. 심지心地가 미묘함으로 인해 언어로 표현할 수 없다. 그래서 주문으로써 표현한다. 주문은 불보살의 진언이자 밀어이다. 그래서 한결같이 번역하지 않는다.

만약 지극한 마음으로 지송할 수 있으면 곧 죄를 줄이고 복을 낳아서 속히 불도를 이룰 수 있다.

요컨대 반야의 관조는 대법문이자 제불의 어머니이다. 만약 당하에 회광반조回光返照할 수 있으면 일체법을 취하지도 버리지도 않고, 머묾이 없어 청정심을 내고, 상을 여의어 실상을 증득하며, 저절로 일체고액一切苦厄을 건너가고, 진실한 수용을 얻을 수 있다.

[5] 《심경》은 일체중생을 괴로움에서 벗어나게 하는 자비의 배(慈航)이다

이는 하련거 스승님께서 《심경》을 강설하실 때의 한마디 귀중한 법문으로서, 지금 인용하여 본문의 결어로 삼았습니다. 바로 화룡점정입니다.

어떤 종을 수행하든지 모두 반야를 안내자로 삼아야 곧장 깨달음의 언덕으로 향해 갈 수 있습니다. 반야는 세 가지가 있습니다. (1) 실상으로서 체體이고, (2) 문자로서 상相이며, (3) 관조로서 용用입니다. 문자로부터 관조를 일으키고 관조로부터 실상으로 들어갑니다. 법문을 들음으로부터 과를 증득하는 사이에 의지할 것은 단지 반야의 비춤(照)과 작용(用) 뿐임을 알 수 있습니다. 이 조照와 용用은 도량과 불당 안에 국한되는 것이 아니라 자신이 공적인 업무를 처리하고 집안일을 하며 사람을 상대하고 사물을 접하며 음식을 먹고 기거하며 운동하고 노는 등등 일체 일상생활 속에서 깨닫고 관찰함에 근거하여 사람들로 하여금 오온개공五蘊皆空과 제법공상諸法空相을 기억하고 인식하며 또렷이 깨닫게 합니다. 아울러 저절로 연연함, 공포, 전도몽상顚倒夢想을 여의게 하여, 저절로 점차 대각大覺의 길로 들어가게 하는 것입니다.

이치는 더 이상 말하지 않고, 참고할 만한 재미있는 사례를 하나 들겠습니다. 오늘 이야기는 이것으로 끝내겠습니다. 이 이야

기는 지혜가 마음속에 있기만 하면 많은 고민을 덜 수 있음을
설명합니다.

일본에 일휴一休 스님이란 분이 있었습니다. 그는 작지만 매우
총명하였습니다. 그가 8살에서 9살 때 하루는 그의 스승님이 외출
하셨고, 그는 놀고 있었습니다. 그는 방장실로 달려갔는데, 사형이
그곳에서 울고 있었습니다. 사형은 그보다 몇 살 더 많았습니다.
그는 매우 상심해서 울고 있었습니다. 그는 말했습니다. "우리는
선禪을 배우는 사람으로 마땅히 두려워할 것이 없고 울지 말아야
죠." 사형은 말했습니다. "자네는 몰라. 내가 여기서 깨달을 수
없어. 스승님께서 이 작은 상자는 가장 귀중한데 지금까지 나에게
보지도 흔들지도 말라고 하셔서 무엇인지 몰라. 나는 보고 싶고
흔들고 싶었어. 오늘 스승님께서 외출하셨을 때 나는 이 작은
상자를 몰래 열어보았어. 그것은 항아리인데, 실수로 떨어뜨려
깨뜨리고 말았어. 스승님이 돌아오시면 어떻게 하지? 오늘은 정말
아무것도 할 수 없어, 울 수밖에…"

일휴 스님은 말했습니다. "울지 마세요. 내가 떨어뜨려 깨뜨렸다
고 말하죠." 그는 말했습니다. "그러면 내가 네게 미안하지. 내가
벌 받으면 어떻게 하지?" 두 사람은 모두 아이들로 결국에는 상의하
여, 오늘 사형이 얻어야 할 만두를 일휴에게 먹으라고 주고, 일휴가
항아리를 깨뜨렸다고 고백하기로 결정했습니다. 그는 깨진 항아리
한 보따리를 들고 갔습니다.

스승님이 돌아와 일휴에게 물었습니다. "무엇하고 있었느냐? 또 놀고 있는 거야?" 답하길, "아니, 전 참선하고 있었습니다! 전 문제를 참구하느라 힘쓰고 있습니다." 스승님이 물었습니다. "무엇을 참구하고 있느냐!" 일휴 스님이 말했습니다. "일체가 무상함을 참구하고 있습니다! 구경에 죽지 않을 수 있는 사람이 있습니까? 만약 그럴 수 있다면 어떤 방법으로 도달할 수 있습니까?" 스승님은 미소지으며 말했습니다. "아, 멍청하구나! 없다. 모두 무상하다. 예외는 없어. 아무 일 없이 오래도록 사는 사람이 어디 있느냐!"

일휴 스님이 또 물었습니다. "오, 그렇군요. 사람은 그런데, 물건은 어떻습니까?" 스승님은 말했습니다. "물건도 항상 존재할 수 없지. 법은 똑같이 모두 무상하다. 항상 존재하는 것은 하나도 없다." 일휴 스님은 또한 물었습니다. "이렇다면, 우리가 가장 사랑하고 가장 즐거워하는 물건도 망가집니까?" 스승님은 말했습니다. "그것도 방법이 없지. 모든 것이 상존할 수는 없어. 시절인연이 도래하면 그것도 망가지게 마련이니, 무슨 방법이 있겠느냐?" 일휴 스님은 보자기를 넘겨주며 말했습니다. "스승님, 시절인연이 도래해서 망가진 물건이 여기 있습니다……" 스승님이 보고서 할 말이 없어 웃어넘겼습니다.

이처럼 우리 마음속에 지혜가 있다면, 참을 수 없고 개의치 않을 수 없는 일에 부딪쳐도 매우 차분해질 것입니다. 이런 작은 것에서부터 우리는 관조반야의 미묘한 작용을 체득할 수 있습니다. 우리가 생활하는 가운데 이러한 이치에 근거하여 모든 사물을 마주하면 범부보다는, 다른 학불하지 못한 사람보다는 수많은 번뇌와 고통을 덜게 됩니다. 만약 번뇌와 고통 속에서 이들 일본 스님이 크게 화내고 아이를 때린다면 이는 곧 중생을 괴롭히는 것입니다. 일휴 스님이 일체무상을 깨우치니, 이렇게 되자 노화상도 웃어넘겼습니다. 이는 매우 자연스럽습니다, 이것이 바로 관조의 작용입니다.

우리는 매우 깊은 반야의 마음을 이야기하였습니다. 왜냐하면 6백부의 반야경을《금강경》5천 자로 농축할 수 있고, 5천 자의《금강경》은《심경》2백60자로 농축할 수 있습니다. 그래서 이《심경》은 6백 권의 반야를 대표하고 여래 일대시교의 정화로 섭수함이 다함이 없습니다.

하련거 스승님께서는 계속해서 말씀하셨습니다. 또한《심경》은 「관자재보살觀自在菩薩 행심반야바라밀다시行深般若波羅密多時 조견오온개공照見五蘊皆空 도일체고액度一切苦厄」으로 농축할 수 있고, 이 4구를 다시 압축하면 「관자재보살」 다섯 글자가 되며, 다시 농축하면 단지 「조照」 한 글자일 뿐이다. 6백권 반야경 전체는 「조」 자로 들어갑니다. 여러 글자가 하나로 들어가고, 하나가 여러 글자이니, 일다상즉(一多相卽 ; 하나가 바로 여럿이고 여럿이 바로 하나)입니다.

「조照」자를 점차 넓히면 6백 권 대경입니다. 바로「미세한 티끌이 깨질 때 헤아릴 수 없는 큰 경전들이 쏟아져 나옵니다(破微塵出大千經卷)」52) 대천 경권 중 한 글자마다 또한 무량한 경권을 머금으니, 중중무진重重無盡합니다. 그래서 반야의 공덕은 불가설 불가설(不可說 不可說)입니다. 널리 원하옵건대 유정은 반야를 인도자로 삼고 정토를 귀의처로 삼아지이다. 또한 스승님께서는 "「나무아미타불」, 이 한마디 부처님 명호 그대로 참 반야이고, 이것이 가장 깊은 비밀의 핵심이다."라고 말씀하셨습니다.

---

52) "마음의 티끌에서 그대로 헤아릴 수 없는 큰 경전이 나온다(即是心塵出大千經也)." _《관심론소觀心論疏》,

　"자기의 마음에 일체 불법을 갖추고 있을 마땅히 알아야 한다(當知己心 具一切佛法)," _《마하지관摩訶止觀》

마음이 애증을 떠나면 이별하고 만나는 괴로움이 스스로 떠나고,
마음이 탐하여 갈구함을 떠나면 득실과 이해의 감정이 모두 떠나간다.
고로 마음에 능히 집착이 없어 물에 비친 달빛과 같이 초연하다.
설령 사방팔방에서 불어온 바람을 맞을지라도 적연하여 동요하지 않는다.
이는 곧 유심唯心의 경계에 도달한 것이요,
스스로 일체의 의혹을 떠난 것이니, 번뇌가 다시는 생기지 않는다.

- 반야심경 통석

자금을 내거나 독송수지하는 사람과

여러 사람 여러 장소에 유통시키는

사람들을 위해 두루 회향하는 게송

경을 인쇄한 공덕과 수승한 행과
가없는 수승한 복을 모두 회향하옵나니,

원하옵건대 전생 현생의 업이 다 소멸되고,
업과 미혹이 사라지고 선근이 증장되며,

현생의 권속이 안락하고, 선망 조상들이 극락왕생하며,
시방찰토 미진수 법계, 공존공영하고 화해원만하며,
비바람이 항상 순조롭게 불고 세계가 모두 화평하며,

일체 재난이 없어지고 사람들이 건강 평안하며,
일체 법계 중생들이 함께 정토에 왕생하게 하소서.

허공虛空 법계法界

전체가 자기自己다

나(我), 이것은 무엇입니까?
법성(法性)이야말로 나입니다.
선종에서 말하는 "부모님이 낳기 전 본래면목"이야말로 나입니다.
곧, 부모님이 낳기 전 본래면목이 법성입니다.
법성, 이것은 무엇입니까?
온 법계 허공계에 두루 존재하는 일체법의 본체입니다.
온 법계 허공계에 두루 존재하는 일체의 법은 어디서 옵니까?
법성이 변화한 것입니다.
화엄경에서는 "우주 삼라만상 전체는 오직 마음이 현현한 것이고
식識이 변화된 것이니, 마음이 바로 성性이고, 식識 또한 성性이다"
설하고 있습니다.
불가사의한 성식(性識), 이것이야말로 진정한 자기입니다.
이 자기를 어떻게 찾아내는지 알게 되면
허공법계 전체가 자신임을 깨닫습니다. _정공淨空 큰스님

반야심경오가해 강기

1판 1쇄 펴낸 날 2020년 10월 16일

저자 감산대사 우익대사 하련거거사 황념조거사 정공상인
편역 허서
발행인 김재경
펴낸곳 도서출판 비움과소통
　　　　경기도 파주시 하우고개길 151-17 예일아트빌 103동 102호(야당동 191-10)
　　　　전화 031-945-8739　팩스 0505-115-2068
홈페이지 blog.daum.net/kudoyukjung　**이메일** buddhapia5@daum.net
출판등록 2010년 6월 18일 제318-2010-000092호

© 허서
ISBN 979-11-6016-068-0 03220